维真基督教文化丛书

主　编　许志伟
副主编　董江阳　潘玉仪

AUGUSTINE'S CHRISTIAN THOUGHT

Weichi Zhou

奥古斯丁的基督教思想

周伟驰　著

中国社会科学出版社

图书在版编目（CIP）数据

奥古斯丁的基督教思想/周伟驰著．—北京：中国社会
科学出版社，2005.5（2009.5 修订重印）
（维真基督教文化丛书）
ISBN 978 - 7 - 5004 - 5028 - 3

Ⅰ．奥… Ⅱ．周… Ⅲ．奥古斯丁，A.（354～430）
基督教 - 思想评论 Ⅳ．B503.1

中国版本图书馆 CIP 数据核字（2005）第 028818 号

特约编辑 李登贵等
策划编辑 陈 彪
责任校对 蒋海军等
封面设计 回归线视觉传达
技术编辑 王炳图

出版发行 **中国社会科学出版社**
社 址 北京鼓楼西大街甲 158 号 邮 编 100720
电 话 010—84029450（邮购）
网 址 http://www.csspw.cn
经 销 新华书店
印 刷 北京金瀑印刷有限公司 装 订 广增装订厂
版 次 2009 年 5 月第 2 版 印 次 2009 年 5 月第 2 次印刷
开 本 880×1230 1/32
印 张 14.5 插 页 2
字 数 366 千字
定 价 29.80 元

内容摘要

　　奥古斯丁在西方思想史上的地位，只有柏拉图、亚里士多德、阿奎那可以相比。如果象怀特海所说西方哲学只是柏拉图对话录的一系列脚注，西方基督教哲学也可以说只是奥古斯丁著作的一系列脚注。

　　本书为第一本全面介绍奥古斯丁思想的中文著作。作者以奥古斯丁思想的根本特征"恩典论"为核心，对奥古斯丁的神哲学作了系统而深入的研究。

　　在介绍的方式上，本书独辟蹊径，除了通常的"生平"、"著作"和"思想"外，另辟专章讨论奥古斯丁思想与其个体生存体验的关系，及其前后期思想的重大转变。

　　本书共分六章。

　　第一章"奥古斯丁的生平与著作"，简要介绍了奥古斯丁的生平，尤其着重于《忏悔录》所没有谈到的他后半生的生活，并介绍了奥古斯丁全部著作的名称、版本与翻译。

　　第二章"生存体验与神学反思"，从奥古斯丁个人的生存体验入手，对其思想中的"堕落"、"罪"、"恩典"、"爱"、"永生"等观念作了起源式的考察和阐释式的引申，使其基本含义变得具体可感，容易为人们所理解。

　　第三章"奥古斯丁思想的发展"，侧重于从"纵"的方面（时间）对奥古斯丁思想转变及调整的来龙去脉加以描述和说明，对其新柏拉图主义阶段和佩拉纠论战阶段尤为关注。

第四章"奥古斯丁的基本思想",从"横"的方面(概念网络)对奥古斯丁以"恩典论"为特征和核心的思想加以全面的描述和分析。恩典必要是因为有原罪,恩典的准备则是预定。原罪是由于亚当的堕落,堕落则与上帝创世时"从虚无中创造"和亚当滥用自由意志有关。"虚无"与上帝的"真正的存在"是截然相反的。"预定"与人的"自由意志"处于张力之中,对"自由"概念作出说明是必要的,这又牵涉到"意志"、"意愿"或"爱"。因预定而得到恩典,因恩典而得救的圣徒,其集合便构成"上帝之城"。圣徒今生虽精神上属于"上帝之城",却仍不得不"置身"于"世俗之城",因此两城如何相处,又成一个问题,这就牵涉到奥古斯丁的教会论和国家论,以及国与国之间的关系问题,包括战争的合法性问题。本章详细地描述和分析了这些概念和理论中的各方面的问题。

第五章"奥古斯丁的影响"概述了奥古斯丁对中世纪和现当代哲学家、神学家产生的重要影响。

第六章"现代奥古斯丁研究"描述了现代以来奥古斯丁研究领域所取得的主要进展、代表人物和代表作。

关键词:恩典　原罪　预定　自由意志　自由　三位一体形像　虚无　恶　堕落　爱　上帝之城　永生　正义战争

ABSTRACT

Augustine of Hippo was one of the greatest thinkers in western history to whom only Plato, Aristotle and Aquina can be compared. What Whitehead said about Plato could be applied to Augustine. Just as western philosophy is a series of footnotes for Plato's dialogues, western Christian philosophy is also a series of footnotes for Augustine's works.

Augustine's Christian Thought comprehensively introduces Augustine's main thought and is the first systematical guide to appear in Chinese world. Focusing on the basic theme of Augustine's thought, namely Grace Theory, the author explores Augustine's Christian thought systematically and deeply.

The book includes six chapters.

The first chapter " Augustine's life and works " introduces Augustine's life, especially his later life after 389 A. D. , which the book of *Confessions did* not refer to. Also the author lists all Augustine's works' titles, versions and translations.

The second chapter "Life Experience and Theological Reflections" explores and interprets Augustine's basic concepts such as " fall ", "sin", "grace", "love" and "eternal life" through his life encounter and experience. It helps the reader understand the abstract theological and philosophical categories through the thinker's concrete life.

The third chapter " The Development of Augustine's Thought"

emphasizes the diachronic evolution of Augustine's thought and the basic causes for those changes. A more detailed description is provided on how his thoughts were *influenced* by the Neo – Platonist and how he argued with the Pelagians.

The fourth chapter "Augustine's Basic Thought" describes and analyzes Augustine's grace theory. Because of humanity's original sin, grace granted by God is necessary for human beings to be saved. "Original sin" came from Adam's "fall", and "fall" is involved in free will and "nothing" out of which God created the world. "Nothing" is absolutely contrary to God's "true being". Grace predestined by God is in tension with humanity's "free will", so it is necessary to illustrate what does "freedom" mean for Augustine as well as "willing" or "love". The community of good angels and "saints" who are saved through "grace" (finally because of "predestination") constitutes "the city of God". Although the saints "belong to" "the city of God" spiritually, they have to live "in" the "earthly city", so it will be a problem for the two cities to co – exist in the earthly city. Augustine also developed his theory about the relationship between the church and the state, and the relationship among states, including the justification of war.

The fifth chapter "Augustine's Influence" reviews Augustine's influence on some medieval and modern philosophers and theologians.

The sixth chapter "Modern Augustinian Study" introduces the main achievement of modern Augustinian study, identifies the main scholars and their main works.

Key words: grace   original sin   predestination   free will   freedom
Trinity   image   Nothingness   evil   fall   love   the city of God   eternal life   just war

丛 书 总 序

当代中国大陆学术界对于基督教思想文化的研究，从 20 世纪 80 年代初期算起，迄今已经有二三十年的时间。在这一时期，通过诸多有识之士的努力，可以令人欣慰地说，在这一研究领域内取得了许多令人感到鼓舞的成果。随着这一研究领域或学科的理论发展，以及新一代学者的日益成长与成熟，中国学人已强烈感到在经过了这二三十年的基础性建设之后，有必要使自己进入到一个更高更深和更新的研究与探索阶段。在此一背景下，"维真基督教文化丛书"的推出，就希冀能够以自己深入细致的纯学术研究，成为中国基督教思想文化学术探索之切入和展开第二阶段或更高一阶段研究的有力推动者和标志物。

可以看到，中国学界对于基督教的研究在前一个阶段里往往侧重于从哲学的、历史的、社会的、文学的与文化的角度来研究基督教，即便是在对基督教思想进行学术研究之时，也大都是研究基督教在哲学、伦理学、社会学、政治学、美学、人类学、心理学等方面的思想，而对基督教思想的核心组成部分或主体思想脉络或内在理路推演即基督教神学思想，则往往采取"避重就轻"的态度。这就使得人们会对基督教思想史或者基督教思想史上的思想家的理解与评价不够深入全面，甚至产生偏颇或失当。有鉴于此，"维真基督教文化丛书"将其研究的主题，确定为对历史上的基督教思想特别是对某一思想学派或某一思想家的某些核心性的或影响深远的问题、思想、观念与范畴，做出深层次的系统的研究、剖析与评述。力争在各个具体的研究课题上做到"入乎其内，出乎其外，"有客观的理解，有公允的评价，有对他人的借鉴，也有自己独到的见解，从而成为中国基督教学术研究的一套有宽阔视野、有学术分量、有参考价值、有深远影响的丛书。

本丛书的作者大多属于中国学术界基督教研究领域的新生代。在中国，一个人在完成学业取得各种学历并进入正规的学术研究领域之时一般都在 30 岁以后；以此为起点，以 15 岁为年龄段，可以将中国现有的基督教研究学者大致区分为三代人并各有其粗略的特征，第一代是 60 岁以上的将要或已经退休的学者，他们在其特定的历史条件下对基督教的研究含有更多的政治文化批评与批判的意味；第二代系 45 岁至 60 岁的现今占据着中国基督教研究各种领导职位的学者，他们对基督教的研究含有更多的客观中立的意味；第三代系 30 岁至 45 岁的代表着中国基督教研究之未来的新生代，他们对基督教的研究更多地含有同情式理解与学术性批判的意味。"维真基督教文化丛书"的这些作者即属于这第三代中国基督教研究学者之列并构成了这第三代学者当中的核心与骨干。此外，他们还具备这样一些共同的特征：他们大都是从事基督教学习与研究的科班出身；他们全都具有博士学位；他们全都在中国最著名的科学院所和大学里从事着科研或教学工作；他们全都具有负笈海外的留学经历。

就上述最后一点而言，也顺便一提本丛书名称的由来。这套丛书的题名前冠以"维真"一词，其中文含义是一目了然的，学术研究对"真"的追求与维护永远都是它的目标所在。不过，"维真"一词对本丛书大部分作者而言还具有另一层含义，因为"维真"一词亦系加拿大"Regent College"这一学院名称的音译，这不仅是指本套丛书的出版得到了维真学院中国研究部的合作与支持，而且也是指本套丛书的作者至少全都曾经在维真学院这一在北美乃至世界享有盛名的研究生院进修和学习过这一事实。俗话说，"十年树木，百年树人"；又道是"万事人为本"。中国基督教学术研究有了这些新生代的崛起与跟进，假以时日，必将有更大的发展和更喜人的前景。这就像《圣经·耶利米书》所说，他们"必像树栽于水旁，在河边扎根，炎热到来，并不惧怕，叶子仍必青翠，在干旱之年毫无挂虑，而且结果不止。"

许志伟

2004 年春于香港

目　录

Contents

序　一

赵敦华

当18世纪的启蒙学者宣布"黑暗时代"的结束之时，当19世纪尼采宣告"上帝死了"之时，很多人认为，奥古斯丁这个中世纪的思想代表，这个为上帝做强有力辩护的神学家命定要退出历史舞台了。但是，奥古斯丁的思想非但没有消失，反而成为20世纪影响最大的神学思潮之一。周伟驰在本书第五章专门论述了奥古斯丁在各个历史时期的巨大影响，正如他所说："在当代，奥古斯丁在神学和宗教哲学的影响仍然是深远的。"我想补充一句，如果不理解奥古斯丁，我们就无法理解西方思想的基本走向和内在精神。

奥古斯丁是全才，他不但是神学家，而且是哲学家；不但是思想家，而且是教会的组织者；不但是沉思者，而且是语言学的大师。他的最大特点是把个人的宗教经验（神秘的体验和启示）与理性的思辨结合在一起，他的著作就是他的人生经历，他的理论是他的心灵的写照。周伟驰在本书中用三章的篇幅详细地介绍奥古斯丁的生平、著作和思想历程，非常有必要。其中说了很多鲜为人知的有趣故事，且有教益意义，值得细心品味。

不同的时代对奥古斯丁有不同的理解。在中世纪，奥古斯丁是维护正统思想的教父；在宗教改革时期，他是"因信称义"的精神领袖；在哲学史上，他被解读为新柏拉图主义传统的代表者。但当代的解释者多关注奥古斯丁著作的微言细节，正如作者所说:"随着分工的细化,综合性的大师日见稀少,新型大师多只是在奥古斯丁某部著作或某一方面有所创见者"。我同意作者的这一评价。正因为如此,从广阔理论视野全面评介奥古斯丁的著作十分难能可贵。奥古斯丁的著作多为同时代的普通人而写,读奥古斯丁的书并不需要哲学或哲学史的专门知识,任何一个普通读者都可以从奥古斯丁受益。但是,对奥古斯丁的学术研究却是另一回事,不但要求字斟句酌地理解奥古斯丁的拉丁文原著,而且还要熟悉前人的研究成果,用一定的观点和方法,从卷帙浩繁的奥古斯丁著作中,分析和概括出系统的、合理的诠释。周伟驰把奥古斯丁思想概括为"上帝论"、"创造论"、"堕落论"、"原罪论"、"预定论"、"恩典论"、"自由观"、"基督论"、"两城说"和"正义战争论"。这"十论"不但内容全面,在形式上也有逻辑分类的系统性。

近些年来,中国学界关于基督教思想和文化的研究受到西方很多思想家的影响。可能出于喜新厌旧的心理,人们对现代神学思想关注较多,而对中世纪的思想家关注较少,甚至像奥古斯丁、托马斯这样的伟大思想家,中文研究成果都很不够。在这样的情况下,中国读者更需要全面、准确地评介奥古斯丁的学术专著。

周伟驰在北大读硕士阶段就开始了奥古斯丁的研究,博士阶段写了关于奥古斯丁的光照论的论文,并已公开出版。博士毕业之后,他广泛涉猎基督教思想。这些学术素养使他不但熟悉奥古斯丁,熟悉当代研究奥古斯丁的最新学术成果,而且最终提出自己的一家之言。

这本书在忠于奥古斯丁原著的基础上,对奥古斯丁思想作了全面、客观的阐述,同时在与其他当代奥古斯丁研究者的对话中,进行辨别与分析,提出自己的独特理解。这本书是我迄今为止看到过的奥古斯丁研究领域最具份量的一本。周伟驰曾经是我的学生，但我感到，他对奥古斯丁的知识和研究已经超过我。对我来说，读他的这本书是一种学习，受益不少，希望读者也能从中获益。是为序。

2005 年 3 月于北京大学

序 二

林鸿信

奥古斯丁是最重要的西方思想家之一。就神学思想而言，他总结了初代教会三、四百年的历史，集初代教父神学之大成。而后，一方面经由"经院哲学之父"——号称"奥古斯丁第二"的安瑟伦——其神学思想进入了中世纪的经院哲学；另一方面，反对经院哲学的宗教改革者路德是奥古斯丁修会修士出身，其"因信称义"的主张亦从奥古斯丁神学得到滋养，而加尔文的名著《基督教要义》所引述的教父也以奥古斯丁为冠。

奥古斯丁的神学思想幅度广泛，一方面他是出世的神秘主义思想的奠基者；另一方面却是主张在今世经历永恒的入世思想推动者。奥古斯丁的神学思想跨越了天主教会与基督教会的界限，一方面他的教会论带有浓厚的天主教会味道，重视教会传统，主张恩典的传递必须借助于有形的教会，连带地促成领导权集中于罗马主教的教会体制；另一方面，他重视圣经权威，主张以上帝的话为教会的依据，为着未来主张"唯独圣经"的宗教改革铺路，其拯救论与圣餐观带有明显的基督教会色彩。在哲学思想方面，奥古斯丁的哲学思想几乎涵盖了西方哲学史的主流，向前承接西方哲学主要源头的柏拉图哲学，把基督教信仰与希腊哲学作了一个重大的整合，而其精致细腻的对内心世界的分析，往后衔接千年之后开启近代哲学的笛卡尔之"我思，故我在"，甚至进而可以与现象学大师胡塞尔的意识分析对话。

　　奥古斯丁不只是知识型的思想家，更是智能型的思想家，始终扣紧"认识自己"（希腊传统）与"认识上帝"（希伯来传统）主题，如本书作者的洞见："他（奥古斯丁）用自我认识来深化对神的认识，又用对神的认识来加强对自我的认识。"① 奥古斯丁研究的不易，不只在于其著作汗牛充栋，更在于其心灵浩瀚无垠。他发展出由内而上寻找上帝的进路，体察出心灵世界的深不可测，不只记忆殿堂具有惊人的容量，而且造物主在心灵留下的神圣遗迹更是异常丰富。因此，"人的记忆"加上"上帝的光照"贯穿了"对人的认识"与"对上帝的认识"，一方面必得进入人的记忆府库搜寻，另一方面需要藉助上帝光照找到目标，同时留下了奥古斯丁传统重视上帝主权的伏笔，因为不只光照来自上帝，连记忆本身追根究底也是出自上帝手笔。

　　本书的出版是中西文化交流史的空前盛事。这是第一本全面而详尽地介绍奥古斯丁思想的中文著作。它不只对奥古斯丁思想作了清楚而完整的介绍，还呈现出与第一流奥古斯丁学者并驾齐驱的学术见解。周伟驰博士自从其优异的博士论文以来，② 不断地在这个园地辛苦耕耘多年，已经成为中文学界的奥古斯丁专家，与西方的奥古斯丁学者相较不遑多让。

　　本书最精彩之处，不只在于剖析清楚、入木三分，更在于作者对于奥古斯丁的同情心使其具有深度理解。奥古斯丁是诗意十足的思想家，比如主张人带有上帝形像，可以在心灵功能当中体会记忆、理解、爱三而一的神圣三一上帝痕迹，这已非抽象理论，而毋宁说更接近诗的境界；比如因丧母之痛所呈现出来的至

---

　　①　周伟驰，《记忆与光照——奥古斯丁神哲学研究》（北京：社会科学文献出版社，2001），p. 1。
　　②　周伟驰，《记忆与光照——奥古斯丁神哲学研究》（北京：社会科学文献出版社，2001）。

情至性，若非具有诗人性情者实在无法深入了解；[1] 比如主张从回忆中寻找神圣，这对于带有浓厚诗情的怀旧心理（nostalgia）作了宗教性的脚注，也必得具有诗人情怀者才能真正体会。本书作者本身就是诗人，以诗人心灵与奥古斯丁心灵深度共鸣，自然不同凡响。这不是一般学者能够做得到的，必得具有诗性智慧者才能明白。

本书在呈现奥古斯丁思想的方法上有非常独到之处，实在是具有独创性的贡献：在正式介绍奥古斯丁思想之前，以"生存体验与神学反思"为题，藉由《忏悔录》作为出发点，以其年少时的"偷梨事件"，导引出对堕落之体验；以丧失好友的痛苦，导引出对挚爱之体验；以亲身经历两种意志的挣扎，导引出对罪性之体验；以米兰花园无花果树下的皈依经验，导引出对恩典之体验；最后以著名的神秘主义经验"奥斯蒂亚异象"，导引出对永恒之体验。

奥古斯丁基督教思想在西方思想史上留下了许多重大的贡献：

1. 面对善恶二元的主张

曾经深陷摩尼教善恶二元泥沼的奥古斯丁，经历到善良不一定胜过邪恶的苦恼，后来走出了困境，虽然不否定恶的存在，却认定恶的本质不过是缺乏善的状况，主张以善来定义恶，这也是把恶界定为"虚无"的思考方式，彻底地从根本上否定了恶胜过善的可能，为基督教思想对善恶的讨论定下基调。

2. 面对人的善性或罪性问题

奥古斯丁观察入微地指出人的罪性，他看到人有自由意志，也同时看到行使自由意志的结果却一面倒地倾向邪恶，以致处在

---

[1] 《忏悔录》，9：12。

"不能不犯罪"的窘境，甚至从"偷梨事件"的反省看到人为了犯罪而犯罪的深层心理，这也是人从内心深处想要违反神圣旨意的微妙心理。进一步地，他在诠释《创世记》所载大水被限定在海里的篇幅时，深知欲海波涛汹涌，有如真实的海洋一般，必须被神圣旨意设限才有陆地以及生命的出现。①

3. 面对罪的起源问题

奥古斯丁认为罪的主要起因是"骄傲"，而骄傲是人的自我中心表现。情欲就是一种骄傲的表现，自我中心者借着情欲伸张其自我。由于他本人曾经沉溺于情欲，这加深了他对情欲的排斥。他又主张原罪而以情欲为繁衍子孙传播原罪的工具，促成了后来神职人员以守贞克服己身为必要的美德与誓愿之看法，直到宗教改革时路德才加以质疑打破。

4. 面对人类历史的发展问题

奥古斯丁主张两条历史路线的两城说，一方是以自己为中心，另一方则以上帝为中心，这样的观点在复杂的历史现象当中洞悉其发展本质，成为从事历史哲学思考的第一人，影响后世深远。

5. 面对自力或他力宗教的问题

奥古斯丁与佩拉纠派的论战，彻底地排除了以自力宗教诠释基督教信仰的可能，主张人得救的终极原因在于上帝的恩典。然而，奥古斯丁同时认为上帝的恩典藉由在教会里的圣礼而得以领受，于是有形教会逐渐地参与了拯救恩典。问题是在拯救的过程当中人究竟扮演多少角色呢？这个问题继续在中世纪发酵，直到宗教改革造成基督教会与天主教会的分途发展。

6. 面对人是否可能成圣的问题

奥古斯丁不只确立了性恶说，而且呈现了高举上帝主权的恩

① 《忏悔录》，13：17。

典说，然而他对"因信称义"的了解，事实上比较倾向"因信成义"而与"成圣"相通。他强调人在领受上帝的恩典之后，开始改变而逐渐成为义人，领受上帝恩典的人仍然是主体。这样的观点进入了中世纪，圣人奥迹传奇四处流传，追求成为圣人蔚为风潮，善行逐渐取代了信心，因而有宗教改革的兴起。路德认为称义不是人本身成义，而是上帝称罪人为义人，主体是上帝而不是人，"因信称义"是指上帝称罪人为义人，这是对奥古斯丁重视上帝主权思想的深化。

7. 面对现实或理想的挣扎

带有浓厚柏拉图风味的奥古斯丁确实是一般意义的理想主义者，然而他并非寓居象牙塔内脱离人世的理想家，他的入世务实风格被近代美国思想家尼布尔评为第一位伟大的现实主义者，在其巨著《上帝之城》里洞察人类历史上有一条强大的以自我中心为主轴的历史发展。[1] 此外，在与多纳特派的争论中，他确认教会的圣洁理想以及现实当中的圣俗杂处。这种务实而不失理想的观点，可称为"务实的理想主义者"。

除了上述繁复的理论之外，奥古斯丁对于后世的影响主要在于其伟大心灵的宗教体验，他对造物主赞叹说："想到祢就让人深深地激动，使他除了赞美祢以外无法满足，更何况我们是为了祢而被造的，除了在祢里面以外，我们的心无法真正安息。"[2] 奥古斯丁的心灵只有栖息在创造者上帝那边才能找到安息，一旦偏离了那安息的源头，无论在被造者当中找到何等的美妙也不过

---

[1]　R. Niebuhr, 'Augustine's Political Realism', *Christian Realism and Political Problems* (N. Y. : Charles Scribner's Sons, 1953), p. 119。

[2]　《忏悔录》，1：1，自译。Augustine, *Confessions* (Harmondsworth: Penguin Books, 1961) 1：1：The thought of you stirs him so deeply that he cannot be content unless he praises you, because you made us for yourself and our hearts find no peace until they rest in you。

带来痛苦，他告白说："我犯罪是由于不在祂里面，而在我里面
以及其他受造物当中追求快乐、美丽与真理，以致陷入痛苦、混
乱和错误之中。"①

　　"祢的慈爱比生命更好"（诗 63.3），现在我明白，我
的生命只是一场挥霍，然而在我主基督人子里，"祢的右手
扶持我"（诗 18.35），他是独一的祢与芸芸众生之间的中
保，他使用许多方式以及许多试炼支持我，使我"或者可
以得着基督耶稣所要我得的"（腓 3.12），并使我摆脱旧时
的诱惑，全心奉献给上帝纯一的旨意，而且全然"忘记背
后"（腓 3.13）。我热切期盼的是永恒的目标，而非"即将
而来"且亦必"即将而逝"的一切。我一心一意地追求此
目标，决不分心，"向着标竿直跑，要得着上帝在基督耶稣
里从上面召我来得的奖赏"（腓 3.14）。那时我将听到祢的
称赞，得以"瞻仰祢的荣美"（诗 27.4），处于永远的现
在，不再有未来，也不再有过去。
　　然而现在，"我的年岁为叹息所旷废"（诗 31.10）。我
主，祢是我唯一的安慰。我父，你是永恒，而我却被未来与
过去分割，时间的流程对我而言神秘难解。我的思想，我灵
魂最亲密的生命，被撕扯得支离破碎，陷溺在变动的浩劫当
中，直到我被洁净，被你的爱火融化而与你合而为一。②

奥古斯丁的宗教心灵，不只使其对上帝谦卑，更使其对人谦卑。
加尔文在《基督教要义》引述他的话说："当我们称圣徒们的德

---

　　① 《忏悔录》，1：20，自译。But my sin was this, that I looked for pleasure, beau-
ty and truth not in him but in myself and his other creatures, and the search led me instead to
pain, confusion, and error.
　　② 《忏悔录》，11：29。

性是完全时，这完全的本身包含着他们对自己的不完全有真实的认识与谦卑的告白。"① 圣徒们能够对人有说服力，让人觉得他们的完全，是因为他们对自己的不完全具有真实的认识，并且作出谦卑的告白。

　　不论就理论或体验而言，阅读奥古斯丁是终身难忘的经历，深信不论东西方读者必定都会深受感动和震撼。

2005 年 3 月 14 日于台北

---

　　① 《基督教要义》，3：17：15："当我们指众圣徒的德性为完全时，那是说，这完全的本身是包含着他们对自己的不完全的又实在又谦卑的认识。" *Institutes*，3：17：15："When we," he (Augustine) says, "call the virtue of the saints perfect, to this very perfection also belongs the recognition of imperfection, both in truth and in humility." 引自 Augustine, *Against Two Epistles of the Pelagians* III. Vii. 19 (*The Nicene and Post - Nicene Fathers*, V. 411)："From this it results that the virtue which is now in the righteous man is named perfect up to this point, that to its perfection belong both the true knowledge and humble confession of even imperfection itself."

序　三

许志伟

　　周伟驰博士这本关于奥古斯丁思想的著作，我们已经期待多时，现在终与读者见面，是值得庆幸的事。我是在往返香港与英国的旅途中阅读的，虽然在舟车劳顿的状态中，伟驰的著作仍使我爱不释手，印象深刻的有以下几点：

　　首先，作者对奥古斯丁的生平和著作做了较为详尽的介绍。尽管数百年来，西方学者研究奥古斯丁的成果汗牛充栋，但我们对奥氏生平的诸多细节所知极为有限，作者在本书中作了力所能及的全面介绍，特别是发掘了一些《忏悔录》所没有涉及的后半生的资料。这些背景介绍不是单纯的猎奇，而是历史神学研究的必然组成部分；如果把一个神学家的思想本身从他的个人生活环境和社会文化背景中抽离出来，人们就无法深入理解其内容。奥古斯丁早年的个人经历（包括他与母亲、儿子和情人的关系），以及晚年所经历的政治动荡与战乱，对他的原罪、情欲、苦难、救赎、上帝的恩典与国度等思想的形成和发展有千丝万缕的关系，也影响了他的写作风格。这些背景介绍，加深了读者对奥古斯丁的思想背景以及思想本身的了解。另外，周博士在本书的第一章、第六章和"参考资料"部分详列了奥古斯丁全部著作的名称、版本与各种译本，提供了一个比较全备的西方研究奥古斯丁的代表性学者和相关研究著作清单，还提供了相关的中文研究著述。这些"历史"性的文献资料整理，不仅反映了周博士正确的治学方法，也对我们学界今后有志于研究奥古斯丁的学者提供了一个很好的起点。

其次，周博士的著作以恩典论为核心，对奥古斯丁的神哲学系统做了深入的研究和精细的分析，非常符合本丛书创办之始的定位。本丛书是"对历史上的基督教思想特别是对……某一思想家的某些核心性的或影响深远的问题、思想、观念与范畴，做出深层次的系统的研究、剖析与评述。"恩典论是奥氏思想的根本特征，周博士围绕这个根本特征，从原著出发、参考了国外大量研究文献，对恩典、原罪、自由意志、创造论之间的逻辑关系做了细致的论述。恩典的必要性来自人的原罪性，原罪是由于亚当的堕落，堕落则又与人的自由意志有关，更涉及上帝"从虚无中创造"世界在神学与哲学上的意义。"虚无"与上帝的"真正的存在"构成概念上的对立，也与亚当的堕落有密切的意义关联。在奥古斯丁那里，亚当之堕落被理解为对上帝或美善的反叛，形而上而言，罪恶是美善的亏损，而不是"虚无"的彰显，因为"虚无"根本上不是一种"真正的存在"；因此，真正能抵消罪恶的只能是源自上帝预定的恩典，显然，上帝的"预定"与人的自由和责任又产生相当大的张力。在奥古斯丁的"恩典论"背后，隐藏着罪恶与美善的张力、人的救赎的"自力"与"他力"间的矛盾等。周博士在著作的第三章关于奥古斯丁与佩拉纠的论战和第四章奥古斯丁的基本思想中，对上述问题进行了有机的分析。周博士是国内年轻学者中比较早开始研究奥古斯丁思想的一位，过去十年曾两度负笈北美，搜集了大批相关研究资料，再加上他勤奋聪慧，数年间对奥古斯丁的思想轮廓也有了一定的把握。这次把这些研究成果辑而成书，对国内的新一代学者参加研究奥古斯丁思想一定会有鼓励和激化的作用。

然而，我们也不能对本书有太苛刻的要求。奥古斯丁的思想实在博大，历经千年、在 21 世纪的今天，每年在世界各地

研究奥古斯丁的博士论文仍数以百千计，因此任何一个学者，
如周博士所言，极其量也仅冀望成为奥氏思想的"小范围的专
家"。这儿需要指出，一位作者在对类似奥古斯丁的思想系统
作述评时，他或她个人的思想信念与文化背景自然会成为理解
和诠释时的限度。读者在阅读这本奥古斯丁导论时，理应有这
种心理准备。首先，周博士从本科至博士的学习过程中，念的
都是哲学，因此他很自然地用哲学思维模式去阅读奥古斯丁的
原作，在其选择和推介对奥氏的思想评介和代表性的著作时，
也主要是哲学界的学者。另外，周博士在本书中的分析与评述
都是在哲学语境中进行的，但是奥古斯丁是一位虔诚的基督
徒，并且是一位牧养信徒的主教，他大部分作品的对象都是基
督徒或教会群体，理解奥古斯丁的思想，就必须要与他的宗教
背景联系起来。举一个显明的例子，当代学者在评论奥古斯丁
的三一论时，往往集中在他的《论三位一体》的第一至第七卷
下功夫，把三一上帝论述得玄而又玄（本人偶然也会有这毛
病），成为一种"内在三一"的理论（Immanent Trinity）；然而
我们有理由相信奥古斯丁书写《论三位一体》的主要动机是堕
落的人类如何获得救赎，强调的是"救赎三一"（Economic
Trinity）的实际途径。因此《论三位一体》的第八至十五卷就
用种种不同的方法，尝试教导人通过具有"三一形像"的心灵
去追求"三一"的上帝，蒙恩典以获救赎，奥古斯丁本人的宗
教经历（不少记载在《忏悔录》，尤其是其中的第七卷和第十
卷），也证明了其论述三位一体的这种出发点。从这样一个宗
教或信仰的角度去阅读奥古斯丁，就会产生不同层面的解释。
把奥古斯丁的信仰和他的思想一起来理解，不仅会更贴近这位
活在一千五百年前的圣人，而且也帮助人们对其在后世的影响
做出更全面的评介；正因为奥古斯丁主要关注的是人的灵魂的
救赎问题，他对宗教心理学和灵修学的影响之巨，与其对哲学

的影响不分伯仲。我不希望读者们误会我是在批评伟驰的著作。我仅是想说明，奥古斯丁的思想须要从不同角度去理解，而这肯定不会是一位学者独力可以承担的。

2005 年 4 月于香港

奥古斯丁的旅程：（一）

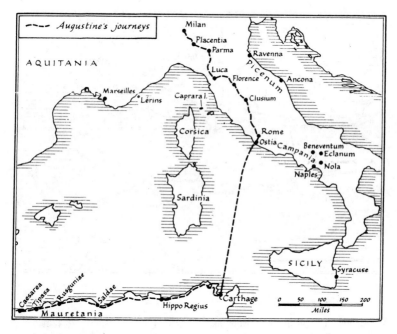

意大利及地中海周边主要地名：

Milan（米兰）　　　　Ravenna（当时皇帝驻地）　　　Rome（罗马）

Ostia（奥斯蒂亚）　　　Eclanum（艾克兰）　　　Nola（诺拉）

Marselles（马赛）　　Sardinia（撒丁岛）　　Sicily（西西里岛）

Corsica（科西嘉岛）　　Mauretania（毛里塔尼亚）　　Caesarea

（凯撒尼亚）　　Hippo Regius（希坡教区）　　Carthage（迦太基）

（本图选自 Peter Brown, Augustine of Hippo, University of California Press, 1969, p. 18）

奥古斯丁的旅程：（二）

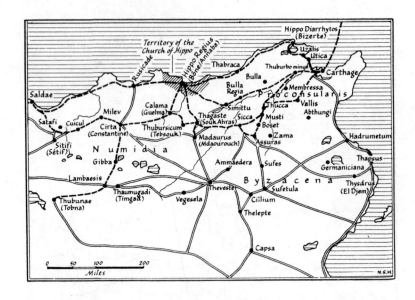

北非主要地名：

Calama（卡拉马）　　Numidia（努米底亚）　　Milev（米拉维）

Thagaste（塔加斯特）　　Madaurus（马都拉斯）　　Hadrumetum

（哈德鲁墨通）

（本图选自 Peter Brown, Augustine of Hippo, University of California Press, 1969, p. 18）

第一章

奥古斯丁的生平与著作

第一节 前期：浪子回头的哲学家

一 时代与家庭背景

基督教发展的早期，受到罗马帝国的压制和迫害，但到了后来，逐渐被帝国视为一股积极的可利用的力量。公元313年，康士坦丁大帝颁布"米兰敕令"，宽容基督教，使它具有合法地位。菲奥多西一世（Theodosiu I）于379－395年在位，他禁止异教崇拜，最终确立了基督教的国教地位。

就在基督教节节胜利的时候，西罗马帝国却处于衰败之中。蛮族屡屡侵犯边界，帝国内部也充满纷争。奥古斯丁就生在这一历史时期的罗马非洲部分。[1]

奥古斯丁（Aurelius Augustine，354－430）的故乡是北非的塔加斯特（Thagaste，今为 Souk Ahras，位于阿尔及利亚东部，奥古斯丁时居民主要为柏柏尔人）。在奥古斯丁的时代，它属于罗马帝国非洲部分的努米底亚。它被梅杰达（Medjerda）山脉包围，北离地中海60英里，南边亦有山脉将之与撒哈拉沙漠隔开。小镇虽然不近海，也没有可航行的河流，却有便利的陆路交通，因此常有南边来的柏柏尔人和北方海边来的腓尼基人。塔加斯特气候炎热，中午人们一般呆在家里避热，晚上才出来走动。奥古斯丁在《忏悔录》中说他 16 岁呆在家里的那一年，常和玩伴们晚上出来惹是生非（2：9），即是在此种天气下进行。

　　奥古斯丁 354 年出生时，母亲莫尼卡（Monica）才 23 岁。从他的父亲帕特里克（Patricius）和莫尼卡的血统来推测，奥古斯丁可能杂有拉丁和柏柏尔血统。

　　帕特里克[2]出生于一个异教徒家庭。据学者们考证，帕特里克的祖先很可能在公元 212 年成为罗马公民，在此之前可能是奥勒留宗族（Aurelian gens）的自由民。帕特里克在塔加斯特当小官"十人长"，管收税工作。虽然奥古斯丁说帕特里克仅有"微薄的地产"——实际情况却还不错。有葡萄园，工作靠奴隶来作。奥古斯丁小时上学，有仆人接送。帕特里克在奥古斯丁 16 岁那年成为慕道友，但临死前才受洗成为基督徒。他说拉丁语。

　　莫尼卡生于塔加斯特一个基督教家庭，其名为柏柏尔名，是多纳特派基督徒常用的名字。因此有些学者推测其为柏柏尔人。[3]她少女时代在多纳特派氛围中长大，热衷于殉道者崇拜。她说拉丁语，也会少量的柏柏尔语。她在刚够结婚的年龄就嫁给了比她年长不少的帕特里克（老夫少妻是当时的习俗），那时整个大家庭（包括仆人等）已归帕特里克掌管，但婆婆仍健在，掌管着小家庭（指直系亲属，不包括仆人等）。372 年帕特里克去世时，莫尼卡年仅 41 岁。奥古斯丁在迦太基时，莫尼卡与他同住。383 年奥古斯丁去意大利，两年后莫尼卡也从非洲去了意大利，和奥古斯丁在米兰再次团聚。在米兰，她参加了安布罗斯领导的反对阿里乌派、保卫教堂的斗争，并在安布罗斯的劝说下，放弃了她曾很热衷的祭祀圣徒的非洲习俗（《忏悔录》6：2），连安布罗斯也很敬佩她。她和奥古斯丁及其他亲友一起去了卡西齐亚根，照顾他们的起居，并参加过他们的哲学对话，在"哲学对话录"中她曾出现数次，奥古斯丁赞扬她有哲学的智慧。奥古斯丁受洗后，他们决定返回非洲，在奥斯蒂亚港口等船期间，她和奥古斯丁一起经历了一次异象（9：10），不久之后生病辞世。尽管家乡那边已给她准备好了坟墓，挨着帕特里克的，她却希望能葬在意大利，于是奥古斯丁将她葬在那里。408年，当时的罗马执政官 Anicius Auchenius Bassus 曾在她坟上作一碑铭，1945 年在奥斯蒂亚附近（Ostia Antica）靠近圣 Aurea 教堂的地方发现了部分残碑。[4]

奥古斯丁在《忏悔录》9：8-13 详细地谈到了莫尼卡的生平和人品，她在奥斯蒂亚和奥古斯丁一道经历异象，以及她去世的经过。谈到莫尼卡生平和人品的那部分（9：8-9），据一些学者推测可能是应子侄之请加插的，就跟奥古斯丁应诺拉的保林（Paulinus of Nola）之请而在《忏悔录》6：7-12 加插了阿利比的生平事迹一样。至于有些人指责莫尼卡控制了奥古斯丁，使他一直呆在摇篮一般的教会里，不能成为一个正常的成年男人，是完全没有道理的。因为奥古斯丁经常叛逆他母亲，只是到了卡西齐亚根之时，才意识到莫尼卡的思想才能，在奥斯蒂亚异象中，才与莫尼卡达到了思想的高度一致。[5]

莫尼卡是虔诚的基督徒，在她影响下，子女都成了基督徒。她和帕特里克到底有多少子孙，一直未能弄清楚。从奥古斯丁著作来看，他有一个兄弟名叫纳维吉（Navigius），可能是他哥哥。奥古斯丁还有一个姐妹，一般称她为柏柏图阿（Perpetua），她结过婚，后来孀居，一直过着独身生活，成为希坡一个女子修院的院长。纳维吉有几个女儿，后来成为希坡的圣女（consecrated women）。纳维吉曾到意大利和奥古斯丁住在一起，一起去的还有奥古斯丁的堂兄拉斯替迪安（Lastidianu）和拉斯替（Rusticus）。奥古斯丁成为希坡主教后，把他在塔加斯特的财产都给了当地教会。他被祝圣后，有意疏远了他的侄女或外甥女们，免得修院里有人说闲话。但他和侄子或外甥们保持着紧密的联系，其中一位也叫做帕特里克的成为他修院的一员，还有一位成了米勒维（Milevus）主教的副助祭。[6]

二　在家乡求学时期（354－371）

奥古斯丁天资聪颖，小时淘气贪玩，喜欢在北非灿烂的阳光下观察新鲜有趣的事情。他后来的资助人罗曼尼安（Romanian）当时建有一家马赛克镶嵌工艺作坊，镶嵌工艺品由细部碎片拼凑出的完整图案给他留下很深印象，后来他在谈到宇宙的秩序时一再以镶嵌品为例。他小时常逃学去看逗熊、斗鸡——甚至到386年准备受洗之际仍在看斗鸡（《论秩序》1：25）。甚至在40岁时，他"不再去竞技场看狗逐兔子，但偶然经过田野，发现走狗猎兔，可能会打断我的沉思，虽则不至于使我的坐骑改换方向，但心神已追随不舍"，"在家中闲坐时，壁虎抓苍蝇，蛛网缠飞虫"往往会吸引他的注意（《忏悔录》10：35）。虽然贪玩，但他学业优秀，仁智兼备，成为基督徒后尤其如此，因此身边总是有一批朋友和学生追随着他。

奥古斯丁从童年时期到33岁左右的情况，基本上都记载在《忏悔录》里。这里结合其他的资料，对这段时期他的经历作一简要的叙述。[7]

（一）366－370，马都拉斯

马都拉斯（Madauros，今天的 Mdaourouch 附近）在塔加斯特南边16英里，但交通状况远不如塔加斯特，道路曲折难行。去马都拉斯先得下梅杰达山谷，然后向上进入中央平原，平原有罗马"粮仓"之称，盛产小麦和大麦。马都拉斯颇有文名，2世纪《金驴》作者阿普莱（Apuleius）即为此地人物。城里异教与基督教杂处，基督教多为贫穷的多纳特派。奥古斯丁约于12岁左右，即366年来这里进入语法学校，接受古典教育，所读大多为希腊罗马神话、传说、诗歌，常常对它们"信以为真"，一度为维吉尔笔下他的非洲女同乡狄多女王落泪。他在这里与一位异教徒马克辛（Maximus）交好，他称后者为"长者"。这位"长者"视奥古斯丁同为异教徒，由此可见当时奥古斯丁受古典文学教育之深，以致后来他不得不弃绝那些将他引入古典教育的人——异教诗人威力无穷，让他潜移默化成了一个异教徒了。离开家人后，奥古斯丁就如脱了缰的野马，逃学、看剧、撒谎成了他的常事。当他被迫回到学校时，他憎恨当时的惩罚式教育体制。他拒绝在鞭子之下学希腊语——不是因为不能，而是因为不情愿。他的拉丁文学得很好，因为他的"心正要努力表达自己"，而教师指派的希腊语作业，却弄得他兴趣索然，无心去学。不通希腊语严重地影响了他后来对希腊哲学及神学的了解，不过，在某些研究者看来，这也未尝不是一件好事——他们认为，他的原创性部分地是由于他不能依赖别的传统。

（二）370－371，塔加斯特

当奥古斯丁进入青春期第一年（即罗马人所说的 adulescentia，16－30 岁），从马都拉斯回到塔加斯特，准备去迦太基继续学业。由于父亲暂时凑不到足够的学费，他在家乡呆了一年左右。其时他身体渐渐发育成熟，性的意识已在萌芽。但《忏悔录》第二卷花了一半多的篇幅说的并非他的性意识和性行为，而是他和一伙青年一起偷梨的事。这未免让今天的读者觉得不解或兴趣索然。殊不知奥古斯丁这么做是有深意的，因为这与始祖亚当犯罪相似。对此本书将在后面作出分析。

三　在迦太基求学时期（371－374）

20 世纪诗人艾略特的名作《荒原》里有几行：[8]

于是我到迦太基来了

烧啊烧啊烧啊烧啊

主啊你把我救拔出来

主啊你救拔

烧啊

　　这是在呼应奥古斯丁《忏悔录》第三卷第一章："我来到了迦太基，我周围沸腾着、振响着罪恶恋爱的鼎镬。我还没有爱上什么，但渴望爱，并且由于内心的渴望，我更恨自己渴望得还不够。我追求恋爱的对象，只想恋爱……"爱欲之火燃烧，精神陷入混乱的空虚，将"迦太基"与20世纪初的西方"荒原"结为一体。

　　奥古斯丁从家乡小镇一下子来到了当时非洲最大的城市，彻底享受到了没有家长管教的自由。学校里风气很坏，小痞子很多。奥古斯丁在这种环境下，虽然还算一个严肃的学生，努力想要在学业上有所进步，但正处于青春期的他，还是禁不住喜欢上了戏剧，尤爱看爱情悲剧（《忏悔录》3：4）。青春期"苦闷的热情"又使他很快结识了一个低阶层的女友并与之同居。[9]

　　奥古斯丁的"浪子"名声，主要来自他16或17岁时开始的这段感情。但这个女子是他到了迦太基之后认识的，还是早在塔加斯特时就已认识的？有人认为，从他们的儿子出生的时间371/372年推算，除了是在迦太基的第一年认识的，也很有可能是在塔加斯特就已认识的。后来在米兰奥古斯丁和她分开后，她回了非洲（约在385/386年）。他们同居有15年，恰好相当于陪伴了他的整个青春期（16－30岁）。奥古斯丁对于和她分开是极为痛苦的，并强调，在和她一起的15年里，他对她是完全忠实的（4：2）。从她是一个公教徒，而塔加斯特比迦太基更多公教徒来看，她似乎更应被看作是塔加斯特人，即奥古斯丁在塔加斯特时就已和她好上了。威尔斯（Wills）根据《忏悔录》3：5所说的"我竟敢在举行敬事你（上帝）的典礼时，在圣殿之内，觊觎追营死亡的果实"判断，奥古斯丁这时仍在塔加斯特他母亲的教会，而不是作为一个陌生人在迦太基的教会里（因为那时教会管理严格，以防多纳特派混入，慕道友也专门安置在一个房里，不和受过洗的信徒在一起领圣事），他所说的"追营死亡的果实"，应当是在上教堂时和她商讨什么事，也许是劝她与他同居，也许是劝她和他一道去迦太基，也许是劝她把怀上了的孩子打掉（这个孩子本是他不愿意要的）？甚至更严重的，劝她和她的公教教会断绝关系，跟他一道同居？当时教会也允许某些形式的合法同居，但奥古斯丁说得很明确，他们的结合并非合法，因为他们并不是为了生孩子才结合的，而只是"由于苦闷的热情"（4：2）。他们生了一个儿子后再没有要孩子——而她本是想要的——可见奥古斯丁采取了避孕措施，方法也许是从摩尼教那里学到的。

　　对于这段感情，奥古斯丁后来常在谈论婚姻问题时，以仿佛自责的语气说，如果男女相悦同居，男方为门第和利益计而另觅一个女人，则男方是在自己心里通了奸。如果女方在没有婚姻契约的情况下就愿意与他共同生活，如果她对他是忠实的，并没有寻找其他男人，则不能说她通奸……如果在性关系中她做了她所能做的以生小孩，却不得不违心地采取避孕措施，则她比许多结了婚的母亲还要好（《论婚姻的善》5：5）。[10]

　　在《忏悔录》3：1，奥古斯丁有一句话："我把肉欲的垢秽玷污了友爱（amicitia）的清泉"。有人（如 Rebecca West）认为这表示奥古斯丁当时有过同性恋行为。但实际上这里的 amicitia 是指西塞罗意义上的为他人着想的仁爱，如亚当和夏娃的爱就是 amicitia，因此这里指的当是他对与他同居的女人的情欲。[11] 此外，如果比较一下他在回忆偷梨时用的有点过分严厉的自我谴责的词，这里的用词也就可作正常的理解了。[12]

　　奥古斯丁虽然用过分严厉的词汇来形容自己当时的荒唐，但当时他一是有了女人和孩子，负担比较沉重；二是还想在修辞学上出类拔萃，将来有个好前程，因此他还是"比较循规蹈矩的"，绝不参与学校里"捣乱鬼"的恶作剧，"不和他们同流合污"（3：3）。

奥古斯丁给他的孩子起名"天赐"（Adeodatus，"上帝所赐"的意思），虽然他不太情愿要他，但这个孩子他却是很喜欢的。[13]《忏悔录》1：8对婴儿语言能力发展的生动描述，以及对婴儿的"原罪"状态的描述，多半来自于他在迦太基刚当爸爸时对天赐的观察。[14]天赐长大后十分聪明，奥古斯丁在386年写的《论幸福生活》1：6曾说，"如果我的父爱没有蒙蔽我的话，他的天分是大有前程的"。但天赐17岁时不幸在塔加斯特夭亡，时间约为389年。在同一年写的《论教师》里，奥古斯丁回忆起天赐16岁时发生在父子间的一场对话，提出了其"光照说"和语言理论。

《忏悔录》第三卷没有说他在迦太基的头两年精神上有什么发展。只是说，两年后，他在19岁时，读到了西塞罗的《荷尔顿西》[15]，那本书规劝读者追求智慧，放弃世俗名利的追求和快乐，甚至放弃修辞术本身，而要用灵魂控制身体的情欲，进行哲学的思辨的生活。奥古斯丁受到这本书的影响，开始"爱""智慧"，渴求"贞洁"了。但他希望在这本书中找到他从小熟悉的"基督"一名，却没有找到，于是去重读《圣经》。但《圣经》在当时读惯了西塞罗那样典雅的散文的奥古斯丁看来实在粗鄙不文，他也不能理解它的"质朴"后面的"深文奥义"，[16]于是在当时他所能接触到的三种"哲学"（异教理性主义，基督教，摩尼教）中，选择了最后一个摩尼教。

摩尼教有什么吸引他的呢？

首先是生活上的吸引力。在《忏悔录》4：7有一段话，显然说的是他初到迦太基时接触到一群年轻的摩尼教徒，他们正好和迦太基学校里的"捣蛋鬼"构成了鲜明的对比:"大家谈论,嬉笑,彼此善意的亲昵,共同阅读有趣的书籍,彼此玩笑,彼此体贴,有时意见不合,却不会生出仇恨,正似人们对待自身一样……有人缺席,便一心挂念着,而欢迎他的回来。所有以上种种,以及其他类似的情形都出于心心相印,而流露于谈吐顾盼之间,流露于千万种亲厚挚热的情款。这一切正似熔炉的燃料,把许多人的心灵融而为一。"摩尼教在迦太基的这样友爱的小团体,可能正是后来奥古斯丁隐修院的理想——一群志同道合的朋友互相帮助,互相照顾,彼此友爱,共同追求精神的进步。

其次,在理智上,摩尼教也尊重基督,而不像西塞罗著作那样,根本找不到基督的影子(西塞罗早生于耶稣)。摩尼教认为,基督是三位一体中的第二位,是将父显现给世人的"光"。而第三位格摩尼是基督送到尘世来的。摩尼教相信"二宗三际",认为世界有善恶二元,处于长久的交战状态,人的任务就是促进光明分子,为善去恶,战胜黑暗。摩尼教为当时的奥古斯丁提供了一个易于接受的世界观。

四 回到家乡教书以及挚友之死(374—376)

由于在迦太基的学业是接受了罗曼尼安的资助才完成,因此学成后奥古斯丁回到家乡塔加斯特,教罗曼尼安的孩子学修辞学。作为一个摩尼教徒,他与虔诚的基督徒莫尼卡发生冲突。他碰到了一个小时候的玩伴,发现他与自己才智相当,很谈得来。他劝说这位挚友脱离了基督教信仰,转信了摩尼教。但这位挚友不久生了重病,昏迷中他的家人按基督教的仪式给他施了洗。在他清醒后奥古斯丁去看望他,拿他被施洗的事向他打趣,奥古斯丁以为这位挚友会跟他一起嘲笑基督教的"迷信",却不料这位挚友对基督的信仰很是坚定,他对奥古斯丁说,如果还想和他交朋友，就不要胡说八道，嘲笑公教信仰。一时奥古斯丁"愕然失色，竭力压制我的情绪"。但以为他还没有完全清醒，等几天他仍可以将他拉回到摩尼教。没几天这位挚友死了，奥古斯丁沉浸在极度的悲痛之中（《忏悔录》4：4－7）。这种心情令他难以留在故乡，于是他找了个理由，向他的资助人罗曼尼安说他想去迦太基继续深造，这样将来可以教得更好，但实际上他可能是为了在迦太基闯出一片天地来。

五 回迦太基发展（376－383）

他回到了迦太基，他的身份已不是学生，而是教师。他在摩尼教中大受欢迎，成为明星似的人物。他驳倒了许多学养不够的基督徒，还在一次诗赛中折桂。380年他写了一部著作《论美与适宜》，书中沾有摩尼教思想，认为恶是实体。不过，他却没有将此书献给他的摩尼教朋友，而是将之献给了他没有见过面的、当时罗马的一个很有名的修辞学家希尔利（Hierius）。

在这几年的时间里，奥古斯丁读了不少哲学家的书，包括"自然哲学家"关于天体运行的书，"看出教外哲学著作有关夏至冬至、春分秋分、日食月食以及类似现象所给我的知识，在摩尼教的著作中都无从找到。摩尼教只命令我们相信，可是这种信仰和有学术根据的推算以及我所目睹的事实非但不符，而且截然相反"（《忏悔录》5：3）。奥古斯丁产生许多疑问，他的摩尼教朋友们无人能解答，只好安慰他说，等教中博士浮士德来时，他会解答的。但是当浮士德来到迦太基，奥古斯丁和他交谈之后，不禁大为失望，因为浮士德虽然善于辞令，但并没有多少知识，对于天文学尤其不在行，所以，"这位彬彬有礼的斟酒者递给我一只名贵的空杯，怎能解我的酒渴呢？"（5：6）不过这个人还算有自知之明，承认自己的无知，对他的诚实奥古斯丁抱有同情之心，因此与之交好，一起研读古典著作。

　　奥古斯丁此时已是雄辩术教授，但迦太基的学堂纪律很坏，他难以管束学生。这时有朋友建议他去罗马教书，因为那里的学生不像迦太基的无法无天，较有规矩。奥古斯丁后来说："我之所以愿意前往罗马，不是由于劝我的朋友们所许给我的较优的待遇和较高的地位，——虽则当时我对二者并非无动于衷——主要的，几乎唯一的原因，是由于我听说罗马的青年能比较安静地读书，受比较严格的纪律的约束"（5：8）。

　　奥古斯丁决定动身去罗马，但这时已在迦太基与他同住的母亲莫尼卡竭力要挽留他，不让他去。奥古斯丁只好骗她说，他到海港去陪一位朋友等候顺风，好送这位朋友出海。就这样，他携"妻"带子去了罗马。[17]在意大利他一呆就是5年。

六　到罗马发展（383－384）

　　此时罗马城已非帝国的中心，因为皇帝常驻地是米兰。罗马异教传统深厚，相比于帝国各地，罗马的基督教教堂极少。旧元老院子弟仍保留着昔日的虚荣，完全像八旗子弟。罗马的思想是浅薄的，吸引不了当时最有才能的年轻人。而基督教教会在这里的发展，是出现了一批"宫廷司铎"（courtier－priests），照哲罗姆那讽刺性的描述，他们的日常工作就是溜须拍马，约见妇人。[18]

　　奥古斯丁一生只出过两次海，一次是从迦太基去罗马，一次是从罗马回迦太基。383年他到罗马后，马上生了一次病，发烧得厉害，"已经濒于死亡"，但即使这种情况下，也不愿意领受基督教的洗礼（《忏悔录》5：9）。虽然他对摩尼教已经不信，但仍旧与摩尼教徒保持友好关系，这时他就住在一位摩尼教徒家里。他接触到学园派的怀疑论思想，对一切加以怀疑，不下判断，但这导致他的思想的冲突和紧张。在这种状态中，虽然他屡次想"返回"基督教信仰，却总觉障碍重重。这些障碍一个是

"上帝"观念,"想到我的天主,我只能想像一团物质",他仍旧没有抽象思维。他还相信摩尼教的善恶二元论,认为恶是出自一个与善的上帝对立的恶的实体(5:10)。同时,由于摩尼教相信肉体是恶的,因此"道成肉身"和"童贞女受孕"在这时对于奥古斯丁也是不可想像的,因为童贞女的肉身必然会玷污救世主,所以"我害怕相信他降生成人"(5:10)。此外,摩尼教对《圣经》的批评在他看来是无法辩驳的(5:11)。

奥古斯丁的教书计划展开得比较顺利,他在居所招收学生,人数越来越多。但罗马的学生虽不如迦太基的顽劣,却比迦太基的狡猾。他们会想法赖学费。奥古斯丁对这种行径很是厌恶。正巧米兰派人到罗马(此时皇宫并不在罗马,而在米兰)招聘一位雄辩术教授,奥古斯丁在摩尼教朋友的帮助下提出申请,递上一篇演说稿。当时的市长是异教徒雄辩家辛马楚(Symmachus),显然奥古斯丁的雄辩术知识和异教修养得到他欣赏,他挑中了他,让他去米兰当宫廷雄辩家。

七　在米兰的事业与精神危机(384－386)

到米兰上任后,奥古斯丁的经济和社会地位有了很大的改善。不久以后,母亲莫尼卡和一些亲戚从非洲加入他们,一大家子都靠奥古斯丁的收入养活:"妻子"、天赐、莫尼卡、纳维吉、两位堂兄、一群学生(包括罗曼尼安的儿子),还有一些仆人、速记员、抄写员。

奥古斯丁前程似锦,在这种情况下,各样的诱惑接踵而至。不断有人催促他结婚,他也"热衷于名利,渴望着婚姻",希望门当户对的婚姻有助于他的事业和财富,因此他也向在米兰的一户富有的人家提出婚姻的请求,对方也答应了。莫尼卡"对这件事最热心",因为她希望奥古斯丁婚后能领受生命的"洗礼",从此天天向上。奥古斯丁求婚的对象因为年幼,约两年后才能嫁给奥古斯丁。根据当时的罗马法的规定，女子结婚的合法年龄应当是 12 岁，那么这个姑娘当时才 10 岁。显然，奥古斯丁说"已经征得姑娘的同意"，应当是征得了姑娘家庭的同意。在这种情况下，如何处理十多年来与他同居的那个女人的关系，就成了一个问题。

那么，他和莫尼卡是怎么处理的呢？"经常和我同居的那个女子，视为我结婚的障碍，竟被迫和我分离了……她回到非洲，向你主立誓不再和任何男子交往。她把我们两人的私生子留在我身边"（6：15）。[19]

奥古斯丁为什么不让这个女子名正言顺地成为他的妻子，而要另找一个女人呢？威尔斯列出了几条理由。首先，这个女子出身于低层阶级，而君士坦丁大帝曾有法令规定，跨阶级的婚姻是不允许的。其次，他和新人结婚后，可以将天赐收为嗣子，使其出生合法化。第三，他长久受摩尼教及西塞罗影响，对禁欲生活感兴趣，此时尤其强烈，而他身边有一个习惯了同居的女人，对他总是一个诱惑，他觉得自己是把持不住的。他以为娶一个小姑娘会对禁欲有帮助——而实际上，他高估了自己的意志力：在旧人离开、而新妇没来之前的这段时间里，他按捺不住，还是找了一个"过渡性"的"情妇"以满足自己的情欲（6：15）。如果说奥古斯丁在天赐母亲的事上处置不当，那么这件事就可以说是他的失足。

奥古斯丁在《忏悔录》里说他到米兰后，常有机会见到安布罗斯，但由于后者一直很忙碌，因此两人单独的深入谈话是没有的。虽然奥古斯丁在《忏悔录》和别的后期著作中经常提到安布罗斯之名，但一些学者认为，他和安布罗斯的关系并不密切，受安布罗斯的影响也不像我们想像的那么大。在早期的《独白篇》2：26，奥古斯丁说安布罗斯"狠心"，在他皈依之前没有给予他适当的引导。奥古斯丁离开米兰后，和辛普里西安

（Simplician）等人保持着通信来往，但从没有和安布罗斯通过信，也没有把自己写的著作致献给他，在其著作中也没有提到过安布罗斯。[20] 根据奥当奈（O'Donnell）的观察，奥古斯丁"只是在他后来需要他的时候才开始利用安布罗斯"，把他当作一个主教的榜样。[21]

在米兰期间，对奥古斯丁精神发展起了决定性影响的人物，应当是辛普里西安，这个人是安布罗斯的导师，后来继安布罗斯任米兰主教。他在四个方面影响到奥古斯丁。首先，和忙碌的主教安布罗斯无暇与奥古斯丁单独交谈不同，辛普里西安和奥古斯丁建立了很亲密的朋友关系，他善于倾听，也善于提问题，对于奥古斯丁精神的困扰和内心的冲突，有很切近的了解。其次，针对奥古斯丁的精神状态，他推荐奥古斯丁去读保罗书信，无疑保罗的精神世界会引起奥古斯丁的共鸣。奥古斯丁皈依的那一天，就正在阅读保罗书信。相形之下，安布罗斯推荐奥古斯丁读《以赛亚书》就离奥古斯丁当时的精神状态和理解能力太远了。第三，辛普里西安将奥古斯丁引入了当时米兰的一个"基督教新柏拉图主义"的小圈子，其主要成员包括维克托林（Marius Victorinus）、安布罗斯、他本人，以及菲奥多（Mallius Theodore）。虽然近来的研究表明，这个米兰"基督教新柏拉图主义"小圈子并不像人们以前想像的（或奥古斯丁本人以为的）那样紧密，其成员也并不都认为可以将基督教与新柏拉图融合起来，[22] 但无疑接触到新柏拉图主义著作，对奥古斯丁学会抽象思维，从而彻底摆脱摩尼教、理解非物质的上帝及解释恶的问题，起到了关键的作用。[23] 第四，辛普里西安还及时地用榜样的力量来激励奥古斯丁。他向奥古斯丁追述了维克托林的事迹。后者是非洲人，也精通雄辩术，曾翻译过新柏拉图主义的著作（奥古斯丁此时已读过），[24] 但最后克服其异教朋友的偏见，而公开认信基督。虽然奥古斯丁意识到辛普里西安是在有意地用这样的榜样来促进他思想的转变，但他对辛普里西安的作法是赞赏的。[25]

从外在的社会地位和收入来看，奥古斯丁这段时期的生活是"幸福"的，但他内心却焦虑不安，总感到这不是他想要的生活。386 年夏天，在一场精神危机中，他皈依了基督。奥古斯丁的顿悟充满戏剧性而且重要，基督教史上大概只有保罗和马丁·路德可以与之媲美。我们将在后面详细地分析它。

八 哲学对话、受洗、异象、还乡 (386 – 388)

奥古斯丁皈依后，决心与过去的生活一刀两断。他辞了公职，去米兰东北 21 英里外的卡西齐亚根（Cassiciacum）度假，[26]同去的有家人及阿利比、立胜提（Licentius）、拉斯替迪安（Lastidianus）、拉斯替（Rusticus）、特里杰提（Trygetius）等人。他们住在一个名为凡莱公（Verecundus）的朋友借给他们的一套别墅里，时间约为 386 年 11 月到 387 年 3 月，共约 18 个星期。奥古斯丁在卡西齐亚根的活动，包括做农活、[27]教学、进行哲学讨论和唱诗祷告等。

卡西齐亚根大部分时候天气清新，但有时很冷。在这段时期，奥古斯丁曾患有牙痛，但后来靠祷告治好了。[28]在《独白篇》中，他提到自己还会在梦中梦见女人温柔的拥抱（1：25），可见"旧习惯"还难以消除，这种情形即使很久以后，也将依旧存在（《忏悔录》10：30）。

在这几个月里，奥古斯丁根据他在卡西齐亚根和亲友们的讨论，写出了《反学园派》、《论幸福生活》、《论秩序》和《独白篇》四部著作，前三部人们一般称之为奥古斯丁的"哲学对话录"。[29]

和古典的哲学对话录一样，奥古斯丁在行文当中会插入对他自己的一些情况的介绍，以及谈话人的入场与出场、插话等情况。这几篇对话，文笔轻快优美。《论秩序》的创作缘由，是有一天夜里，罗曼尼安的儿子立胜提睡不着觉，拿起拖鞋打老鼠，而奥古斯丁也未入睡，他与立胜提一起听着外面水槽里的水声，两人开始讨论为何水声一时堵塞一时又霍然清通，逐渐延伸到对宇宙中万事万物的因果秩序的讨论。

由于这些著作透露了新近皈依的奥古斯丁的生活和思想的一些真实状况，尤其是《论幸福生活》第 1 卷有关章节，因此被称作先于《忏悔录》的"第一部忏悔录"。但是，由于两个"忏悔录"中间隔了约 12 年，在语调和主题上有所不同，在一些具体事情的说法上也有出入，因此引发了学者们关于 386 年奥古斯丁所皈依的到底是基督教还是新柏拉图主义的争论。[30]

他们在四旬斋节初回到米兰，好登记受洗（《忏悔录》9：6）。在复活节受洗之前，所有的等待领洗者都要接受安布罗斯的教导。387 年复活节，奥古斯丁从安布罗斯那里领洗。与他一道领洗的还有阿利比和天赐。

他们在春天领洗，夏天即动身南下，想在冬天之前赶到港口回非洲，因为那时奥斯蒂亚将会封港。不过，他们不是受到了天气的阻挠，而是被战火延迟了。因为当时皇帝的军队正在与篡位者马克辛（Maximus）打仗。他们在奥斯蒂亚逗留时，莫尼卡病故。病故之前，奥古斯丁和莫尼卡在河口有一次长谈，母子俩一道经历了"奥斯蒂亚异象"（后面将详述）。莫尼卡死后，奥古斯丁和哥哥遵从她的遗愿，将她安葬在奥斯蒂亚。

由于是在冬季（387 年），无法起航回非洲，同时奥斯蒂亚没有图书资料，奥古斯丁返回罗马。在罗马这段时间，他写有《论灵魂的宏量》、《论意志的自由选择》（第 1 卷）和《论公教与摩尼教的生活之道》。奥古斯丁本可在 388 年春季回非洲，但他在罗马一直逗留到秋季，才从奥斯蒂亚扬帆下海，驶向迦太基。

第二节 后期：教务缠身的神学家

一 隐居故乡小城的哲学家（388-390）

奥古斯丁和同行的阿利比以及天赐等人，在迦太基盘桓数日，住在几个虔诚的基督教平信徒家中。他们回到家乡塔加斯特后，奥古斯丁按他在米兰时的想法，开始创立一个修院。在米兰时，他和罗曼尼安、阿利比等朋友也曾商量创立一个隐修团体，一切财产公有，过隐居的哲人生活，但因为怕妇女们受不了这种生活，所以作罢（《忏悔录》6：14）。现在，奥古斯丁回到塔加斯特，想把这个想法贯彻到底。他把他从父亲那里继承下来的那部分遗产捐了出来，也许他还得到了罗曼尼安等朋友的帮助，于389年建起了一个小小的隐修会，清规戒律还不太多，大家在悠闲中过起了带有古典哲学学园和基督教隐修士特色的"沉思生活"。不过，在这一年，他的老朋友内布利迪（Nebridius）去世，天赐也几乎同时夭折，这给奥古斯丁以沉重打击。天赐的母亲这时也可能在塔加斯特，天赐死前和死时她很可能在天赐的身边。

在塔加斯特的两年时间里，奥古斯丁仍然在履行他的精神使命：用基督教的精神来阐发一切的知识，建立一个基督教的包罗万象的世界观；反驳其他学派的学说，无论是异教的还是异端的。为达到第一个目标，他写了《论音乐》、《论教师》；为达到第二个目标，他完成了在罗马动笔但未写完的反对摩尼教的《论意志的自由选择》（第1卷），[31]此时又写了一部一般的护教作品《论真宗教》，反对摩尼教二元论的《论两个灵魂》，回想起摩尼教在《圣经》解释上给人们造成的困惑，他又写了一部《论〈创世记〉，反摩尼教》（未完成）。这部释经著作虽然后来奥古斯丁觉得很不成熟，但无疑它标志着奥古斯丁的阅读和思考问题已渐渐从新柏拉图主义著作转到《圣经》上，这预示着他在390年代中期发生的思想转变。

　　周围的人都知道奥古斯丁的才华和虔诚，他们有什么问题都纷纷来找他解答，一时修会门庭若市，奥古斯丁声名远播。这多少打扰了奥古斯丁的生活，[32]因为他想要过的乃是一种半隐居的哲学家似的生活，而不是安布罗斯那样的过分公共化的生活。由于当时各地教会都有强行让有才华的人担任教职的风习（安布罗斯就是这样被强行选上的，尽管那时他还没有受洗），奥古斯丁小心翼翼地保护着自己，他不轻易外出，即使去外地，也总避免去缺乏主教的地方，免得被强行选上。

二　被强选为希坡司铎。反摩尼教（391－392）

　　390末或391年初，邻近的希坡地方来了一个富有的官员，是个基督徒，他对奥古斯丁十分景仰，对几个朋友说，如果他能和奥古斯丁晤谈，便能放弃一切，过隐修生活。奥古斯丁正好想和埃伏迪（Evodius）一起在希坡也建一个修院，听说这个消息，就到希坡去找他，劝他过隐修生活。但这个人临时却变了主意，为了说服他，奥古斯丁便在希坡逗留了几日。他觉得希坡的教徒不会强行选他担任教职，因为他们已经有了一个很好的主教瓦莱里（Valerius），所以他放心地去当地教堂听讲。不料在一次讲道时，瓦莱里当众宣布，他年事已高，工作吃力，而且他是希腊人，拉丁语讲不流利，因此需要选一位司铎来帮助他，下面的教徒一听，眼光都转向奥古斯丁，拉住他不放，瓦莱里便劝说他当司铎。[33]瓦莱里满足了奥古斯丁在希坡建立修会的愿望，在教堂的园圃中腾出地方来，建了一个修院，后来这个修院培养出了一大批非洲主教。瓦莱里想请奥古斯丁帮他讲道（因为他自己的拉丁语不好），奥古斯丁说自己对《圣经》尚不精通，另外司铎讲道，按当时一般的规定有越权之嫌（后来果然有些非洲主教对此有看法），瓦莱里叫奥古斯丁不要担心，他说东方教会中是准许司铎讲道的。他还给奥古斯丁放一段时间的假，去研读《圣经》，为讲经作准备。这样一来，奥古斯丁就不好反对担任教职了。他这一当就是 40 年，直到 430 年病逝。就任教职不只是对奥古斯丁的生活方式，还对他的思想产生了根本的影响。由于教会生活的需要，他必须研读《圣经》，而随着他对《圣经》理解的深入，他的思想越来越"圣经化"，而离新柏拉图主义越来越远。到了 396/397 年，他的思想已与早期有了重大的不同。

奥古斯丁讲道的准备时期是在 391 年的四旬斋节（Lenten season）之前，主讲内容是《诗篇》1–31 节。在这些讲道中，他指出，每个人都应在罪上与"诗人"大卫认同，在恩典上与基督认同。随着讲道的逐渐增多，奥古斯丁早先作为雄辩家的素质发挥着越来越大的作用。为让希坡的普通信众理解他所讲的内容，他运用了一切的修辞手法，包括俚语、双关语、打油诗、比喻、字谜、笑话等等，甚至不惜动用粗鄙的当地用语，来吸引他们的注意力。比如，堆在地里的粪便让小麦长得好，堆在灵魂上的苦修让美德长得旺（《布道》254：2）。十字架是一个捕鼠器，基督的身体是诱饵，魔鬼一进来，就被夹住了，不能再控制人了（263：2，257：5）。在为培训年轻司铎而写的《基督教教导》里他说，用平直的用语也可以达到打动人心的效果，设身处地地为听众着想，从他们的处境看问题，就会产生讲者与听者的互动，台上与台下的沟通。

希坡是当时北非仅次于迦太基的第二大港口，虽然当时非洲的主教有 700 人左右，但希坡教会无疑具有其重要性。393 年非洲主教们在希坡召开了一次公会议，奥古斯丁虽然还是一个司铎，却被选为发言人，演讲主题为"信仰与信经"。他的这次演讲很是精彩，揭示了当时非洲教职人员亟需教育。迦太基主教奥勒留（Aurelius）锐意改革，听了奥古斯丁的演讲，决意与奥古斯丁携手合作，培训、提携年轻的司铎，破除陈规，让他们有权讲道。奥勒留和奥古斯丁的合作，对塑造此后数十年的非洲教会起了很大的作用。[34]

作为一个大城市，希坡是各教争夺的地方。摩尼教在希坡也开堂讲道，信从的人也有不少。392 年 8 月，奥古斯丁在希坡公共浴室的走廊里，与摩尼教徒富图纳特（Fortunatus）[35]展开了辩论，辩论进行了整整两天，后者被驳得哑口无言，此后不再踏入希坡半步，并最终归信了公教。各教各派的人都来旁听，几个速记员将辩论过程记录了下来。[36]

三　多纳特派。整顿希坡教会。成为主教（392－396）

但是当时非洲教会面临的最紧迫问题尚非摩尼教，而是多纳特派。在 303－305 年狄奥克莱提安迫教时期，一名基督徒如果将经书交给政府，就不会有什么麻烦，否则就要受到迫害。那些交经书的人，就被虔诚的信徒称作"递交圣经者"（traditor）。多纳特派认为这样的人不能算信徒，不能进教会，如果他们确实想进教会，那就得重新受洗（重洗是 2 世纪殉道的主教齐普林也赞成的）。递交过圣经的主教，重洗后只能当平信徒，不能再当主教。交过圣经的主教所做的圣事是没有效力的。多纳特派早先受到压制，347 年公教徒引用国家力量镇压他们，多纳特本人就在其时对他所在的迦太基大教堂的围攻中丧命。多纳特派后来得到朱利安皇帝（361－363 年在位）的支持，该派主教都从流放地归来。多纳特派以"纯净人的教会"自居，认为他们清除了不信者，建立了真正的教会。

多纳特派热衷于圣徒崇拜和奇迹，殉道者的墓室往往成为他们的崇拜中心。多纳特派不只在非洲农村大行其道，在城市里也颇壮观。奥古斯丁在自己教堂做弥撒时，就可以听到不远处多纳特派大教堂里传出的歌声（书信29：11）。迦太基主教奥勒留和奥古斯丁同病相怜，因为在他的城市里，也有一位锐意革新的多纳特派主教，名为巴曼尼安（Parmenian）。

奥古斯丁就任司铎后，一开始对多纳特派是主张理性说服的。他指望像说服摩尼教徒富图纳特一样，说服多纳特派。但是多纳特派牢记着《圣经》上说的不要与不信者混杂在一起的教训，他们在路上遇见了公教徒连招呼都不打，对辩论就更无兴趣。在希坡，多纳特派的面包师傅甚至拒绝把面包卖给公教徒（《给帕提里安的回信》2：184）。奥古斯丁和多纳特派虽然在互相嘲弄上"交道"不断，却对如何让他们重归大公教会一筹莫展。多纳特派严于律己，生活严谨（类似于后世的"清教徒"），看不起当时普通的公教徒。

奥古斯丁心下明白，多纳特派的教徒，确实要比公教徒虔诚。要和多纳特派较量，就得先将自己的教会建设成标兵。奥古斯丁决定从改变不良习俗开始。当时非洲的教会，不论公教还是多纳特派，都有去殉道者墓前祭奠的习惯，人们常常喝得醉醺醺的，载歌载舞，将严肃的纪念变成节日的狂欢，实际上是将异教或民间宗教的习俗带进了基督教。[37]

395年，奥古斯丁找到了一个整顿希坡教会的机会。瓦莱里主教嘱咐希坡的教众，不要在圣列奥提（Leontius，希坡第一个殉教的主教）节上酗酒嬉闹。但会众反感他的话，准备照样祭奠亡灵，宴饮一番。奥古斯丁在圣列奥提节的前两天，即升天节（Ascension）前夕，列出了一长串经文，禁止信众在教会仪式上酗酒。随后他听到小道消息，说人们对他很是恼怒，把对瓦莱里的不满转到他身上来了。第二天，他又列出了一批相关的经文，恳请人们不要酗酒嬉闹，奥古斯丁讲得泪眼迷离，听众也是唏嘘不已。不过他仍准备着面对次日可能出现的最糟的情况。他准备了一篇关于不悔改者注定要毁灭的布道，准备在讲完时，撕碎自己穿的袍子，离开罪孽如此深重的会众。

但次日并没有出现最糟的情况。反对方的头领告诉奥古斯丁，他们放弃了原来的计划。于是讲道变成对节庆的历史来源的追溯。庆祝活动一直持续到了中午，人们自发地唱歌和读经文。到了下午，晚课仪式时教堂里又聚了不少的人。瓦莱里主教示意奥古斯丁讲话，奥古斯丁则希望休息休息，由主教来结束这一天。这时从邻近的多纳特派教堂传来节庆喧闹的声音，奥古斯丁忍不住向大家夸口，说现在公教会是禁欲的一方了！瓦莱里和奥古斯丁离开教堂后，人们还留在那里唱歌和祷告，直到晚上。[38] 这次胜利确立了奥古斯丁在希坡教会的权威，对非洲公教的发展，也起到了良好的作用。

瓦莱里对奥古斯丁非常满意，但他担心奥古斯丁被调到别处，于是请求迦太基主教奥勒留，破例让希坡同时有两个主教（他和奥古斯丁）。奥勒留和别的主教商量后批准了（实际上这违背了尼西亚大公会议的规定）。这样，在 395 年，41 岁的奥古斯丁当上了希坡主教。第二年，瓦莱里去世，奥古斯丁成了希坡唯一的公教主教。

四　与多纳特派激辩（411，418）

多纳特派抗拒公教会，时有暴力之举，尤其他们中的一些人卷入非洲将军吉尔多（Gildo）叛乱，使皇帝震怒。[39] 皇朝廷臣斯蒂利科（Stilicho）于 405 年发布了一道严格的统一令，用向来就有的反异端法惩罚多纳特信徒。奥古斯丁对此令曾存有疑虑，但在希坡予以执行，他对待失序与异见的态度，也日趋强硬。

多纳特派的暴力活动不断升级，非洲公教请皇帝霍诺利（Honorius）收回多纳特派主教给予暴民的避难所。410 年，皇帝派护民官马色林（Marcellinus）处理此事，要将公教和多纳特派两派集中起来，进行当面辩论，再根据旧法，决定到底哪边是异端。

辩论会于 411 年 6 月 1 日、3 日、8 日共举行了三场。[40] 第一场在迦太基的迦基利（Gargillius）澡堂召开。出席会议的，多纳特派有 284 位主教，公教有 286 位主教。两边各派 7 位代表陈述己方信仰，并与对方辩论（此外两边各有 7 位咨询员和 4 位记录员）。对这场辩论，以奥古斯丁、奥勒留、阿利比为核心的公教一方作了充分的准备，而多纳特派却似乎准备不足，甚至到了最后一刻都难以决定要不要让他们的大主教上场充当辩论的代表。首先辩论的是"递交圣经者"的起源问题。公教方面用文献显示，一些被当作"递交圣经者"定罪的人早已被清洗。对此多纳特派只是一味阻挠，他们出示的文献自相矛盾，甚至包括了有利于公教的材料。接下来的辩论包括对教会构成的看法。奥古斯丁引经据典地论证教会是凡圣共处，麦子和稗子一道生长的。对此多纳特派的最佳辩手艾米利（Emeritus of Caesarea）举了邪恶世界（mundus）反对上帝的经文作为反驳。奥古斯丁则还之以《圣经》中说到上帝为要救世而来到世上的段落（约 17：20；3：17；林后 5：19）。多纳特派对他感到恼火，集中火力干扰他、质问他。阿利比对记录员说："让记录显示，他们正在打断他。"

411 年 6 月 8 日，三场辩论赛都结束了。26 日，马色林发表了一道命令，判定多纳特派为异端，没收他们的教堂，禁止他们集会，如果不参加公教会，就要被罚款。由于多纳特派不服马色林的命令，激起了一连串的恐怖活动。奥古斯丁的一位司铎被挖掉了一只眼睛，被砍掉了一根手指头。还有一位司铎被杀害了。奥古斯丁本人更是多纳特派的眼中钉。多纳特派的一个主教说奥古斯丁是一只狼，是来害羊群的，要救羊群，就得先把这只狼杀死，谁杀了他，谁的罪就可得赦免。奥古斯丁的学生和传记者波西迪说，有一次奥古斯丁和几个同事出门，路上已有多纳特派中在等着他。碰巧奥古斯丁的向导认错了路，由另一条路到了目的地，方才没有中埋伏。[41] 即使在这种情况下，奥古斯丁也呼吁多纳特派与公教一致，吁请他们纠正自己的错误，同时他要公教徒善待多纳特派，不要以胜利者自居（《布道》359：5；《书信》78：8）。多纳特派主教只要加入公教会，就可以保留主教的教职不变，即便这违背了"一城不可有二主教"的规矩。他个人愿意和希坡的多纳特派主教交换教堂的服务。杀害他司铎的多纳特派凶手被抓住后，奥古斯丁也吁请马色林不要将这人处死、致残或加以鞭笞（这都是罗马刑罚），理由是这样可以让凶手通过劳动改造来纠正错误，重新做人，而这比以牙还牙要好（《书信》133：1；134：4）。

　　关于多纳特教会的消息，后来还可以看到。418 年，罗马教皇佐西姆敦请正在迦太基的奥古斯丁，带领一批非洲主教去平息毛里塔利亚地方的凯撒利亚（Caesarian Mauretania，这地方在迦太基以西 800 英里处，靠近地中海）的教会争端。正当炎夏，64 岁高龄的奥古斯丁带着主教们迈上旅程。一路上，奥古斯丁发现毛里塔利亚教会组织得不好。到达凯撒利亚后，他把公教主教和多纳特派已归到公教中来的主教召集到一起开会。有人报告说多纳特派主教艾利（就是 7 年前参加迦太基辩论的那个艾米利）就在城市广场的外面，奥古斯丁就邀请他来参加集会。艾米利来了，但他拒绝在会上发言。奥古斯丁问，如果他不想和大家说话，他为什么还来呢？坚定的多纳特派是拒绝与公教"罪人"混在一起的。奥古斯丁说，他不是想用武力强迫他发言，而是想用真理使他发言。艾米利说："事情将会显示我是被征服还是征服，我是被真理征服还是被武力强迫。"奥古斯丁问，那你为什么来呢？如果你不来，我是不会请你发言的。对此艾米利只用一个词作答："注意这"（fac/mark that）。奥古斯丁让阿利比宣读接受多纳特派主教并让他们享有完全的教职的复和条款，但艾米利没有回应。奥古斯丁结束会议时说："我们要为他祷告。谁知道上帝的意图呢？"此后，关于艾米利就没有别的记载了。[42]

五 旺盛的创作力：三部经典著作

从391年就任教职起，奥古斯丁思想受《圣经》影响越来越大。他最喜欢的保罗书信，尤其是《罗马书》、《哥林多前书》和《加拉太书》，重新塑造了他的思想。到了396/397年在回答辛普里西安关于《罗马书》中雅各与以扫为何在出生以前便已被预定时，奥古斯丁产生了他后来的"预定论"和"恩典论"的思想。

与多纳特派的斗争则使奥古斯丁系统地提出其教会论，他的主要思想，是认为地上的教会乃是罪人与圣徒的混杂体，人不能自居为义，像多纳特派那样，以为今生可以裁判谁是罪人，谁是得救者。只有在末世，罪与圣才能判然分开。同时，他还认为，为了教会的统一，可以利用国家的力量，"强使"异端重归公教会。

奥古斯丁的创作力极其旺盛，除了布道、论战、书信，他还继续像以前那样写作。在396/397年《致辛普里西安》中，他对保罗的恩典观达到了深一层的领悟，完成了自己思想范式的"转换"：得救与否不是靠人自己的努力，而是完全依靠上帝的恩典。397年，他按照新领悟的保罗的恩典思想，回顾自己的灵命历程，发现凡有罪过之处，都是自己作的孽，而凡有美好之处，都是上帝的旨意，理当归功于上帝，赞美上帝，于是有《忏悔录》的写作。这部后来成为世界名著的著作，揭示了上帝在人的"内部"（intus），胜过人自己。"你在我之内，我在我之外"（intus eras et ego foris, 10：39），上帝"比我自己更深地居于我之内"（interior intimo meo, 3：11）。

他另外两部主要著作也都创作于同一时期。《〈创世记〉字解》约写于401－415年,它探讨的是上帝创世过程中的一些问题,对世界的产生、人的原始状态与堕落、将来的命运,都进行了思考,这部著作在他的释经著作中占有极端重要的位置。

另一部《论三位一体》,约写于401－416年,[43]集中体现了奥古斯丁的基督教"神学"和基督教"人学"。前7卷讨论"三位一体"本身的含义,后8卷讨论上帝在人身上的"形象",对人类意识的结构进行了细致深入的考察。《论三位一体》是奥古斯丁神哲学的巅峰,其深度和高度是其他著作都不能比拟的。它对后世的神学、哲学、心理学都有重大影响。

这三部著作写作时间相近,因此有些内容是接续的和交叉的,比如,《〈创世记〉字解》就是接着《忏悔录》最后3卷讨论上帝的创造开始的,而《论三位一体》的三一类比,在《忏悔录》第13卷中已开始出现。即使没有后来的《上帝之城》,单是凭着这三部著作,奥古斯丁就足以跻身于人类最伟大思想家的行列。

六 《上帝之城》的写作 (413－426)

410年西哥特首领阿拉里 (Alaric) 攻陷罗马城,烧杀、抢掠、奸淫,引起整个帝国的震撼。虽然在奥古斯丁看来,罗马的这次劫难比起她以前的遭遇算不了什么真正的灾难,同为基督徒的侵略者也算对她手下留情,没有对人民大开杀戒,但是它给人们的心理冲击是巨大的。因为罗马向来被视为永恒之城。一些贵族开始怀疑,是不是因为罗马信奉一个讲求温柔和顺从的基督教上帝,才导致如此劫难。在他们看来,为何以往罗马战无不胜,而现在不断衰落呢?根子就在于从410年起,帝国废弃旧教,改奉基督教,得罪了神灵,而基督教的上帝又是虚弱无力的。基督徒不像以前那么自信了。以前他们曾经夸口,他们不仅保留了罗马所取得的成就，还提升了它。为解答异教徒的指责和基督徒的疑惑，从 413 年起，奥古斯丁开始写作《上帝之城》，回答人们的这些疑惑。这一写就不能罢休，直到 426 年才写完，共写了22 卷。

他的原意不过是要回答一些罗马贵族的责难：基督教要为罗马的遭劫负责。《上帝之城》第 1 至第 10 卷主要就是回答这个问题的。奥古斯丁认为，罗马的劫难并非今天才有，以前就一直不断，罗马的神祇也不能保护罗马：他们根本就是无用的、不存在的东西。他们不仅不能起到好的作用，反倒将人引向歧途。像瓦诺（Varro）那样在旧教的神话和迷信基础上建构神学，只能产生矛盾和胡扯。

不过，《上帝之城》的主要思想，在此之前已有萌发。甚至可以认为，即使没有罗马遭劫的事情发生，奥古斯丁也可能会写一部类似的著作。[44]早在《〈创世记〉字解》（11：15：20）里，奥古斯丁就提到，他有可能写一本书，谈论由天使的堕落而导致的两个"城"。在 405 年《教导入门者》（19：31 - 21：38），他也谈到了"两个城，一个邪恶，一个圣洁，它们从人类的诞生一直持续到时间的终了。" 412 年奥古斯丁收到马色林的一封信。后者说，他在与人交谈中遇到一些难题，比如基督教的神迹比诸异教的又有什么特别之处呢？上帝既是不变的，那他以前喜欢旧约中的祭献，现在又为何不喜欢那样的祭献了呢？基督教给罗马带来了什么好处？君岂不见，正是在旧教废除、基督教上台后，帝国的政治与军事命运才一天不如一天么？奥古斯丁写了两封信回答他（《书信》137，138），其中的一些思想后来在《上帝之城》里得到了发展。在《书信》138 里，他许诺他将就这些问题写一本书，这本书就是后来的《上帝之城》。

关于这本书的内容划分，奥古斯丁本人作了一个最好的说明。在写给一个名为弗尔姆（Firmus）的非洲基督徒的信里（他也给他送了一份《上帝之城》的抄件），他说：

> 有二十二个部分：太多了，难以编成一册。你如果希望作成两册，不妨将头十卷分为一册，把后十二卷分成一册。如果你想作成不止两册，就不妨将它分成五册。第一册应该有前面的五卷，在这里我反对了那些宣称对诸神——或不如说对邪恶神灵——的崇拜使人在今生得到幸福的人。第二册应该包括接下来的五卷，在这里我反对了那些认为应该用仪式和牺牲来崇拜这些神灵，以在来世得到幸福的人。剩下的三册各含四卷：这部分我是这么安排的，先用四卷讲述上帝之城的起源，再用四卷讲述它的进步——或不如说它的发展——最后四卷则讲等着它的终局。

在一些具体的问题上，比如，对于那些在罗马之陷里被杀、被抢、被逐、被强奸的人，他用斯多亚式的话语来安慰他们：死亡是人人都不可避免的，因此迟早都是一样的。身体所遭遇的并不重要，重要的是灵魂：在罗马之陷里被强奸的女人，并没有失去其贞洁，因为贞洁是灵魂的美德，而不依赖于别人怎么用你的身体。即使在被强奸时身体有所反应（指性器官受到刺激而有一些湿润），只要被强奸者的心并没有赞同，那也不要紧（《上帝之城》1：16－18）。她们不应该因为别人指责她们而寻求自杀，因为只要她们坚持活着，上帝是会宽宥她们、安慰她们的，而自杀则排除了一个人悔改的可能（这个论证与他反死刑的论证一样）。罗马人赞扬那因为不能忍受被强奸的耻辱而自杀的卢克莱提娅（Lucretia），这只是因为他们自己只有人的骄傲而没有上帝的慈悲（1：22－25）。卢克莱提娅自杀，杀死的是一个贞洁无罪的人（她自己），因此她犯的罪过比强奸她的人更重，因为"他夺取了她的身体，她则夺取了她的生命。他强奸，她则谋杀"（1：19）。

《上帝之城》颠覆了古典哲学的国家正义观。维吉尔在《埃涅阿斯》里把罗马说成是诸神按照正义秩序的形象造出来的，奥古斯丁则说，罗马从未、也不能变成正义的形象。任何人世的建制都不能。唯有上帝之城才有完美的秩序。人类自从始祖堕落，便沉沦在罪里，就他们本身而言，他们不爱上帝爱世物，身心分裂，愿能分裂，他们所建立的城邦，目的只是为了达到世俗的享受，并无正义可言。古典哲学认为社会建立在其成员对正义的"共识"上，奥古斯丁却认为它建立在对所爱之物的"共好"上（rerum quas diligit, 19：24）。为了"共好"，世俗的人们彼此之间达成一些契约，保持一定的秩序。这里可见奥古斯丁对意志的强调胜过了对理智的强调，对"爱"的强调胜过了对"知"的强调。既然"国家"并无"正义"可言，那么它与匪帮也就没有多大的区别了。匪帮里的人，亦有其"共好"与秩序。

对于圣徒来说，他们在尘世的一生乃是"朝圣之旅"，是"身在曹营心在汉"。但即使如此，他们也要维持最低限度的生命所需，因此也要维持地上的相对的秩序。圣徒也要服从地上的法律，当一个好的公民，尽自己作为公民的义务。基督徒也要参军打仗。只有在国家公然禁止、迫害他的信仰时，他才有必要拒不服从国家的命令。

虽然是被上帝"预定"好了的选民，但到底谁是圣徒，在今生却无从知晓。只有上帝才能知道谁终将属于"上帝之城"，谁终将落入地狱。因此，得救者与未得救者，在尘世就如"在茫茫黑夜中的两支军队"一样，是互不认识的。今天的罪人也许会成明天的圣人，反之亦然。地上教会里的可见的成员也许最终将下地狱。那些教会外面的人也许将进天堂。不到末日审判之时，麦子和稗子都将混杂在一起，常被误认。奥古斯丁认为，我们对他人的灵魂是不可知的——唯有上帝知道人的内心。因此，我们不能判断别人到底属于哪个城，只要保证自己的动机纯正即可。

《上帝之城》对中世纪的政治思想影响巨大，其关于"有形教会"和"无形教会"、政教关系、"社会"与"国家"的区别、"正义"的思想，直到今天都对人们有所启迪。[45]

七　反佩拉纠派（412－430）

411 年，佩拉纠（Pelagius）的学生和朋友科勒斯蒂（Cae-lestius）在非洲公会议上被定罪，原因是他否认亚当的罪导致了全人类的死，影响到了后来的每一个人。412 年时，马色林还在，[46]奥古斯丁给他写了两封信，反驳科勒斯蒂的观点，但他并未将科勒斯蒂的这些观点归到佩拉纠头上（见《论惩罚与赦罪》和《圣灵与仪文》）。

佩拉纠在 413 年从耶路撒冷寄给奥古斯丁的一封信里，表达过对奥古斯丁早期著作尤其是《论意志的自由选择》的真心景仰。对这封信奥古斯丁回了一封礼节性质的、简短的感谢信。

到了 415 年，奥古斯丁读到了佩拉纠本人的著作《论本性》，里面说，亚当的堕落并没有损坏人的本性。佩拉纠行文中引用了不少公教权威作家，包括奥古斯丁自己的著作《论意志的自由选择》，这令奥古斯丁觉得危险，他写了《论本性与恩典》一书，正式反驳佩拉纠的《论本性》。

415 年，佩拉纠在巴勒斯坦的一个公会议上被宣布为正统。奥古斯丁给东方大主教——耶路撒冷的约翰（John of Jerusalem）和亚历山大的齐利尔（Cyril of Alexandria）——写信，想要知道会议免罪佩拉纠的理由。奥古斯丁得到会议记录后，启动迦太基主教会议系统，恳求皇帝霍诺利定佩拉纠的罪，并引罗马教皇佐西姆后来的谴责为证，说公会议已定佩拉纠的罪，希望事件宣告结束。

但当佐西姆要主教们签名同意谴责佩拉纠时，意大利有18位主教表示反对。他们的头领是艾克兰的朱利安（Julian）。朱利安景仰佩拉纠，还是科勒斯蒂的朋友。朱利安离开他的教区南意大利的艾克兰（Eclanum），跑到北意大利，和其他的抵制者一起，呼吁开一个普世大会，恢复佩拉纠的教职。418年，朱利安跑到当时帝都（Ravenna）的贵族元老们面前（尤其是在瓦莱里［Valerius］那里），说奥古斯丁贬低婚姻。

消息很快传到奥古斯丁耳朵里，他赶紧写了一卷书给瓦莱里，否认自己反对婚姻。朱利安看到奥古斯丁这部著作后，写了四卷书来反驳之。由于瓦莱里很忙碌，有人将这四卷中的重要部分摘录出来凑成一卷。奥古斯丁在帝都的代理人将这个摘录本抄写了一份送回非洲，奥古斯丁马上作了回复。不久后朱利安的四卷本全部也到了，奥古斯丁又一一作答。

两人引经据典，一来一往，但奥古斯丁和朱利安的争论并没有结束——因为奥古斯丁在430年去世，留下了未写完的答朱利安的著作。

在与佩拉纠派（主要是佩拉纠、科勒斯蒂和朱利安）的论战中，奥古斯丁集中发展了他的原罪论、恩典论和预定论，其中关于自由意志的讨论，对于后来的哲学和神学的发展，有着重要的意义。

奥古斯丁和佩拉纠派的论战被赋予了很多的象征意义，有人认为它代表了基督教与古典文化之间的漫长争辩的最后的、总结性的阶段。现在大部分学者仍旧相信，奥古斯丁的"恩典"对佩拉纠的"自由"（及其古典的、斯多亚思想的根源）的胜利，标志着西欧古代世界的终结。[47]

第三节　奥古斯丁的著作

一　总量与分类

　　怀特海说，柏拉图之后的西方哲学只是柏拉图哲学的一系列脚注。奥古斯丁之后的基督教神哲学，也可视为奥古斯丁神哲学的一系列脚注。但就奥古斯丁本人的著作来说，由于数量极为庞大，要做脚注也不是那么容易的。

　　在古代作家中，从传世作品的总量上说，没有人能够超过奥古斯丁。奥古斯丁本人在 427 年完成的《更正篇》中统计的数字是，他共写了 93 部著作。但在《更正篇》之后，他尚写有《论圣徒的预定》和《论保守的恩赐》，以及未写完的一部反朱利安的著作。[48]除此之外，他还有约 200 封书信及 400 篇布道留了下来（还是从大约八千多次布道中留下来的）。他的书信和布道大多是由速记员记录下来的。[49]据一些学者的统计，奥古斯丁在从 386 年皈依至 430 年辞世的这 44 年间，其作品加起来约相当于一套标准百科全书的头 15 卷。他共留下了约一千本"书"（books）。这个"书"相当于我们今天所说的"卷"。我们只要想想，《忏悔录》是 13 卷，《上帝之城》是 22 卷，《论三位一体》是 15 卷、《〈创世记〉字解》是 12 卷，就可以知道奥古斯丁一生的作品大致有多"厚"了。[50]这些"书"有厚有薄，从寥寥数行到两千来页的《〈诗篇〉阐释》（该著长度是《上帝之城》的两倍）[51]，若按《忏悔录》有中文 22 万字，《论三位一体》有中文 29 万字，将每"书"保守地估计为约 1.5 万字，则奥古斯丁的作品中文字数总量应该在 1500 万字左右，这当然远远超出柏拉图和亚里士多德了。[52]

　　这么多的著作，应该怎么分类呢？各人有不同的分法。

　　奥古斯丁本人在《更正篇》中是按照写作时间的先后排序，而他的朋友、学生和《奥古斯丁生平》的作者波西迪（Possidius），则将它们按论战对象分为如下九类：[53]（1）反异教；（2）反星相学家；（3）反犹太人；（4）反摩尼教；（5）反普利西里安派（Priscillianists）；[54]（6）反多纳特派；（7）反佩拉纠派；（8）反阿里乌派；（9）反阿波里拿留派（Apollinarians）。[55]

　　法国学者马娄（Henry Marrou）认为，奥古斯丁并未花同样的精力反对所有这些论敌，根据他本人的看法，他把奥古斯丁的写作生活分为三个阶段：（1）387－400年，反对摩尼教的斗争；（2）400－412年，反对多纳特派的斗争；（3）412－430年，反对佩拉纠派的斗争。与此相应，可以将奥古斯丁的思想（著作）分成四类，每一类都可体现出奥古斯丁的一个侧面：（1）反摩尼教，存在的哲学家；（2）反多纳特派，教会的导师；（3）反异教徒，历史神学家；（4）反佩拉纠派，恩典标兵。[56]这大致对应于奥古斯丁的"哲学对话"时期、反多纳特派时期、写作《上帝之城》时期以及反佩拉纠派时期。

　　另一位法国学者波达利（Eugene Portalie）则根据主题将奥古斯丁的著作分为如下九类[57]：（1）自传与书信，前者主要包括《忏悔录》和《更正篇》；（2）哲学与自由艺术，主要是早期哲学对话，如《反学园派》、《论幸福生活》、《论秩序》、《独白篇》、《论灵魂的不朽》、《论灵魂的宏量》、《论教师》、《论音乐》；（3）一般的护教著作及反对不信者的著作，包括《上帝之城》、《论真宗教》、《论信仰的益处》、《论信未见之事》等；（4）反异端的论战性著作，主要包括反对摩尼教、多纳特派、佩拉纠派和阿里乌派的著作；（5）释经著作，包括一般的释经理论（如《基督教教导》）、对《创世记》、《诗篇》、《约翰福音》、保罗书信的解释等；（6）教义学和道德阐释，如《论三位一体》、《论信仰和信经》、《教义手册》、《八十三个不同的问

题》、《论撒谎》、《论贞节》、《论节制》、《论忍耐》等；（7）教
牧神学和布道；（8）托名奥古斯丁的伪作；（9）佚失之作。所
以，如果不考虑最后两类，实际上波达利是将奥古斯丁著作分为
七类。我们下面主要按波达利的分法列出奥古斯丁的著作（有
些地方根据今天的研究成果加以调整）。[58]

二　著作名称及部分简介

（一）"自传"与通信

《忏悔录》（*Confessiones*，397 - 401），虽然不是现代意义上
的"自传"，却透露了奥古斯丁生平的许多事情。

《更正篇》（*Retractationes*，426/427），对其以往著作和思想
作出许多修正和调整。

《书信》（*Epistolae*，本尼迪克版共收 270 封，时间跨度为
386 - 430）[59]，涉及奥古斯丁生活和思想世界的方方面面。

（二）哲学著作：主要是其"新柏拉图主义基督教"时期的
作品。其中对怀疑主义的反驳、对秩序、幸福和灵魂的看法，在
许多方面既是对古典哲学的继承，也是对其批判，具有重要的哲
学史价值。

《反学园派》（*Contra Academicos*，386）

《论幸福生活》（*De beata vita*，386）

《论秩序》（*De Ordine*，386）

《独白篇》（*Soliloquies*，386）

《论灵魂的不朽》（*De immortalitate animae*，387）

《论灵魂的宏量》（*De quantitate animae*，388）

《论教师》（*De Magistro*，388）

《论音乐》（*De musica*，388）

（三）一般性的护教学和与不信者论战的著作

《上帝之城》（*De Civitate*，413 - 426），奥古斯丁最主要的

著作之一，从基督教神学角度对人类历史的来龙去脉进行描述和展望。

《论真宗教》（*De vera religione*，389－391），讨论理性与权威关系。

《论信念的益处》（*De utilitate credendi*，391），讨论信仰与理性关系。

《论信未见之事》（*De fide rerum invisibilium*，400）

《论魔鬼的神化》（*De divinatione daemonum*，406）

《论六个问题，反异教徒》（*Sex quaestiones contra paganos/Epistola* 102，408/409），这封信是写给迦太基修士 *Deogratius* 的，回答波菲利等异教徒对复活的嘲弄，以及基督教的创新、崇拜与祭礼等问题。

《书信 118》（*Epistola* 118 *ad Dioscorum*，410），这是写给异教徒 Dioscorus 的信，信中指出了哲学诸流派的错误，为基督教信仰的权威性辩护。

《反犹太人》（*Tractatus adversus judaeos*，约 428）

《书信 120》（*Epistola ad Consentius*，年份不详），讨论信仰与理性的关系，强调理性在信仰中的重要作用。

（四）反异端著作

随着奥古斯丁 391 年就任教职，他的生活方式发生了改变，阅读和思考的重点也从哲学转到了《圣经》，尤其是保罗书信，初步形成他的以恩典论为核心的思想。在和形形色色的"异端"斗争的过程中，奥古斯丁发展了他的思想。奥古斯丁一生中所反对的"异端"，主要有摩尼教、多纳特派和佩拉纠派。在对他们的教义进行批判的过程中，他也逐渐理清和确立了自己的思想。反摩尼教使他对善恶、自由意志、《新约》和《旧约》的一致等问题有更清晰的看法，反多纳特派则使他形成了自己的教会论，反佩拉纠派则使他发展了原罪论、恩典论、预定论和自由论等等最具奥古斯丁特色的理论。

1. 异端的历史

《论异端》（*De haeresibus*，428），对各种"异端"的来龙去脉及思想特征、实质作了简介。

2. 反摩尼教

《论公教的生活之道与摩尼教的生活之道》（*De moribus Ecclesiae catholicae et de moribus manichaeorum*，388），伦理学著作。

《论两个灵魂》（*De duabus animabus*，392 年 8 月之前），驳摩尼教二元论。

《关于与摩尼教徒富图纳特争论的报道》（*Acta seu disputatio contra Fortunatum manichaeum*，392），是对奥古斯丁与富图纳特激辩的现场记录。

《反摩尼教徒阿迪曼》（*Contra Adimantum manichaei discipulum*，393 - 396）

《反摩尼教的一封信》（*Contra epistolam manichaei quam vocant Fundamenti*，393 - 396）

《论意志的自由选择》（*De libero arbitrio*，388 - 395），[60]神正论代表作，用自由意志反驳摩尼教的命定论。

《反摩尼教徒浮士德》（*Contra Faustum manichaeum*，397/399），[61]强调新旧约的一致，其中有关于"正义战争"的重要讨论。

《与摩尼教徒菲利斯论辩报道》（*De actis cum Felice manichaeo*，404）

《论善的本性，反摩尼教》（*De natura boni contra manichaeos*，405），主调为"恶是善的缺乏"。

《反摩尼教徒塞康迪》（*Contra Secundinum manichaeum*，405/406）

《反普里西里安派和奥利金派，致俄罗修》（*Ad Orosium con-*

tra priscillianistas et origenistas，415）

《反对律法书和先知书的反对者》（*Contra adversarium Legis et Prophetarum*，420）

3. 反多纳特派

《反多纳特派的歌》（*Psalmus contra partem Donati*，393 – 396）

《反巴曼尼安的信》（*Contra epistolam Parmeniani*，400）

《论洗礼，反多纳特派》（*De baptismo contra donatistas*，约 400）

《反多纳特派佩提利安的信》（*Contra litteras Petiliani donatistae*，400/403）[62]

《为反多纳特派而致公教徒的信》（*Ad catholicos epistola contra donatistas/De unitate Ecclesiae*，402/405）[63]

《反摩尼教文法学家克莱斯康尼》（*Contra Cresconium grammaticum partis Donati*，406）

《论一洗，反佩拉利安，致康士坦丁》（*De unico baptismo contra Petilianum ad Constantinum*，410）

《书信108，致马克洛比》（*Epistola 108 ad Macrobium*，410）

《与多纳特派一起的会议纪要》（*Breviculus collationis cum donatistis*，411），忠实记载了411年6月与多纳特派进行的三天辩论会的情况，十分形象生动。

《大会之后致多纳特派》（*Ad donatistas post collationem*，411年辩论会之后）

《对凯撒利亚信众的讲道，艾米利也在场》（*Sermo ad Caesareensis Ecclsiae plebem Emerito praesente habitus*，418）

《与多纳特派主教艾米利会晤纪录》（*De gestis cum Emerito Caesareensi donatistarum episcopo*，418），记录418年奥古斯丁赴凯撒尼亚教会与仍持旧见的艾米利会谈的情况。

《反多纳特派主教高顿提》（*Contra Gaudentium donatistarum episcopum*，420），讨论多纳特派教徒自杀及一般的自杀问题。

4. 反佩拉纠派

反佩拉纠和科勒斯蒂（412 – 419）：

《论惩罚与赦罪及论婴儿受洗》（*De peccatorum meritis et remissione et de baptismo parvulorum*，412）

《论圣灵与仪文》（*De spiritu et littera*，412 – 413）

《论本性与恩典》（*De natura et gratia ad Timasium et Jacobum*，415）

《论人义的完全》（*De perfectione justitiae hominis*，415）

《论佩拉纠决议》（或译《论佩拉纠的行为》）（*De gestis Pelagii*，417）

《书信186，致保林》（*Epistola* 186 *ad Paulinum*，417）

《书信188，致朱利安娜》（*Epistola* 188 *ad Julianam*，417/418）

《论基督的恩典和原罪》（*De gratia Christi et de peccato originali contra Pelagium et Coelestium*，418）

《书信194，致罗马长老西斯特》（*Epistola* 194 *ad Sixtum romanum presbyterum*，418）.

《论灵魂及其起源》（*De anima et ejus origine*，420）

反朱利安（419 – 430）：

《论婚姻与贪欲，致瓦莱里伯爵》（*De nuptiis et concupiscentia ad Valerium comitem*，419）

《反佩拉纠派的两封信》（*Contra duas epistolas pelagianorum ad Bonifacium romanae Ecclesiae episcopum*，420）

《反佩拉纠异端的辩护者朱利安》（*Contra Julianum haeresis pelagianae defensorem*，421）（本书以后称为《反朱利安》）

《未完成的反朱利安著作》（*Opus imperfectum contra secundam*

Juliani responsionem, 428 - 430）

反半佩拉纠派（426 - 430）：

《论恩典与自由选择》（*De gratia et libero arbitrio ad Valentinum et cum illo monachos*, 426/427）

《论惩罚与恩典》（*De correptione et gratia ad eumdem Valentinum et cum illo monachos adrumetinos*, 427）

《书信 217，致迦太基的维达利》（*Epistola 217 ad Vitalem carthaginensem*, 427）

《论圣徒的预定》（*De praedestinatione sanctorum ad Prosperum et Hilarium*, 428 - 429）

《论保守的恩赐》（*De dono perseverantiae ad Prosperum et Hilarium*, 428 - 429）

5. 反阿里乌主义

《反阿里乌派的一个讲道》（*Contra sermonen arianorum*, 418）

《与马克西明的会议》（*Collatio cum Maximino arianorum episcopo*, 428）

《反阿里乌派主教马克西明》（*Contra Maximinum haereticum arianorum episcopum*, 428）

（五）圣经解释

《创世记》和保罗书信，尤其《罗马书》，对奥古斯丁基督教神学和基督教人学的形成有着关键的作用。奥古斯丁受新柏拉图主义影响后，摆脱了摩尼教的物质主义的思维方式，但他虽受到了安布罗斯"喻意释经法"的启发，在释经上却仍未彻底摆脱摩尼教。回到非洲后，他接触到提康尼等人的释经理论，逐渐形成自己的释经原则和风格，对《创世记》和保罗书信作出一套能够"自圆其说"的解释。正是在解释《圣经》的过程中，他的恩典论、原罪论和预定论才彻底显露出来。

1. 释经学理论

《基督教教导》（*De doctrina christiana*，397—426），[64]奥古斯丁的释经学"元理论"。

2.《旧约》评注

《论〈创世记〉，反摩尼教》（*De Genesi contra manichaeos*，388－390）

《未完成的〈创世记〉字解》（*De genesi ad litteram liber imperfectus*，393/394）

《〈创世记〉字解》（12 卷）（*De Genesi ad litteram libri duodecim*，401－415）

《圣经前七书中的表达式》（*Locutionum in Heptateuchum*，419）

《圣经前七书的问题》（*Quaestionum in Heptateuchum*，419）

《〈约伯记〉笔记》（*Annotationum in Job*，397－400）

《〈诗篇〉阐释》（*Enarrationes in Psalmos*），这是奥古斯丁一生关于《诗篇》章句的阐释。

3. 关于福音书的著作

《论福音书的一致》（*De consensu Evangelistarum*，约 400 年）

《福音书的问题》（*Quaestionum Evangeliorum*，约 400 年）

《论主的山上宝训》（*De sermone Domini in monte*，393－396）

《〈约翰福音〉评注》（*In Joannis Evangelium*，416）

《〈约翰壹书〉评注》（*In epistolam Joannis ad Parthos*，416）

4. 论保罗书信

《〈罗马书〉章句评注》（*Expositio quarumdam propositionum ex epistola ad Romanos*，394/395）

《未完成的〈罗马书〉评注》（*Epistolae ad Romanos inchoata expositio*，394/395 未完成）

《〈加拉太书〉评注》（*Epistolae ad Galatas expositionis*，394/

395）

5.《圣经》文选

《圣经之镜》（*De scriptura sacra speculum*），从《圣经》撷取道德箴言用以陶冶性情。

（六）教义与道德阐发

1. 信仰的一般阐发

《信仰与象征/信仰与信经》（*De fide et symbolo*，393），这是他在 393 年迦太基大会上的发言稿。

《论基督徒的奋斗》（*De agone christiano*，396），励志和道德修养的小册子。

《教义手册，或论信、望、爱》（*Enchiridion ad Laurentium sive de fide spe et charitate*，421）

2. 各种问题与选集

《83 个不同的问题》（*De diversis quaestionibus LXXXIII*，393 – 396）

《致辛普里西安，答不同的问题》（*De diversis quaestionibus ad Simplicianum*，396/397），这封信意味着奥古斯丁思想发展的分水岭，集中表现在恩典和预定问题上。

《论杜尔西提的八个问题》（*De octo Dulcitii quaestionibus*，421）

3. 特定的教义问题

《论三位一体》（*De Trinitate*，400 – 416/419），奥古斯丁神哲学的巅峰。讨论三位一体的理解问题，以及在人心里面的"上帝的形象"问题。对后世神学和哲学均有重大影响。

《论信仰与行为》（*De fide et operibus*，413），讨论"信"与"行"的关系问题。

4. 道德或禁欲问题

《论撒谎》（*De mendacio*，395）

《反对撒谎》（*Contra mendacium ad Consentium*，420），反对任何形式的撒谎，包括善意的谎言。

《论节制》（*De continentia*，395）

《论婚姻的善》（*De bono conjugali*，约400），指出婚姻的三大好处：生育、忠诚、圣仪的结合。

《论贞洁》（*De sancta virginitate*，约400年），虽然婚姻是好的，贞洁却更胜一筹。

《论孀居的好处》（*De bono viduitatis seu epistola ad Julianam viduam*，414），认为不再婚比再婚更好。

《论通奸》（*De conjugiis adulterinis ad Pollentium*，419），认为即使夫妻一方通奸，也不能离婚。

《论忍耐》（*De patientia*，418）

《论关心死者》（*De cura pro mortuis gerenda ad Paulinum*，421）

《论修士的劳动》（*De opere monachorum*，400），鼓励修士进行体力劳动自食其力。

（七）教牧神学和传道

《教导入门者》（*De catechizandis rudibus*，400）

《布道集》（*Sermones*，共约400篇）[65]

三　版本与翻译

从中世纪至今，奥古斯丁都是西方基督教里最为杰出的、最被广为研究的作者，仅次于像保罗这样的圣经作者。这一盛况在奥古斯丁活着时就开始了。原因部分也在于他不只是为了学术目的而写作，而是针对广大信众的。同时代人就不只将他视为最伟大的神学家，还视为时代最可信任的牧师。奥古斯丁应邀所写的众多信件和无数小册子表明了他在西罗马帝国广受尊敬。人们争先恐后地要得到他的著作，他布道时有专门的记录员，录下来后

传给别的主教。一个有名的例子是，他应邀写出了前 12 卷《论
三位一体》后，有 14 年之久未敢终卷，认为不值得发表。虽然
未完成，他的一些朋友却偷走了他的手稿，未经他的允许，就到
处复抄传播。奥古斯丁又花了约 8 年才完成该著。其著作受欢迎
的程度可见一斑。

　　对奥古斯丁的热爱一直持续着。1450 年，印刷术在欧洲出
现后，人们首先印的是《圣经》，其次就是奥古斯丁著作，一时
涌现了或长或短、或多或少不同的版本共达二百余种！更令人吃
惊的是，绝大部分都是托名之作。16 世纪的重大贡献，是出现
了一批奥古斯丁全集，第一个版本由阿默巴赫（Amerbach）编
纂（Bale，1506），其后有爱拉斯谟版本（Bale，1527 - 1529），
而更加完备的一个版本是由卢汶 64 位神学家集体编纂的全集
（1576 - 1577）。[66] 1679 - 1700 年之间出版的由圣毛尔圣会的本
笃会士们（*the Benedictines of the Congregation of St. Maur*）编纂
的奥古斯丁全集，好过了卢汶的老版本，具有无可替代的地
位。[67] 后来 J. P. Migne 将该版本全部收入他编的 *Patrologia Lati-
na*（Paris，1841 - 1842，简称 PL），列为 32 - 47 卷。这成为常
用的奥古斯丁版本。不过，或出于粗心，或出于反冉森派的目的
而对原著有所改动，Migne 版本有些错误。Migne 版本的奥古斯
丁全集中，约有一半后来被维也纳学院（Academy of Vienna）编
入 其 *Corpus Scriptorum Ecclesiasticorum Latinorum*（Vienna：
Tempsky，1866，简称 CSEL），但奥古斯丁著作的编号比较分散，
没有集中编纂。[68] 上世纪中叶起，在比利时 St. Pierre de Steen-
brugge 修道院修士们的指导下出版的 *Corpus Chritianorum*（The
Hague：Nijhoff，1953 - ，简称 CC），其拉丁文系列收录了奥古斯
丁原著，卷号分别为 29，32，33，36，38 - 41，44，46 - 48，
50，50A（1953 - 1968 年）。另具参考价值的有 H. J. Frede，
Kirchenschriftsteller（Freiburg，1995，4th ed）。

　　近年来网络技术的飞速发展，使得以往要花大价钱、大力气才能获得的资料，现在按一下鼠标便可汹涌而来。一个人只要肯花时间，善于使用 google 和 wikipedia，便能在网上获得奥古斯丁的拉丁全集，以及大量的翻译和研究资料。奥古斯丁拉丁全集见：http：//www. augustinus. it/latino/index. htm。目前较好的网页有著名学者 James J. O'Donnell 办的：http：//ccat. sas. upenn. edu/jod/augustine. html，里面有一些有用的链接。另外 wikipedia 的 Augustine 条目亦提供了一些不错的链接。现代技术使得资料和语言越来越不成问题，同时却又对我们的解读、洞察（insight）和创造性思考提出了更高的要求。

　　在现代，奥古斯丁的翻译亦成了一个热潮。值得一提的，有巴黎 Institut des Etudes Augustiniennes 从上世纪中叶左右开始出版的拉法对照、有注解的 *Bibliotheque Augustinienne*（简称 BA，但亦不全）。西班牙文翻译丛书则有 *Biblioteca de Autores Christiano*（1946 – ），到 1992 年约出了 44 卷奥古斯丁著作（西拉对照）。意大利语翻译丛书则有 1965 年开始出现的 *Nuova Biblioteca Agostin*，等等。[69]

　　就英文来说，奥古斯丁译丛或选入奥古斯丁著作较多的主要有：

　　NPNF：《前后尼西亚教父选集》（*A Select Library of the Nicene and Post – Nicene Fathers of the Christian Church*），ed. By Philip Schaff, New York：The Christian Literature Co. and Scribner's Sons, 1892（其中第一系列 1 – 8 卷均为奥古斯丁著作。该译丛近年来有重印，亦有 CD 出版）。

　　ACW：《古代基督教作家》（*Ancient Christian Writers*），ed. By J. Quasten 等，Westminster, Md.：Newman Press, 1946 – 。

　　FOC：《教会教父》（*Fathers of the Church*），ed. By R. Deferrari 等，New York：Fathers of the Church, Inc., 1948；1960 年后

出版社改为 Washington：Catholic U. Press（共收奥古斯丁著作 16 卷）。

Dods：《奥古斯丁著作》（*The Works of Aurelius Augustinus*），ed. By Marcus Dods, Edinburgh：T. & T. Clark Co.，1871 – 1876，共 15 卷。

Oates：《圣奥古斯丁基本著作》（*Basic Writings of St. Augustine*），N. Y.：Random House，1948（除少量著作外，均为 Dods 版本重印）。2 卷。

LCC：《基督教经典丛书》（*Library of Christian Classics*），Philadelphia：Westminster Press，1953 – 1955 年共出了 3 卷奥古斯丁著作。

PSt：《教父研究》（*Patristic Studies*），The Catholic University of America，1922 – 1966。

1990 年起，由美国维拉诺瓦大学的奥古斯丁修会（the Augustinian Order at Villanova University）发起、由 John E. Rotelle 主编的《圣奥古斯丁全集：新世纪译丛》（*The Complete Works of St. Augustine：A Translation for the 21st Century*）（New York：New City Press，1990 –），已出约 20 多卷，包括以往及新发现的奥古斯丁所有讲道词。已出著作主要有：[70]

《忏悔录》（*The Confessions*），trans. Maria Boulding（1997）。

《论三位一体》（*The Trinity*），trans. Edmund Hill（1991）。

《婚姻与童贞》（*Marriage and Virginity*），trans. Ray Kearney（1999）。

《教导基督教》（*Teaching Christianity*），trans. Edmund Hill（1996）。

《阿里乌主义及其他异端》（*Arianism and Other Heresies*），trans. Roland Teske（1995）。

《答佩拉纠派》（I）（*Answer to the Pelagians I*），trans. Roland J. Teske (1997)，包括《惩罚与赦罪及论婴儿受洗》、《圣灵与仪文》、《本性与恩典》、《论人义的完全》、《论佩拉纠决议》、《论基督的恩典及论原罪》、《论灵魂及其起源》。

《答佩拉纠派》(Ⅱ) (*Answer to the Pelagians Ⅱ*), trans. Roland J. Teske (1998)，包括《论婚姻与贪欲》、《反佩拉纠派的两封信》、《答朱利安》。

《答佩拉纠派》(Ⅲ) (*Answer to the Pelagians, Ⅲ*), trans. Roland J. Teske (1999)，收入《未完成的反朱利安著作》，为该著英语首次全译。

《答佩拉纠派》(Ⅳ) (*Answer to the Pelagians, Ⅳ*), trans. Roland J. Teske (1999)，包括其给 Hadrumetum 和 Provence 两地修士的信。

《布道》(*Sermons*), trans. Edmund Hill (1990 – 1995)。奥古斯丁布道全集的首次英语全译本，共有 10 本之多（为该丛书 PⅢ, Vol. 1 – 10）。

《新发现的布道》(*Newly Discovered Sermons*), trans. Edmund Hill (1998)。载入 1989 年以来 F. Dolbeau 发表的新发现的奥古斯丁的 30 篇布道。首次译为英语。

《〈诗篇〉阐释》(*Expositions on the Psalms*) 1 – 50, trans. Maria Boulding (1999)。

在中文翻译方面，奥古斯丁最主要的一些著作，如《忏悔录》、《上帝之城》、《论三位一体》、《基督教教导》、《教义手册》、《论意志的自由选择》、部分反佩拉纠著作等，已有翻译（见本书"参考资料"部分）。虽然相对奥古斯丁著作的总量来说，只占很小的一个比例，但近年来随着学界对奥古斯丁的重视，翻译、研究奥古斯丁人员的增加，奥古斯丁著作的中文翻译有望在质上和量上都得到提高。

注　释：

[1] 关于奥古斯丁之前至奥古斯丁时的罗马文化与基督教发展情况，可以参看 Charles N. Cochrane, *Christianity and Classical Culture*, Oxford University Press, 1940。关于奥古斯丁时代的北非文化，可以参看 Peter Brown, *Augustine of Hippo*, *Berkeley & Los Angeles*: University of California Press, 1969 (A new edition with an epilogue, 2000), pp. 19 - 27, 及新加附录（以后引用文献凡是重复出现的，均只标出作者、篇名、书名及页码。本书"参考文献"一栏附有详细资料，读者可以参考）。

[2] Allen D. Fitzgerald, "Patricius", in: *Augustine through the Ages*, Gerneral Editor: Allan D. Fitzgerald, William B. Eerdmans Publishing Company, Grand Rapids, Michigan/Cambridge, U. K., 1999, p. 621。

[3] Serge Lancel, *Saint Augustine* (SCM Press, 2002), pp. 5 - 6。据 W. H. C. Frend 的考查，莫尼卡（Monnica）是柏柏尔名，来源于利比亚神祇 Mon。他还指出了奥古斯丁一些思想的非洲背景。见 W. H. C. Frend, *The Donatist Church* (Oxford at the Clarendon Press, 1951), p. 230。

[4] Angelo Di Berardino, "Monnica", in: *Augustine through the Ages*, pp. 570 - 571。

[5] Garry Wills, *Saint Augustine* (Viking Penguin, N. Y., 1999). pp. 58 - 60。

[6] Kim Power, "Family, Relatives", in: *Augustine through the Ages*, pp. 353 - 354。

[7] 本章关于奥古斯丁生平的叙述，主要参考了 Garry Wills, *Saint Augustine*。《忏悔录》一般引用周士良译本。

[8] 中译选自赵萝蕤译《荒原》，载《诺贝尔文学奖获得者诗选》（北京：中国文联，1986），p. 120。

[9] Peter Brown 称之为"二等婚姻"（"second class" marriage）。见 Peter Brown, *Augustine of Hippo*, p. 39。须说明的是，当时 16、17 岁时结婚才是正常的事。奥古斯丁的父母为了奥古斯丁的学业和前途，当时没有给他安排婚姻，因此后来奥古斯丁埋怨父母没有及早给他安排亲事，让他在性事上走了弯路（《忏悔录》2：3）。

［10］转自 Garry Wills, *Saint Augustine*, pp. 15－18。

［11］Garry Wills, *Saint Augustine*, p. 21。

［12］Gerald Bonner, *Saint Augustine of Hippo: Life and Controversies*, The Canterbury Press, Norwich, 1986, pp. 55－57。Bonner 还指出当时吸引奥古斯丁兴趣的，性只是一方面（可能只是开头的数月），还有戏剧、学业的出类拔萃，以及西塞罗的《荷尔顿西》，后者对他产生了积极的影响。

［13］天赐 372 年生于迦太基，约 389 年卒于塔加斯特。他曾随奥古斯丁一同去意大利，卡西齐亚根对话录中记载有他。他在米兰和奥古斯丁以及阿利比一道从安布罗斯那里受洗。他妈妈被打发回非洲后，他仍和奥古斯丁留在意大利，莫尼卡在奥斯蒂亚去世时他是在场的，后来他和奥古斯丁一道回到塔加斯特继续学业，但 389 年左右夭折。见 Allen D. Fitzgerald, "Adeodatus", *Augustine through the Ages*, p. 7。

［14］对婴儿语言能力发展情况的观察，见《忏悔录》1：6。对婴儿的发怒、嫉妒、控制欲（libido dominandi）的观察，见《忏悔录》1：7。

［15］这本书是西塞罗以他的朋友、雄辩家 Q. Hortensius Hortallus（公元前 110 年－公元前 50 年）命名的一部著作，今已佚失。和西塞罗的其他著作一样，它也有其原型，是亚里士多德的《规劝篇》（protrepticus），后者亦已佚失。西塞罗的这部著作对奥古斯丁影响深远，他在多部著作中都曾引用或提到过它。见 William J. Collinge, "Hortensius", in: *Augustine throught the Ages*, p. 437.

［16］《忏悔录》3：4, 5。不过 Garry Wills 认为奥古斯丁并非因为《圣经》文风不够典雅而弃之不顾，而是由于《圣经》尤其《旧约》中的耶和华在他看来太"专横"，没有"对话"精神（奥古斯丁早期著作大多是对话体）；《旧约》中的神话在他看来太"孩子气"。Garry Wills, *Saint Augustine*, p. 28。

［17］Garry Wills 说奥古斯丁没有通知他母亲和资助人，这是不确切的。显然莫尼卡已意识到奥古斯丁要离开迦太基去罗马，才会跟着奥古斯丁到海滨，不让他去罗马。见 Garry Wills, *Saint Augustine*, p. 35，以及《忏悔录》5：8。

［18］转自 Garry Wills, *Saint Augustine*, p. 37。

［19］一些学者认为莫尼卡在分开奥古斯丁和这位女子，将她打发走这

件事上要负主要责任，当然奥古斯丁本人也有责任。见 Gerald Bonner, *St Augustine of Hippo*, p. 3。但 Garry Wills 认为，说她"被打发走"（dismissed）也许成问题，这个事件中也许有这个女子的自愿成分。她是一个公教徒，也许难以忍受奥古斯丁在米兰的异教徒生活和宫廷生活，为了心灵不受打扰，同时为了儿子天赐有一个更好的前景，她甘愿回非洲。她也许回到了塔加斯特，奥古斯丁的老友阿利比后来当了那里的主教。她也许一直与天赐保持着通讯联系。Garry Wills, *Saint Augustine*, pp. 41-42。

[20] 奥古斯丁在卡西齐亚根时，曾告知安布罗斯他皈依的事，并请教他该先读《圣经》中哪一卷，可以为受洗作好思想准备。安布罗斯回信劝他读《以赛亚书》，但安布罗斯并未告诉他要用象征法来读这卷经文，因此对于奥古斯丁当时的精神发展状态并不适用。见《忏悔录》9：5。

[21] Garry Wills, *Saint Augustine*, p. 42。Garry Wills 和 O'Donnell 说得有点过头。实际上，虽然奥古斯丁刚到米兰时听安布罗斯讲道，觉得他和浮士德是半斤八两，各有所长（《忏悔录》5：13），安布罗斯也并没有使他彻底抛弃摩尼教、皈依基督教（5：14），但无疑安布罗斯让他认识到，对《圣经》可以采取另一种读法，他以前对《圣经》的认识是不正确的，同时，安布罗斯也让他注意到自由意志在人犯罪中的作用，这无疑促进了他反对摩尼教的二元论。《忏悔录》7：3 "我听说我们所以作恶的原因是自由意志，我们所以受苦的原因是出于你公正的审判"，这可能是从安布罗斯那里听来的。因此，虽然我们可以认为，促成奥古斯丁最终皈依的不是安布罗斯，但安布罗斯无疑起到了帮助他克服摩尼教对《圣经》的偏见，以及用自由意志来克服二元论的重要作用。何况由于莫尼卡常去教堂听安布罗斯讲道，并受到安布罗斯的影响（如她改变了在殉道者墓前喝酒的习惯，参加了反对阿里乌派、保卫米兰教堂的斗争），因而可说奥古斯丁通过莫尼卡而受到安布罗斯间接的影响。

[22] 如近来对安布罗斯的研究表明，他是反对将基督教与异教哲学融合的。同时，当时的异教哲学家也并不认为他们的哲学可以和基督教融合。见 Peter Brown, *Augustine of Hippo*（2000），pp. 485-486。

[23] 如学会抽象思维："这时，我读了柏拉图派学者的著作后，懂得在物质世界外找寻真理，我从'受造之物，辨识你形而上的神性'"（《忏悔录》7：20）。恶非实体："我探究恶究竟是什么，我发现恶并非实体，

而是败坏的意志叛离了最高的本体，即是叛离了你天主，而自趋于下流"
（《忏悔录》7：16）。

[24]《忏悔录》8：2："他（辛普里西安）听到我读到柏拉图派的一
些著作，这些著作是由已故罗马雄辩术教授维克托林译成拉丁文的"。

[25]《忏悔录》所载辛普里西安对奥古斯丁的影响，主要见8：1－6。
亦可参 Garry Wills, *Saint Augustine*, pp. 44－45.

[26] Angelo Di Berardino, "Cassiciacum", in: *Augustine through the Ages*,
p. 135。

[27]《反学园派》2：4：10 说他比往常起得早好干农活，1：5：15 说
他在田里干了一天的活。

[28]《忏悔录》9：4。但正如一些学者所注意到的，他在《忏悔录》
所记述的治牙痛的事与《独白篇》1：21 不一致。见 Serge Lancel, *Saint Au-
gustine*, p. 102。

[29] 前三篇是以古典哲学对话体的形式写的，《独白篇》据 Garry
Wills 的看法，也是一种对话，自己和自己的对话，对话双方的观点也是很
有差异的，因此和奥勒留《沉思录》那样的真正的独白是不同的。见 Garry
Wills, *Saint Augustine*, p. 53。

[30] 比如，《独白篇》1：21 说他虽然牙痛得厉害，但若真理之光向
他显现，他仍可忍受着牙痛去进行思考。但在《忏悔录》9：5 却说，他牙
痛得说不了话，于是在蜡板上写字，要亲友们一齐为他代祷，牙痛便霍然
而愈了。Serge Lancel, *Saint Augustine*, P. 102。对这个差异，Quinn 的解释
是，奥古斯丁在《忏悔录》中没有说清楚他的牙痛霍然而愈是一时的止
住，还是病源都治好了，言下之意是两种报道可以协调，虽然 Quinn 本人
在行文并没有提到《独白篇》1：21。见 John M Quinn, *A Companion to the
Confessions of St. Augustine* (New York: P. Lang, 2002), pp. 491－492, 527
注 25、26。

[31] Garry Wills, *Saint Augustine*, p. 66。Wills 此处有误。奥古斯丁只
是完成了第一卷，第二卷和第三卷写于就任希坡司铎之后，约于 395 年才
完成。

[32] 老友内布利迪写信给奥古斯丁说，听说你那里常有人去拜访，打
扰了你的清静，那就请你到我这里来，好有休息的时间。见巴彼尼《圣奥

斯丁传》(石家庄：河北信德室，2000)，p. 121。

[33] 奥古斯丁对自己在希坡被强行选为司铎一事，有过回忆，见 Sermon 355, in: *The Essential Augustine*, ed. Vernon J. Bourke (Indianapolis: Hackett Publishing Company, 1974), pp. 14 - 15。这个布道是他被强行选为司铎之后约 40 年回忆此事时做的。亦见 Rist, *Augustine: Ancient Thought Baptised*, p. 14。

[34] Garry Wills, *Saint Augustine*, pp. 68 - 74。Frend 认为，391/392 年，奥勒留之任迦太基主教是公教方面明智的选择，而迦太基多纳特派在巴曼尼安 (Parmanian) 死后选择的新主教能力上则不如奥勒留。奥勒留与奥古斯丁的合作对于公教的胜利具有决定性。自此之后，公教方面就开始在与多纳特派的斗争中占上风。见 Frend, *The Donatist Church*, pp. 227 - 228。

[35] 弗朗西斯·费里埃：《圣奥古斯丁》，北京：商务印书馆，62。这里作者（或译者）将富图纳特当作奥古斯丁以前的摩尼教老朋友浮士德，是错误的。浴室（或澡堂）在当时是公共场所，大型会议常常在澡堂召开。

[36] 巴彼尼：《圣奥斯定传》（石家庄：河北信德室，2000)，p. 129。

[37]《忏悔录》6：2 说到，莫尼卡也曾热衷此道，后来在安布罗斯的教训下，才予以放弃。

[38] Garry Wills, *Saint Augustine*, pp. 79 - 81。亦见巴彼尼：《圣奥斯定传》，pp. 130 - 131。

[39] W. H. C. Frend, *The Donatist Church*, 第 XIV 章。

[40] 关于这次辩论的一些详细情况，可以参看 Peter Brown, *Augustine of Hippo*, pp. 332 - 334。

[41] 巴彼尼：《圣奥斯定传》，p. 141。

[42] Garry Wills, *Saint Augustine*, pp. 126 - 127。关于多纳特派与奥古斯丁的关系，可以参看 W. H. C. Frend, *The Donatist Church*, 第 XV 章及稍后几章。

[43] 具体年份尚有不确定处。

[44] 见 Introduction, in: *The City of God Against the Pagans*, ed. & trs.

by R. W. Dyson, Cambridge Univ. Press, 1998。有一些学者认为，奥古斯丁在两城说上受到了提康尼的影响。见 Frend, *The Donatist Church*, pp. 315－317。

[45] 关于对《上帝之城》的理解，可参周伟驰："涕泣之谷的外部秩序"，《读书》2003 年 8 期。

[46] 413 年马色林因参与宫廷政变而被处死。奥古斯丁为马色林求情未果，这件事影响到他对政治和国家的看法，在《上帝之城》中有所反映。

[47] Peter Brown, "New directions", in: *Augustine of Hippo* (2000), p. 497。Brown 本人认为奥古斯丁的恩典论是有其时代背景的，那个时代人们普遍认为上帝给了一些人特殊的恩宠，使他们有特殊的能力"办大事"，奥古斯丁只不过是将恩宠"驯化"了，让普通信徒的日常懿行也成为上帝恩宠的结果，这代表着恩典问题上的"民主化"或"去精英化"。

[48] Mary T. Clark, *Augustine* (N. Y.: Continuum, 1994), p. 120。Clark 在那里提到另一位学者 Henry Chadwick 的看法，即"更正"（Retractations）最好译为"反思"（reconsideration）。由于加上了《论圣徒的预定》和《论保守的恩赐》，Clark 将奥古斯丁著作的总数算成 95 部。

[49] Garry Wills, *Saint Augustine*, xii. Wills 说奥古斯丁有 300 封书信，400 多篇布道留了下来，但 Clark 说布道有一千多篇，书信有 276 封，明显与 Wills 不符，见 Mary T. Clark, *Augustine*, p. 120。Robert B. Eno 在为《奥古斯丁百科全书》撰写的 epistulae 条目中，认为在目前所收集到的奥古斯丁书信中，共有 249 封为奥古斯丁本人所写，49 封是别人写给他的，另有 9 封是与他有关但并非他写或寄信人所写，见 *Augustine through the Ages*, p. 306。Eric Rebillard 列出了 396 篇布道，见氏著 "Sermones", in: *Augustine through the Ages*, pp. 774－789。由于像《〈诗篇〉阐释》这样的连续性的布道未列入布道集里，因此上面 Wills 和 Clark 的看法可能都是合理的。至于速记员在记录书信和布道中的作用，Wills, Eno, Rebillard 均有提及。关于 1975 年由 Johannes Divjak 新发现的 29 封书信和 1990 年 Francois Dolbeau 新发现的 26 个布道如何改变了传统的奥古斯丁理解，Peter Brown 有专门的评论和解释，见 Peter Brown, "New Evidence", in: *Augustine of Hippo*, pp. 441－481。Hubertus R. Drobner 提到，Divjak 发现的 29 封书信中，

有 26 是奥古斯丁写的，两封是写给奥古斯丁的，另一封是哲罗姆写的。他还提到，Dolbeau 成功地利用奥古斯丁的朋友和奥著第一个编纂者 Possidius 的说法证明了新发现的 26 篇布道确实出自奥古斯丁之手。之后他还发现了另外三个布道。根据 Drobner 的统计，从 Maurist edition 起，已发现了 184 个新布道和 9 个残篇。现在，共有 559 个布道被认为是真实的。不过，奥古斯丁在作为牧师和主教的几近 40 年里，每个星期六和星期天都要讲道（四旬节和复活节期间更是每天都要讲道），每个圣徒节都要讲道，有时甚至一天要讲两次，这样算下来他的布道次数应该远超过 4000 次，现在的 559 个还是太少了。Hubertus R. Drobner，"Studying Augustine: An Overview of Recent Research"，载 *Augustine and His Critics*, ed. Robert Dodaro and George Lawless（N. Y.: Routledge, 2000），pp. 18 - 34。从上面几个例子可以看出，学者们关于布道的总数尚未确定，但他们之间所报数字的差异往往是由于统计的范围不同而导致的。

[50] Vernon J. Bourke（ed.），*The Essential Augustine*（Indianapolis: Hackett Publishing Company, 1974），p. 13。

[51] Henry Marrou，*Saint Augustine and His Influence through the Ages*（N. Y.: Haper & Brothers, 1957），p. 57。Marrou 没有提到的是，《〈诗篇〉阐释》长度约为《上帝之城》的两倍，是奥古斯丁最长的著作。

[52] 但也有学者认为其字数约为 500 万 "言"（words）。见 http://ccat. sas. upenn. edu/jod/augustine。考虑到拉丁文很省，而且统计者可能未将布道及书信加入其内，则译为现代语言后总字数当远不止此数。

[53] Henry Marrou，*Saint Augustine and His Influence through the Ages*, p. 48。

[54] 创始人为 Priscillian（340? -386），主张灵魂先在说及基督幻影说。

[55] 创始人为 Apollinarius（310? -390?），主张基督有人的身体、灵魂，但无人的精神，因被圣言所取代；强调基督神性而避谈其人性发展。

[56] Henry Marrou，*Saint Augustine and His Influence through the Ages*, p. 49。

[57] Eugene Portarlie，*A Guide to the Thought of Saint Augustine*（Chicago: Henry Regnery company, 1960），part two.

[58] 可参 "Augustine's Works (Dates and Explanations)", in: *Augustine through the Ages*, xliii – il; Eugene Portalie, *A Guide to the Thought of Saint Augustine*, Chicago: Henry Regnery Company, 1960, part two; http://www.newadvent.org/cathen/02089a.htm。

[59] Robert Eno, "Epistulae", in: *Augustine through the Ages*, p. 306 说，如果加上 1981 年由 Johannes Divjak 发现的 31 封信，则总数为：奥古斯丁本人写的有 249 封；别人写给他的有 49 封；既非奥古斯丁亦非别人写给他却相关的信有 9 封。

[60] 有人将之译为《论自由意志》（如汤清《奥古斯丁选集》中将它译为《论自由意志》），不尽准确。因为奥古斯丁对"选择的自由"（liberum arbitrium）和"意愿的自由"（libera voluntas）作了严格的区分，这在后来与朱利安的论战中尤其明显（可参本书第四章"自由观"一节）。英语中一般译为 On Free Choice of the Will。

[61] 此处年代据 *Augustine through the Ages*, xlv。

[62] 此处年代据 *Augustine through the Ages*, xlvii。

[63] 又被 Possidius 称为 Epistola contra donatistas ad catholicos fratres。

[64] 该书亦有人译为《基督教教义》。但它主要不是谈论基督教教义，而是谈如何理解圣经及向人传达基督教，与释经学和符号学关系较紧密。因此，新的英译本要么将之译为《教导基督教》（*Teaching Christianity*, trans. Edmond Hill, New City Press, 1996），要么译为《基督教教导》（*On Christian Teaching*, trans. R. P. H. Green, New York: Oxford University Press, 1997）。

[65] 参 Eric Rebillard, "Sermons", in: *Agustustine though the Ages*, pp. 772 – 792。

[66] Henri Marrou, *Saint Augustine and His Influence through the Ages* (N.Y.: Harper Torchbooks, 1957), p. 167。

[67] 同上, p. 178。

[68] 同上, p. 182。

[69] 关于奥古斯丁著作在西方各大语种中的翻译情况，可以参看 Thomas Halton, "Augustine in Translation: Achievements and Further Goals", in: *Augustine: From Rhetor to Theologian*. Ed. Joanne McWilliam. Waterloo,

Canada：Wilfrid Laurier，1992，pp. 207 - 229。另可查 http：//ccat. sas.
upenn. edu/jod/augustine 中关于翻译的一栏。

　　[70] 这套译丛到 1999 年时的情况，可参 http：//camellia. shc. edu/
theology/Augustine. htm，以 及 http：//www. pdcnet. org/pmcompaug. ht-
ml。

第二章

生存体验与神学反思

第一节 堕落之体验：偷梨事件

一 《忏悔录》不是现代意义上的"自传"

奥古斯丁的《忏悔录》（*De Confessiones*），一般人将它视作历史上第一本自传。但是，如果读者按今天所谓"自传"去读它，显然会读不到他想读的许多东西，而读到许多他不想读的东西。这是因为 confessiones 虽与英语 confessions 字形相同，但是现代英语中的 confessions，首先指"悔罪"，承认自己犯罪的事实，其次就是天主教的"告解"仪式。这两种含义在奥古斯丁的时代均没有。因为在奥古斯丁的时代，一个人常常只有受到拷打折磨才会承认自己犯罪的事实，奥古斯丁的"忏悔"显然不是这样的；而"告解"只是到了后世才有，在奥古斯丁的时代还没有出现。

那么奥古斯丁用 confessiones，到底是什么意思？有的学者认为，奥古斯丁是在学习《旧约》中大卫王的榜样，向上帝作 confessiones，一是忏悔自己的罪过，二是赞美上帝。[1] 有的学者认为，该词虽然主要有三个意思：坦白罪，赞美神，直陈信，但范围还远不止此，还有承认、确认、见证之意，不只是承认道德真理，还承认无关道德的事，比如承认时间是不可度量的。既然万物都在表明上帝的存在，连魔鬼和异端也承认上帝存在，奥古斯丁为什么要单单选这个词呢？这是因为奥古斯丁受到《旧约·诗篇》影响。《诗篇》中说，万物之中唯有人才能表达出对上帝的普遍的见证。所以，为了不引起今天读者的误会，最好不要译为 confessions（忏悔），而译为 testimony（见证、证明、证实、表明）。[2]

《忏悔录》写于 397 - 401 年之间，稍早些奥古斯丁已写出代表其思想转变的《致辛普里西安》，同一时期他也已开始写《〈创世记〉字解》和《论三位一体》这样的煌煌大著。因此，对他生平故事的反思，自然而然地打上了他这时期的神学烙印。我们可以看到，与现代"自传"不同，他选取生平事迹的角度，是从神人关系上着眼的，因此，一些今人觉得重要的事情（如家庭出身与家庭关系、学业的辉煌与事业的成功、爱情遭遇的挫折与圆满等等），他要么不说，要么语焉不详；而一些今人觉得琐碎或微不足道的事情，如少年时代的恶作剧（偷梨），他却津津乐道，长篇大论。这没有别的原因，只是由于他是从上帝恩典的角度，看待自己如何从一个背负原罪之人，在生活中从第一桩罪（偷梨），一步步沉沦在苦海里，心智和意志都走上歧途，又如何逐渐地得到上帝的光照和恩典，而一步步地恢复知识和能力，并在圣灵的帮助下，预尝永生的滋味，对三位一体的上帝有所领悟。[3]

二　分析偷梨背后的动机和原因

《忏悔录》里记载的他所犯的第一桩罪，是偷梨的事。公元 369 年，奥古斯丁从马都拉斯回到家乡，父亲在为他筹备进一步去迦太基深造的学费。但学费可能筹措得比较困难，因此奥古斯丁在家乡闲呆了一年。这时他已十五六岁，"已经穿上青春的苦闷"（2：3），性的意识开始萌芽，加上处于今天所说的"青春

叛逆期"，和其他年轻人聚在一起，免不了闹事。这一年在后来
给他留下最深印象的是一次偷梨事件。在《忏悔录》第二卷他
只用了约五行文字来描述这一事件，却用了七章的篇幅来分析他
之所以偷窃的原因。

> 在我家葡萄园的附近有一株梨树，树上结的果实，形色
> 香味并不可人。我们这一批年轻坏蛋习惯在街上游戏，直至
> 深夜；一次深夜，我们把树上的果子都摇下来，带着走了。
> 我们带走了大批赃物，不是为了大嚼，而是拿去喂猪。虽则
> 我们也尝了几只，但我们所以如此做，是因为这勾当是不许
> 可的。(2：4)

397 年，神学思想已发生了重大变化[4]的奥古斯丁对他年轻
时所犯的这桩罪的原因及心理进行了分析。一般人犯罪，总有个
理由，是为了得到他渴望的好的东西，而他之构成犯罪，是因为
他为了得到这个好的东西而采取非法的手段，违背了更好的东
西，如一个人为了得到别人的妻子而杀人，或为了求生而偷窃钱
财，别人的妻子和钱财本身都是好的，但是他采取的方式是非法
的，因为它违背了上帝的正义。对于奥古斯丁来说，存在即善，
存在是一个等级秩序，善也有等级秩序。最高的存在是上帝，上
帝从虚无中造了世界。从天使到人到动植物构成了一个存在和价
值的等级秩序。但它们都从造物者那里得到了其存在，因此都享
有大小不等的"好"。人犯罪就是因为其自由意志为了低等的
"好"而舍弃了高等的"好"，但这里仍然有某种"好"（哪怕
是最低等的）[5]，它构成了犯罪行为的理由。

那么，在他年轻时偷梨这件事里，有什么好呢？奥古斯丁
说，实在找不出什么好来，也就是说，他之偷梨，是没有理由
的。梨子"形色香味并不可人"，他摘梨并不是为了解渴或解饿

（这从他们把梨扔给猪吃可以看出），可见他"作恶毫无目的，为作恶而作恶"。犯罪而没有理由，这意味着他是为犯罪而犯罪，因爱偷窃而偷窃，他爱的是"缺陷"本身。犯罪本身是"虚无"。在奥古斯丁的神学里，罪恶是善的缺乏，[6]如果他的犯罪行为实在找不到任何善，即完全地缺乏善，那么，它就是彻底的恶或虚无了。"我能为罪恶而爱罪恶，那么还有什么干不出来呢？"（2：7）但是对这种善的缺乏或虚无，他认为是不可能认识的（因为找不到任何积极的理由）。他引经文为据说，"谁能知道自己的错失呢？"[7]

　　虽然奥古斯丁不能找到他偷梨的任何正面的理由，但他还是在这个"虚无"的行为中找到了两个因素，它们促进了他的犯罪。一个因素是他想成为上帝，模仿上帝的全能：[8]"我究竟爱上什么？是否我在这件事上错误地、倒行逆施地模仿我的主呢？是否想违犯法律而无能为力，便自欺欺人想模仿囚们的虚假自由，荒谬地曲解你的全能，企图犯法而不受惩罚？瞧，这样一个逃避主人而追逐阴影的奴才！唉，真是臭腐！唉，真是离奇的生活，死亡的深渊！竟能只为犯法而犯法！"（2：6）

　　另一个因素是共同犯罪的快乐。"假如我是单独一人，决不会干这勾当。可见我还喜欢伙伴们的狼狈为奸，因此说我只爱偷窃且不爱其他，是不正确的，但也能说是正确的，因为狼狈为奸也不过是虚无"（2：8）。对"群体犯罪心理学"的分析使他意识到，一个人独处时不想也不愿作的坏事，很可能会在同伴的"相互激励"的情况下作出来，还往往伴随着一种共谋的快感。那么，能不能说讨同伙的欢喜是奥古斯丁偷梨的目的，因此在偷梨这一行为中仍有新柏拉图主义意义上的善（虽然是小善）？虽然同伙的压力是偷梨这一行为的必要条件，但并不是充分条件："我还欢喜伙伴们的狼狈为奸，因此说我只爱偷窃不爱其他，是不正确的，但也能说是正确的，因为狼狈为奸也不过是虚无"

（同上）。考虑到同伙的压力既是必不可少的，但又不是偷梨的目的，因此，我们就可以将同伙的压力视为一种辅助因或促进因，但不是目的。根本的原因还是来自于"虚无"本身。有些学者注意到奥古斯丁在《忏悔录》中使用"发痒"这一词，如他在分析偷梨时说："假如我欢喜所偷的果子……我单独也能干这勾当，不需要同谋者的相互激励，燃起我的贪心，使我心痒难忍"（同上）。（心）发痒不是疾病的原因，而是疾病的症状，同样朋友不是犯罪的原因，而只是犯罪的症状。挠痒只会使发痒的部位更糟，"害人不浅的友谊"（2：9）也只会导致更重的罪行。[9]

我们可以看到，在对偷梨事件的分析中，奥古斯丁实已涉及他的神学的几个主要概念：堕落、虚无、形象、友情。而这几个因素大都可以在亚当夏娃的堕落里找到其原型。[10]

三　偷梨与始祖违令吃禁果相似

《创世记》3：1－7说：

> 耶和华神所造的，唯有蛇比田野一切的活物更狡猾。蛇对女人说："神岂是真说不许你们吃园中所有树上的果子吗？"女人对蛇说："园中树上的果子，我们可以吃；唯有园当中那棵树上的果子，神曾说：'你们不可吃，也不可摸，免得你们死。'蛇对女人说："你们不一定死，因为神知道，你们吃了果子眼睛就明亮了，你们便如神能知道善恶。"于是，女人见那棵树的果子好作食物，也悦人的眼目，且是可喜爱的，能使人有智慧，就摘下果子来吃了；又给她丈夫，她丈夫也吃了。

奥古斯丁的故事与此有何异同？可以看到，禁果很悦人的眼目（在奥古斯丁的神学里，"悦目"代表好奇心，即智慧的颠倒），而梨则"形色香味并不可人"；此外，夏娃吃禁果是受了蛇的话的引诱，而奥古斯丁之偷梨则看不出有什么外在的引诱——这样更突出了偷梨这一行为是纯粹的虚无或恶，找不到任何的好。除此之外，在吃禁果与偷梨之间还存在一些相似或转换，如分别善恶树变成了梨树，吃知识果变成了偷梨，上帝的禁令（不可吃果）变成了习俗法（不可偷窃），亚当夏娃一同犯罪变成了一伙少年的集体犯罪，对"便如神能知道善恶"的向往变成了模仿上帝的全能。还有一些深层的类似：恶的莫名其妙的来源（无理由）。我们讨论三个相似点，即恶的来源（虚无以及无原因），模仿上帝，集体犯罪之乐。

恶乃善之缺乏，恶之来源不可认识的观点，来自于新柏拉图主义，但被奥古斯丁结合《圣经》中的一些经句，而予以发展。比如在写《忏悔录》约两年前，他也谈到了恶的不能认识：

> "我所作的，我自己不明白"（罗 7：15）……这里"我不明白"有"我不赞同"之义。例如，一个人看不到黑暗，但却对照着光明来辨认它：感知黑暗并非看到黑暗。罪也是如此，因为它不为义之光所照耀，所以辨认它靠的是不明白，正如感知黑暗靠的是不看见。《诗篇》也说了类似的事："谁能知道自己的错失呢？"（诗 19：12）[11]

在《上帝之城》12：6 - 7，[12] 奥古斯丁在解释始祖为何犯罪时说：

> 但愿没有人去找一个恶的意志的有效因（causa efficiens）。因为它的原因不是有效的，而是缺失的（causa deficiens），因为恶的意志并非某个事物的效果，而是一种缺

失……想要找到这一缺陷的原因……就如想要看见黑暗，或听到寂静一样。这两者都是我们所知的，前者凭的是眼睛，后者凭的是耳朵：不过，却不是通过它们的显现，而是通过它们的缺乏任何显现。所以，就不要来从我这里询问我知道我不知道的东西了；除非他希望得知如何才能不知道我们本该知道不能知道的东西。因为那些不是通过它们的显现，而是通过缺乏显现才被知道的东西（倘若可以这样表达并理解这件事的话），我们只有通过不知道它们才能知道它们。[13]

始祖之堕落出于其存在之深渊或缺乏，实在是没有任何"理由"，因为在这堕落里找不出任何的善作为理由，而只有善的理由的缺乏。正如奥古斯丁在偷梨事件中也找不出任何善的目的一样。不可否认，奥古斯丁所描述的生存体验和他的神哲学理论之间存在着一种"解释学循环"：他的生存体验说明了他的神哲学，而他的神哲学又阐明了他的生存体验。

虽然恶是"无来由的"，莫名其妙的，但是人在犯罪时，都真切地感受到是他自己在犯，而不是别人或别的力量在代替他犯。因此在这里他仍然具有自由意志，因此他要为他的行为负责。[14]但是自由意志不能给他能力通向存在的丰盈，而只会导致邪恶，从而走向"虚无"，彻底地缺乏善。[15]虽然"虚无"是存在的缺乏，但"虚无"是有力量的。[16]

但是，《创世记》中并没有说明恶的来源，也没有使用奥古斯丁"恶是善的缺乏"这样的哲学思辨。在亚当夏娃堕落的记载中，似乎圣经作者在暗示，始祖之堕落，是因为他们想"如神能知道善恶"，因此他们之不听从上帝的劝告而接受蛇的诱惑，实在含有渴慕上帝，进而想拥有上帝那样的知识和主权，成为主宰的欲望。因此这构成对上帝主权的一种模仿，是对人的原本形象的一种颠倒。

同样，夏娃受诱惑先吃了果子，亚当本可以拒绝吃果子，但亚当也吃了，这里面含有亚当为了保持与夏娃的亲密关系，而"共谋"、"休戚与共"的意思。在《上帝之城》14∶11，奥古斯丁在谈到亚当何以犯罪时说，亚当知道夏娃偷吃禁果是犯了罪，他若也跟着吃，也是犯罪，但他还是吃了，为什么？"我们不能相信，男人是因为以为女人说了实话，才被引诱得违抗上帝的法律的，倒不如说，他之屈从于她的愿望，是因为他们两人之间的密切的纽带。所以，使徒这么说就不是没有道理：'不是亚当被引诱，乃是女人被引诱'（提前 2∶14）。因为她把蛇的话当了真，而亚当却只是不想与唯一的伴侣分开，为此即便与她共同犯罪也在所不惜。"[17] 由此，《忏悔录》中所记载的奥古斯丁少年时代集体犯罪的快感，可视为亚当夏娃共同犯罪的回响。[18]

第二节　挚爱之体验：有死与不幸

一　挚友之亡带来的伤恸

在奥古斯丁思想里，"爱"是一个关键的词。"爱"是由"意志"发动的，"意志"则来自于"意愿"，表示心灵的一种趋向。[19] 和"知"（理智）比较起来，"爱"具有更大的重要性。如果说"知"是人区别于动物的标志，那么"爱"则是决定人的存在品质的东西。一个"爱"上帝的人和一个"爱"尘世之物的人，其存在的品质是不同的。"上帝之城"和"世俗之城"的区别，就在于他们所爱的对象的不同。由是爱的对象决定了爱的性质，而爱的性质决定了存在的品质。[20]

这两种爱带来的后果是不同的。由于上帝是永恒的至善至美至真，因此爱上帝带来的是不会变化的喜乐，而尘世之物由于是变动不居的，而且人是在同样变动不居的时间中爱上它们的，因此，人对它们的爱总是处于变化之中，既会有所爱的对象出现时的欣喜，也会有它们消逝时的伤恸。人非草木，孰能无情？人对动植尚且有爱，对于同类，诸如亲戚朋友，则更是如此。一个宠物死了，你可能会为它悲伤三天，何况与你同类的亲朋呢？那些曾经与我们心心相印的朋友，尤其是在年轻时候夭亡的朋友，他们的死总是能引起我们刻骨铭心的哀恸。

奥古斯丁一生中经历过"生离"，他与他儿子的母亲就是如此；[21]也经历过"死别"，在387至390年短短数年间，他经历了丧母之痛（莫尼卡死于387年）、[22]丧子之痛（天赐约死于389年）、[23]丧友之痛（内布利迪约死于390年）。[24]他深切地体验过人对尘世之爱的本能的执著，以及尘世之爱的脆弱所引起的痛苦。这在他青年时期的一位挚友的死上集中地体现了出来。

古人非常重视同性之间的友情，中西都是如此。[25]在《忏悔录》第四卷，奥古斯丁对于他的一个同龄知交的死，表示了极大的悲恸。这个朋友原是他童年一起长大的伙伴，但由于奥古斯丁长年在外求学，因此可能有很长一段时间他们并没有深入的接触。奥古斯丁完成迦太基的学业后，应罗曼尼安的请求回到家乡教书，与这位朋友重逢，发现两人在许多方面都有共同语言，因此成为知己。这位朋友本来信仰基督教，但他对于基督教的认识并不深刻，因此在奥古斯丁的劝说下，改信了摩尼教。可以想像，两位志同道合的朋友在一起，是如何地无话不谈，意气相投。正如诗人荷拉斯（Horace）所说，朋友是"自己灵魂的一半"。

但不久这位朋友得了一场大病，发高烧，陷入昏迷，家人按照基督教的习惯给他施了洗礼。等他清醒过来之后，奥古斯丁看望他，拿他在昏迷中被人施洗的事打趣，以为他也会对这件事感到好笑。"岂知他已经知道自己受了洗礼，这时他惊怖地望着我，如对仇人一般，用突然的、异乎寻常的坚决态度警告我，如果我愿意和他交朋友，不能再说这样的话"（4：4）。这可能是因为这位朋友在生死之交体会到了一些严肃的东西，因此对奥古斯丁的轻狂感到厌恶。对这位朋友的话，摩尼教徒奥古斯丁也感到愕然，但他以为他的朋友只是在病中才会这么想，等他康复之后，又会跟他一致了。可是奥古斯丁的愿望没有实现，因为过了几天这位朋友就去世了。

这位朋友的死，对奥古斯丁是一个极大的打击（这也是他第一次痛苦地直面一个朋友的离去）。人去楼空，睹物思人，不禁痛苦万分：

> 这时我的心被极大的痛苦所笼罩，成为一片黑暗！我眼中只看见死亡！本乡为我是一种刑罚，家庭是一片难言的凄凉。过去我和他共有的一切，这时都变成一种可怕的痛苦。我的眼睛到处找他，但到处找不到他。我憎恨一切，因为一切没有他；再也不能像他生前小别回来时，一切在对我说："瞧，他回来了！"我为我自身成为一个不解之谜：我问我的灵魂，你为何如此悲伤，为何如此扰乱我？我的灵魂不知道怎么答复我。假如我对我的灵魂说："把希望寄托于上帝"，它不肯听我的话，这很对，因为我所丧失的好友比起我教它寄予希望的幻象是一个更真实、更好的人。[26]

> 无论在优美的树林中，在娱乐歌舞中，在清香四溢的田野中，在丰盛的筵宴中，在书籍诗文中，都得不到宁静。一切，连光明也成为可憎的；一切，除了呻吟和痛哭外，只要不是他，便使我难堪，讨厌；只有寄顿在呻吟和痛哭之中；但只要我的灵魂一离开呻吟和痛哭，那么痛苦的担子更觉重重压在我身上。（4：7）

　　家乡的一切事物都似乎成了提醒这位朋友的存在的"符号"。笔者认为，奥古斯丁在这里所说的话，应当与他在别处所说的世上万物都提醒着上帝的存在[27]的话联系起来看，其意义在于显示，此时还未爱上真神的他，是在把他的朋友当作上帝来爱。但是朋友总有一死，并非真正的上帝，将有死之物当上帝来爱的人，总免不了会丧失他的"上帝"，而陷入痛苦之中，并且"憎恨一切"，厌倦一切，一切都是那么索然无味，因为它们没有了其中的灵魂即那个"上帝"。"任何人，凡爱好死亡的事物的，都是不幸的：一旦丧失，便会心痛欲裂"（4：6）。"何以这痛苦能轻易地深入我内心呢？原因是由于我爱上一个要死亡的人，好像他不会死亡一样，这是把我的灵魂洒在沙滩上"（4：8）。这是因为整个宇宙中的事物，都是在时间中"此生彼灭，此起彼伏"的（4：10），人如果把它们当作终极关切的对象，则总有丧失它们的一天，旧的对象的消逝所带来的痛苦，可能因时间久远而逐渐减轻，但新的对象的出现所带来的欣喜，又实孕育着新的痛苦，因为它总会在某一个时刻消亡。[28]

　　在这种厌倦生命的情绪中，他想到了自杀，但是"我爱我这不幸的生命，过于爱我的朋友"，因此他没有像传说中的两个朋友奥莱斯（Orestes）和彼拉得（Pylades）那样，选择与他的朋友同生共死。"我不愿丧失我的生命，宁愿丧失朋友"，"一面我极度厌倦生活，一面却害怕死。我相信我当时越爱他，便越憎恨、越害怕死亡，死亡抢走了我的朋友，死亡犹如一个最残酷的敌人"。[29]这也许跟灵魂的本能爱好有关："灵魂愿意存在"（4：10），即使它爱的是短暂的事物，也是爱的存在，因为存在是从上帝来的（同上），就此而论，灵魂是憎恨虚无、不愿意消亡的。"我觉得我的灵魂和他的灵魂不过是一个灵魂在两个躯体之中，因此，生命为我成为可怖的，因为我不愿一半活着，也可能我因此害怕死，害怕我所热爱的他整个死去"（4：6）。但是，这是不是一种借口呢？是不是矫情呢？这是不是与"我不愿丧失我的生命，宁愿丧失朋友"恰相冲突呢？尼采就认为奥古斯丁在这里太矫揉造作了。那么奥古斯丁本人后来如何看这个存活下去的理由呢？他也作了自我批评，在《更正篇》2：6：2，他严厉地指出，他所说的"我觉得我的灵魂与他的灵魂不过是一个灵魂在两个躯体之中"，为了保持那灵魂的生命，他得继续生活下去，这种话"更像是空洞的演说辞，而不是真实的见证"。[30]

但朋友死时，只有眼泪能减轻奥古斯丁的悲伤。他在痛哭中感觉到了"眼泪的甜味"。为何本来苦涩的眼泪，对于不幸的人，反而是甜蜜的呢？奥古斯丁在十多年后写《忏悔录》时提出了这个问题。是因为痛哭是一种祷告，希望上帝听到，才感到甜蜜的吗？并非如此，因为那时他并没有指望和祈求朋友死而复生。他痛哭，仅仅是因为伤心。奎因（Quinn）认为，奥古斯丁暗示，眼泪之所以是甜蜜的，是因为它们间接地表示着痛苦的消退。就如医生给一个长了肿瘤或疖子的病人开刀（在没有施麻醉药的情况下），还是令病人感到宽慰。眼泪尽管是苦涩的，却意味着开始摆脱没有所爱之人的空洞生活，所以是有安慰作用的。[31]实际上，日常的生活经验告诉我们，痛哭一场可以使郁结的心情得到宣泄，从而有益健康，反而是那种长期的抑郁容易导致心灵的病变。也许奥古斯丁所遇到的情况，不过是一种本能的反应？

塔加斯特这个环境，处处都令奥古斯丁想起亡友。他只好跟罗曼尼安说，到迦太基继续深造将有助于他将来的教学，于是他离开了塔加斯特，回到了迦太基。在迦太基那帮摩尼教朋友群中，寻到了新安慰，逐渐淡化了亡友之恸（4：8）。

二　爱的秩序和真正的幸福

在写《忏悔录》时，奥古斯丁对他多年以前所遭遇的丧友之痛，有什么评价呢？他说："谁爱你（上帝），在你之中爱朋友，为你而爱仇人，这样的人真是幸福。一人能在你身上泛爱众人，既然不会丧失你，也不会丧失所爱的人"（4：9）。真正的幸福和喜悦，第一是爱上帝，因为上帝是永远不变的，不会丧失的，也就不会有丧失所带来的痛苦。然后才是"在爱上帝之中"爱邻人（包括朋友和敌人），爱朋友是理所当然，为什么敌人也要爱，因为这是上帝的命令（基督所说），同时，作为上帝的形象，人也应该像太阳既照好人也照坏人那样，既爱朋友也爱敌人。[32] 就自然人来说，对敌人当然只能是恨，所以，如果没有"爱上帝"第一的原则，人是不会真正爱敌人的。为什么"在爱上帝之中"爱众人，那本来有生有死的人（所爱的对象）也不会丧失？因为在这时的奥古斯丁看来，上帝是永恒全在的，死者将回到上帝那里，故而现在的"死别"，只是暂时的，相爱的人将来还会在上帝那里相逢。

后来，奥古斯丁还在"爱神"和"爱邻人"之外，加上了一个"爱己"和"爱物"，这是因为"爱人如己"的诫命里已暗含了"爱己"，而"爱"的对象也必然涉及外物。问题的实质只在于如何正确地、适当地爱各种对象。在《论三位一体》10：7，奥古斯丁在谈到希腊神谕"认识你自己"时，说：

> 为何心灵得到谕令要认识自己？我相信这意味着，它应思考自己并按其本性生活，即它应指望按其本性而被安置，在它应服从的他（上帝）之下，在它应控制的一切东西之上；在它应被其统治的他之下，在它应统治的万物之上。事实上，它做的许多事情都显示出，它已把它的欲望扭曲到歧路上去了，仿佛它已忘了自己。例如，它在那更优异的本性即上帝里面看到一定的内在的美；但它不按它应该做的那样去静静地驻留并欢享这些美，反倒想称为己有；不是凭他的

恩典来像他一样，倒是想凭它自己的力量成为他之所是。因此它背离了他，向下滑啊滑啊，越来越贫瘠，而它还想像越来越丰富呢；当它远离了唯一能满足它的他之后，便既不能在自己那里也不能在任何别的东西那里找到满足。在它的贫乏与不幸里，它变得极度地专心于自己的行为和得自行为的骚乱的快乐；一心贪求从外在于己的事物中获得各类知识，它爱的这些东西它已一般地知道一些，并且感觉到除非它费大力持守它们，它们是很容易失去的。这样，它就失去了无忧无虑意义上的安全，以为想自己越少，自己就越安全，不会失去。

所以，这个"爱"是有一个先后次序的：只有在爱上帝的前提下，人才可能真正适当地爱人爱己，将人和己平等地当作一种中间受造物来爱。既不能把人和己当作上帝来膜拜，也不能把他们当作低等的受造物来指使。只有"认识"清楚了价值的等级，才可能"实践"出对它们的不同的"爱"。但就人的实践能力而言，由于人陷溺于外物中，"真心在缠"，人已不能主动爱神，因此是上帝率先爱人（通过言成肉身以及恩典），人受到圣灵感动，才能真正适当地爱神、爱人、爱己、爱物。

这样回过头来看亡友之死，奥古斯丁当然觉得自己太"过"了：他将终有一死的受造物当作永恒的上帝来爱，以为能给自己带来"幸福"，这已是一种"失当"，都是罪性的表现。他和朋友当时所信的"上帝"，又是摩尼教那个充满物质主义色彩的、有限的"上帝"，他对朋友的爱就更是问题重重。这样的"上帝"和终有一死的朋友，当然不会带给人真正的"幸福"了。真正的幸福是能令无限渴慕的心得到满足的对象，只有无限的上帝才能满足它。

我们知道，奥古斯丁在《忏悔录》第11卷提出著名的"主观时间说"。实际上，时间问题一直是萦绕在奥古斯丁心头的重大问题，因为它所涉及的，是上帝和受造物之 being（是，存在）的方式同异的问题。由于上帝存在的方式是"永恒"，无时间三态而只有"永远的现在"，因此，上帝是没有生死变化的，是不会丧失的，爱上帝也就不用担心上帝会忽然没有了，那种爱所带来的喜乐平安就是不会消逝的。而一切的受造物存在的方式都是"时间"，是有"过去、现在、将来"三态之分的，是有生、老、病、死、盛、衰变化的，因此爱它们就会经历它们出现时的欣喜和它们消逝时的悲伤（《忏悔录》4：10）。只有正确地认识到受造物之为受造物的有限性和它们在整个宇宙中的地位，才能正确地处理对它们的爱（即"在上帝之中"爱它们），而不至于将它们当作上帝本身来爱，从而无法承担所爱消逝时的那份痛苦。

在《忏悔录》里，作为与"丧友之痛"（4：4）相对照的"丧母之痛"（9：12），就表现得节制得多。母亲莫尼卡辞世时，奥古斯丁已受洗入教，懂得在爱上帝之中爱母亲，因此在为莫尼卡办丧事时，他表现得较为克制，但其实心里一直"竭力抑制悲痛的激浪"，没让它外露，只是夜里独处时才终于忍不住痛哭失声。但这时他的悲伤已与多年前丧友的悲伤不同，如果说那时他是绝望的，是以悲伤（眼泪的甜蜜）来替代亡友本身，这时则是带着盼望为莫尼卡悲伤的，因为"我忍不住在你（上帝）面前想到她而为她痛哭，想到我自己而为我自己痛哭"（9：12），是在上帝作为爱的终极对象的背景下痛哭的，已与丧失亡友时的心境截然不同。同时，正如一位学者所指出的，与丧失亡友时他觉得一切事物都趋向"死亡"不同，莫尼卡死时奥古斯丁在痛哭中为莫尼卡祈求，他的盼望此时已是"永生"。[33]

这样，从奥古斯丁在《忏悔录》中对他青年时期为知己亡故所感悲伤的回忆中，我们大致可以建立起这样的概念联系：受

造物——时间——有生有死——对时间之物的爱：出现时的欣喜
与消亡时的不幸；上帝——永恒（永生）——无生死、永远不
变——对上帝的爱：真正的幸福。由于堕落后的人类不可避免地
会"误解"和"误爱"，将受造物（他人、己、物）当作终极
关切，因此他们的"不幸"（悲伤、绝望）是必然的，而在他们
的绝境中，上帝便会向他们施以援手，使他们得到特殊的"提
醒"产生"正解"，使他们得到恩典产生"正爱"，从而由"时
间"迈入"永生"，由"存在之匮乏"迈入"存在之丰盈"，这
样才能得到至乐，即荣福直观。[34]

第三节　罪性之体验：分裂的意志及其无能

一　"双重意志"

在《忏悔录》第 7 卷，奥古斯丁记载自己借助于新柏拉图
主义哲学，最终抛弃了他信从达 9 年之久的摩尼教的"谬说"。
摩尼教那种认为世界存在着一善一恶两个本源的二元论，被新柏
拉图主义的"恶是善的缺乏"理论克服了。[35]而神正论问题也由
自由意志论得到解决。[36]同时，他也克服了释经上的困难，而认
识到保罗书信、律法书、先知书之间并无矛盾之处，因而扫清了
另一个理智上的障碍（7：21）。

但是，理智上接受了福音是一事，行为上作出决断又是一
事。[37]他虽已不再有名利之心，对女人的拥抱却仍念念不忘。那
么他为何不既接受信仰，又缔结婚姻，过平信徒的生活呢？但他
似乎认为，要完全地皈依，就要抛弃婚姻，因为"既已接受婚
约的约束，对于我不愿承当的其他负担也必须配合着夫妇生活而
加以适应"，卷入到各种各样的世俗活动中，产生种种顾虑（8：
1）。他的这种过独身的沉思生活的想法，想必由来已久。哲学

家们（如柏罗丁）多为独身，以为如此方能不受欲情的干扰，过沉静的纯粹思辨的生活。摩尼教也因鄙视肉体，而主张独身或不生育，因此其"选民"皆为独身。除此之外，还有从埃及传来的基督教隐修士的生活方式。当时的禁欲主义思潮认为，要真心从事哲学或事奉上帝，最好能保持独身，放弃家室。因为婚姻有碍理性。[38]而既保持婚姻状态，又追求哲学，在奥古斯丁看来是不完全的。因此，奥古斯丁的决断，就是一个更为严肃的决断：为了能献身天主，他必须抛弃婚姻，过独身生活。他已在理智上达到这一结论，但在行动上一直迟疑不决，这导致了他这一个阶段的激烈的内心冲突。正是这种冲突，使他体验到保罗所说的"二律交战"或"双重意志"，体验到人身上知识、意愿、能力之间的不协调。这在他的神学思想发展过程中占有重要的地位。

在犹豫和徬徨之中，奥古斯丁去找辛普里西安诉说心中的难题。[39]辛普里西安向奥古斯丁介绍了维克托林晚年公开认信基督的事迹，激起了奥古斯丁的效法之意。他感到在自己那已成"习惯"和"本性"的败坏意志中，正萌生一个新的意志，即完全事奉上帝。但他又没有足够的力量去压伏根深蒂固的积习。这样，他"就有了一新一旧的双重意志，一属于肉体，一属于精神，相互交绥，这种内讧撕裂了我的灵魂。"奥古斯丁清楚地认识到，他这时的问题，不是理智的，而是意志的，因为他已经"确切认识真理"，已经知道应该怎么做，但却迟迟不能发出行动：

> 从亲身的体验，我领会了所谈到的"情欲和圣灵相争，圣灵和情欲相争"的意义。我正处于双重战争中，但我更倾向于我所赞成的一方，过于我所排斥的一方。……真理已经征服了我，我却没有话回答，只吞吞吐吐、懒洋洋地说：

"立刻来了!""真的,立刻来了!""让我等一会儿。"但是"立刻",并没有时刻;"一会儿"却长长地拖延下去。我的内心喜爱你的法律是无济于事的,因为"我觉得肢体中另有个律和我心中的律交战,把我掳去叫我附从那肢体中犯罪的律"。犯罪的律即是习惯的威力,我的心灵虽然不愿,但被它挟持,被它掌握;可惜我是自愿入其彀中,所以我是负有责任的。[40]

在奥古斯丁阅读新柏拉图主义著作和保罗书信时,他作为宫廷雄辩家歌功颂德的职责,也使他不能心安。[41]同时他的健康状况不佳。虽然这时他已从理智上愿意皈依基督,过禁欲生活,但过渡时期的情妇,却叫他难以舍弃。[42]但他完全事奉上帝的志愿,经由辛普里西安所举的维克托林榜样的激励,又得到了一次推进。

奥古斯丁叙述了他皈依基督、解除精神冲突的经过(8:6 -12)。在这个过程中,他尤为充分地体验到了知、愿、能的分裂,和意志自身的内部冲突。

386年8月的一天,他和好友阿利比两人在家,一个名为蓬提齐亚努的客人来访,后者看到奥古斯丁正在读保罗书信,就给奥古斯丁讲了埃及隐修士安东尼的事迹,还讲了不久前他的两个同事因读到安东尼的传记而毅然放弃朝廷官职,过隐修生活,他们的未婚妻也都守贞不嫁的事迹。[43]蓬提齐亚努的讲述无疑给奥古斯丁造成了巨大的精神压力,因为他觉得和故事中的这些人物相比,他自己太不求上进了。他本来已有过禁欲生活之心,但因为贪恋世俗的荣华富贵,尤其是女色,而总是找借口推延决断的时间。现在,他觉得无可推诿了。客人走后,他内心的斗争更为剧烈。他的面色和他的思想也同样紧张,他冲到阿利比面前,叫喊说:"我们等待什么?你没有听到吗?那些不学无术的人起来攫取了天堂，我们呢？我们带着满腹学问，却毫无心肝，在血肉中打滚！是否他们先走一步，我们便耻于跟随他们？不是更应该惭愧自己没有跟随他们吗？"[44]

　　他来到寓所的小花园里，阿利比怕他出事，也跟着他，但奥古斯丁觉得，即使有他在身边，自己也仍旧是孤独的。此时的奥古斯丁正处于暴风雨来临之前的焦躁不安中，长期在他心中酝酿的一个决断正要破壳而出但又仍卡在壳里。他举棋不定，"心烦意乱"，手足不由自主地做出许多动作。但他的那个最后的决断仍然悬在那里，定不下来。后来他分析当时的心境说，手足残缺的人愿举手而不能，意与能不一致。但他作为一个健康人，肉体很容易听从灵魂的驱使，念头一转，手足就动了，因此，只要他愿，他就能，愿与能一致。但是，他最愿做的事，只要他愿做就能做的事，他这时却做不出来，他是无能的。问题出在哪里？

　　　　灵魂命令肉体，肉体立即服从；灵魂命令自己，却抗拒不服。……这种怪事哪里来的呢？原因何在？我说，灵魂发令愿意什么，如果灵魂不愿，便不会发令，可是发了命令，却并不执行。

　　　　其实灵魂并不完全愿意，所以发出的命令也不是完全的命令。命令的尺度完全符合愿意的尺度，不执行的尺度也遵照不愿意的尺度，因为意志下令，才有意愿，这意愿并非另外一物，即是意志本身。于此可见，灵魂不是以它的全心全意发出命令，才会令出不行。如果全心全意发出命令，则即无此命令，意愿亦已存在。因此意志的游移，并非怪事，而是灵魂的病态。虽则有真理扶持它，然它被积习重重压着，不能昂然起立。因此可见我们有双重意志，双方都不完整，一个有余，则一个不足。(8∶9)

　　　　在我考虑是否就献身于我的主、天主时，我本已有此计

划，愿的是我，不愿的也是我，都是我自己。我既不是完全
愿意，也不是完全不愿意。我和我自己斗争，造成了内部的
分裂，这分裂的形成，我并不情愿；这并不证明另一个灵魂
的存在，只说明我所受的惩罚。造成这惩罚的不是我自己，
而是"盘踞在我身内的罪"，是为了处分我自觉自愿犯下的
罪，因为我是亚当的子孙。[45]

　　永远的真福在上提携我们，而尘世的享受在下控引我
们，一个灵魂具有两者的爱好，但两者都不能占有整个意
志，因此灵魂被重大的忧苦所割裂；真理使它更爱前者，而
习惯又使它舍不下后者。(8：10)

　　这种"双方都不完整"的"双重意志"，[46]是灵魂的"病
态"，是原罪的后果。两种意愿冲突，此消彼长，奥古斯丁觉得
他就要倒向上帝那边了，但"越在接近转变的时刻，越是使我
惶恐，我虽并不因此却步，但不免停顿下来了"。这时过去的那
些世俗的享受，那些"旧相好"，仿佛在对他说话，在极力哀求
他不要舍弃它们，而"节制"也仿佛在对他说，天主比这些
"旧相好"更值得享受。这时奥古斯丁的内心冲突，实已达到顶
点 (8：11)。

二　保罗"二律交战"，人的"无知"、"无能"

　　奥古斯丁对于意志的这种"双重"性，或意志内部的冲突，
以及知而不愿、愿而不能的体验，与保罗书信中所传达的生存体
验有很多契合之处。事实上，390 年代中期起，奥古斯丁最常引
用的保罗的话之一，就是《罗马书》7：15 所说，"我所作的，
我自己不明白。我所愿意的，我并不作；我所恨恶的，我倒去
作。"这句话充分地表达了知、愿、能之间的僵局（知而不愿、
愿而不能），即意志的无能、受缚，或意志的分裂。在早期，奥

古斯丁对于人能够凭着理性认识上帝的律，凭着美德达到上帝的律所要求的事，是相当自信的。那时他的思想与古典哲学是一致的。但现在他对人的能力的评估变了。也许是他 10 年前的生存体验促使他接受了保罗的意志论框架，也许是保罗的意志论框架促使他反思 10 年前皈依的一些体验，反正他对于人的意志的看法在这一时期发生了改变。现在他在承认意志的无能是一个事实的基础上，逐渐发展出了他的意志观、原罪观（无能的原因）以及恩典观。同样在承认意志分裂的基础上，他反对古典哲学那种认为理性可以控制外在的欲望、达到平静的看法。因为，如果意志像斯多亚派或新柏拉图主义认为的那样是完整的和有能力的，就不会发生这种僵局，不会有无能感了。在这一阶段，《圣经》，尤其是保罗书信中的《罗马书》的影响越来越重，而旧哲学的痕迹越来越淡。

在 394/395 年写的反摩尼教的《〈罗马书〉章句评注》和《未完成的〈罗马书〉评注》里，在自由意志与恩典的关系问题上，他还处于早期的观点上，即人的自由意志是完整的、自律的，人做出一个行为，是凭着他的意志作出的。人的信仰上帝与否，也是他自己作出的。上帝拣选某人，是因为他预知到某人会有信仰。而到了两年后写的《致辛普里西安》里，则说上帝拣选某人，并非因为已预知到他有信仰，而是出于我们不可测度的原因，上帝先预定了拣选这人。除此之外，在这个阶段的这些著作中（《论意志的自由选择》第 2、3 卷），他对人的意志受到束缚，处于无知无能的状态之中的看法，也有一些或大或小的变化。

《罗马书》第 7 章是他关注的重点。在《〈罗马书〉章句评注》里，对保罗所说的"我所愿意的，我并不作；我所恨恶的，我倒去作。若我所作的，是我所不愿意的，我就应承律法是善的"，他解释说：

这样，律法就得到了充分的辩护，免受一切的指责。但是人们必须小心，免得以为这些话否定了我们的自由意志，因为并非如此。使徒在这里所描述的人，是律法之下的，恩典以前的；若他还没有上帝那解救人的恩典的帮助，却想凭着自己的力量过义的生活，则罪就会击败他。因为凭借他的自由意志，人有一种手段来信解救者，来接受恩典，并藉着赐予恩典者的解救性的帮助，而可以不再犯罪。这样他就可以不再处于律法之下，而是有它或在它之内，藉着上帝的爱成就它，这是它在畏惧时所做不到的。(44:2-3)[47]

我们再看在《致辛普里西安》里，奥古斯丁对保罗的同一句话，即"我所愿意的，我并不作；我所恨恶的，我倒去作。若我所作的，是我所不愿意的，我就应承律法是善的"，是如何解释的。在这里他说：

他不愿意的，是也为律法所禁止的事。所以，他之赞同律法，当然就不是在他作了律法所禁的事上说的，而是在他不愿作他实际上作了的事上说的。他被击败了，是因为他还没有被恩典解救，但他业已藉着律法知道他是在犯错，而他并不真想犯错。他接着说："既是这样，就不是我作的，乃是住在我里头的罪作的。"他不是说他没有赞同犯错，而是说他赞同律法对错误的谴责。他仍旧是在说尚处于律法之下、未处于恩典之下的人，这种人被某种具有控制力的欲望，以及与被禁之罪相连的某种具有欺骗性的甘甜导致了犯错。但由于他知道律法，他是不赞同这点的。他说"不是我作的"，因为他在犯错时，他被击败了。当我们屈从于一个压倒性的欲望时，就是欲望在犯错。恩典使得我们可以不屈从于它，使人心得到力量来抵抗欲望。(1:1:9)[48]

这两处引文都强调律法之下的人，若没有上帝的帮助，是不能摆脱犯罪的。

在《〈罗马书〉章句评注》44：7，奥古斯丁已注意到亚当的罪对后人所造成的影响。在谈到《罗马书》7：23"但我觉得肢体中另有个律和我心中的律交战，把我掳去叫我附从那肢体中犯罪的律"时，奥古斯丁说，保罗把"犯罪的律"称作致死的境况，它的根源在亚当的过犯，正是因为这过犯我们才生而有死。从肉体的这下坠里，肉体的贪婪就总是在不厌其烦地引诱我们。关于这贪婪，保罗在另一处说，"我们本为可怒之子，和别人一样"（弗2：3）。[49]

虽然已注意到"原罪"及其影响，但奥古斯丁此时所强调的，仍是人的自由意志的完整性。这可能与他此时所针对的对手是摩尼教有关。[50]因为摩尼教主张人有一善一恶两个本性，因而取消了意志自由以及人对其行为的责任。[51]

在《致辛普里西安》里，在谈到保罗"立志为善由得我，只是行出来由不得我"这句话时，奥古斯丁说：

> 对那些不能正确地理解这些话的人来说，他好像把自由意志取消了。但是他若说"立志为善由得我"，又怎会取消自由意志呢？倘若真是取消了，实际上的立志就肯定是属于我们的能力的；我们没有力量将这善的意愿行出来，却是对原罪的惩罚的一部分。这不是人原来的本性，而是对他的罪过的惩罚，由于这罪过，有死性就作为第二本性来了，倘若我们凭着信仰服从于我们的创造主，他的恩典就可以让我们从这有死性里得解脱。这些话是一个处于律法之下，但还未处于恩典之下的人说的。还未处于恩典之下的人，不做他所愿意的善，却做他所不愿的恶，被贪婪所打败了。这贪婪的力量来自于这一事实，即他不仅是有死的，还是为习俗的重

量所拖累的。但若他不做他愿作的，那就不再是他在做，而是他里面的罪在做，这在上面已经解释过了（1：1：11）[52]

可能由于这部著作不是针对摩尼教，而是为老朋友和以前的导师辛普里西安解答问题的，因此，奥古斯丁在这里更多地强调了人的意志因为上帝对始祖原罪的惩罚，而陷入了无能（"我们没有力量将这善的意愿行出来"）。

390 年代中期的一些变化，也反映在《论意志的自由选择》这部著作的不同篇章里。《论意志的自由选择》一般被认为是奥古斯丁"早期著作"中强调个人的自由选择的（佩拉纠就这样认为），但其实这部著作中关于意志的观点前后有很大的变化。它的第一卷写于 388 年，第 2、3 卷写于 395/396 年，因此第 1卷中关于人能认识上帝的永恒律并按永恒律行事，从而获得幸福的乐观看法，到了第三卷就被悲观的态度取代了：亚当的罪使他的所有后人均失去完全的自由，亚当本来有知识、有能力"轻而易举地"遵守上帝的诫命，但他滥用了自由意志，从而作为对他的惩罚，他的所有后代就陷入了无知和无能：

> 无知导致可耻的错误，无能导致痛苦的挣扎。将错误当作真理，不由自主地犯错，且由于挣脱肉体的束缚时的痛苦，而不能免离情欲的行动：这些都不属于人起初受造时的本性。它们乃是对被定罪者的惩罚（3：18：52）。[53]

386 年写《论幸福生活》等著作时的乐观看法，即人可认识永恒法，并凭着自己的自律的能力按照它行动（美德），从而在今生获得幸福，就变成了泡影：所有人都受亚当堕落的影响，其知识是有限的，其意志是受束缚的，其能力是被损坏了的，因此人在今生是不可能过上幸福生活的，只能在来生获得。[54]

　　由以上的考察可以知道，390 年代中期之后，奥古斯丁对人可以通过美德臻至完善的传统哲学观念，进行了一次理论颠覆。[55]而导致颠覆的，就是他对保罗《罗马书》第 7 章的解释。其根源，则来自于 10 年前他在米兰花园所体验到的无能。如果纯是从理论去看奥古斯丁对保罗的解释，则我们无法解释为什么别的教父（如奥利金）在解释保罗时没有走向原罪论、意志无能论和预定论等。因此在奥古斯丁的生存体验里，一定确实发生过不同寻常的事，这些事使他对保罗的解释与别的教父有所不同。[56]

三　堕落后的性是罪的集中体现

　　在《忏悔录》之后，尤其是在与佩拉纠派论战期间的著作中，奥古斯丁相当完整地发展了他的知、愿、能分裂，理性无知、意志无能的观点，在承认他所认为的这一事实的基础上，构建起了一个由原罪论、[57]预定论、[58]恩典论、神学人类学组成的庞大的神哲学体系。原罪论使奥古斯丁将人的意志的分裂追溯到始祖堕落，提供了一个"历史的"解释。在晚年与朱利安关于婚姻与性的争论中，奥古斯丁论述了作为知、愿、能的分裂的集中体现的性。

　　两人的争论不在性本身，而在奥古斯丁关于任意的性冲动来源于亚当的堕落的宣称上。奥古斯丁的观点来自于《罗马书》5：12："罪是从一人入了世界，死又是从罪来的；于是死就临到众人，因为众人都犯了罪"（此为和合本中译。佩拉纠和奥古斯丁所依据的拉丁文译本将希腊文原文"因为众人都犯了罪"误译为"in quo 众人都犯了罪"）。奥古斯丁将 in quo 又理解成了"在他里面"，认为这是指一切人在亚当犯罪时就已犯了罪，因此生来即有原罪。而这同样的一句话，在朱利安的先驱佩拉纠看来，却不是这个意思。佩拉纠认为，亚当因为自己的行为而受到惩罚，但他的本性并没有发生改变。罪扩展到了别人头上，是因为亚当充当了一个坏榜样。罪并不是"原"的，不是"生来就有的"，而是不断累积的。累积到一定程度，上帝就会加以处罚，先是诺亚时期的洪水，然后是摩西律法，最后是基督的死与复活。[59]

但奥古斯丁的原罪概念并不只是来自于这么一个句子，而是来自于他对圣经的通盘思考，对基督救恩功能的思考，以及对人性的深刻体验和观察，即人性中有某种古怪、扭曲的因素。[60]

上帝所造的本性是好的，后来什么地方出了差错，是亚当的错而不是上帝的，基督用恩典修复那错误——这就是奥古斯丁原罪观的基本大纲。亚当的罪本身与性毫无关系——它是一个自傲的自恋行为，即否定上帝的命令。[61]布朗（Peter Brown）指出，使奥古斯丁区别于大部分早期神学家的地方，乃是他的这么一个观点，即倘若人没有堕落，性也会在伊甸园里发生（别的神学家则认为，倘若伊甸园里没有死，那也就无需通过生育来繁衍种类了）。奥古斯丁认为，性乃是上帝所造的人的本性中的一部分，是好的。性也是历史中的人性的一部分——耶稣也有精子，倘若他想生育后代，他也是可以的。在《答朱利安》（未完成）里，奥古斯丁同意朱利安，说，一个没有生殖力（virility）的基督是没有美德（virtue）可言的，但他进一步指出，基督的身体是完完全全与他的精神相应和的（4∶47）。问题并不在于能力，而在于选择。[62]

奥古斯丁对性的悲观主义来自何处？来自他对意志的强调。别的哲学家，无论是异教的还是基督教的，都害怕性，因为怕性高潮颠覆理智之不动情状态（apatheia），这种状态本是心智在向上帝上升的过程中通过训练才能达到的。奥古斯丁本人在早期坚持理智在人里面的首要地位时也持这种观点。在《独白篇》（1∶17）他说，性行为"将一个人的心智彻底颠倒"。但当他将强调的重心逐渐转到人的意志时——转到作为社会的纽带、作为上帝的本质的爱上面时——他的着眼点变换了。在《上帝之城》里，尽管他简短地提到了性高潮时心智的销蚀（14：16），最令他兴奋的、引起他注意的，却是性唤起阶段（或性消退阶段）。没有什么比身体脱离意志的意图而独自行动更能显示人的整体性的丧失的了。他的论证如下：

首先，一个人可能并没有想要性兴奋，但身体却自己兴奋了。这是对亚当的罪的一个"对称的惩罚"。正如亚当不服从上帝的意志，他自己的身体现在也不服从他自己的意志了。本来亚当在伊甸园的性享受是一个完整的人的性享受，但他堕落后性兴奋的任意和无法控制，表明他已丧失了灵与肉的完整的统一。

其次，如果自发的性兴奋是一种适当的惩罚，那么性无能——当一个人想要性兴奋时身体却拒绝兴奋——就更是一种惩罚了。亚当在伊甸园时，只要他想性交就随时都可以，他是从来不会性无能的。

第三，倘若合法的性关系（婚姻）中的性无能是一种适当的惩罚，那么私通者（纵欲者、登徒子）的性无能就更算一种惩罚了。此时不仅身体拒绝回应意志（愿），而且"欲望本身抛弃了欲望"（libidini libido non servit，《上帝之城》14：17）。

第四，人的身体与意志之间的断裂戏剧性地集中体现在这两种"机能障碍"的交替上，即意志不想性兴奋时身体兴奋了，意志想性兴奋时身体却不兴奋了。[63]

> 有时，你没有意图，身体自己却骚动了，还持久不歇。又有时，它让一个紧张的恋人陷入困境，当他的欲望因幻想而唑唑灼烧时，他的身体却结冰发僵了；这样，古怪的事情就是，即便不是为了生育，而只是自我享乐，欲望也甚至不配合欲望的帮助——那通常与理性的控制对着干的力量（指欲望），现在跟自己对着干了，一个被唤醒了的想像

（指性幻想）并没有从肉体那里得到相应的性唤醒。（《上帝之城》14：16）[64]

奥古斯丁常常提到性无能，作为人的内在分裂的极端例子，在那里欲望不仅反对理性，也反对它自己。他谈到犬儒派，[65]这些人藐视习俗，想公然地在公共场所性交，但却性无能，不得不穿着大衣，用棍子假装勃起（14：20）。在公共场所裸露身体却不能勃能，这也象征着伊甸园里那毫无羞愧感的性意图业已无效了（14：07）。

奥古斯丁承认大谈性无能是人堕落后内在分裂的象征，多少有些不体面，但他认为，这种感觉本身也是堕落的结果。亚当如果没有犯罪，他在伊甸园里是完全可以毫无羞耻感地用最绘声绘色的语言谈论性的（14：23）。

正是奥古斯丁的关于性唤起的临床式的精确谈论，让一些人说他"沉迷于性"。[66]但实际上他只是在与朱利安就原罪展开争论时才这么集中地谈论。正如布朗所指出的，在讲道时，他是不谈性的。讲道中谈到的三个大罪是贪婪、暴力和欺骗，没有性罪错。在实际的生活中，他对别人犯的性过错也是宽大为怀，这在哲罗姆他们那里是不可想像的。有人指责一个司铎犯了性罪错，对此奥古斯丁不以为意，直到找到确凿的证据后他才加以处罚。另有人指控一个司铎和一个修士是同性恋，奥古斯丁把他们俩送到内殿去祈求上帝的判决，他自己则告诉教众，既然我们无从知道别人的内心，那我们就不要忙着论断他人（《书信》78）。对性的轻判与对欺骗等行径的重判形成对照。当时有一个修士瞒报了自己的财产，奥古斯丁拒绝将其财产归入修院，把这人赶出了修院，并审查了别人的财产，他在布道里向信徒报告了审查的结果（《布道》355－356）。他最痛恨的，是算计、撒谎，因为这是撒旦的罪。撒旦没有肉身，所以不会犯人因为肉身而犯的人的罪,如性的过错。奥古斯丁自己的经验使他对只有人才能犯的罪充满同情,而不是不宽容。他告诉信徒们,在听到修院同性恋丑闻的期间,他牢记的座右铭是保罗的话:"有谁软弱我不软弱呢?"(林后11:29)(《布道》78:6)。[67]

在性与原罪的关系问题上,学者们尚有争议。一些人认为,原罪是由性贪(sexual concupiscence)带来的,且由生育遗传;另一些人认为,性贪只是充分地说明、暴露了原罪,但它本身却非原罪的原因。[68]笔者倾向于认为,奥古斯丁所谓的性贪(在生育中的)只是原罪的工具因(instrumental cause),但它同时也是原罪的一个集中体现,就是,在性贪中,集中地体现了与原初理想状态的人性不同的人性,即知、愿、能的完全分裂。而原罪的本义,仍旧是出于骄傲而违背上帝的律,以自己为律,不爱上帝而爱造物,尤其自己(堕落天使也因自恋而犯罪)。

第四节 恩典之体验:米兰花园,无花果树下

一 来自上帝的声音

回到386年夏天的米兰花园。

在极度的紧张中,奥古斯丁把阿利比留在原处,自己去了花园里一处较远的地方,躺在一棵无花果树下,[69]"尽让泪水夺眶而出"。他对上帝发话,呜咽着喊道:"还要多少时候?还要多少时候?明天吗?又是明天!为何不是现在?为何不是此时此刻结束我的罪恶史?"此时他仍在挣扎之中,似乎有绝望的感觉。

正在他痛哭的时候,发生了这样一件事:

> 突然我听见从邻近一所屋[70]中传来一个孩子的声音——我分不清是男孩子或女孩子的声音[71]——反复唱着:

"拿着，读吧！拿着，读吧！（Tolle，lege. Tolle，lege）"[72]
立刻我的面色变了，我集中注意力回想是否听见过孩子们游
戏时有这样几句山歌；我完全想不起来。我压制了眼泪的攻
势，站起身来。我找不到其他解释，这一定是神的命令，叫
我翻开书来，看到哪一章就读哪一章。[73]我曾听说安东尼也
偶然读福音，读到下面一段，似乎是对他说的："去变卖你
所有的，分给穷人；你积财于天，然后来跟随我"（太 19：
21）。这句话使他立即归向你。

　　我急忙回到阿利比[74]坐的地方，因为我起身时，把使
徒的书信集留在那里。我抓到手中，翻开来，默默读着我最
先看到的一章："不可耽于酒食，不可溺于淫荡，不可趋于
竞争嫉妒，应被服主耶稣基督，勿使纵恣于肉体的嗜欲。"
（罗 13：13）[75]我不想再读下去，也不需要再读下去了。我
读完这一章，顿觉有一道恬静的光射到心中，溃散了阴霾笼
罩的疑阵。（8：12）

　　就在这一刻，他的问题解决了！与其说是他自己，还不如说
是上帝把他的问题解决了！他把自己的决定告诉了阿利比，后者
接着奥古斯丁读到的读下去，是"信心软弱的人，你们要接纳
他"（罗 14：1），认为《圣经》也在对他发话，于是他也毅然
决定，和奥古斯丁一样放弃世俗前程，献身于上帝。[76]当他们把
他们的决定告诉莫尼卡时，莫尼卡"手舞足蹈，一如凯旋而
归"，奥古斯丁世俗的前程和婚姻之事，在她那里也淡去了。

二　与保罗蒙恩皈依相似

　　奥古斯丁"米兰皈依"的故事，有些戏剧性，这跟保罗的
皈依有些相似。[77]
　　《新约·使徒行传》9：1－9说：

扫罗（即后来的保罗）仍然向主的门徒口吐威吓凶杀的话，去见大祭司，求文书给大马色的各会堂，若是找着信奉这道的人，无论男女，都准他捆绑带到耶路撒冷。扫罗行路，将到大马色，忽然从天上发光，四面照着他。他就扑倒在地，听见有声音对他说："扫罗，扫罗！你为什么逼迫我？"他说："主啊，你是谁？"主说："我就是你所逼迫的耶稣。起来！进城去，你所当作的事，必有人告诉你。"同行的人站在那里，说不出话来，听见声音，却看不见人。扫罗从地上起来，睁开眼睛，竟不能看见什么。有人拉他的手领他进了大马色。三日不能看见，也不吃，也不喝（译文引自和合本）。

这里也不是扫罗一个人，而是有"同行的人"，这里也是"听见有声音对他说"，关键的是，这里扫罗也是精神发生了突然的转变，从基督徒的逼迫者变成了热心传福音的人。

对于保罗皈依的事，奥古斯丁是很熟悉的。在比《忏悔录》稍早些写成的《致辛普里西安》里，奥古斯丁在讲到上帝拣选人的过程时，说，上帝先是在人心里发动善的动机，产生善的念头，使他以上帝为乐，爱上帝，产生爱上帝的能力（2：21），然后导致改变，这个改变也许是突然的、戏剧性的（2：22）。他说：

我们不是惊奇地看到，一些过着纯洁无瑕的婚姻生活的男女（他们或者是异端，或者是异教徒，或者是不温不火的公教徒），无论是在忍耐、脾气上，还是在信、望、爱上，都被突然间皈依上帝的妓女和优伶超过了吗？扫罗在以前，除了攻击、抓捕、捆绑、杀害基督徒外，还会做什么呢？那时他是多么残忍、盲目啊！但他却突然被空中传来的一个声音降伏了，得睹异象，从此心意就改正，归了信仰，于是突然间从一个热心迫害福音者，变成了一个热心传福音的人。(2：22)[78]

奥古斯丁在《忏悔录》中一再地说自己皈依前灵魂"丑陋不堪"，实际上是以"妓女"和"优伶"自喻，因此，从这个角度看，他在米兰花园里骤然间得到解脱，未尝不有保罗的影子在。我们说过，在奥古斯丁的生存体验和他的神学（以及释经）之间有一种"解释学的循环"，有一种互相促进、解释和深化的关系，二者缺一不可。如果没有保罗书信，也许他对自己的体验会采取另外一种解释模式，比如新柏拉图的纯理智的"灵魂归向太一"，比如奥利金的灵魂通过自由选择既可成为荣耀的器皿也可成为卑贱的器皿，将结局主要归功于自己；如果没有他的体验，他对保罗的解释也许会和奥利金、佩拉纠一样，即着重于强调人的自由意志的选择，而非强调意志的无能为力，以及上帝"不可抗拒的恩典"和预定。

可以认为，386年奥古斯丁确实真实地体验到了一些东西，虽然这东西也许是由他对保罗的阅读触发的（反过来，为什么保罗引起他共鸣，这可能又跟他本有此种体验有关）。有些学者仅根据奥古斯丁与保罗皈依上的一些相似，就认定奥古斯丁是在从事小说写作般的"虚构"，显然对奥古斯丁是不公的。[79]从内在的事实说，奥古斯丁的皈依彻底地改变了他的生活，见证了他内心的改变，而且他一向反对撒谎，尤其在宗教的事上；从外在的事实说，花园事件是有证人在旁的（阿利比），容不得他虚构。考虑到当时整个文化和社会的宗教气氛，以及基督教在日常生活中的渗透，一个人将自己的思想和行为与他心目中的榜样（如保罗）联系起来，又有什么奇怪的呢？这就能证明其虚假吗？至于奥古斯丁386所皈依的是新柏拉图主义还是基督教，这本身又牵涉到一个标准问题。仅仅依据奥古斯丁早期哲学对话录中的一些思想来源和出处，就断定此时奥古斯丁是一个新柏拉图主义者而非基督徒，是有问题的。这就和仅仅根据王阳明言论中有一些佛教、道教的来源，就判断他是释家和道家一样。在笔者看来，奥古斯丁早期所信的是基督教，它的思想框架是基督教的（如三位一体、言成肉身在早期著作中即已出现），但吸收了一些新柏拉图主义的成分。正如我们并不因为东方教父（如奥利金、尼萨的格里高利）吸收了一些柏拉图主义的成分就判定他们是柏拉图主义者一样，我们也不能因为奥古斯丁吸收了一些新柏拉图主义的成分就判定他早期所皈依的是新柏拉图主义。我们倒不如说，是奥古斯丁本人的思想发生了改变，使他从早期的一种基督教范式转向了后期的另一种基督教范式，按汉斯·昆的说法，就是从"奥利金范式"转向了"奥古斯丁范式"。[80]

"米兰花园皈依"的体验，显然对奥古斯丁的"恩典神学"起了决定性的作用。

第五节 永恒之体验：奥斯蒂亚异象

一 母子俩的神秘体验

386 年 8 月奥古斯丁皈依后，到米兰近郊的卡西齐亚根度过了几个月，在那里奥古斯丁写出了他早期的一批哲学著作。387年春天，他们回到米兰，奥古斯丁、阿利比，还有奥古斯丁的儿子天赐一同从安布罗斯那里领了洗。夏天时他们动身南下，想在冬天之前赶回港口回非洲，因为那时奥斯蒂亚将会封港。不过，他们虽未受到天气的阻挠，却被战火延迟了。因为当时皇帝的军队正在与篡位者马克辛打仗。他们在奥斯蒂亚逗留时，莫尼卡病故了。

莫尼卡病故之前，奥古斯丁和她在河口有过一次长谈，母子俩一道经历了"奥斯蒂亚异象"。由于这段话是《忏悔录》文笔最为优美的，我们不妨以诗体译录如下：

> 如果血肉的喧嚣归入寂静，
> 寂静了一切属地、属海、属空的形象；
> 如果诸天寂静，灵魂对自己寂静无声，
> 因出窍而浑然忘我：
> 如果一切的梦幻与想像寂静，一切的口舌与符示，
> 还有一切转瞬即逝的事物，
> 若是你侧耳倾听，便会听到他们在说，
> "我们不是自造的，我们是那永不消逝者造的"：
>
> 但是如果，在说这番话，使我们凝听造它们者之后，
> 它们也寂静了，
> 在它们的寂静之中，独有他在对我们言说，
> 不是藉着它们，而是亲口说话：
>
> 如是我们就会听到他的话，
> 不是藉着人的口舌，或天使的声音，
> 或云霄的霹雳，或晦涩的比喻，
> 而是听到我们本在万物之中热爱的他，
> 听到他自己而不是它们：
>
> 正如我们两人现在奋发向上，
> 在心灵的一瞥里，触及了超越万有的永恒智慧：
>
> 如果这异象能保留长久，

一切与此不同的幻象在它面前静静消散，
好使这异象独独能将凝视者强卷入内在的极乐之中，
以使他的生命能永远地像那悟入的一瞬，
对这一瞬我们曾叹息不已——

如果这样，情况岂非如此：
进来享受你主人的快乐？[81]
但什么时候会这样呢？
是在"我们都要复活，但并不都改变"时吗？[82]

　　整段话一气呵成，只有一个句子，前面用了许多的"寂静"，[83]象征着在母子俩灵魂的"上升"中，一切外在的喧嚣及伴着喧嚣而有的物形的消失，而进入"大音稀声，大象无形"的超迈境界。

　　这段话很是吸引那些对"基督教与古典哲学如何融合"这个问题感兴趣的学者。人们普遍认为，奥古斯丁这段话表明他受到了新柏拉图主义——尤其是柏罗丁——的影响。[84]奥古斯丁也承认他采取了柏罗丁的灵性操练法。[85]灵魂向上攀登，得睹神圣，这在《忏悔录》就有数次提到。[86]奥古斯丁在他的布道中也提到过这样的遭遇神圣的事。[87]但是，问题不在于他是否受到了前人的影响，而在于这影响在其思想中的作用和位置。在圣经引文和新柏拉图主义引文混合在一起的情况下，如何判断哪个是决定性的，哪个只是被吸收的成分呢？是用基督教的框架吸收新柏拉图主义，还是反过来？奥古斯丁在《忏悔录》里早已清醒地区分了这二者的不同在于新柏拉图主义不承认言成肉身、肉身复活等基督教独特的教义，以及对基督保持着一种理性的蔑视（"骄傲"），相同之处在于承认上帝的精神本性、受造之物皆善、世界是有秩序的等等（7：9），因此我们可以认为奥古斯丁在

《忏悔录》只会用基督教的框架来吸收新柏拉图主义，而不是相反。但在早期，他也是这样做的吗？从其早期的一些主要思想来看，如三一论，据学者们最近的研究表明，从最早时候起，奥古斯丁所接受的就是尼西亚信经三一观。[88] 对于基督教神学来说，最重要的是上帝论。倘若在上帝论上是正统的三一论，那么我们就可以基本确信，奥古斯丁早期的基督教神学框架这时已有雏形，只待在一些细节上加以充实、完善，乃至调整。[89] 比如，从三一论的角度来看，奥古斯丁早期的"高峰体验"（包括奥斯蒂亚异象）更多的是"看到"作为"光"的圣子，或作为"三位一体"之"一体"（essentia，存在，是），而对于圣灵和圣父则少有涉及。到了后期，他则主张人可以藉着基督的圣灵的帮助，进入三位一体上帝的内在生命中去。

更有人指出，和新柏拉图主义之孤单的灵魂上升不同，奥古斯丁这里是两颗心灵一道上升，"在心灵的一瞥里，触及了超越万有的永恒智慧"。同时，与新柏拉图主义强调重视自由艺术和抽象科学的修养，方能得见"常在的实体"不同，莫尼卡并无这方面的修养，却照样可以达到这种高峰体验，因此这多少是对奥古斯丁所持有的新柏拉图主义教条的打破。[90] 莫尼卡这样的平凡基督徒所体验到的，恐怕只能比奥古斯丁在《忏悔录》中用柏罗丁式的术语所表达的要真切朴实。因此，奥古斯丁用这种柏罗丁式的语言来表达他和他母亲所达到的一种体验，恐怕就只是一种词汇或方法上的运用，而不能说在框架和实质上受到新柏拉图主义的支配。[91] 在柏罗丁那里，灵魂在那妙不可言的一瞬达到了与"太一"的合一，是因为灵魂本来源出于"太一"，与"太一"同质，在奥古斯丁这里，灵魂在瞥见"永恒智慧"的那一瞬，只会认识到它与上帝之间横着一道无法逾越的深渊：它与上帝是完全不同的。[92] 与上帝如此不同的灵魂竟能得睹"常在本体"，那只能是因为上帝自己提升了人，而不是人凭着自己的能力达到的。所以奥古斯丁在这里要将这体验说成是"圣灵的鲜果"（9：10）。我们在后来奥古斯丁的"主观时间论"里，看到这"心灵的一瞥"的瞬间神秘体验，是如何地与他关于"永恒"、"时间"、"三位一体"的理论产生互动，[93]乃至可以整合到他的恩典论里的。

二　分享上帝"永生"的存在方式

为什么奥古斯丁要在《忏悔录》记载他获得新生后得到的这一次"异象"？这里似乎有存在论上的暗示。我们可以看到，在《忏悔录》的写作结构中，已有三位一体的框架。[94]第2、3、4卷分别谈论三一上帝（圣父－圣子－圣灵）在人身上的形象（存在－理智－意志/爱）的"沉沦"：原初的形象变成了"骄傲/控制欲－好奇－情欲"这一"反面三一形象"。笔者认为，第7卷说的是他在理智上克服了谬误，服膺了基督的真理，因此"理智"可算开始恢复；第8卷说的是他在道德上皈依了基督，因此可算"意志/爱"开始恢复。那么，第9卷主旨何在呢？笔者以为，"奥斯蒂亚异象"对应于形象中的"存在"一维，即由第2卷偷梨所象征的"存在的堕落"一变而为"存在的恢复"。

为什么"存在的恢复"要从"永恒"入手？这是因为"永恒"是上帝存在的方式。"永恒"在奥古斯丁那里不是指无限长地延续的时间，而是指"永远的现在"，即没有过去、将来，而只有现在。"永远的现在"意味着没有生老病死的变化。上帝是不变的，不能设想上帝一会儿出生，一会儿又病了、老了、死了。与"永恒"这样的存在方式相反的，是"时间"。"时间"是人和一切受造物的存在方式，时间意味着"虚无"：

　　　　我观察在你（上帝）座下的万物，我以为它们既不是绝对"有（是/存在）"，也不是绝对"无"；它们是"有"，因为它们来自你，它们不是"有"，因为它们不是"自有"的。因为真正的"有"，是常在不变的有。"亲近上帝，为我有益"，因为如果我不在上帝之内，我也不能在我之内。而你则"常在不变而更新万物"，"你是我的主，因而你并不需要我的所有"。我已清楚地看出，一切可以朽坏的东西，都是"善"的；唯有"至善"，不能朽坏……（7：11－12）

"时间"意味着有过去、现在、将来之分。人是"时间"中的存在者，他有生老病死，有从无到有、又从有到无的变化。由于时间三态中过去已消逝，将来还未有，现在又无限可分，趋近于无，则人的时间实际上趋近于虚无，他能把握的也就是这趋近于虚无的瞬间的"现在"。可想而知他的"存在"是多么"虚无"。这正好与"永恒"相反。永恒是"存在之丰盈"。虚无之物要想获得、充实自己的存在，使自己那虚假的存在变得真实而丰盈，就得想法进入或依附于丰盈的存在，而尽量维持"不变"。因此，《忏悔录》第 11 卷的时间意识分析，就走了两步。首先是心理学的时间分析，通过指出并没有过去、现在、将来这样的时间三态，而只有"过去的现在、现在的现在、将来的现在"（11：20）这样的心理学时间，表明"时间"中含有"永恒"的"形象"，时间只是"心灵的伸展"。由此人们可以达到对上帝"永恒"的一种理智上的领悟。第二步是伦理学的时间分析。由于人的存在是变动于"时间"中的，其思虑就是变化.不定，纷繁芜杂，分散不专，难以把注意力集中在纯一的上帝身上。如果他能一心爱上帝，牢牢地依靠上帝，那么他的存在就会获得一种统一，同时由于上帝是至善，他的存在就会获得一种比原先要高的善，从而趋向于"存在的丰盈"。[95] 所以，这里的两个步骤，既是针对作为理智存在者的人的，更是针对作为罪人的人的。

　　但是，这只是理论上的分析，如果能在实践上体验到上帝的"永恒"，体验到"存在的丰盈"，那么，理论就得到了印证。"奥斯蒂亚异象"就是这种印证。它"预尝"了上帝的"永恒"或"永生"，在今生提前尝到了"天国"，故而恢复了被虚无削弱了的"存在"。就心理学时间而论，奥古斯丁和莫尼卡体验到了"无过去、无现在、无未来的真慧"，超越于任何的时间变化之上；就伦理学时间而论，母子俩于刹那间进入了纯一的智慧，与永恒者融合，超越于世俗的纷扰，达到了存在之丰盈。但是这种体验只能是极为短暂、稍纵即逝的，但是，有过这种体验的人，其存在当然会与此前有所不同，而得到提升与改造。

注　释：

　　[1] Peter Brown, *Introduction for Augustine's Confessions*, trans. F. J. Sheed（Indianapolis/Cambridge：Hackett Publishing Company, Inc., 1993）, xii.

　　[2] Garry Wills, *Saint Augustine*, XV - XVI.

　　[3] O'Meara 认为，《忏悔录》不是自传，甚至连局部的自传也算不上。它只是奥古斯丁在运用自己过去的生活和信仰告白来阐明他的关于人的理论。但是，尽管是透过他的理论棱镜和修辞手法来写《忏悔录》的，却并不妨害其历史的真实性。见 John J. O'Meara, *The Young Augustine*（2nd rev. ed.）, N. Y.：Alba House, 2001, xxxiii - xxxiv。

　　[4] 这一变化体现在《致辛普里西安》里，从其早期的新柏拉图主义基督教之强调人的理性和道德自律转向后期的强调上帝恩典对人的意志的决定作用。下文将有详述。

　　[5] 这里他举了罗马将军杀人狂卡提里那"无端"嗜杀的狂举，但最后认定他之杀人还是为了追求权势、荣耀、财富等。见《忏悔录》2：5。

　　[6]"缺乏"是奥古斯丁神哲学的一贯主题，虚无或恶是 defectus entis（存在的缺乏），错误是 defectus veritatis（真的缺乏），遗忘是 privatio me-

moriae（记忆的缺乏，见《忏悔录》10：24），恶、错、遗忘之间又是有着深刻的联系的。正因为人有存在的缺乏，才有始祖的堕落，遗忘了上帝的记忆，造成认知上的错误，从而过着有罪的生活。参 Garry Wills，*Saint Augustine's Memory*（N. Y.：Penguin Group，2002），p. 68。

　　[7]《忏悔录》2：9。原中译为"谁能了解罪恶？"，并注明出自《诗篇》18：13。查和合本为《诗篇》19：12，并译为"谁能知道自己的错失呢？"此处据和合本。

　　[8] John M. Quinn，*A Companion to the Confessions of St. Augustine*，pp. 98 – 109。Qinn 相当全面地分析了在人身上的"形象"的全面堕落。偷窃作为对上帝全能的滑稽模仿，体现在偷窃中，他仿佛已成为果树的主人，已像上帝那样凌驾于法律之上，但实际上他走向的是虚无，因为他的行为并没有任何的善可言。作为破损了的上帝形象，在人的犯罪的行为里，他们仍颠倒地保留着类似于上帝的东西。他们想违背上帝而获得自足自律，依赖于自己的能力，不服从于任何人，将他们所做的一切都归功于自己。由于上帝是自足的，人现在也想自足。骄傲就是这种自足模仿的第一个表现，以自我为中心，而不再以上帝为中心。随之而来的就是野心和虚荣，将权力和名誉等归之于己。

　　[9] 可参 Kim Paffenroth，"Bad Habits and Bad Company：Education and Evil in the Confessions"，in：*Augustine and Liberal Education*（ed. Kim Paffenroth and Kevin L. Hughes，England：Ashgate Publishing Limited，2000），pp. 6 – 7。

　　[10] Serge Lancel，*Saint Augustine*，p. 21。

　　[11] *Propositions from the Epistle to the Romans* 43：2 – 3，in：Paula Fredriksen Landes，*Augustine on Romans*（California：Scholars Press，1982），p. 17。

　　[12] 可参 *The City of God*（ed. R. W. Dyson，Cambridge Univ. Press，1998），pp. 507 – 508.

　　[13] 奥古斯丁在稍前处亦暗示始祖犯罪与其是从虚无中造出来的有牵涉，在《上帝之城》14：13 亦说到始祖犯罪之前先已有了坏的意念，而这坏意念乃是意志之缺陷，而之所以有缺陷，是由于人的本性是"从虚无中创造出来的"，故而才会被缺陷颠覆。见 *The City of God*，p. 608。一般认

为，奥古斯丁是用"没有原因"和"从虚无中创造"这两者来解释始祖堕落的原因，但这是否合理，当前仍有争论。T. D. J. Chappell 认为，经过修正，奥古斯丁的两个解释，即"没有原因"解释和"从虚无创造"的解释，可以结合起来，在逻辑上仍是有效的、不自相矛盾的。由于人是从虚无中创造出来的，因此他是有限的，这意味着他是可堕落的（fallible），堕落是可能的（possible），但并不是必然的或不可避免的（inevitable），这样就避免了取消人的自由意志及其责任，上帝则无需为人的堕落负责。详细论证见其论文 "Explaining the inexplicable"，in: *Journal of the American Academy of Religions* LXII/3, 869 – 884。与奥古斯丁的虚无观、自由意志论、预定论、神正论相关的讨论，可以参考: Rowan Williams, "Insubstantial evil"，以及 James Wetzel, "Snares of Truth: Augustine on Free Will and Predestination"，均载于 Robert Dodaro and George Lawless (ed), *Augustine and His Critics*；以及 Gene Fendt, "Between a Pelagian Rock and a Hard Predestinarianism: The Currents of Controversy in City of God 11 and 12"，in: *The Journal of Religion*, Univ. of Chicago, 2001。

[14] 在谈到上帝询问亚当夏娃违禁的事时，奥古斯丁说，他们二人出于骄傲，想把责任推到别人身上，夏娃想把责任推到蛇身上，亚当想把责任推到夏娃身上，但他们实在是无从推脱自身的责任的，因为"违反规则仍旧是他们自己的行为"。见 Augustine, *The City of God*, p. 611。

[15]《忏悔录》7: 16: "我探究恶究竟是什么，我发现恶并非实体，而是败坏的意志叛离了最高的实体，即是叛离了你天主，而自趋于下流，是'委弃自己的肺腑'，而表面膨胀。"亦见 Serge Lancel, *Saint Augustine*, p. 21。

[16] 这是他后来在与佩拉纠派论战时所反复强调的，如《论本性与恩典》21, 22。恶是存在的缺乏，是存在的虚无，但就如健康的缺乏（生病）损害人一样，存在之虚无也是有力量伤害人的。

[17] Augustine, *The City of God*, p. 606。奥古斯丁在这里还提到了与此类似的亚伦和所罗门因为他人而犯罪的故事。

[18] 约与《忏悔录》写于同一时期的《〈创世记〉字解》11: 59 谈到，亚当这么做是为了保持与夏娃的伴侣关系: "夏娃吃了禁树上的果子，并把果子给他，让他跟她一起吃，这时亚当不想令她失望，他以为若无他

的安慰性的支持，她会受到打击的，她若是与他分离了，就会被从他心上逐走，死路一条。他不是被失序的肉体欲望击倒的——这欲望作为他身体之中的一种与他的灵魂相抵触的东西是他还没有经验过的——他是被一种为别人着想的爱的欲望（amicali quadam benivolentia）击倒的，这种欲望是常常发生的，它使得我们违抗上帝，只为了不让一位朋友与我们相违。"奥古斯丁的意思是，亚当弃大善（上帝）而取小善（与夏娃同谋），实际上既帮不了夏娃也帮不了自己。而《忏悔录》里的偷梨事件，可谓亚当事件的回响。通过背离上帝而寻求爱，既帮不了伙伴，也帮不了自己。参Garry Wills, *Saint Augustine*, pp. 14 - 15。

〔19〕《论圣灵与仪文》53："考察词源就可发现，意愿来自愿意，能力来自能够。所以，正如愿意的人有意愿，能够的人也有能力。"

〔20〕周伟驰，"'正是者'的'思'与'爱'"，广州《现代哲学》2004 年 3 期。

〔21〕《忏悔录》6：15。但是对于他父亲的死，奥古斯丁只是一笔带过，见《忏悔录》3：4，这可能是因为他当时年纪小（17 岁，而且在远离家乡的迦太基求学），同时他跟父亲比较疏远而跟母亲更亲近一些。后来他在回忆莫尼卡时又提到了他父亲在临终前接受莫尼卡的劝告受洗的事，见《忏悔录》9：9。有些受弗洛伊德主义影响的学者说奥古斯丁有"弑父恋母情结"，是不确切的。因为如前所说，《忏悔录》不是今天意义上的"自传"，而是与神人关系有关，是从这个角度来看个人灵命增长，由于父亲生前是异教徒（只是临死前才皈依），因此他对奥古斯丁灵性生命的影响是很小的，远远比不上莫尼卡。这应该是奥古斯丁着重提到母亲而很少提到父亲的主要原因。关于他父亲，可参 Allan D. Fitzgerald, "Patricius", in: *Augustine through the Ages*, p. 621。

〔22〕见《忏悔录》9：11 - 12。

〔23〕Allen D. Fitzgerald, "Adeodatus", in: *Augustine through the Ages*, p. 7。奥古斯丁《论教师》即为他和天赐的对话。天赐死时才约 17 岁。

〔24〕Allen D. Fitzgerald, "Nebridius", in: *Augustine through the Ages*, pp. 587 - 588。他死于 391 年之前，具体日期未知。但 Robert A. Markus, "Life of Augustine"，则说介于 388 - 390 年之间，见同书 p. 500。Nebridius 是奥古斯丁《论意志的自由选择》中的对话者。

[25] 将异性爱摆在同性友情的前面，似乎是中世纪骑士风及现代浪漫派兴起后的事。在古代中西，妇女主要被视为生儿育女的工具，男女间的婚姻是远重于男女间的爱情的。对同性间的友情的重视，在天主教传统里似乎还以"兄弟之爱"的名目保留得多一些。

[26] 《忏悔录》4：4。周士良译本将此处"上帝"译为"天主"。需要说明的是，这里"上帝"是指奥古斯丁此时所信奉的摩尼教的"上帝"，在 397 年写《忏悔录》的他看来，这个"上帝"是物质主义的"幻象"，当然比不上这位朋友那么真实、美好，因此灵魂当然不会听它的话，它也不能真正安慰灵魂了。可参 Serge Lancel, *Saint Augustine*, p. 43。

[27] 如《忏悔录》9：10 记奥古斯丁和莫尼卡的神秘体验，他们仿佛听到了万物都在诉说"我们不是自造的，我们是那永不消逝者造的"，即提醒人们创造主的存在。《圣经》本有"万物诉说主的荣耀"的话。

[28] 《忏悔录》4：8："时间一天又一天的来来去去，在它来时去时，把新的希望、新的回忆注入我心中，逐渐恢复我旧时的寻欢作乐，迫使痛苦撤退；但替代的虽不是新的痛苦，却是造成新痛苦的因素。"这和佛教爱怨嗔痴导致痛苦的说法比较近似，所不同者，在于佛教主张消除爱欲，而奥古斯丁认为人在今生爱欲是无法消除的（见《上帝之城》14：9 反对斯多亚派之"不动情"说），根本的解决办法不是"堵"而是"疏"，即将爱欲引导到正确的对象，即上帝那里。

[29] 《忏悔录》4：6。Serge Lancel 说那时奥古斯丁"想到了自杀"（comtemplated suicide），见 *Saint Augustine*, p. 43，但实际上奥古斯丁只是考虑到了这种可能，并没有自杀的冲动。

[30] Garry Wills, *Saint Augustine's Sin*, pp. 93 - 103。Garry Wills 认为，奥古斯丁对于这位朋友受洗而死的反应，与该隐对亚伯之供物蒙神悦纳的反应是一致的，即都嫉恨朋友（兄弟）走了好运，而自己未得到神的悦纳，对此不是积极提高自己，而是怨恨、嫉妒甚至杀害朋友（兄弟）。正如该隐在得知亚伯蒙神悦纳后发怒，变了脸色（《创世记》4：5 - 4：6），奥古斯丁在朋友受洗归天后，感情并非只是悲伤，而是十分复杂的。就跟他多年后要找出偷梨这件小事背后的重大原因一样，他也要找出朋友死后他的复杂的情感反应后的重大原因。而他在这里找到的就是隐藏着的该隐对亚伯那样的嫉恨态度：宁愿丧失朋友，也不愿丧失自己的生命，自己是

比朋友重要的，哪怕朋友是"另一个自我"。也正如该隐杀亚伯后逃到外地建立"世俗之城"，在苦涩的、不爱神的世俗生活中建立自己的世界一样，奥古斯丁也逃离了塔加斯特，回到迦太基他的摩尼教朋友那里，在虚幻的世俗生活中获得人生的价值。

［31］John M. Quinn, *A Companion to the Confessions of St. Augustine*, p. 211。

［32］同上，p. 216。

［33］Genevieve Lloyd, "Augustine and the 'Problem' of Time", in: Gareth B.. Matthews, *The Augustinian Tradition* (Berkeley: University of California Press, 1999), p. 43。Lloyd 注意到《忏悔录》第 4、9、11 卷中"悲伤"与"时间"的联系，并提到奥古斯丁用"记忆"（及回忆）来克服"时间"（受造物的易逝与脆弱）所带来的"悲伤"，而抵达"永生"。

［34］当然，由于奥古斯丁所谓"时间"一般认为有物理、心理、伦理、历史等几种，因此，必须说明当我们说"存在之丰盈"时，指的是伦理的时间，而不是说人在爱上帝后，其存在的方式就是与上帝完全一样的永恒了。

［35］《忏悔录》7：12："至于'恶'，我所追究其来源的恶，并不是实体；因为如是实体，即是善；如是不能朽坏的实体，则是至善；如是能朽坏的实体，则必是善的，否则便不能朽坏。"

［36］《忏悔录》7：16："我探究恶究竟是什么，我发现恶并非实体，而是败坏的意志叛离了最高的本体，即是叛离了你天主，而自趋下流，是'委弃自己的肺腑'，而表面膨胀"。

［37］《忏悔录》8：1："我已确信你的永恒的生命……对于万物所由来的、你的不朽本体所有的疑团已一扫而空。我不需要更明确的信念，只求其更加巩固。……我已经爱上我的'道路'，我的救主，可是还没有勇气面向着崎岖而举足前进。"

［38］如斯多亚派的皇帝哲学家奥勒留（Marcus Aurelius）就把性活动视为"用揉女人的器官来释放一堆粘液"。Garry Wills, *Saint Augustine*, p. 49。哲罗姆和尼萨的格里高利，都对性持一种贬低的态度，认为是与人性的高贵部分——理性——不符的，是人性堕落后的产物。见 Peter Brown, *Augustine of Hippo* (2000), pp. 500 – 502。

［39］他们见面的时间可能是 386 年 7 月。参 Serge Lancel, *Saint Augustine*, p. 92。

［40］《忏悔录》8：5。奥古斯丁文中的引句分别出自《加拉太书》5：17和《罗马书》7：22 - 25，此处据和合本改动。

［41］《忏悔录》6：6："我的灵魂是多么可怜！……你采取什么办法促使我感觉到处境的可怜呢？这是在我准备朗诵一篇歌颂皇帝的文章的那一天。文中说了许多谎言，而这些谎言会获得知音的激赏。"那天他在街上看到一个快乐的乞丐，不禁悲从中来，觉得自己竟然比不得这个乞丐快乐。可见他当时心境的不安稳。

［42］《忏悔录》8：5："因为意志败坏，遂生情欲，顺从情欲，渐成习惯，习惯不除，便成为自然了……从亲身的体验，我领会了所谈到的'肉体与精神相争，精神与肉体相争'的意义。"对意志的分裂的体验与分析，成为奥古斯丁超越古典哲学（斯多亚主义）意志论的起点，认识到这一点对于我们理解奥古斯丁后期反佩拉纠主义的论战，甚至中世纪哲学如何不同于古典哲学，有着极端重要的意义。由于《忏悔录》约写于 396/397 年，是奥古斯丁基本完成"保罗式转型"之后的作品，他对于意志的分裂（而不是古典传统的、佩拉纠意义上的完整）的认识，已具备后期意志论的轮廓，而与早期哲学对话中的看重理性的自由决断有所不同。

［43］当时禁欲主义的思潮和实践遍布罗马帝国的东西方，参 Peter Brown, *Augustine of Hippo* (2000), pp. 500 - 502.

［44］《忏悔录》8：8。这里"不学无术的人"非贬义，而是指安东尼这样的隐修士及蓬提齐亚努提到的那些立志独身、献身上帝的人。

［45］《忏悔录》8：10。此处奥古斯丁的原罪论是明显的。后面一句话表明他认为所有人都"在亚当之中"犯了罪，而且是自觉自愿的（《罗马书》5：12，奥古斯丁将"从一人"读成了"在一人之中"）。关于原罪论有许多争论，在此要注意的，是原罪所导致的后果，就是知、愿、能的分裂，以及意志的自我冲突和瘫痪。

奥古斯丁在此处及同一章也反驳了摩尼教的认为人有一善一恶两个灵魂的看法。摩尼教认为人的善灵魂是与神同体的，这在奥古斯丁看来，是人的骄傲自大；摩尼教还认为有善恶的意愿证明了有善恶两个灵魂，奥古斯丁举例说，一个人可以同时有多个彼此对立的意愿，或同时有多个好、坏意愿，那么，按摩尼教的有多少意愿就有多少本性（灵魂）的逻辑，一个人就会有多个好、坏灵魂了。这显然是荒谬的。

[46] 与古典哲学不同，奥古斯丁从基督教创造论出发，不视肉体本身为恶，因此，恶就出于人的意志，libido carnalis（肉体的情欲）不是身体本身的恶，而是意志之内的恶，是意志倾向于爱肉体而抛弃上帝。分裂不是在于人的受造的本性中，而是在意志中，是对肉体的情欲与对上帝的爱之间的冲突，是同一个意志在意愿着不同的目标（肉体的或精神的目标），是同一个意志因为同时有彼此冲突的爱而束缚着自身。见 Laura Holt, "Original sin", in: *Augustine through the Ages*, p. 611。

[47] Paula Fredriksen Landes, *Augustine on Romans* (California: Scholars Press, 1982), p. 17。

[48] *To Simplician – On Various Questions*, in: *Augustine: Early Writings*, p. 380。

[49] Paula Fredriksen Landes, *Augustine on Romans*, p. 19。

[50] 同上，ix。当然，其背后也有整个古典哲学伦理学的基础，如斯多亚派、新柏拉图主义等都当然地认为人的意志（或理性）是完整的、独立自主的。

[51] 因为既然人有一个恶的本性，那么做了坏事就可以将责任归到这个恶的本性上去。《忏悔录》5：10 说，"那时（信摩尼教时）我还以为犯罪不是我们自己，而是不知道哪一个劣根性在我们身上犯罪，我即以置身于事外而自豪；因此，我做了坏事，不肯认罪，不肯求你治疗我犯罪的灵魂，我专爱推卸我的罪责，而归罪于不知道哪一个和我在一起而并非我的东西。"

[52] *To Simplician – On Various Questions*, p. 381。

[53] 亦可参 *On Free Choice of the Will*, tr. Anna S. Benjamin & L. H. Hackstaff (Indianapolis: Bobbs – Merrill Educational Publishing, 1964), p. 128。

[54] 奥古斯丁在晚年《更正篇》中很注意澄清早期著作中凡是断言今生获得幸福生活的句子。参 Carol Harrison, *Augustine: Christian Truth and Fractured Humanity* (Oxford Uni. Press, 2000), p. 86。

[55] 这个颠覆，不仅是对他自己以前的思想而言，也是对整个古典哲

学的美德论传统的颠覆。Robert Markus 说，"拯救不再是通向一个遥远目标的井然有序的进程，而是上帝发动的一系列持续的奇迹；对人自身的道德和理性资源的自信，恰恰成了最主要的路障。终极正义可以被理解的观念，藉着社会生活的安排而获得它的可能性，此刻在奥古斯丁看来，都不过是危险的幻觉。"引自 Carol Harrison, *Augustine: Christian Truth and Fractured Humanity*, p. 88。

　　[56] 古典伦理学，无论是斯多亚派还是新柏拉图主义，都认为智者可以凭着理性的力量控制身体的欲望，虽然在实践上，像伊壁鸠鲁也认为类似"同情"这样的激情可以在智者的心里而作一个中性的使用，但古典伦理学的总的趋向是将激情（欲望、害怕、快乐、痛苦）视为外在于意志或理性的东西（它们干扰身体），是意志或理性可以控制的。控制了它们的人就是智者。所以，智者是"无情"的（apatheia）。而奥古斯丁根据自己的亲身体验，认为激情不是外在于意志的东西，而是侵入意志、内在于意志，成为意志的行为或一部分。激情是少不了的甚至必然的。即使受过洗的基督徒，也仍旧免不了激情，因为今生人不能做到无罪，所以仍然有内心冲突；甚至在来生亦不能免，因为在那时罪虽已无，却仍会有爱。所以，类似智者那样的"无情"是做不到的。见 Carol Harrison, *Augustine: Christian Truth and Fractured Humanity*, pp. 92 - 94。关于奥古斯丁对斯多亚派激情观，尤其 apatheia 的讨论，可以参看奥古斯丁, *The City of God* (ed. R. W. Dyson, Cambridge Univ. Press, 1998), pp. 593 - 602, 尤其 p. 600。

　　[57] 原罪论主要来自《罗马书》第 7 章，但奥古斯丁在《创世记》中找到了其"历史来源"。他还在他之前的教父如齐普林（Cyprian）、德尔图良、安布罗斯那里找到了理论支持。见 Carol Harrison, *Augustine: Christian Truth and Fractured Humanity*, p. 89 注 18。奥古斯丁对原罪论经文的解释存在问题，据 Kirwan 的考察，在奥古斯丁用来支持他的"原罪论"的五处经文里，三处是被误译了的，两处是被错误构造出来的。Solignac 则指出，奥古斯丁的原罪、预定和不可抗拒的恩典的教义，都是由于他对保罗的理解不准确造成的。见 Carol Harrison, *Augustine: Christian Truth and Fractured Humanity*, p. 109 注 81。奥古斯丁对保罗的理解之所以与他之前的教父有比较大的出入，这只能用他的生命体验影响了他的阅读来解释。

　　[58] 如上所述，预定论主要来自于奥古斯丁对《罗马书》第 9 章的

理解。

[59] Garry Wills, *Saint Augustine*, pp. 130–131。关于释经学上的问题，另参考本书"原罪论"一节有关说明及注释。关于原罪论的释经问题，可参本书"原罪论"一节有关说明及注释。

[60] 我们在上面讨论奥古斯丁关于《罗马书》的解释时业已看到，奥古斯丁的原罪观，即对人的意志的受缚的看法，主要来自于《罗马书》第 7 章。见 Carol Harrison, *Augustine*: *Christian Truth and Fractured Humanity*, pp. 88–93。本书第 4 章第 4 节将详论此问题。

[61] 在《上帝之城》14：13，奥古斯丁在引用圣经"骄傲为罪的开端"之后，将骄傲定义为追求一种颠倒了的荣耀，即灵魂抛弃其本该依赖的源泉上帝，转而以自己为源泉，为依赖。见 *The City of God*, p. 608。

[62] 转自 Garry Wills, *Saint Augustine*, p. 132。

[63] Garry Wills, *Saint Augustine*, pp. 132–133。

[64] Augustine, *The City of God*, pp. 614–615。

[65] Garry Wills, *Saint Augustine*, p. 134。Wills 说是斯多亚派，有误。奥古斯丁原文中谈到的是犬儒派哲学家。

[66] 奥古斯丁谈起性来大胆而坦率，以致他害怕有人"以小人之心度君子之腹"，不能意识到这个话题的严肃性。他亦谈及医学，他的藏书中包括诊所的教科书。在答复朱利安时，他还研读了当时最好的妇科指南。人们不能说他对所谈的主题一无所知。作为一个主教，他觉得自己有义务告诉已婚的基督徒们，在床上应做什么、不应做什么。见 Henry Chadwick, *Augustine*, Oxford Univ. Press, 1986, 第 10 章 "本性与恩典"。

[67] Garry Wills, *Saint Augustine*, 136。

[68] Laura Holt, "Original sin", in: *Augustine through the Ages*, 609。

[69] 这里的"无花果"引起学者的注意。Pierre Courcelle 认为，这棵树在这里有象征意义，主要指涉到《约翰福音》1：43–51 中拿但业认信耶稣的故事，其中 1：48 为："拿但业对耶稣说：'你从哪里知道我呢？'耶稣回答说：'腓力还没有招呼你，你在无花果树底下，我就看见你。'"Garry Wills 则认为这里主要指涉到《创世记》所说亚当夏娃吃禁果后意识到他们是赤裸的，"对他们身体的不驯服感到吃惊，这不驯服是他们自己的不驯服的一个象征，于是他们用无花果的叶子织了围裙"（《上帝之城》

14：17）。始祖堕落前是以恩典为衣裳，堕落后，他们的身体就背离他们的意志了。奥古斯丁少年洗澡时曾穿上亚当的耻辱，但此时在无花果树下，他就要穿上基督的衣裳了。见 Garry Wills, *Saint Augustine*, pp. 46 - 7。Wills 的解释是从对比的角度出发，虽然不无道理，但 Courcelle 的似乎更好，因为在比《忏悔录》稍早些写成的《致辛普里西安》2：14 里，奥古斯丁已提到拿但业认信耶稣的故事，在那里奥古斯丁说："我们看到，当同样的事实被显示或解释给人们，他们以各种不同的方式信了。比如……拿但业只是听到了耶稣的一句话，即'腓力还没有招呼你，你在无花果树底下，我就看见你了'，他就回答说，'拉比，你是上帝的儿子，你是以色列的王'"（约 1：48）。见 *To Simplician - On Various Questions*, in：*Augustine：Earlier Writings*, p. 396。拿但业在无花果树下既被基督看见，又信了基督，正符合奥古斯丁在这棵无花果树下的情形。

另一位法国学者 Serge Lancel 则提到 Courcelle 之认为是指拿但业躺在其下的无花果树，是因奥古斯丁在谈到这段经文时，多用无花果来象征罪之致死的阴影，为贪欲所缚。Lancel 认为，这里的无花果树也可能指亚当夏娃吃禁果后用以蔽体的无花果树叶。但是，无论是哪种见解，都不能排除当时米兰那花园里确实有一棵无花果树。见 Serge Lancel, *Saint Augustine*, p. 489 之注 10。

Quinn 认为，奥古斯丁在这里是叙述一个事件，而不是在作寓意解经。即使寓意解经，奥古斯丁也要严格区分经文材料和对它的解释。而这里"无花果树"只是一个材料，一个事实，未添加主观解释。奥古斯丁确实在《〈约翰福音〉评注》7：21 说过无花果树象征着罪之死亡的阴影，但奥古斯丁在这里并没有或明或暗地指出他与拿但业有何可对照之处。见 John M. Quinn, *A Companion to the Confessions of St. Augustine*, p. 461。Quinn 还指出，虽然奥古斯丁可能用一些文学修辞，就像《忏悔录》第 4 卷写他密友的死对他的打击（就像另一个我死了似的），但其中的事实（如密友的生病与死亡），却是实有的。不能像 Courcelle 那样用"文学虚构说"将一切东西都还原为"虚构"。见同书 463（vii）。

[70] 这里原文为 de vicina domo，一般的本子都用这个词。Courcelle 却选了一个较少人用的本子，那里是 de divina domo（从一间神圣的屋子）。Courcelle 选这个词，是因为他想说明奥古斯丁是在用一种文学的象征的语

言，来表达他所听到的是内在的声音（如"节制"那样的声音），而并不是真的听到外面有什么声音。见 John M. Quinn, *A Companion to the Confessions of St. Augustine*, p. 460。

[71] 奥古斯丁在这里显然对这声音有一个明确的反思：到底是男孩子的还是女孩子的？这显示出他听到的确实是一个外面的声音，而不是 Courcelle 所说的"内在的声音"。见 John M. Quinn, *A Companion to the Confessions of St. Augustine*, p. 460（i）。

[72] 关于这个"孩子的声音"，学者们有不同的解读。Pierre Courcelle 认为，这是奥古斯丁在用象征的手法说他心里发生的事，并不是真的听到了一个声音。不过，Courcelle 的看法却与奥古斯丁此处行文所说的"回想"相反，奥古斯丁确实听到了声音，只是想不出这是否是孩子们游戏时的歌谣。lege 的原意是"挑选"，但奥古斯丁把它理解为"读"，可见当时奥古斯丁只是记下了词却未理解它。A. Sizoo 认为奥古斯丁当时是听到了一首意大利的秋收歌，"拣起来分类"，由于奥古斯丁来自非洲，对这歌不熟悉，因而产生误读。见 Garry Wills, *Saint Augustine*, p. 47。

[73] 当时用翻书来占卜（将来的事）是一个流行的习俗。但此处奥古斯丁的行为很难说与此有多大相似性。实际上，奥古斯丁知道这一习俗，但他是反对它的。见 Serge Lancel, *Saint Augustine*, p. 490 之注 16。我们倒不如说，奥古斯丁在这里是以安东尼为榜样。

[74] Quinn 认为，阿利比的在场，保证了奥古斯丁对米兰花园事件的叙述是真实的，因为阿利比作为见证人，可以作证奥古斯丁皈依时的一些外在的情景。设想一下，如果《忏悔录》第 8 卷是像 Courcelle 所说的"文学虚构"，那么当它传到阿利比（当时他在塔加斯特任主教）那里时，阿利比一定会对奥古斯丁歪曲、虚构事实感到不快甚至愤怒！因此，阿利比的在场，构成了反对 Courcelle "文学虚构说"的重要理由。见 John M. Quinn, *A Companion to the Confessions of St. Augustine*, p. 462（iv）。

[75] 和合本译为："不可荒宴醉酒，不可好色邪荡，不可争竞嫉妒。总要披戴主耶稣基督，不要为肉体安排，去放纵私欲。"这段话确实对当时的奥古斯丁非常具有针对性，击中了他的"要害"。所以，这加强了他在听到"拿着，读吧！拿着，读吧！"的声音时，"我找不到其他解释，这一定是神的命令"的确信。也许这是一个偶然事件，但在奥古斯丁看来，

定然是上帝的恩典在这一刻"不可抗拒地"降临到了他，决定了他一生的命运。这就是后世存在主义哲学所谓"存在的决断"。关于奥古斯丁碰巧翻到的这段话，Courcelle 认为这只是因为奥古斯丁还在屋子里时就已读到了那里，只是后来被蓬图宣亚努的来访打断了。另一些学者则干脆认为这是奥古斯丁虚构出来的，目的在于属灵的教化。但又有学者认为，这并非对所体验的事件的虚构性的重构，而是属灵体验与神学反思的一种根本性的互动。见 Serge Lancel, *Saint Augustine*, p. 490 注 19。笔者觉得后一看法更可取，《忏悔录》中的体验，确实都与其神学反思构成了一种"解释学循环"。此处就事实而论，奥古斯丁所读到的段落应该是属实的，这么说主要是因为奥古斯丁是一个诚实不撒谎的人（他是极力反对撒谎的，甚至认为对敌人也不应该撒谎，为救人而撒谎也不应该），何况是在皈依基督这样重大的事情上。

Quinn 认为奥古斯丁听到的声音虽然是一个巧合，但奥古斯丁在别处说过，上帝运用巧合来促使人归正。从教会史上看，不乏这种类型的巧合。如罗耀拉只因偶然读到一本圣徒传，利伯曼（Francis Liebermann）只因偶然闯进了一座教堂，就变成了基督徒。见 John M. Quinn, *A Companion to the Confessions of St. Augustine*, p. 462（vi）。

[76] 我们要注意的是，在奥古斯丁对诸多事件的叙述中，常常不是一个人，而是与他人一起。如少年时偷梨，此处与阿利比一起决定献身上帝，在奥斯蒂亚海港与母亲莫尼卡一道看见异象，体验到永恒一瞬，都是集体的经验。也许这是因为它们的原型是从《圣经》尤其是《创世记》来的，而《圣经》显然不会像新柏拉图主义者那个陷于个人的苦思冥想，和个人神秘主义——这与人们对奥古斯丁"个人神秘主义"的看法恰恰相反。

[77] Ferrari 认为奥古斯丁参照保罗的皈依虚构了米兰花园事迹。二者相似之处甚多，如二人都在地上，视觉受影响，听到声音传来，尤其是"拿着，读吧！拿着，读吧！"正好对应于保罗所听到的"扫罗，扫罗"这样的声音。但 Quinn 指出，这种说法经不起推敲，因为其实二者之间的不相似之处更多。如保罗是被击倒在地，奥古斯丁则是自己躺在地上的；保罗被光照盲，奥古斯丁眼里则是被泪水充满；保罗听到的声音传自天国，而奥古斯丁听到的声音却是附近房子里的孩子说出来的。"拿着，读吧！拿着，读吧！"和"扫罗，扫罗"之间并没有什么关系。奥古斯丁与其是

在保罗那里找原型，不如说是把安东尼作榜样。因安东尼就是听了圣经一
句话，就按那句话行事的。John M. Quinn, *A Companion to the Confessions of
St. Augustine*, pp. 464 - 465。有人认为，奥古斯丁在写《忏悔录》同期
（386/7 - 401）的别的著作中，《罗马书》13：13 - 14 并没有出现过，因此
它在奥古斯丁的皈依中其实并没有什么作用，它只是一个虚构出来的装饰
品。但这种做学术的方法本身是有问题的。不引用并不意味着不知道并且
不看重。这个句子的意思其实出现在别的句子中了。John M. Quinn, *A
Companion to the Confessions of St. Augustine*, p. 46, pp. 464 - 466。

　　[78] *To Simplician - On Various Questions*, in: *Augustine: Earlier Writings*, p. 406。

　　[79] 从 19 世纪末起，一百多年来的《忏悔录》的研究，一个主要的
"兴奋点"就是第 8 卷"米兰皈依"的历史真实性及思想实质性问题。以
Courcelle 为代表的法国带现代派色彩的学者从文体风格、思想及词汇来源、
与早期哲学对话录的比较等等，判断奥古斯丁在米兰时皈依的是新柏拉图
主义，《忏悔录》第 8 卷所写皈依的经过是文学虚构性的。关于这场讨论
的详情，可参 J. J. O'Donnell, *Augustine: Confessions*, 3 vols. （Oxford: Oxford Univ. Press, 1992），Prolegomena, "Hearing Confessions, a century of
scholarship"（本书最后一章"现代奥古斯丁研究"中有一节"《忏悔录》
研究状况"，对此作了简介）。

　　[80] 汉斯·昆，《基督教大思想家》（北京：社科文献出版社，2001），
p. 60。当然，我这里是在一种"接近"的意义上说的，即奥古斯丁早期
的神学思想由于吸收了新柏拉图主义等古典哲学养分而接近于东方教父。
这在许多方面可以看出来，比如他对自由意志、美德、永恒律的看法上，
都与东方教父有共通之处。用个可能不太恰当的例子说，这跟维特根斯坦
有些像，维特根斯坦前后期哲学发生了重大改变，但它们仍然都属于英美
分析哲学传统，而与欧陆传统不同。

　　[81]《马太福音》25：21。

　　[82]《哥林多前书》15：52，与和合本稍异。F. J. Sheed（trans），
Confessions, p. 165。《忏悔录》9：10，该段原文为：Si cui sileat tumultus
carnis, sileant phantasiae terrae et aquarum et aeris, sileant et poli et ipsa sibi anima sileat et transeat se non se cogitando, sileant somnia et imaginariae revela-

tiones, omnis lingua et omne signum et quidquid transeundo fit si cui sileat omni-
no (quoniam si quis audiat, dicunt haec omnia: "Non ipsa nos fecimus, sed fecit
nos qui *manet in aeternum*") his dictis si iam taceant, quoniam erexerunt aurem
in eum, qui fecit ea, et loquatur ipse solus non per ea, sed per se ipsum, ut au-
diamus verbum eius, non per linguam carnis neque per vocem angeli nec per soni-
tum nubis nec per aenigma similitudinis, sed ipsum, quem in his amamus, ipsum
sine his audiamus, sicut nunc extendimus nos et rapida cogitatione attingimus,
aeternam sapientiam super omnia manentem, si continuetur hoc et subtrahantur
aliae visiones longe imparis generis et haec una rapiat et absorbeat et recondat in
interiora gaudia spectatorem suum, ut talis sit sempiterna vita, quale fuit hoc
momentum intellegentiae, cui suspiravimus, nonne hoc est: *Intra in gaudium
Domini tui*? Et istud quando? An cum *omnes resurgimus, sed non omnes immuta-
bimur*?

[83] 这里"寂静"的反复运用，令人想起当代诗人布罗茨基在其
《为堂·恩而作的哀歌》里，用了数十次"睡了"一词：堂·恩睡了，一
切旁边的事物也睡了，从而营造出一幅极端静穆的景象。不知布罗茨基有
没有受到奥古斯丁的影响。见 Joseph Brodsky, "Elegy for John Donne", in:
A. Alvarez (ed), *Modern European Poetry*, London: Faber and Faber, 1992,
pp. 266 - 269。

[84] 弗朗西斯·费里埃，《圣奥古斯丁》（北京：商务印书馆，
1998），pp. 53 - 59, 144 页之注 61。具体来说，就是灵魂向着太一回归或
"上升"。这在柏罗丁《九章集》中不难看到。据说，柏罗丁一生中达到类
似的"异象"也只有寥寥几次，也都只是一瞬间的事。

[85] 见 Sermon Dolbeau 26, 27。这是在上世纪后半叶新发现的奥古斯
丁一批布道。见 Serge Lancel, *Saint Augustine*, p. 118。

[86] 如《忏悔录》7：10："我进入心灵后，我用我灵魂的眼睛瞻望
着在我灵魂的眼睛之上的、在我思想之上的永定之光。"7：17：从肉体的
感官上升到判断力，再上升到变化不定的理性之上的不变的真理，最后
"在惊心动魄的一瞥中，得见存在本体。"10：17："你高高在上照临着我，
我将凭借我的心神，上升到你身边，我将超越我身上名为记忆的这股力量，
愿意从你可接触的一面到达你左右，愿意从你可攀附的一面投入你的怀

抱。"值得注意的是，在 7：7 记载了一次由于"骄傲"而失败的"上升"："可惜我妄自尊大，起来反抗你……向我的主直闯，卑微的受造物便爬在我头上，紧压我，绝不使我松过气来"。这些"上升"，都与奥斯蒂亚的性质不同。它们本质上是人自己追求的结果（其时奥古斯丁处于新柏拉图主义影响之下）。而奥斯蒂亚异象是"圣灵的鲜果"，是上帝圣灵浇灌到母子二人心里后才产生的，因此是接受型的、被动的。见 John M. Quinn, *A Companion to the Confessions of St. Augustine*, pp. 506 – 509。

[87]《布道》52：16（约 410/411）。见 Serge Lancel, *Saint Augustine*, p. 492 注 23。

[88] Barnes 认为，奥古斯丁早期的三一论有三个特征正符合尼西亚信经：（1）强调三位格的统一性，即三位格的行为的不可分离性；（2）强调言成肉身的认识功能，强调其乃是对三位一体的决定性的揭示；（3）强调在对三位一体的奥秘进行思考时信仰的作用。这表明他的三一论从早期开始，就已是正统的三一论，而不是什么"新柏拉图主义"。Michel Rene Barnes, "Rereading Augustine's Theology of the Trinity", in: *The Trinity*, ed. S. T. Davis, D. Kendall, G. O'Collins, Oxford Univ. Press, 1999。Ayres 的观点也与他一致。见 Lewis Ayres："The Fundamental Grammar of Augustine's Trinitarian Theology", 载 *Augustine and His Critics*, pp. 51 – 76。

[89] 在一个人的思想的发展中，一些成分的发展并不是同步的。就奥古斯丁而言，三一论在其思想中是比较稳固的，维持着信经的模样，而且对它的解释前后期也没有发生巨变（后期只是加上了许多类比来进一步说清信经三一观）。奥古斯丁对信经三一观是如此着迷，以致他在新柏拉图主义著作里"读出"了三位一体，这实际上是带着基督教的"先见"来读柏罗丁。见 Gerald Bonner, *St Augustine of Hippo*, p. 86。三一论是如此稳固，但在其他方面则不一定如此，如他对人的知识能力和美德能力的认识，则前后期存在着很大的变化。这可能是因为上帝比较"超然"吧。

[90] Garry Wills, *Saint Augustine*, p. 62。

[91] 这种不同，在于上升的灵魂认识到它只是受造物，而"这光在我之上，因为它创造了我"，二者绝非同性同体，因此灵魂必须保持在创造主之前的绝对谦卑。灵魂的这种被动性还体现在不是它主动地与上帝合一，而是上帝主动地与它合一，是上帝在"吸收"它。《忏悔录》7：10。另见

Serge Lancel, *Saint Augustine*, p. 492 注 21。

　　[92] 弗朗西斯·费里埃,《圣奥古斯丁》, p. 57。

　　[93] 周伟驰,《记忆与光照——奥古斯丁神哲学研究》(北京: 社科文献出版社, 2001), "永恒记忆"一章。

　　[94] 德国学者 Horst Kusch 认为,《忏悔录》不乏三位一体结构。他认为,《忏悔录》2 - 4 卷是说的反面三位一体: 骄傲 (superbia) - 好奇 (curiositas) - 情欲 (libido), 而 10 - 13 卷则说的是正面三位一体, 即后来他在《论三位一体》中的"形象"结构。具体地说,《忏悔录》第 10 卷谈的是"记忆"(memoria), 第 11 - 12 卷谈的是"理解"(intelligentia), 第 13 卷谈的是"爱"(amor)。参见 Norbert Fischer, Cornelius Mayer (ed), *Die Confessiones des Augustinus von Hippo* (Germany, Freiburg, Herder, 1998), p. 68。(该章执笔者为 Von Klaus Kienzler) 在 2 - 4 卷的反面三位一体中, "骄傲"对应于人想成为"圣父"那样的创造者, 凌驾于一切之上; "好奇"对应于人的堕落状态的"理解", 它变成了好奇心, 对于无益的东西拼命地想知道 (求知欲); "情欲"则对应于人把有秩序的爱变成了滥爱, 一种对世俗之物本身的"享受", 以及非法的攫取。

　　这个反面三位一体来源于奥古斯丁对《约翰壹书》2: 16 所说的三大贪的阐释。这三大贪是"肉体的情欲、眼目的情欲、并今生的骄傲"。对奥古斯丁所说的这三大贪, John Rist 有深入分析。Rist 认为, 这三大贪可总结为 (a) 权力欲 (libido dominandi); (b) 不以上帝为"享受", 而以自己为"享受", 以及爱外物; (c) 对理智的滥用, 即好奇 (curiositas), 老想知道不应知道的事 (在《基督教教导》中他对好奇心的范围作了限定)。三大贪的核心是骄傲, 即背离上帝, 要求自主或自律。(相反的就是谦卑) 见 John Rist, *Augustine of Hippo*, in: *The Medieval Theologians* (ed. G. R. Evans, Blackwell Publishing, 2001), pp. 16 - 18。

　　[95] John M. Quinn, *A Companion to the Confessions of St. Augustine*, pp. 734 - 735。但 Quinn 没有注意到奥古斯丁的时间分析与三一论的关系, 及时间作为永恒的"形象"与"奥斯蒂亚异象"之间的内在关系。他只是提到奥古斯丁的时间有四种: 物理的、心理的、历史的、道德的。

第三章

奥古斯丁思想的发展

第一节　奥古斯丁思想发展的分期

奥古斯丁说他自己是一个在前进中写作，在写作中前进的人（《书信》143）。循着他的著作的写作顺序，就可把握到他的思想的进展（《更正篇》，前言3）。我们将在后面谈及他的主要的思想，在此先对其思想的发展阶段有一个宏观的了解，是十分必要的和有益的。

奥古斯丁本人确认的思想转变有两次，第一次是386－387年他的皈依和受洗，第二次是396/397年，因为被辛普里西安问到拣选的问题，而重新考察保罗《罗马书》（《致辛普里西安》），经过深入的考察，他确信上帝启示了他关于恩典和本性的真理。30年后在写《更正篇》时，他回忆起这封信，说，他力图保卫人的自由意志，但最终赢的还是上帝的恩典（2∶1）。由于这两次转变事关重大，在此先给予较详细的论述。再在此基础上考察他的思想的其他"微调"。

关于他的第一次转变，《忏悔录》第8卷"米兰花园皈依"作了较为详尽的描述。但对这次皈依的性质，19世纪以来，学界存有争议。一派认为奥古斯丁此时所皈依的是新柏拉图主义，一派坚持传统的看法，即所皈依的是基督教，只是吸收和利用了新柏拉图主义的一些成分。这场争论的详情，本书第6章将有所介绍。笔者倾向于认为奥古斯丁此时所皈依的是基督教，但里面含有他对他所理解的新柏拉图主义的吸收与利用。考虑到东方教父亦在基督教信仰的基础上对柏拉图（及新柏拉图主义）有所利用和吸收，但不能说他们是柏拉图主义者，说奥古斯丁此时所信奉的仍然是基督教也就是有道理的。由于在他那里新柏拉图主义与基督教已水乳不分，我们可以名之为"新柏拉图主义的基督教"，将之当作与东方教父（如奥利金）相似的一种基督教神哲学类型。但他后期所创立的神哲学，显然已在许多关键的地方偏离了这一类型，而另成一个体系。

　　由于《忏悔录》写于 397 - 401 年之间，而米兰皈依发生在386 年，回忆起来会有一些模糊之处，397 年后的神哲学观也有所剧变，因而在此"视野"中所"看到"的往昔情景，与当日所真实发生的事件，多少会有些出入。在本质上这一皈依是新柏拉图主义的，还是基督教的，还是本来浑然不分的？对其最早期著作作一个考察也许有助于回答这个问题。

　　在 386 年米兰皈依之后不久，奥古斯丁一行数人到卡西齐亚根度假，在那里写的几部哲学对话录，呈现出他早期的思想状况。其中《论幸福生活》回顾了他的"思想历程"，由于这是在他皈依不久后写的，且远早于《忏悔录》，因此被称作奥古斯丁的"第一部忏悔录"。[1]《论幸福生活》是致献给菲奥多（Manlius Theodorus）的，在 1：4 他对菲奥多说：

　　　　从 19 岁起，在修辞学校熟读西塞罗《荷尔顿西》后，我变得如此地着迷于哲学，以至于马上想献身于它。
　　　　但少不了乌云（nebulae）重重挡住我的路程，将我引上歧途。我承认，有很长一段时间，我仰望着闪烁在海洋之上的群星（labentia in Oceanum astra suspexi）。某种稚气的迷信[2]一度吓得我不敢去加以探寻（ab ipsa inquisitione）。

当我变得更高直（factus erectior）时，[3]我驱散了那黑暗，说服自己，服从那些教导我而不是命令我的人。我拜倒在那些人面前，对他们来说，我们肉眼所见的光，就是值得敬畏的至为神圣的事物之一。我不赞同他们，但我以为，他们是有意如此，是把某种重要的东西隐藏起来，某一天他们自会加以揭示的。[4]后来我探知到了他们的底细，在我离开他们之际，[5]首先是学园派操掌了我的舵，带我穿越大海，抵挡四面来风，飘摇于惊涛骇浪之中（in mediis fluctibus）。然后我来到了世界的这个部分，在这里我认识了北极星（septentrionem），[6]对它我充满信任。因为常常在我们的主教[7]的布道中，有时也在跟你的讨论中，我认识到，一个人在想到上帝时，不能以任何有形之物来设想——对灵魂也是如此，因为它是世界上离上帝最近的东西。

但是，我承认，对妻室和名声的渴望使我后退了，没有立刻飞到哲学的怀抱之中。若是没有追求到这些东西，我是不会挂满帆、划满桨最终奔向那避难所——它只是为极少数人准备的，他们是最幸福的人——从而找到安宁的。在读了柏罗丁的几篇文章（我听说你是他的一个热心的学生），以及如我所能地将它们与神圣奥秘方面的权威[8]比较之后，我是如此的着迷，以致若不是某位人士的威望（existimatio，亦含"判断/意见"之义）在我心上留下了印象，[9]我本来是会挣脱一切的锚的。

在我还留恋于这些琐碎之事时，接下来发生的事，除了是一场风暴（不快的！）救了我外，还有什么呢？结果，我胸中的痛如此剧烈，已不能负担我的职业的重担，本来我是凭着它（职业）扬帆向前——也许是驶向塞壬的。[10]我抛掉了一切多余之物，带着我那破碎而疲惫的船，驶到了我所向往的宁静之地。[11]

在这篇短小的"忏悔录"里,奥古斯丁说了他的思想经历的四个阶段:西塞罗《荷尔顿西》;摩尼教;学园派;新柏拉图主义;基督教。他还提到了他意志软弱,不能摆脱声色名利的诱惑,直到一次"风暴"把他救了出来。显然,这就是《忏悔录》第8卷里描述的"米兰皈依"的事。这些事情基本上都与《忏悔录》一致。

此时他所理解的基督教,已借助于新柏拉图主义的抽象的思维方式(如对上帝不是用有形物去思考,对恶不是实体而是善之缺乏的思考),而达到了一个新境界。因为在以前,由于他尚不能进行抽象思维(或哲学思维),而在《圣经》解释上陷入困境,从而不能真正进入基督教。说他借助于新柏拉图主义达到对基督教的深入理解是正确的,但说他皈依的是哲学而非基督教,则很难说通。早在读《荷尔顿西》时,虽然对这本书的"哲学"他充满了激情,却仍不能献身哲学,只是因为他没有在其中找到基督的名字(《忏悔录》3:4)。他之入摩尼教,一个原因就是摩尼教宣扬自己信基督。新柏拉图主义有某些与基督教相似的地方,但只要他们没有宣扬基督之名,奥古斯丁同样也不会皈依它。在皈依之前,奥古斯丁在读保罗书信,[12] 在皈依之后卡西齐亚根休养期间,奥古斯丁也正在读保罗书信。可想而知,奥古斯丁所皈依的只能是基督教,虽然他是用了新柏拉图主义的一些思想概念去理解基督教。如兰瑟尔(Lancel)所指出的,像阿尔法利(Alfaric)那样极端的宣称,即,奥古斯丁386年的皈依,无论是理智上还是道德上都是新柏拉图主义的,是建立在对"哲学对话录"的错误解释之上的。[13]

瑞斯特(John M. Rist)认为,在386年米兰皈依和396/397年《致辛普里西安》这两个转变之外,奥古斯丁还透露了他的另一个转变,它发生在二者之间。391年奥古斯丁在希坡被强行选为司铎后,受命讲道。393年在希坡的非洲主教公会议上,他作了题为"信仰与信经"的讲话，充满了圣经引文。瑞斯特认为，虽然奥古斯丁就任前也接触过《圣经》，尤其是保罗书信（在米兰花园皈依中保罗书信起了决定性的作用），389 年还为反驳摩尼教对《创世记》的解释而写过一本评注《创世记》的著作（未完成），但他那时的思想仍不是从《圣经》出发的。就任司铎后，他请求瓦莱里主教先给他一段闲暇去研读《圣经》，然后才敢讲道（《书信》21）。正是教会讲道的实际要求，才促使奥古斯丁深入研读《圣经》，使他的思想发生转变。

这样，瑞斯特就认为奥古斯丁的思想经历了三次大的转变：

（1）386 年皈依；

（2）391 年就任司铎；

（3）396/397 年《致辛普里西安》。[14]

根据这三个大转变，奥古斯丁的整个思想进程就可以分为四个阶段，大致可标名如下：

（1）386 年之前，"摩尼教阶段"；

（2）386－391 年之间，"新柏拉图主义基督教阶段"；

（3）391－396/397 年之间，"圣经阶段"；

（4）396/397－430 年，"恩典阶段"。[15]

瑞斯特也注意到第四阶段里面有不少的变化。他认为有两个主要的，一个是奥古斯丁对待波菲利（Porphyry）的态度在 400 年前后有一个变化。[16]之前他只是把波菲利看作一个次要的哲学家，但之后他读到了波菲利的《反基督徒》一书，书中攻击福音书和使徒，还说耶稣本人是魔术师，这让奥古斯丁再次意识到哲学的自傲和渎神的一面（他在皈依前就已意识到并害怕这一点）[17]，于是他开始强调柏拉图主义的弱点，对其力量的评估趋于清醒。另一个变化是，佩拉纠派的出现，使奥古斯丁意识到，佩拉纠主义底子里的希腊哲学，乃是人在今生就有可能凭着自己英雄般的能力获得完善。一个像佩拉纠那样的基督徒，在这种哲学的影响下，就会从神学上否认两点，一是亚当的罪及其带来的罪责（guilt）和软弱可以遗传给后代，二是人（包括基督徒）天生就有过好生活的心理能力，洗礼和教会的作用只是使他们能有效地实行他们自己的苦行。既然好的生活于那些努力向上的人是可能的，那也就是必然的了。虽然奥古斯丁早期的思想与此接近，但396年之后，他发现这种思想不仅与他本人及别人的生活体验相左，还与《圣经》的教导格格不入。唯有恩典才能给人信仰和拯救，人自己的苦行是达不到的，"你有什么不是领受的呢？"（林前4：7）。这样，佩拉纠主义的出现，使奥古斯丁有机缘系统地发展他在《致辛普里西安》里就蕴含了的关于"原罪"与"恩典"的思想。[18]

　　但是，如果我们观察得更仔细一些，实际上可以发现奥古斯丁更多的思想"调整"。比如，即使在386年皈依至391年上任司铎之间，奥古斯丁的"早期思想"的某些局部也在发生"调整"。一个例子就是388年写的《论公教的生活之道》，在对待人的美德能力上，奥古斯丁已不如古典哲学那样认为人的理性和能力是自足的，是可以凭着自己的力量获得幸福的。在《论公教的生活之道》里，奥古斯丁已在基督教的创造论的价值框架内确定人的"居中"的地位，从而强调身体（物体）的善、人对上帝的依赖、上帝的帮助，这些都是与新柏拉图主义极为不同的。[19]再比如，奥古斯丁对于国家与教会之间的关系，在413年左右也经历了很大的改变。413年，主要由于曾与奥古斯丁在反多纳特派的斗争中并肩战斗的马色林被朝廷处死（奥古斯丁曾努力求情援救但未起作用），奥古斯丁对国家的看法逐渐趋于现实主义，而与当时普遍的将国家与基督教等同的乐观思潮拉开了距离。[20]在对待性、婚姻、身体等各种各样不同的主题上，奥古斯丁的态度也经历了不少的或大或小的变化。

　　我们大致可以将奥古斯丁的思想历程细化如下：朴素的基督

教信仰——异教神话、文学——西塞罗《荷尔顿西》[21]（尝试重新接近基督教但失败了）——皈依摩尼教（373 年左右）[22]——学园派怀疑论（383 年左右）[23]——新柏拉图主义——386 年皈依："新柏拉图主义基督教"——人要获得幸福，定要依赖上帝（388）——解释保罗："预知决定预定"（393 年左右）——重新解释保罗：恩典占了上风（396 年左右：《致辛普里西安》）——彻底的预定论（427 年《论圣徒的预定》和《保守的恩典》）。

　　下面简要考察其早期最主要的思想变化（仅从摩尼教开始），然后考察作为其后期或成熟期思想特征的"恩典论"和"预定论"的产生和发展。

第二节　前期思想：出入于各大学派之间

一　摩尼教阶段（373 – 383）

　　加入摩尼教的主要原因：（1）19 岁那年，读到西塞罗的《荷尔顿西》一书，对哲学产生强烈兴趣，"向往不朽的智慧"，但是由于"那篇文章中没有基督的名字"，"便不能掌握住整个的我"。[24]他又回过头来想从《圣经》中找到智慧，但发现《圣经》（当时的拉丁译本是相当粗糙的）"和西塞罗的典雅文笔相比，真是瞠乎其后"，不忍卒读。此时的他看不起"《圣经》的质朴"，看不透它的"深文奥义"（《忏悔录》3：5），尤其《旧约》中的故事在他看来是幼稚的神话，粗陋的"迷信"。[25]在这种情况下，他找到了能满足他的如下两个要求的摩尼教：首先，摩尼教宣称自己是一种理性的宗教，他们不服从任何权威，而单凭纯粹的理性就能将人引向上帝，[26]这符合奥古斯丁由读西塞罗而产生的对理性的热情；其次，摩尼教沿用了一系列基督教的名

词、术语，这正好满足了奥古斯丁没有在西塞罗那里找到的与
"基督"之名连在一起的"真理"，填补了这一空当（3：6）；
摩尼教对待《旧约》的态度也颇合奥古斯丁的口味：《旧约》是
伪造的。（2）恶的问题和其他问题。[27]恶的问题对于主张世上万
物皆由一个全善全知全能的上帝创造的基督教来说，是一个很致
命的问题，而摩尼教的二元论主张世上的恶皆来源于一个恶的实
体，这在当时的奥古斯丁看来无疑更具有理论解释力，[28]因为这
时他还没有从新柏拉图主义那里学到"恶是善的缺乏"的观念。
当时的奥古斯丁也没有学会抽象思考，对"上帝"他只能用时
空之中的事物的样子来想像，由于对"上帝"的超越和永恒不
能正确地思考，因此对于人是"上帝的形象"也不能正确地思
考，以为既然人有身体形状，那么上帝当然也有身体形状。[29]
（3）摩尼教的生活方式吸引了奥古斯丁。他们那充满了爱意与
相互理解的生活圈子，正好与奥古斯丁在学校里遇到的那些
"捣蛋鬼"的恶劣的生活作风构成强烈对比，对于生性敏感、渴
望友谊的年轻的奥古斯丁来说，无疑很具有吸引力。[30]他们之中
的一些"选民"所奉行的严格的禁欲主义，让奥古斯丁自叹不
如，只能长期担当一个"听讲人"。他们的宗教热情和灵性，亦
深深吸引着奥古斯丁。[31]

　　抛弃摩尼教的主要原因：（1）摩尼教关于星辰天体的神话
与哲学家们所说的不符，浮士德不能解答；[32]（2）摩尼教的二
元论使奥古斯丁以为，他犯罪不是由于自己，而是由于身上的
"恶"的实体在控制他，因此推卸自己的道德责任。[33]这与他的
道德直觉不符：（3）在释经问题上，他以前认为摩尼教对《圣
经》提出的批评是难以反驳的，但在迦太基他碰到一个名叫埃
尔庇迪（Elpidius）的公教徒能够成功地为《圣经》辩护，摩尼
教徒则无以作答。这让他看到在《圣经》的解释上，摩尼教也
存在漏洞（摩尼教认为《新约》已被篡改，但又拿不出完整的

版本）（《忏悔录》5：11）；（4）摩尼教二元论存在理论漏洞：
如果上帝不愿与黑暗势力相斗，则黑暗势力有何办法？倘若能伤
害上帝，则上帝是可被损害、可能朽坏的，这与上帝的本性不
符；倘若对上帝无可奈何，则与上帝同体的"灵魂"也就不会
受到黑暗的侵犯，也就不需要"圣道"来拯救了，摩尼教的明
暗斗争的理论还有什么用呢？[34]（5）由于摩尼教是非法宗教，
因此即使教会内出了一些坏人坏事，首领们也对之不敢严加处
罚，怕他们去向官府告密，这使得教会内纪律松弛。[35]

　　表现：奥古斯丁看到摩尼教教理上的缺陷后，对其理论兴趣
大为下降，虽没有找到更好的理论取而代之，但对其已是"较
为冷淡松弛了"。[36]虽然他会毫不掩饰地批评他的摩尼教朋友，
但摩尼教的友爱团体仍在生活和事业上帮助他，因此这时他仍与
他们有较密切的联系。[37]

二　怀疑论阶段（383）

　　很难说这是一个独立的阶段，但把它单独标示出来，仍旧是
有意义的。这时他开始觉得"学园派"哲学要高于摩尼教。"学
园派""主张对一切怀疑，人不可能认识真理"。[38]这种主张正
好迎和于他当时的心情和理智：一方面，他对摩尼教已不再坚
信，但又无法彻底驳倒；[39]另一方面，他对公教（安布罗斯所传
的教理）虽然有欣赏的地方，但公教并不比摩尼教更好，双方
是"旗鼓相当"；[40]那么异教哲学家的见解呢？因为他们"不识
基督名字"，奥古斯丁也并不信任他们。[41]所以，奥古斯丁这一
阶段的思想状况，处于"信仰真空"或"信仰悬搁"状态，是
"一个怀疑论者的生活"："依照一般人所理解的'学园派'的原
则，我对一切怀疑，在一切之中飘摇不定。"[42]

　　在这种状态下，奥古斯丁谨慎地决定，在父母所嘱咐的公教
会中继续做一名"望教者"，"等待可靠的光明照耀我，指示我

前进的方向"（《忏悔录》5：14）。

三　新柏拉图主义阶段

奥古斯丁是在米兰时接触到新柏拉图主义著作的。他说，
"你（上帝）使一个满肚子傲气的人把一些由希腊文译成拉丁文
的柏拉图派的著作介绍给我"（《忏悔录》7：9）。据奥当奈
（O'Donnell）的看法，这个"满肚子傲气的人"是指菲奥多
（Mallius Theodore），[43]他是当时米兰"基督教新柏拉图主义"圈
子里的人，和辛普里西安很熟，也成为奥古斯丁的朋友。奥古斯
丁在卡西齐亚根写"哲学对话录"，从文体上受到他的影响，
《论幸福生活》还是致献给他的。在献词中，奥古斯丁表明自己
受到菲奥多很大的影响，在那里他还提到，在菲奥多的推荐下，
他已读了一些"柏罗丁的著作"（《论幸福生活》1：45）。

奥古斯丁激动地阅读新柏拉图主义的著作，马上发现了它与
基督教的同异：它与《约翰福音》开端一样，承认上帝、圣言
（逻各斯）、光明照耀在黑暗中，承认圣言不是由人所生，而是
由上帝所生，圣子与圣父同等——这些精神性的东西，但不承认
言成肉身救世（《忏悔录》7：9）。新柏拉图主义作为形而上学
之注重精神与抽象，正好可以克服奥古斯丁一贯的物质主义思维
方式。

具体地说，从新柏拉图主义那里学到的东西，正好可以解决
长期以来困扰他的几个问题。首先，新柏拉图主义注重精神，主
张"向内看"，摒弃外物，回归心灵，再认识到心灵之上的
"光"：上帝。上帝是"我是我所是"，是人们"藉着可造之物就
可以晓得"的（罗1：2），这是比他（奥古斯丁）自己的存在
更确定不移的真理（《忏悔录》7：10）。这样，学园派所主张的
"人不可能认识真理"的信条就被打破了。

而新柏拉图主义的"恶是善的缺乏"的观点，令奥古斯丁

豁然开朗，恶的来源问题有了解决的希望：凡存在的事物，都是善的；至于"恶"，并不是实体；因为如是实体，即是善；如是不能朽坏的实体，则是至善；如是能朽坏的实体，则必是善的，否则便不能朽坏。"恶"既非实体，那么就不存在来源问题，因为当我们问一个东西来自何处时，已预设了它是一个实体。[44]因此，关于"恶"，正当的问题应该是："它是什么？"[45]

关于自然恶，他提出了一个后来被称作"美学神正论"的理论：上帝所造之物，分别来看，有大善小善，但均为善，总起来看，它们形成一个秩序，更为美好。那么作为"好的缺乏"的恶自何来？他认为，这是因为万物各部分之间，有的彼此不相协调，才使人认为不好，但一个人若能"综观万有"，便不会为局部的不好而困扰，他"虽则看到在上的一切优于在下的一切"，却能"看出整个万有尤胜于在上的一切"（7：12 - 13）。

关于道德恶（iniquitas），他把从安布罗斯那里得知的"我们所以作恶的原因是自由意志"（7：3）和新柏拉图主义的"恶是善的缺乏"结合起来，得出这样的结论："我探究恶究竟是什么，我发现恶并非实体，而是败坏的意志叛离了最高的本体，即是叛离了你上帝，而自趋于下流"（7：16）。在 388 年写作的《论意志的自由选择》第 1 卷中，他就以自由意志之背离上帝，趋向虚无来解释道德恶及始祖的堕落。

新柏拉图主义还让他认识到上帝的存在方式是"永恒"（《忏悔录》7：5）。阅读新柏拉图主义著作使奥古斯丁的精神得到了提升。《忏悔录》第 7 卷有两处叙述类似于柏罗丁的"神魂出窍"。从内容上分析，这是凭着人理智的能力向上攀登，由外而内而上，"最后在惊心动魄的一瞥中，得见'存在本体'"（7：17）。不妨看看，再来分析其共同的结构。

第一段：

　　你指示我反求诸己，我在你引导之下进入我的心灵，我所以能如此，是因为"你已成为我的助力"。我进入心灵后，我用我灵魂的眼睛——虽则还是很模糊的——瞻望着在我灵魂的眼睛之上的、在我思想之上的永定之光。这光，不是肉眼可见的、普通的光，也不是同一类型而比较强烈的、发射更清晰的光芒普照四方的光（指太阳）。不，这光并不是如此的，完全是另一种光明。这光在我思想上，也不似油浮于水，天复于地；这光在我之上，因为它创造了我，我在其下，因为我是它创造的。谁认识真理，即认识这光；谁认识这光，也就认识永恒。唯有爱能认识它。

　　永恒的真理，真正的爱，可爱的永恒！你是我的上帝，我日夜向你呻吟。我认识你后，你就提升我，使我看到我应见而尚未能看见的东西。你用强烈的光芒照灼我昏沉的眼睛，我既爱且惧，屏气战栗，我发觉我是远离了你飘流异地，似乎听到你发自天际的声音对我说："我是强者的食粮；你壮大后将以我为饮食。可是我不像你肉体的粮食，你不会吸收我使我同于你，而是你将合于我。"

　　我认识到"你是按照人的罪恶而纠正一人，你使我的灵魂干枯，犹如蛛丝"。我问道："既然真理不散布于有限的空间，也不散布于无限的空间，不即是虚空吗？"你远远答复我说："我是我所是"。我听了心领神会，已绝无怀疑的理由，如果我再生怀疑，则我更容易怀疑我自己是否存在，不会怀疑"凭受造之物而辨识的"真理是否存在。（7：10）

第二段：

　　这样我逐步上升，从肉体到达凭借肉体而感觉的灵魂，进而是灵魂接受器官传递外来印象的内在力量，也是禽兽所具有的最高感性。更进一步，便是辨别器官所获印象的判断力；但这判断力也自认变易不定。因此即达到理性本身，理性提挈我的思想清除积习的牵缠，摆脱了彼此矛盾的种种想像，找寻到理性所以能毫不迟疑肯定不变优于可变，是受那一种光明的照耀——因为除非对于不变有一些认识，否则不会肯定不变优于可变的——最后在惊心动魄的一瞥中，得见"存在本身"。这时我才懂得"你形而上的神性，如何能凭所造之物而辨认洞见"，但我无力凝眸直视，不能不退回到原来的境界，仅仅保留着向往爱恋的心情，犹如对于无法染指的佳肴，只能歆享而已。我希望能具有享受你的必要力量，我寻求获致这力量的门路，可是无从觅得，一直到我拥抱了"上帝与人类之间的中保，降生成人的耶稣基督"……（7：17－18）

从叙述的顺序来说，这两次"上升"都在奥古斯丁米兰花园皈依之前。在第二段他还强调了，这时他还没有谦卑到寻找基督这个"中保"，以获得享受上帝的必要力量。这似乎是指这两次"上升"都是新柏拉图主义者式的凭着一个自然人的理智能力获得的"上升"。但在第一段中他又明显得到了"上帝的助力"，是创造主在吸引他，牵引着他，因此又似乎是被动的。怎么解释这里面的矛盾呢？考虑到《忏悔录》开始写于397年，离386年他的思想转变已有11、12年，则我们可以知道，他是从一个"回忆者"的角度，带着现在的眼光，来打量过去的体验的。因此自然掺杂了他现在的思想。要想区分"现在的思想"和"当时的思想"，似乎难以做到。[46]

在这两次"上升"中，有几个共同的地方是值得关注的。第一，上升的阶段，基本上都是由外（外物、外象）而内（内心、本己）而上（心灵之上的光、上帝）这三步。第二，"上升"所接触到的"本身"，主要是光、智慧、真理，即"圣子"，同时，奥古斯丁强调所体悟到的是那无过去现在将来之变的"永恒"，即"永远的现在"，即上帝存在的方式。对上帝"存在"的分享，在后来的"奥斯蒂亚异象"中有所体验。第三，这种高峰体验是极短暂的，但能够给人留下极深的印象，从而影响人的生活。

除此之外，我们还能指出人作为有限的存在者，以及人作为有罪的存在者，"上升"中所遇到的阻力。就确定性而言，之所以由内而上，是因为"我思"是确定的，而上帝的"我是我所是"比我自己存在与否还要确定。

奥古斯丁皈依并受洗后，经历了"奥斯蒂亚异象"。在描述"奥斯蒂亚异象"的那一章，有一段话是这样说的：

> 我们（奥古斯丁和莫尼卡）的谈话得出这样一个结论：我们肉体感官的享受不论若何丰美，所发射的光芒不论若何灿烂，若与那种生活相比，便绝不足道；我们神游物表，凌驾日月星辰丽天耀地的穹苍，冉冉上升，怀着更热烈的情绪，向往"常在本体"。我们印于心，诵于口，目击神工之缔造，一再升腾，达于灵境，又飞越而进抵无尽无极的"膏壤"；在那里，你用真理之粮永远"牧养着以色列"，在那里生命融合于古往今来万有之源，无过去、无现在、无将来的真慧。真慧既是永恒，则其本体自无所始，自无所终，而是常在；若有过去未来，便不名永恒。我们这样谈论着，向慕着，心旷神怡，刹那间悟入于真慧，我们相与叹息，留下了"圣神的鲜果"，回到人世语言有起有讫的声浪之中。但哪一种言语能和你常在不灭、无新无故而更新一切的"道"、我们的主相提并论呢？（《忏悔录》9：10）

倘若与《忏悔录》第 11 卷时间论联系起来，则我们就会发现，奥古斯丁是在三一论的框架内谈论"永远的现在"，因为在"永恒"与"时间"的三一类比中，圣子基督对应于"现在的现在"（而圣父对应于"过去的现在"，圣灵对应于"将来的现在"）。因此，奥古斯丁是在圣灵的帮助下，经由基督而进至"永恒"，进入基督的生命也就是进入三位一体的生命。[47]

四　解释《罗马书》

从奥古斯丁思想的最根本的特征，即"原罪"和"恩典"来看，奥古斯丁根本思想的确立是在 396/397 年的《致辛普里西安》里。我们要注意的是，这个转变是如何发生的，为什么会如此发生？

被希坡教友强立为司铎，这个具有偶然性的事件，可以说在某种程度上改变了奥古斯丁的思想轨迹。可以设想，如果奥古斯丁没有就任教职，也许他仍旧隐居在故乡小镇塔加斯特，过着哲人的生活，虽然闲暇时也读读《圣经》，但主要的精力，却可能还是花费在希腊、罗马的哲学上。上任司铎对他带来的工作压力，首先是释经的，这逼着他必须熟读《圣经》并发展自己的解释学。在与教众打交道的过程中，他必须回答他们提出的种种疑问，包括神学的、伦理的问题，这必然会将他的注意力从哲学那里引开，而依据《圣经》文本和教会实际，发展其神学思想。[48]

实际上，在写《致辛普里西安》的前两年乃至整个 390 年代中期，奥古斯丁一直在深入阅读保罗的《罗马书》。394/395 年他就《罗马书》写了两部著作，即《〈罗马书〉章句评注》和《未完成的〈罗马书〉评注》，后者是作者在迦太基第一次公会议上谈话的产物。[49]这两部著作都是针对摩尼教而作。由于摩尼教利用保罗书信来达到其神学目的，即在恶的起源问题和人的意志本性的问题上坚持二元论，奥古斯丁就必须在释经上而非仅仅从纯哲学上（如《论意志的自由选择》那样）论证人的意志是自由，人是有道德自律的，同时，他又要保持为摩尼教所否认的《旧约》的善（摩尼教认为《旧约》中的耶和华是恶神），以及上帝的恩典是白白地赐予的观点。

在《〈罗马书〉章句评注》里，奥古斯丁认为保罗主要处理的是律法与恩典的关系问题。摩尼教认为，保罗在这部著作里谴责了律法，也谴责了人的道德自律。对他们的观点，奥古斯丁都要加以反驳，从而保留律法和人的道德自律的正面的位置。奥古斯丁根据律法和恩典将人类历史分为四个时期：律法以前，律法之下，恩典之下，平安之中（13－18）。在律法以前，人随欲望而行动。律法让人知罪，从而让他们可能获救。但却没能阻止人犯罪，因此才有恩典。问题在，人是怎样从律法之下走到恩典之下的？奥古斯丁的回答是：人是藉着他的自由意志走到恩典之下的。律法之下的人认识到他犯罪了；因此选择了以信仰来回应上帝的呼召，转向救主基督，正是基督给了他恩典。"因为凭着他的自由意志，人就有一个手段来相信解救者，来接受恩典，这样他们就可以伴随着那赐予恩典者的解救性的帮助，而不再犯罪"（44：3）。这样，律法之下的人，通过自由意志的选择，就向罪而死，成为恩典之下的信徒，并预尝到平安之中圣徒们将享受到的末世之平安。

但是，《罗马书》所提到的《旧约》里的两段故事，即上帝在孪生子雅各和以扫尚未出生时就已选择了雅各，[50]以及上帝叫法老的心变刚硬，[52]却似乎是与奥古斯丁所主张的自由意志相矛盾。比如雅各和以扫尚在娘胎，无所谓行善作恶，并没有自由意志，那在这时上帝为什么要喜爱雅各而不喜爱以扫呢？上帝为什么说"雅各是我所爱的，以扫是我所恶的"？奥古斯丁说，这是一个困难的问题：

　　这使得一些人认为，使徒保罗取消了意志的自由，而我们正是藉着意志的自由，或因虔敬的善而赢得上帝的尊重，或因不虔而触犯了上帝。这些人说，（之所以造成这样的逻辑后果）是因为在他们两人出生之前或能够行善作恶之前，上帝就爱一个而恨另一个。但我们回答说，上帝这么做是凭了他的预知，正是凭着这预知，他甚至连还未出生的人物都一清二楚。但可不要这么说："尽管上帝所爱者的行为尚未存在，但因为他预知到了会有这样的行为，所以他拣选了这些行为。"倘若上帝拣选了行为，为什么使徒说，拣选不是根据人的行为作出的呢？因此，人们就应该理解，我们能够藉着爱而行善，而我们是藉着圣灵的恩赐才有爱的，正如使徒所说："因为所赐给我们的圣灵将神的爱浇灌在我们心里"（罗 5：5）。所以，没有人可以因其行为而感到荣耀，仿佛它们是他自己的似的，因为他是藉着圣灵才作出来的，因为这爱本身在他心里发动。那么，上帝拣选了什么呢？因为，倘若他把圣灵赐给他所喜的人，那么他是如何选择的呢？倘若他不是根据功德选择的，那就算不上拣选了，因为在没有功德之前，一切人都是平等的，在绝对平等的东西之间是无法作出选择的。但既然他只是把圣灵赐予了相信的人，所以上帝选的就不是行为（这是他自己赐予人的，因为他通过自由地赐予圣灵而使人产生爱，从而产生善行），而是信仰。因为，除非一个人信他并自愿地坚持接受他，是不能接受上帝的礼物，即圣灵的，正是圣灵的爱的浇灌使他能够行善。所以，上帝并不凭着预知来拣选人的行为（它们也是上帝自己给予的），而是凭着预知拣选信仰，这样他就明确地选择他预知到会信他的人了；他会把圣灵赐予这样的人，好让他通过行善而获得永生。因为同一位使徒说："神在众人里面运行一切的事"（林前 12：6）。他没有说

"上帝在众人里面相信一切的事"。信念是我们的作为，但善事却是将圣灵赐予信众的上帝的（60：2－12）。[52]

在这个例子里，奥古斯丁用"预知"这个概念，既保留了人的自由意志，又保证了上帝的恩典（圣灵），还与保罗对于"功德"的理解一致，认为上帝不是根据行为，而是根据信仰作出相应的赏罚，所以，是人的自由意志决定了人的命运。可以说，此阶段在自由意志与恩典关系问题上，是"预知"在"预定"之前：上帝预知到人会不会信他，因此根据此预知进行预定。总而言之，是人用自由意志决定信上帝与否，而上帝只是对人的决定有所预知，然后根据此预知而给信的人赐下圣灵，不信的人则不赐圣灵，二者的命运如何，都是他们自己自由选择的结果。此时的人，是有其道德自律的。

而法老的心之被变得刚硬，是作为对他先前的不信的惩罚。因此说到底，这都是人的自由意志带来的结果，而不是上帝早已预定好了的。奥古斯丁进一步说，拣选的根据是功德，但这个功德不是积善而来，而是由信而来：non opera sed fides inchoat meritum（62：9）。所以，上帝并没有预先偏爱某些人，人人都是平等的，都是有罪的尘世之人（62：18－19）。上帝公正地拣选那些他预知将会以信仰来自由地回应他的呼召的人。上帝的呼召是人得救的必要前提，但上帝发出呼召却是基于他对人的自由的决定的预知。所以，可以说，人的信仰的自由选择决定了他的被拣选。这样，奥古斯丁就成功地解释了《旧约》中两段看起来与人的自由意志相矛盾的经文。[53]

《未完成的〈罗马书〉评注》的要点是，上帝的礼物（恩典和平安）就是圣灵，它被浇灌在一切罪人的心里，好使他们从罪里得解放，与神复和。但上帝既然如此仁慈，基督又为何说一切别的罪都可得赦免，唯独反圣灵的罪不可得赦免呢？奥古斯丁解释说,这种不可赦免的罪是指"绝望",即对上帝的仁慈和怜悯绝望,而继续留在邪恶和恶意之中。对上帝绝望也就是抵挡那能带来平安和复和的上帝的礼物,即圣灵。倘若罪人对赦免感到绝望,就会继续犯罪,从而永不得赦免。在这里,奥古斯丁再次强调了人的自律。绝望是罪人的自主行为,而不是由上帝决定的。[54]

第三节　后期思想:恩典论的确立与发展

一　重释保罗:上帝的恩典占了上风 (396/397)

但奥古斯丁经过艰苦思索得到的这些结论,两年之后就在《致辛普里西安》里被放弃了。在那里,在谈到《罗马书》9章时,他批判了自己先前的观点,即拣选是由于上帝预知到了人的信仰。先前奥古斯丁认为人是自由地以信仰回应上帝的呼召并悔改,自由地对上帝的怜悯绝望从而继续犯罪,现在他则认为这样的自律已经危及到上帝的全能了(《致辛普里西安》1:2:13)。先前他认为,人的善良意志在先于上帝的呼召,正是它发动了信仰的功德,现在他却认为人的善良意志本身是由上帝拣选产生的;人的信仰本身也不是人的工作,而是上帝的礼物;上帝为何决定从罪人当中拣选一部分得救,这样就变得难以领会了。[55]

在《致辛普里西安》1:2:5,奥古斯丁从释经的角度,对他先前所持的"预知论"作了否定:

> 倘若拣选是凭预知,上帝预知到雅各的信仰,你怎么证明他没有因为他的行为而拣选他呢?雅各和以扫两人都还没有信,因为他们都还没有出生,好事坏事都还没有做。但是上帝预见到雅各会信吗?那他也会同样地预见到他会做好

事。所以，正如一个人说，他之被拣选是因为上帝预知他会
信，别的人也可以说，倒不如说是因为他将要去做的好事，
因为上帝也一样预知到这些好事。那么，使徒是如何显示，
经上所说的"将来大的要服侍小的"，不是就好事说的呢？
若说的不是凭借行为，其理由是他们尚未出生，那信仰也同
样如此；因为在他们出生之前，他们既没有信仰，也没有行
为。所以，使徒不想要我们以为，是由于上帝的预知，小的
才得到拣选，来让大的服侍他。他想要表示的是，不是因为
行为，对此他还加以强调："双子还没有生下来，善恶还没
有作出来"。若是他愿意，他本可以说，上帝已经知道哪个
会做什么事了。我们仍得追问，那拣选是如何做出的。它不
是根据行为，因为他们尚未出生，尚无行为。但也不是根据
信仰，因为他们亦尚无信仰。[56]

　　那么，为什么上帝在雅各和以扫出生之前，在他们有任何信
仰和行为之前，就拣选雅各而不拣选以扫？其理由何在？《致辛
普里西安》第 2 卷差不多都在追问这个问题，最后，奥古斯丁
只能从信仰出发，先承认上帝是绝对正义的（1：2：16），再用
《圣经》中的各种比喻，如债主和欠债人（1：2：16）、陶工和
器皿（1：2：17），来比喻上帝无论是免谁的债还是追讨谁的
债，无论是将一块泥制成荣耀的器皿还是将另一块泥制成卑贱的
器皿，都是公正的。虽然上帝的拣选是隐秘的，是人不可能测度
的（1：2：22）。上帝从同一个有罪的泥块（1：2：19），即亚
当之后普世的罪人中拣选了一部分，这本身已显明了上帝的慈爱
（因为他本可以一个也不拣选）。所以，未被选上的不能怪上帝
不正义，被选上的也不能骄傲，以为自己有什么美德（信仰和
行为），而应将荣耀归于上帝（1：2：22）。
　　这样，我们就看到，奥古斯丁追问的结果，是不可知论：上

帝的旨意是绝对正义但又隐秘的，是人的理性不能够知道的。

我们看到，在这里，"预定"（或恩典）与"原罪"连接在一起。由于人是"罪的团块"，都欠了上帝的债，因此不被拣选本是他们的命运，对此他们没有什么好埋怨的。而上帝从中拣选一部分做成"荣耀的器皿"，被选上的应该感恩，未被选上也不能眼红和发牢骚。后来在奥古斯丁的言论中常出现基督作为"医生"的隐喻，恰恰是因为人类玷染了原罪，生了病，出现了"存在的缺乏"和"善的缺乏"，才需要基督这个"大医生"来给他们治病，恢复他们的"健康"。

在晚年写的《更正篇》2：1 里，奥古斯丁提到了《致辛普里西安》第 1 卷，说它意味着他在自由意志与恩典关系问题上的转变：[57]

> 在第一卷里，我回答了关于保罗《罗马书》的两个问题。第一个涉及《罗马书》7：7 - 25。在那里使徒说，"律法是属乎灵的，但我是属乎肉体的"等等，显明肉体与灵交战，我这么解释他的话，仿佛他是在描述仍在律法之下、尚未在恩典之中的人。很久以后，我才认识到，这些句子也可以是描述属灵的人，实际上也确实可能如此。第二个问题涉及《罗马书》9：10 - 29。在回答这个问题时，我曾努力坚持人的意志的自由选择，但是上帝的恩典占了上风。否则我是不能理解使徒所说的这番绝对真切的话的："使你与人不同的是谁呢？你有什么不是领受的呢？若是领受的，为何自夸，仿佛不是领受的呢？"（林前 4：7）殉道士齐普林也想澄清这个真相，他用一句话就说得清清楚楚："我们没有什么值得荣耀，因为没有什么是我们自己的。"[58]

虽然存有一些争议，但学者们一般还是认为，奥古斯丁确实在写《致辛普里西安》时思想发生了继 386 年皈依后一次最大的转变。此后，无论是在《忏悔录》还是在历次论战中（包括与多纳特派、佩拉纠派的论战），奥古斯丁的"原罪——预定——恩典"的思想框架基本上都没有变，虽然在一些细节上他将这个框架彻底化了。如 427 年写的《论圣徒的预定》，就将"信仰的开端"从人那里夺走而归给了上帝。[59]

二　恩典论的发展与深化：反佩拉纠派著作

这样，在思想发生重大转变之后的 397 年，奥古斯丁最终充分理解了 386 年他皈依时所发生的事：信仰并非他的选择或他的决定，而是上帝恩典之召的结果。正是在这种感想之中，他方能写作《忏悔录》。他对原罪的看法也基本确立。在始写于 400 年的《论洗礼，反多纳特派》中，奥古斯丁说，洗礼的目的是为了抵消原罪的作用，因此婴儿出生后要尽可能快地受洗，"若不是成为基督奥体的一员，便没有希望得救"。

由于我们已在"生存体验与神学反思"一章着重谈到《忏悔录》中的"罪"与"恩"的思想，因此，这里侧重于其恩典论及相关理论（原罪与预定）在与佩拉纠派论战期间的发展和深化。

在一些学者看来，奥古斯丁在反驳佩拉纠派初期所写的《圣灵与仪文》，就已基本展示了其完全、平稳的恩典教义。[60]但正如我们早已指出的，这场论战虽然充分"展开"了"蕴含"在《致辛普里西安》中的恩典论和预定论，但在一些具体细节上仍是有"创新"的。比如，预定论的彻底化即"信之初步"不由人自己决定，在《圣徒的预定》中才得以定型。由于作为奥古斯丁思想根本特征的"恩典"论是在反佩拉纠派的过程中充分展现的，我们在这里有必要对其论战过程作一较详细的介绍。[61]

第一阶段：反鲁芬和科勒斯蒂

佩拉纠约于公元 350 年后生于不列颠，418 年之后死于地中海东边某地，可能是埃及。他出身良好，受过古典文学和哲学教育，80 年代早期到罗马后又熟读了教父们的著作。他精通拉丁语，其著作文字优雅，颇有古典时代的遗风，以致 19 世纪末为《奥古斯丁反佩拉纠文选》写导言的美国学者瓦菲德（B. B. Warfield）说，若是去除他文中引用的圣经句子，疑是异教作家所写。他选择了禁欲生活，可以称作"荣誉修士"。但他并不是正式的修士。

在罗马时，佩拉纠在上层圈子里享有一定的声望。眼见世风日下，人人以食色性也为借口及时行乐，以人的本性败坏为借口沉溺于败坏的生活中，佩拉纠开出了他的药方：鼓励人，说上帝既令他们遵守诫命，就已给了他们能力。能力由上帝赋予，但意志自由，行为也是人自己作出，行善或作恶都必须承担责任：在上帝面前或得奖赏，或受惩罚。

他在罗马的朋友鲁芬（Rufinus of Syria），在原罪和婴儿受洗的问题上，很可能是他的先驱。鲁芬的核心论点是，婴儿受洗，并不是因为先天的罪，而是为了得进天国。鲁芬著有《信仰告白》一书。

约在 393/394 年，有位修士公开抨击哲罗姆的《反约文尼》（Against Jovenian），令哲罗姆大为光火。哲罗姆在给他的罗马老友东尼欧（Domnio）的信里提到的这位不知名的修士，现在似乎已被认定就是佩拉纠。哲罗姆就这样记住了佩拉纠。

约在 405 年，佩拉纠在罗马听到一位主教（据信是 Paulinus of Nola）引用奥古斯丁《忏悔录》中的一句话："给我你所命令的，命令你所愿意的"，他的反应是愤怒，甚至差点和引用者对簿公堂。因为在他看来，这样的话无异于取消了人的自由意志，陷人于完全的被动状态。由此可见，佩拉纠与奥古斯丁的思想从一开始就是对立的，虽然后来佩拉纠也引用奥古斯丁早期的《论意志的自由选择》，来为自己的观点辩护。

蛮族（Alaric the Visigoth）进犯罗马，佩拉纠不得不于 409年逃离京城，从意大利到达非洲，也许途经西西里。与他同行的有他的年轻的朋友、做过律师的科勒斯蒂（Caelestius）。在非洲，奥古斯丁曾见过佩拉纠一二面，不过因为繁忙，没有与他进行详谈，这是奥古斯丁在《论佩拉纠决议》中告诉我们的。随后佩拉纠去了巴勒斯坦，他在非洲待的时间不长。在离开罗马之前，他已写完了他的《保罗书信评注》，在这本著作里他关于恩典和自由意志的观点已经呈现。

科勒斯蒂留在了迦太基，试图在那里谋个长老的职位。不过好景不长，他很快就受到米兰籍执事保林（Paulinus）的指控，罪名计有七项之多。在 411 年由迦太基主教奥勒留主持的迦太基会议上，保林指控科勒斯蒂坚持如下教义：亚当受造时就是有死的，无论犯罪与否都终有一死；亚当的罪只害了自己，没有伤及整个人类；新生的婴儿与亚当犯罪前的状态一样；整个人类既不因亚当的死或堕落而死，也不因基督的复活而复活；婴儿即便没有受洗也有永生；律法跟福音一样将人引向天国；在主降世之前，就已有人无罪（见《论原罪》2，3，12；《论佩拉纠决议》23）。对这些指控，除了与未受洗就夭折了的婴儿有关的外，科勒斯蒂都不予否认。他遭到谴责，被革除教籍。此后不久他就乘船去了以弗所，在那里他终于得到了他所寻求的长老一职。

佩拉纠途经非洲到了巴勒斯坦后，在那里遇到他的宿敌哲罗姆。

奥古斯丁开始时所注意的"异端"，只是鲁芬和科勒斯蒂。411/412 年的《论惩罚和赦罪及论婴儿受洗》，413 年在迦太基所作布道（294），反驳的主要都是鲁芬的《信仰告白》。

马色林写信给奥古斯丁，就科勒斯蒂引起的问题，向奥古斯丁请教死与罪之间的联系、罪的传递、无罪生活的可能性、尤其是婴儿受洗的必要性。奥古斯丁于412年写了《论惩罚和赦罪及论婴儿受洗》回答他。这封信分为两卷，并没有点名批判佩拉纠。第1卷论证原罪的存在，证据为死亡在世界里的得胜，《罗马书》5：12－21的教导，最主要的还是婴儿受洗。第2卷讨论的是人在今生能否得到完全的义。他先是谈论意志及其局限，以及对来自上帝的帮助的需要，接着回答了四个问题。第一，借助于上帝的恩典，一个人在今生可以达到完全无罪的境地；第二，但圣经说了，过去没有人做到这点，将来也没有人做到这点；第三，为什么没有人做到呢？对此他只是简单地说是因为人不愿意；第四，没有人完全没有罪，没有人能够既没有原罪也没有本罪，所有人都是有罪的。然后，他开始重新讨论原罪。他从正面谈论了亚当在乐园时的光景、考验的实质、堕落以及堕落对他本人和他的后代的后果、基督降世成人带来的拯救，等等。

写完这两卷后，奥古斯丁得到了佩拉纠于410年之前写于罗马的《保罗书信评注》。在续写给马色林的信里，奥古斯丁点名批评了佩拉纠的《保罗书信评注》。但他还是就事论事，只是批评佩拉纠对保罗的理解不确，并未针对佩拉纠本人。针对佩拉纠否认婴儿继承了祖先原罪的思想，奥古斯丁的信强调两点：首先，不管圣经在别的事上怎样难解，有一点是绝对清楚的——人若不是活在基督里，是不能得永生的，基督来是为叫罪人悔改的；其次，婴儿身上的原罪在教会看来是一个铁定的事实，是其他真理的基础，以前也从来没有人提出过质疑。经过对佩拉纠的论证的分析，得出三个结论，即：死与罪从亚当而来，临到了他所有的后代身上；婴儿需要拯救，从而需要受洗；没有人能在今世达到这样一种圣洁的境界，以致无需祷告说"赦免我们的过犯"。

马色林回信说，第 2 卷里有个问题他看不懂，即为什么既说人在今生可能达到无罪的境地，又说过去没有、将来也没有人达到？为了回答他，奥古斯丁于同年（412 年）写了《论圣灵与仪文》。这封信的主旨是：人要过好的生活，就绝对需要上帝的恩典。这封信完成了奥古斯丁认为受到了佩拉纠派（这时主要指科勒斯蒂）威胁的一个三而一的教义：原罪、人义的不完全、恩典的必要性。在他心里，恩典的必要性乃是整个争论的要害。这封信被某些学者认为是继《忏悔录》之后在人与上帝关系上最能反映奥古斯丁思想的文献。奥古斯丁在这封信里根本就没有提到佩拉纠的名字，尽管书中对佩拉纠的"保罗评注"也有所回应。

上面几封信写完后，争论并未停息，不过，其后三年并没有新的论战著作问世。奥古斯丁忙于别事（《书信》145：1），但也没有忘记在信里或布道时辩护恩典。

410 年保林[62]曾就圣经中一些难解的部分询问奥古斯丁，这些难题包括《罗马书》11：28。414 年奥古斯丁给他回了一封长信（《书信》149），并不讳言他的恩典观中的预定论。他引用保罗的话说，上帝预定了一些人，呼召他们，使他们得救。至于为什么有些人预定得救，另外的人则没有，这对我们乃是隐藏的，但并不是不公平的。因为上帝没有不公平。

413 年奥古斯丁给佩拉纠写了一封信，作为佩拉纠写给他的一封信的回复，他在这封回信里称佩拉纠为"我至爱的主人，切慕的弟兄"。[63]

415 年，佩拉纠的"门生"科勒斯蒂已经受谴，佩拉纠本人逃到了巴勒斯坦并在那里与哲罗姆打起了笔仗；从西西里、西班牙都有人跑到希坡来，向奥古斯丁吁求反击佩拉纠主义。

这一年，应提马修（Timasius）和雅各（James）的邀请，奥古斯丁针对佩拉纠414年左右写的《论本性》一书，写出《论本性与恩典》一文，对本性与恩典的关系作出较系统的阐述。在该著80－81章，奥古斯丁提到佩拉纠在《论本性》引用了自己以前的著作《论意志的自由选择》，但指出佩拉纠并没有从语境中正确地理解自己的思想。因为在那里他除了指出自由意志外，还指出自由意志受到束缚，原罪状态中的人因"无知"和"无能"犯的罪，仍然是要受惩罚的。

　　但在这篇文章里，他还是没有点佩拉纠的名，他只想"对事不对人"。奥古斯丁说，在读了佩拉纠的著作后，他的判断是，佩拉纠的思想是反基督的（《论本性与恩典》7；《书信》186：1）。在写给一个朋友的私人信件里（《书信》169：13），他说《论本性与恩典》乃是一篇相当重要的反对"佩拉纠异端"的著作。

　　到了同一年的年末，两个流亡的西班牙主教，尤特洛庇（Eutropius）和保罗（Paul），从西西里带来了据称是科勒斯蒂所写的一篇文章，名为《科勒斯蒂的定义》。文章的思想及风格都表明确是科勒斯蒂所写。它由三部分组成。首先是一些"定义"，是科勒斯蒂用来揭露公教的一些逻辑困难的，他要人们承认，人可以活在世上而无罪。第二部分，他引圣经为据支持自己的观点。第三部分，考察被用来反对他的观点的经文，与那些支持他的作对比。

　　奥古斯丁马上写了《论人义的完全》作为回答，行文顺序与科勒斯蒂的相应。首先，对于整个人类来说，充分的能力已深为罪浸染。接着，与科勒斯蒂对圣经的解释相反，应该认为，在没有上帝的帮助的情况下，人是不能完成上帝的命令的；上帝所有的诫命都只有出于爱才能做到，没有什么是值得忧愁的；这爱是由圣灵浇灌在我们心里的，若是没有这爱，我们就只有恐惧。对于恐惧者来说，诫命不仅是忧愁的，还是不可能的；他还耐心地跟随着科勒斯蒂的"经文对比法",用正统观点对它们作了解释。在结尾处,他说,若是没有上帝的恩典,人是绝对不能无罪的。异端的错误乃是否认上帝持续恩典的必要性。对这持续的恩典,我们常常祷求说,"不要让我们遇见试探。"

第二阶段:反佩拉纠

《论本性与恩典》还未写完的时候,另一个年轻人从西班牙跑来求援。这人名为俄罗修(Paulus Orosius),是个长老。原来西班牙发现了另一种异端,他是来请求奥古斯丁帮忙的。奥古斯丁表示对这种异端还不太了解,建议他去巴勒斯坦找哲罗姆。同时托他带信给哲罗姆,请教关于灵魂起源的问题(《书信》166)。俄罗修一到巴勒斯坦,就与哲罗姆一拍即合,联手反对佩拉纠,于415年夏天和冬天在耶路撒冷主教约翰面前指控佩拉纠,从而引发一场新的论战。但这时奥古斯丁还不知道东方发生的事。

原来佩拉纠到达巴勒斯坦后,住在离哲罗姆不远的地方。宿敌相邻,更为紧张。413年佩拉纠和哲罗姆都得到邀请(奥古斯丁也一样),为一个名为德米特里的姑娘写作劝导信。哲罗姆抓住机会,警告她别太注重奥利金派中人提出的神学问题。这显然是在暗指佩拉纠。佩拉纠则强调自由意志的重要性,说上帝赋予了人能力,人能够自由选择行善或作恶,因此得救与否实乃出于自己。

哲罗姆写了一篇《反佩拉纠派的对话》,同时在给朋友们的信里以及在《〈耶利米书〉评注》里,将佩拉纠视为奥利金复活,因为佩拉纠教导说,受过洗的基督徒只要愿意,就能够过无罪的生活。这样,佩拉纠就在415年7月底,站在了由耶路撒冷主教约翰主持的一个教区主教会议的被控席上。在会上,俄罗修作证说佩拉纠和科勒斯蒂是一伙的。说科勒斯蒂已在迦太基会议遭谴，佩拉纠的教义也已被奥古斯丁驳斥。佩拉纠承认他说过，受过洗的基督徒只要愿意，就能够过无罪的生活。有人问他这与恩典如何调和，他机灵地引用圣经中谈到恩典必要性的话，并且谴责那些否认恩典的人。这次会议，由于主教约翰对佩拉纠的祖护，俄罗修的放肆无礼，希腊语与拉丁语混用造成的交流的不便，而不了了之，没有形成什么结论，最后上报给罗马主教寻求决定。

　　415 年 12 月，佩拉纠再一次站在了被告席上。这次是在迪奥斯坡利斯（Diospolis）召开的主教会议上。指控者是两位高卢主教，一名赫罗斯（Heros），一名拉撒路（Lazarus）。对佩拉纠的指控有七项之多，其中有上次的那个。这次会议充满了戏剧性。会前两位指控者因生病不能出席，只好提出书面指控。条目写得不好，且是拉丁文，说希腊语的东方主教们都看不懂，只好找翻译来。佩拉纠在会上读了教会权威人士给他写的几封信，包括 413 年奥古斯丁写给他的回信。他按自己的方式对指控条目作出了解释，起码在名义上谴责了教会该谴责的，并且声称自己与科勒斯蒂无关，这我们可以从奥古斯丁的《论佩拉纠决议》看得出来。在"无罪性"的问题上，他说一个人的努力若是与上帝恩典之助结合起来，过无罪的生活就是可能的。显然东方主教们对他的解释感到满意，判他无罪。这样哲罗姆的意图就落了空。哲罗姆称这次会议是一次"可悲的主教会议"。佩拉纠被判无罪，他和他的朋友们都喜气洋洋。会议决议刚向西方送去，佩拉纠就写了《为自由意志一辩》，为自己的观点，尤其是"无罪性"，作进一步的澄清和辩护。

　　416 年，迪奥斯坡利斯会议结果传到了希坡。传单到处飞，还流传着佩拉纠的一封信，在信里佩拉纠根据东方审判的结果宣称，他的主张，即"人只要愿意，就可以活着而无罪，且容易遵守诫命"，得到了十四位主教的赞同。到了仲夏，俄罗修从巴勒斯坦回来，随身带着一些相关文献和哲罗姆、赫罗斯、拉撒路写给奥古斯丁的信。这样奥古斯丁才较充分地了解了事情发生的经过。他还得知，哲罗姆受到佩拉纠派的现实攻击（一般认为是佩拉纠派攻击了哲罗姆在伯利恒的修院），感到事态严重，教会面临着新的威胁。

现在奥古斯丁对佩拉纠改正自己的教义彻底绝望了。同时，佩拉纠在会议上出示他当初回给佩拉纠的信，以证明他得到了奥古斯丁的支持，这件事也必定多少会令他感到尴尬。（因为他们的思想本质上是根本不同的）在奥古斯丁的影响下，马上在迦太基和米勒维（Mileve）召开了会议，会上读了俄罗修带来的文献，并试图定佩拉纠的罪，从而纠正巴勒斯坦会议的后果。奥古斯丁与另四位主教给罗马主教英诺森写了两封公函（《书信》175，176），奥古斯丁还写了一封私信（《书信》177）。私信里说，东方会议是由于误解了佩拉纠的话才判佩拉纠无罪的，而实际上佩拉纠是与上帝的恩典为敌的。奥古斯丁请英诺森仔细审查佩拉纠对"恩典"一词的含糊用法，看清他是在蒙混过关。奥古斯丁在信中严格区分了恩典和天赋能力、恩典和律法，揭示了佩拉纠所谓"恩典"的本质。

417 年英诺森的回信传到了，表示承认内在恩典，并决定将佩拉纠和科勒斯蒂逐出教会。大约与此同时，迪奥斯坡利斯会议的正式决议传到了非洲，奥古斯丁不失时机地（417 年初）对此作了一个详尽的解释和检查，这就是《论佩拉纠决议》，它为我们提供了佩拉纠事件的许多历史细节。

417 年 3 月 12 日教皇英诺森辞世，之后不久，奥古斯丁给诺拉的保林写了一封长信（《书信》186，与阿利比合写）。该信具有《论佩拉纠决议》一样的历史文献价值。在信中奥古斯丁道出了佩拉纠主义的来历，并对这一"世俗的哲学"加以反对。他在开头说，佩拉纠在其《论本性》一书里反复断言，上帝的恩典只是赐给了人意愿和行动的能力，这实际上是将恩典缩减到了异教徒和基督徒、信神者和不信神者、虔信者和不虔诚者共有的东西上去了。奥古斯丁谈到了用来反佩拉纠的标准，着重谈了"上帝的恩典"这个词。他先是论证人都是迷失者，处于困境中，唯有上帝的恩典才能使信徒与别人不同。因此人若说自己配得到恩典的开端，乃是愚蠢的。真正信的人知道连他的信仰也是上帝发动的，是上帝赐予的，"你有什么不是领受的呢？"不过，若是有人问，为何上帝预定了一些人成为荣耀的器皿，另一些人成为不洁的器皿，只能回答说，我们所知道的只不过是事实如此。上帝的审判是隐藏的，但他的行为乃是正义的。保罗确实说了，所有的人都在亚当里死了，上帝从这有罪的人群里拣选了一些人让他们得永生。他从开端就知道他要给谁这一恩典，所以圣徒（得永生者）的数目早已定好，对这些人他在适当的时机就会赐下圣灵。当然别的人也有蒙召的，但他们并非选民或"按着他的旨意蒙召"的。除此之外，没有别的教义可以解释未受洗就夭折的婴儿是失掉了的。无辜的婴儿受永苦，是否表示上帝不公平呢？若他们无份于亚当的罪，就不是无辜的了吗？他们能够由白白地赐给的恩典得救吗？奥古斯丁引用了巴勒斯坦会议决议，以及佩拉纠最新的著作，说，但愿佩拉纠派不要像犹太人或异教徒哲学家那样，以为凭着己力（意志）就可获得永生，从而使基督的十字架落了空。"因为人的本性，即便还保留着受造时的完整，也绝不能没有他的创造主的帮助就事奉创造主。既然没有上帝的恩典，它就不能保持它得到了的安全，它又怎能没有上帝的恩典就修复它已失去了的呢？"这对基督教来说，乃是非常深刻地强调了上帝恩典的内在性，尤其是基督教之为基督教的实质所在：基督的十字架。

　　英诺森死后，佐西姆继位，宣布对佩拉纠和科勒斯蒂重新审理（417年9月）。在佐西姆的信到达非洲之前，奥古斯丁曾于

9月23日作过一个布道，强调信仰本身也是上帝的恩赐，强调人自身无力得救。"我们得救是由恩典，不是由我们自己：这乃是上帝的恩赐。我为什么对你们重复这个？因为有些人对恩典不知感恩，过于倚重无助的、受伤的本性。确实，人在受造时获得了自由意志这一个大力量，但他因犯罪而失去它们了。他堕入死亡之中了；他虚弱了；他被强盗打了个半死，被抛在路上，幸得好撒马利亚人把他扶到了驴子上，驮到了小客栈里。……若凭着本性就可称义，基督岂不是白白地死了。"

佐西姆的信到达非洲后，遭到非洲主教们的抵制（当时教皇尚未像后世教皇那样有绝对权威），他们于417年末或次年早召开大会，表示谴责佩拉纠和科勒斯蒂。皇帝介入此事，表示支持非洲教会，佐西姆原来的计划彻底破产。

418年5月1日，"大非洲主教会议"在迦太基召开；决定发布后，奥古斯丁仍待在迦太基，以观后效。在迦太基时，奥古斯丁不顾繁忙的公务，抽暇写了《论基督的恩典》和《论原罪》两书。

同一时期他在迦太基所作的布道，可视为对这两篇长文的注脚。如《布道》26，先从《诗篇》94：6里的"我们的创造者"这一个词谈起，创造者并不是在创造人之后就不管了，他还继续作用于人。原人受造时，本性无瑕亦无污。上帝还给了他义，但他由于滥用自由意志而失去了这义。自由意志离开了上帝后，所导致的只能是恶。由于亚当犯罪，整个人类就陷在了罪里，上帝从普世的罪人中预定了一些人得救，这是白白地给的恩典。他遣出独生子，"那派出羔羊来使它被杀的，就这样使我们这些狼成了羔羊。"佩拉纠派混淆一般的恩典（基督徒和异教徒共有的自由意志）和特殊的恩典（使基督徒成其为基督徒的），以前者来取代后者，乃是大错特错了。律法的真正作用只在于揭示人的罪性，将人引向基督。它本身不足以使人称义。因此乃是基督在创造我们，使我们从罪里复生成义。

在同一时期的一些书信里，奥古斯丁也强调了人的原罪和基督的恩典，反对佩拉纠主义。如 418 年后半年在给某位叫奥普塔特（Optatus）的主教的信里。

在奥古斯丁写这封信之前，教皇佐西姆已命令各地主教签名，对非洲会议表示同意，以显示自己的忠诚。奥古斯丁在这封信里附了佐西姆的有关命令，成为今日珍贵的文献之一。但佐西姆的命令并非没有遇到阻力。在意大利有以朱利安为首的十八位主教拒绝服从教皇的命令谴责佩拉纠，结果都被贬了职。

第三阶段：反朱利安

419 年年初，有人向奥古斯丁报告，佩拉纠派（有的学者认为是朱利安）说他谴责婚姻："若婚姻只能产生有罪的后代，婚姻本身岂不是一件有罪的事么？"为此奥古斯丁写了一篇文章，表明自己在婚姻一事上的观点，此即《论婚姻和贪欲》第 1 卷。作者点明，此文目的在于区分肉欲之恶，即人由之而生、而沾染原罪的恶，和婚姻之善。婚姻的忠贞和节制乃是上帝的恩赐，因此，为了生孩子而进行的性交乃是上帝所允许的。情欲或"可耻的贪欲"不是婚姻的本质，只是婚姻的偶性。伊甸园里并没有情欲，尽管伊甸园里有真正的婚姻。情欲是由罪而产生的。情欲附生于婚姻，并不能破坏婚姻原有的善：它只是限制了所生后代的品格。并不是由于什么婚姻内在的、必要的恶，而只是由于现在同居中的贪欲，孩子们才是生在罪下，重生者的孩子也不例外，这就像橄榄树种子只长成野橄榄。显然奥古斯丁认为亚当传给后代的最致命的东西乃是贪欲。没有生产行为中的贪欲，后代就不会有份于亚当的罪。这点他以前在《论原罪》中也说过："现在，有死之人的境况是，婚姻内的性交和情欲是同时起作用的……所以，婴儿尽管还不能够犯罪，却并非没有沾染罪的……

这不是因为合法的事，而是由于不雅的事：因为，本性生自合法的东西；而罪则出自不雅的东西"（4：2）。这是说由于要生育必须得经过性交，而性交过程中无法避免情欲，从而孩子就沾染了原罪。可见在这里奥古斯丁认为原罪的遗传是由情欲来的。

419 年末，奥古斯丁重新开始讨论灵魂起源问题。就此他给奥普塔特写了一封信（信 20：2）。同时写了一篇长文，名为《论灵魂及其起源》，详尽地探讨了灵魂的本性及其起源。[64]

在意大利十八位拒绝服从教皇佐西姆的命令谴责佩拉纠的主教中，朱利安最为敏锐有才，他使战火重燃。朱利安撰文《致特尔班》（To Turbantius）反对《论婚姻与贪欲》第 1 卷。他以攻为守，不太为佩拉纠辩护，但勇敢地攻击奥古斯丁思想。朱利安说，奥古斯丁所说的本性的败坏，不是别的，不过是摩尼教残余而已；他所说的恩典的统治，不过是将个人爱好和偏爱归给了上帝；他的预定论，不过是宿命论。朱利安指责反佩拉纠派，说他们否认上帝所造的本性的善性，否认上帝所设立的婚姻的善性，否认上帝所颁布的律法的善性，否认上帝所赋予人类的自由意志，否认上帝圣徒的完善性。朱利安说，奥古斯丁的教导也贬损了洗礼本身，因为他断言贪欲在受洗之后继续存在——这就等于说，洗礼并不能清除罪，而只不过是像刮胡子那样，虽然今天刮干净了，但过了几天又要刮，因为根子还留着，还要继续生长。

朱利安著作的摘要被人送到奥古斯丁手里。奥古斯丁立即作答，写出《论婚姻与贪欲》第 2 卷。同时，他收到别人转交来的朱利安的另外两封指责他的信，看后写了《反佩拉纠派的两封信》，为自己进行辩护。

《论婚姻与贪欲》第 2 卷力证婚姻是善的，是上帝所设立的，但它的善只包括生产而不包括贪欲，后者是由罪来的，是染罪了的。原罪教义并不暗示着人的起源是恶；他分别辩护了下面的观点：上帝所造的人类后代中，既有可怒的器皿，也有怜悯的器皿，正如他让义人和歹人都享受阳光雨露一样；婚姻除了婚姻的缺乏即贪欲之外，什么好处都有；婚姻不是原罪的原因，而是使原罪得以传递的渠道，等等。

《论佩拉纠派的两封信》是一篇重要长文，共有四卷。第 1 卷反驳了朱利安对公教徒的"诽谤"。如：朱利安说公教破坏了自由意志，对此奥古斯丁回答说，没有人是"由他们的肉体的必然性强迫犯罪的"，所有人都是藉着自由意志犯罪的，尽管除了上帝恩典外，没有人能有正义的意志，真正破坏了自由意志的是夸大自由意志的佩拉纠派；再如，朱利安指责公教认为，洗礼并不能完全免罪，而是留下了罪根，从而罪可以再次产生，对此奥古斯丁答复说，洗礼赦免了一切的罪，但留下了贪欲，而贪欲尽管不是罪，却是罪的源泉。奥古斯丁还指出，朱利安的信仰告白每一项都与公教信仰相违，尤其在婴儿受洗问题上，既然朱利安并不认为婴儿有原罪，则又为何认为洗礼可完全地洗去一个人所有的罪呢？奥古斯丁一针见血地提问："那对婴儿何益呢？"

第 2 卷反驳了朱利安的指责。朱利安说，奥古斯丁在恩典的名义下坚持命定论，使上帝成了偏爱者。奥古斯丁回答：你们说公教搞"命定论"，只是因为公教否认恩典是根据先有的功德才赐予的；但，你们在承认受过洗的婴儿和未受过洗的婴儿的"命运"有所不同时，岂不同样是在搞命定论？因此，这就不是一个"命运"的问题，而是一个白白的赏赐的问题；至于偏爱，奥古斯丁作了说明。上帝当然不会认为一人的人格高于另一人，他并不因一人讨他喜欢另一人不讨他喜欢就产生偏爱：恰好相反。正如先来干活的和晚来干活的所得的工钱一样（太 20：9），他按着自己的旨意赐予。要问他为什么这么做是自问：使徒以不答作答（罗 9：20）；用"命运"有别的婴儿来指责上帝是无益的。奥古斯丁还考察了佩拉纠派的"在先功德"（prevenient merit）教义，他得出的结论是，上帝从创世以至末日，藉着恩典给予了一切善行：首先，他命令了善；其次，他赐予了人行善的欲望；第三，他赐予人行善的能力。这一切都出于他的怜悯。

第3卷接着讨论佩拉纠派对公教（实即奥古斯丁主义）的"诽谤"，表明所有这些指责都要么是误解，要么是错误地表述了公教信仰。奥古斯丁阐明了公教、佩拉纠派和摩尼教三方的关系，指出公教要与另两方划清界限，屹然独立。

第4卷接着上一卷讲。奥古斯丁引证齐普林、安布罗斯等教父在原罪、恩典等问题上是与自己一致的，他自己并不是在发明新的教义。

上面这几卷著作写于420年末或421年初，次年阿利比将它们带到了意大利。在此之前，奥古斯丁终于读到了朱利安反对他的《论婚姻与贪欲》第1卷的那部著作的全文，发现以前读到的摘要都出自它的第1卷，且有所改动。奥古斯丁马上作了一个全面的回应（《书信》207提到此事），写成《反朱利安》一文。该文是他在整个佩拉纠论战中最长的著作之一，充分地展现了他的思想，他本人也甚为珍惜。

在该文第1卷，奥古斯丁指出将那些主张原罪论的人与摩尼教徒相提并论，是在玷污那些久负盛名的希腊教父和拉丁教父。为证明这点，他列举了主张原罪论的一些教会作家，计有爱任纽、齐普林、烈提齐（Reticius）、奥林匹（Olympius）、希拉里、安布罗斯、纳西盎的格里高利、巴兹尔、君士坦丁堡的约翰（即克里索斯通，Chrysostom）。他还指出，朱利安本人恰好落了摩尼教的窠臼，用未经辩护的说法，来攻击公教徒。

第2卷甚为详尽，先是说了佩拉纠派用来反对公教的五大论证，再用古代圣贤的话来检测它们。这些论证，据奥古斯丁的表述，是这样的：若是肯定原罪，肯定人生于原人的罪带来的本性的败坏之下，肯定人处于魔鬼的治下（直到在基督里重生），那么就会，首先，肯定魔鬼是婴儿的创造者，因为婴儿是从魔鬼强加于本性之上的败坏里生出来的；其次，就会谴责婚姻，因为婚姻所生出来的是该被定罪的；第三，就会否认所有的罪都在受洗时得到了赦免，因为受过洗的夫妇们生出的子女仍是有罪的，可见仍有恶留了下来；第四，就会因罪责（guilt）而指责上帝，因为上帝虽赦免了受洗的成年人的罪，却让他们的子女（也是上帝创造的，此时还处于无知无愿的幼年状态）仍旧染上了他们的父母已洗掉了的始祖的罪，并且定这些孩子的罪，这岂不是显得上帝不公平么；第五，就会使人对臻至完善感到绝望，因为人若是不相信美德能战胜先天的邪恶，那么他们也就不会相信美德可止于至善了，尽管很难说这些先天的邪恶是真正的邪恶，因为他并没有先天地犯罪。奥古斯丁用上卷所提教父们的话对这些论证一个一个地进行了检查，说明这些论证是教父们所谴责的。

剩下的四卷对应于朱利安的四卷，逐一进行反驳。在第3卷，奥古斯丁论证说，尽管上帝是善的、他所造的人是善的、他所设立的婚姻是善的，但贪欲仍是恶的。在贪欲里，肉体的情欲与灵为敌。尽管忠贞对这恶作了善的使用，节欲的信徒却做得更好：他们根本就不用它。作者指出，这与摩尼教的思想是多么的不同：摩尼教竟然认为物质本质上是恶的、与上帝一样永恒的；奥古斯丁还显示，恶之贪欲是从亚当的不服从而来的，并被传递给了我们，唯有基督才能消除它。奥古斯丁还说，朱利安本人也承认情欲是恶的，他提出了疗救之法，希望摄制它，发动节欲的圣战。

第4卷对应于朱利安的第2卷，要点有二：不信者没有真正的美德，以及连异教徒都认识到贪欲是恶。作者还说，恩典不是根据功德而给的，但恩典也不混同于命运；奥古斯丁解释说，"上帝愿望所有人都得救"这句经文中的"所有人"，是指"所有那些将被救的人"，即被上帝预定了会得救的人。[65]

　　第 5 卷对应于朱利安的第 3 卷，讨论如下问题：若有婴儿失落，是由于罪；羞耻在我们始祖那里藉着罪而产生；罪也可以是以前所犯之罪的惩罚；贪欲总是恶的，即使在那些不顺从贪欲的人那里也是如此；真正的婚姻可以没有性交而存在；基督的"肉身"异于其他人的"罪身"等等。

　　第 6 卷对应于朱利安的第 4 卷，奥古斯丁用婴儿受洗、使徒们的教导、受洗仪式中的驱魔和吹气（exsufflation）程序来证明原罪的存在。还用橄榄种子和野橄榄为例，解释基督徒父母如何能生出未得重生的后代；在现在，罪虽然是来自遗传，看似被迫，但从发起来看，仍然具有高度的自觉性。

　　《反朱利安》写完后，论战平息了几年。在此期间，奥古斯丁写了《手册》，很平静地对佩拉纠主义作了反驳，对基督恩典作了阐述，这可视为他对这一主题的总结。426 年，奥古斯丁给哈德鲁墨通（Hadrumetum，位于 Byzacium 省的一个濒地中海城市，在今突尼斯）的修院院长瓦伦丁修书两封（《书信》214、215），指出恩典与自由意志都须得到维护，不要夸大一方否定另一方，要持守中道。他还为该修院的修士们写了一篇长文，这就是《论恩典与自由意志》。

　　但奥古斯丁后来得知，在这个修院里，仍有某位修士反对他的教导。这位修士的看法是，若恩典是上帝预定的，"就没有人应该由于不守上帝的诫命而受责备了；只能恳求上帝来守它们了"（《更正篇》2：67）。换言之，若是一切善事最终都是出于上帝的恩典，那么人就不应该因为没有做他不能够做到的事而受责备了，人就应该恳求上帝来为人做唯有上帝才能做的事了。

　　这促使奥古斯丁写下了《论谴责与恩典》，来解释恩典与人的行为的关系，尤其是要阐明上帝恩典的统治并不会取代人对他人的责任。作者说，上帝恩典的统治并不会取代人获得和持守恩典的努力。使徒保罗就是一例，他用一切的手段来进行工作，但

仍承认乃是"上帝使之成长"。有人对此提出异议，其中之一是
"若是我没做我本就没有得到恩典去做的事，就不是我的错"。
对此奥古斯丁的回答是，我们不情愿受谴责这种态度，本就值得
谴责；要是照着他们的反对意见，律法的禁令和福音的教导就是
无用的了；使徒的榜样就是对他们这种看法的一个反对；我们的
良心也证明，我们若是不坚持正道，就应该受谴责。由此奥古斯
丁讨论到了保守的恩典，以及上帝的拣选；他说，不能保守的人
是不能得救的，所有被预定了的或"按着旨意蒙召"的人（即
"有效的召唤"）都会保守，但同时我们在一切善行中都凭着自
己的自由意志与上帝同工，若是我们不与上帝同工，就会受到谴
责。接下来讨论亚当是否得到了保守的恩赐，以及给予他的恩典
（这恩典若是给了他，他就可能会保守）和现在给予上帝之子们
的恩典（使圣徒真正保守的恩典）之间的不同，他认为后者要
优于前者。上帝的仁慈是任何时代都需要的，我们都依赖于它；
在审判的那天，上帝若不是"带着仁慈"，我们是不能得救的。
谴责既是上帝表明他恩慈目的的手段之一，就不会与该种恩典的
统治矛盾；因为上帝当然也预定了达到目的的手段。我们是愚昧
无知的，不能知道我们的定罪是纠正的手段还是会导致更大的定
罪。我们怎可矢口否认它？愿它与过错的严重程度相应，我们也
永远要记得它的目的。不能否认它，免得弟兄们没有了康复的手
段，不服从上帝的命令。

　　过后不久，在 427 年，迦太基有一个名叫维达利（Vitalis）
的教徒受到起诉，说他宣扬信仰的开端不是上帝的恩赐，而是人
自己的自由意志的行为（这种观点在后世广为流传）。奥古斯丁
认为它隐含着佩拉纠主义的根本观点。他给维达利写了一封信
（信 217），指出他的观点是与教会不一致的，并重申了他在原
罪、婴儿受洗、恩典、审判等问题上的观点。

　　早在前几年，当《论婚姻与贪欲》第 2 卷于 421 年左右传

到意大利时，引起了朱利安的注意，写了八卷书《致弗罗尔》（To Florus）来进行反驳。427/428 年奥古斯丁得到了该八卷书的前五卷，看后立即进行反驳。

同一时期，有人告诉他，半佩拉纠主义正在南高卢盛行。其代表人物承认所有人都在亚当里失掉了，没有人能够凭着自己的自由意志康复，要得救的话都得要有上帝的恩典。但是，他们反对预先的和不可抗拒的恩典的教义；断言是人先转向上帝，由此才有拯救过程的；断言人是可以抵挡上帝的恩典的，并不存在不可抗拒的恩典；他们尤其否认恩典的赐予是与功德（实际的或可预见的）无关的。他们认为，奥古斯丁的预定论相当于宿命论，是与教父们的教导和教会教义相违的，它即使是真实的，也是不可传播的，因为它使人冷漠或绝望。

奥古斯丁写了两卷书作为回答，这就是《论圣徒的预定》，其中第 2 卷一般又称作《论保守的恩赐》。《论圣徒的预定》将信仰的起点也归功于上帝，因此圣徒的得救，从头到尾都是上帝恩典的结果。《论保守的恩赐》则表明，使信仰一以贯之的保守的恩典，乃是跟信仰的开端一样，都是上帝给的，凡是"按着旨意"蒙召的，都不会失去信仰。这两卷书是奥古斯丁将预定论和恩典论的逻辑贯彻到底的证明。

428 - 429 年写完这两卷书后，奥古斯丁开始续写驳朱利安的著作。奥古斯丁得到了朱利安《致弗罗尔》后面的 3 卷，并已驳完了第 6 卷。但这一次他没有驳完全部 8 卷，因为他又一次受到了打扰，而且是永远的打扰。430 年 8 月 28 日，在汪达尔人兵临希坡城的情境里，年迈的希坡主教溘然长逝，魂归天国。他未写完的著作，后世一般名之为《未完成的反朱利安的著作》。值得引起我们重视的是第 6 卷中，奥古斯丁反驳了朱利安对自由意志下的定义，即"犯罪和不犯罪的能力"（possibilitas peccandi et non peccandi），认为按照他这个定义，则上帝是不自由的，因为上帝的善的本性显然决定了上帝不能犯罪。

附录：佩拉纠的影响

418 年之后，佩拉纠其人就从历史上消逝了踪影。但他的思想并未与他的人一道消逝。继承其思想的不仅仅是科勒斯蒂和朱利安。从奥古斯丁《论圣徒的恩典》可见，"佩拉纠残余"很快就在南高卢出现。那里的隐修院的领导人想要在奥古斯丁救恩论与佩拉纠自由意志论之间走中间路线，将二者调和。这些人接受原罪和恩典的必要性，但断言，是人先转向上帝，然后上帝才帮助人的转向。恩典不是不可抵挡的，人对上帝的态度在这个过程中有其自身的作用。这场新思想运动的领导人是卡西安（John Cassian），他是克里索斯通的弟子，也是高卢隐修院的创建人；该派后来的首领是瑞金的浮士德（Faustus of Rhegium）。

431 年，罗马教皇科勒斯丁决定结束争论，采纳奥古斯丁主义。496 年教皇吉拉修（Gelasius）谴责浮士德的著作，将它们列入教会第一份禁书名单之中；525 年左右，教皇荷密斯达（Hormisdas）重新加以谴责。529 年 7 月 3 日，著名的第二次奥瑞治主教会议（the Second Synod of Orange）由凯撒利乌斯主持召开，得出了一系列温和条款，次年得到教皇波利菲斯的认可。这些条款维护了奥古斯丁主义，虽然较为温和，但仍具有鲜明的奥古斯丁特色；正式谴责了半佩拉纠主义，使其在整个西方教会得到了压制。不过，主教会议和教皇们只能颁布命令，而佩拉纠主义者的思想从来都没有绝迹过。

佩拉纠之后，被指责为坚持佩拉纠主义或半佩拉纠主义或神人协力主义（Synergism）的神学家有许多人，比如 5 世纪的卡西安、文森特（Vincent of Lerins）和浮士德，9 世纪的爱留根纳，12、13 世纪的亚历山大（Alexander of Hales）、阿伯拉尔（Peter Abelard）、司各特（Duns Scotus）甚至阿奎那，14 世纪的奥康，16 世纪的梅兰希顿（Melanchthon）、阿米尼（Arminius）、爱拉斯谟，18 世纪的卫斯理（John Wesley），20 世纪的德日进（Teihhard de Chardin）。佩拉纠主义被称作一种"英国病"，是教会要极力清除的。在教会思想史上，佩拉纠主义作为一种异端持续出现，其影响可能只有阿里乌主义才比得上。这也与我们前面所说的一致，即对于一神论来说，首先的问题是确定作为信仰对象的上帝的问题，其次的问题是确定这个上帝与人的关系问题。阿里乌主义和佩拉纠主义恰恰是在这两大问题上出了问题。

奥古斯丁留下诸多逻辑难题让后人争吵不休。后来坚持他思想的有普罗斯柏（Prosper of Aquitaine）、凯撒利（Caesarius of Arles）、波利菲斯（Boniface），以及著名的教皇大格里高利（Gregory）。中世纪最有名的奥古斯丁主义者是与托马斯阿奎那匹敌的波那文都。宗改时期，路德、加尔文都堪称奥古斯丁主义的传人，这一脉一直传到卡尔·巴特。

在后世，本性与恩典以及与此相关的理性与启示等问题也一再重新被提起，引发争论。其中，宗改期间爱拉斯谟和路德的论战比较著名，爱拉斯谟写有《论意志之自由》，路德写有《论意志之受缚》，双方都引用了奥古斯丁，但是观点大相径庭。在近代，自由主义神学兴起，形势对佩拉纠思想较为有利。20 世纪30 年代，新正统主义者卡尔·巴特和自由主义神学家布鲁纳亦爆发了关于启示与理性、恩典与本性关系的论战。只要既坚持有一个全能全善的上帝，又坚持伦理行为出自人自身的自由意志，这个问题就可说是一个永远令人困惑、没有终解、充满张力的问题。

注　释:

[1] Serge Lancel, *Saint Augustine*, p. 104。

[2] 这是指奥古斯丁当时接触到的非洲公教会只要求人一味盲目地服

从命令，却不对信仰加以理性的解释，这在他看来只是一种"稚气的迷信"。Robert J O'Connell, *Soundings in St. Augustine's Imagination* (New York: Fordham University Press, 1993), p. 198, p. 216。

［3］Peter King 将这个词译为 more resolute（更坚决、更坚强），见 Augustine, *Against the Academicians*; *The Teacher*, trans Peter King (Indiana: Hackett Publishing Company, Inc, 1995), pp. 147 - 149。从字面意思来看，factus erectior 是指"变得或被变得更直或更直立了"（having become or having being made more erect or more upright "。Erectior 是 erectus 的比较级，而后者有"站得高"（standing tall）的含义，是与自夸、骄傲连在一起的。但它亦可意味"直立向上"（upstanding），向往"高的"或"崇高"的理想。Courcelle 认为这个词意指"科学研究上的勇敢"（audacity in scientific research），即理智上的骄傲，指奥古斯丁抛弃了非洲公教那"稚气的迷信"，而采取了一种理性主义的"自由思考"的态度。但 O'Connell 认为 Courcelle 的这个解释成问题，因为 386 年当奥古斯丁写《论幸福生活》时，他显然是将自己从"稚气的迷信"里摆脱出来，"驱散那黑暗"当作一种进步来说的，而说这种摆脱是出于"骄傲"，则不合适。O'Connell 认为应理解为"更高直"，就是说，奥古斯丁从小就信基督教（从而"高直"），但一直没有理解，因为他所接触到的非洲公教只会叫人一味盲从，摩尼教许诺会使他得到理解（虽然是一种扭曲的理解，甚至最后得到的只是一堆荒谬的神话），而理解是一种比盲从盲信要高级的状态，所以说"更高直"。见 Robert J O'Connell, *Soundings in St. Augustine's Imagination*, p. 214。

［4］摩尼教一开头也是要信，但许诺最终会用理性达到对教义的完全的理解。这样，在年轻的奥古斯丁看来，摩尼教既有理性的魅力，又有基督之名（而西塞罗没有），满足了他对信仰和理性两方面的需要，因此他就入了摩尼教。Robert J O'Connell, *Soundings in St. Augustine's Imagination*, p. 216。

［5］此处指他见到浮士德并对摩尼教幻灭的事，见《忏悔录》5：7。

［6］指北斗七星，包括北极星在内。联系到上面的"惊涛骇浪"，就可知北极星的指向作用。奥古斯丁在这里可能是在模仿西塞罗《学园派》2：20：66 里的星喻。但在这里他用北极星指什么呢？新柏拉图主义？安布罗斯？或者下面所说的思考上帝和灵魂的抽象思维方式？

〔7〕指当时米兰主教安布罗斯。

〔8〕指使徒的权威。在《反学园派》2：2：5 奥古斯丁对比了使徒与柏罗丁的思想。

〔9〕此处威望（existimatio）亦可指"判断"或"意见"。这句话似是说他受到某位有威望的摩尼教徒的影响，不要贸然抛弃世俗享受。可参《忏悔录》6：11。

〔10〕塞壬（Sirens），希腊神话中的海妖，航海者听见其歌声必死。

〔11〕Augustine, *Against the Academicians*; *The Teacher*, pp. 147 – 149。《反学园派》2：2：5 奥古斯丁说，他在读了一些"充满思想"的书（libri quidam pleni，指柏罗丁的著作）之后，又读了保罗的书。亦见 Augustine, *Against the Academicians*, p. 34。

〔12〕《忏悔录》8：6（中译，147）。蓬提齐亚努看访奥古斯丁和阿利比时，奥古斯丁的桌上正摆着保罗书信。

〔13〕Serge Lancel, *Saint Augustine*, p. 102。

〔14〕John M. Rist, *Augustine：Ancient Thought Baptised*, 14 – 15。就任司铎造成的后果是，奥古斯丁将他关注的焦点从哲学转到了《圣经》上，开始其一系列的注经著作。

〔15〕这是笔者的命名。

〔16〕亦参 Eugene TeSelle, *Augustine the Theologian*, p. 237。

〔17〕在《忏悔录》7：20，他为自己是在皈依之前而非之后读了新柏拉图主义著作感到庆幸，在这里他明显地表达了对于新柏拉图主义的一种害怕，即它的单凭理性而非"信仰寻求理解"的方法，以及"以智者自居"的理性的傲慢，"可能会推翻我诚信的基础"。

〔18〕Rist, *Augustine：Ancient Thought Baptised*, pp. 16 – 18。

〔19〕Carol Harrison, *Augustine：Christian Truth and Fractured Humanity*（Oxford Uni. Press, 2000）, 84。

〔20〕Peter Brown, *Augustine of Hippo*, pp. 337 – 338。

〔21〕奥古斯丁之遇上西塞罗《荷尔顿西》，并被其中所宣扬的哲学家的沉思生活所强烈吸引，这被 Courcelle 称为奥古斯丁的"第一场皈依"。见 Robert J O'Connell, *Soundings in St. Augustine's Imagination*, p. 198。

〔22〕在奥古斯丁生活年表问题上，不同的研究者之间会有一些小的误

差。比如，奥古斯丁去迦太基的这一年，在 Peter Brown 那里是 371 年，见 Peter Brown, *Augustine of Hippo*, 16, "Chronological table A"。在 Henri Marrou 那里是 370 年秋，见 Henry Marrou, *Saint Augustine and His Influence through the Ages*, p. 21。M. T. Clark 与 Marrou 相同，见 M. T. Clark, *Augustine*, x。我们可以确知的是，奥古斯丁在《忏悔录》3：4 说他读到西塞罗《荷尔顿西》时，"那时我已 19 岁"，由于奥古斯丁生于 354 年 11 月 13 日，因此这个"19 岁"，按生日算起，当在 373 年 11 月至 374 年 11 月之间，所以，他在读西塞罗这本书不久之后皈依摩尼教的时间，既可以说是 373 年，也可以说是 374 年。在《忏悔录》4：1 又说："我从 19 岁到 28 岁，9 年之久"信从摩尼教，可见其放弃摩尼教当在 382/383 年之间。这种放弃可能是先发生在思想上，以后才在生活上表现出来。

[23]《忏悔录》4：1："我从 19 岁到 28 岁，9 年之久"信从摩尼教，可见若以 373 年为信摩尼教的开始，则其接受怀疑派思想、放弃摩尼教当在 382/383 年左右，383 年他正在罗马和米兰。

[24]《忏悔录》3：4。可见"基督"作为"不朽的智慧"的道路，是奥古斯丁从孩提起就有的潜意识，这可能是他母亲潜移默化及当时社会主流的宗教氛围的影响的结果。

[25] Garry Wills 认为奥古斯丁并非因为《圣经》文风不够典雅而弃之不顾，而是由于《圣经》尤其《旧约》中的耶和华在他看来太"专横"，没有"对话"精神（奥古斯丁早期著作大多是对话体）；《旧约》中的神话在他看来太"孩子气"。Garry Wills, *Saint Augustine*, p. 28。Teske 认为，当时在《圣经》尤其是《创世记》的理解上，奥古斯丁除了面临文风上的挑战外，还面临着解经学和义理上的困难，见 Roland J. Teske, "Genesis Accounts of Creation", in: *Augustine through the Ages*, p. 381。

[26]《信念的益处》1：2。摩尼教主张单凭理性即可破除一切迷信，不听从一切权威，但结果却坠入一大堆神话、星相学等谬论之中，使得奥古斯丁对理性和信仰的关系重新加以反思，而提出"你若不信，便不能理解"的新进路，主张理性要与权威结合，才能达至真理。因此，后来的"信仰寻求理解"的进路，实源于奥古斯丁对其早年迷误的反思。

[27]《忏悔录》3：7："我并不想到另一真正存在的真理，因此，人们向我提出：'罪恶来自何处？神是否限制在一个物质的躯体内，是否有

头发和手指？多妻的、杀人的、祭祀禽兽的人能否列为义人？'种种问题后，我如受到针刺一般急忙赞成那些狂妄骗子的见解"。

[28] 可参见 L. H. Hackstaff, introduction, in: *On Free Choice of the Will* (Indianapolis: Bobbs - Merrill Educational Publishing, 1964), ix - xxix.

[29]《忏悔录》3：7："那时我不知道天主是神体，没有长短粗细的肢体，没有体积，因为一有体积，局部必然小于整体；即使是无限的，但为空间所限制的一部分必然小于无限，便不能成为神体，如天主的无所不在，在在都是整个天主。至于我们本身凭什么而存在，为何圣经上称我们是'天主的肖像'，这一切都不知道。"后来他在米兰听安布罗斯的寓意解经法后，才知道："对于《创世记》上'人是依照你的肖像而创造的'一切的解释，并不教人相信或想像你具有人的肉体的形状"，"你（上帝）是高高在上而又不违咫尺，深奥莫测而又鉴临一切，你并无大小不等的肢体，你到处充盈却没有一处可以占有你的全体，你不具我们肉体的形状，但你依照你的肖像造了人，人却自顶至踵都受限于空间之中"（《忏悔录》6：3）。

[30]《忏悔录》4：8 很动情地回忆了他在迦太基时与摩尼教徒们的交往，摩尼教团体的友爱精神无疑在后来成为他建立基督教隐修团体的来源之一。

[31] 关于此点，见 Gerald Bonner, *St Augustine of Hippo: Life and Controversies*, p. 61。

[32] 见《忏悔录》5：3 - 7。如《忏悔录》5：3："我已经读了许多哲学家的著作，并已记在心头。我还把有些论点和摩尼教的冗长神话作了比较，我认为那些'多才多艺，能探索宇宙奥秘，却不识宇宙主宰'的人们所论列的比摩尼教可信。""我记取了他们（哲学家）观察受造物所得出的正确论点，我也领会他们推算时辰季节并用观测星辰相互印证的理论，拿来和摩尼教关于这一方面的大批痴人说梦般的论著比较后，看出教外（这里指摩尼教外面）哲学著作有关夏至冬至、春分秋分、日食月食以及类似现象所给我的知识，在摩尼教的著作中都无从找到。摩尼教只命令我们相信，可是这种信仰和有学术根据的推算，以及我所目睹的事实非但不符，而且截然相反。"5：7："但摩尼教的书籍，满纸是有关天象日月星辰的冗长神话，我希望的是浮士德能参照其他书籍所载根据推算而作出的论

证，为我作明确的解答，使我知道摩尼教书中的论点更可取，至少对事实能提出同样使人满意的解答；这时我已不相信他有此能耐。"

[33]《忏悔录》5：10："那时我还以为犯罪不是我们自己，而是不知道哪一个劣根性在我们身上犯罪，我即以置身于事外而自豪；因此，我做了坏事，不肯认罪，不肯求你治疗我犯罪的灵魂，我专爱推卸我的罪责，而归罪于不知道哪一个和我在一起而并非我的东西。其实这完全是我，我的狂妄把我分裂为二，使我与我相持，我既不承认自己是犯罪者，这罪更是无可救药了。"不过，须注意的，似乎当时的一般的星相学家也将人的犯罪归于别的力量，见《忏悔录》4：3："这些星士们都竭力抹杀你的告诫，对我说：'你的犯罪是出于天命，是不可避免的'，'是金星、或土星、火星所主的。'这不过为卸一团血肉、一个臭皮囊的罪责，而归罪于天地日月星辰的创造者与管理者"。由于摩尼教对于"光明"和"黑暗"二元力量的强调，摩尼教教义中大量涉及到星相，因此奥古斯丁的对星相学的兴趣也许与此有关。所以，当星相学被他看破后，摩尼教也就被他抛弃了。（当然，也许他的这个兴趣与摩尼教的关系并没有我们想像的那么紧密。）

[34]《忏悔录》7：2。这个论证是奥古斯丁的朋友内布利迪在迦太基时提出来的。

[35]《摩尼教的生活之道》2：19：68。参 Gerald Bonner, *St Augustine of Hippo: Life and Controversies*, p. 67。

[36]《忏悔录》5：10："但我对于这种错谬学说已不再希望深造；在我尚未找到更好的学说之前，我决定暂时保留，但已较为冷淡松弛了"。

[37] 奥古斯丁在罗马和米兰都得到过摩尼教徒的帮助和友谊，见《忏悔录》5：10："这时我在罗马依旧和那些骗人的伪'圣人'保持联系"，"我和他们（摩尼教徒）的交谊依旧超过其他不参加摩尼教的人"，以及5：13："这时米兰派人到罗马，请罗马市长委任一位雄辩术教授，并授予他公费旅行的权利。我通过那些沉醉于幻想的摩尼教徒谋这职务"。可能是摩尼教徒让奥古斯丁得到机会接受当时罗马市长辛马楚（Symmachus）的面试，奥古斯丁到米兰任教。不过辛马楚与摩尼教没有什么联系，这只是公事公办，摩尼教对教会也没有什么阴谋。奥古斯丁是凭着自己的雄辩术的实力获得职位的。见 Neil McLynn, Symmachus, in: *Augustine through the Ages*, pp. 820 – 821。

[38]《忏悔录》5：10："这时我心中已产生了另一种思想，认为当时所称'学园派'哲学家的识见要高于这些人（指摩尼教徒），他们（哲学家）主张对一切怀疑，人不可能认识真理。我以为他们的学说就是当时一般人所介绍的，其实我尚未捉摸到他们的真正思想。"

[39]《忏悔录》5：14。当时在感官世界和自然界的观点上（如天文现象），奥古斯丁认为异教哲学胜过摩尼教；但是，"如果我当时能想像出一种精神体，则我立即能驳斥摩尼教的凿空之说，把它从我心中抛出去；但我做不到。"此时奥古斯丁尚缺乏他后来在新柏拉图主义那里找到的抽象思维的方法，来彻底地克服摩尼教的"实体"思维。

[40]他仍坚持着摩尼教的两大条纲，即释经学方法（尽管他们无法反驳埃尔庇迪）以及物质主义的思维方式。前者已被安布罗斯的寓意解经法破除，但后者尚未被破除。这要等到他接触到新柏拉图主义之后。Gerald Bonner, *St Augustine of Hippo*: *Life and Controversies*, p. 73。

[41]《忏悔录》5：14。此时奥古斯丁在米兰听过安布罗斯的布道，对《圣经》尤其是《旧约》难解经文有了新的理解，主要是指不再像以前那样坚持字面解释，而采取寓意解经法。这种新方法使他觉得摩尼教对《旧约》的解释并不是无懈可击的。"但我并不因此而感觉到公教的道路是应该走的，因为即使公教有博学雄辩之士能详尽地、合理地解答难题，我认为并不因此而应该排斥摩尼教信徒，双方是旗鼓相当。总之，在我看来，公教虽不是战败者，但还不是胜利者。"

[42]《忏悔录》5：14。奥古斯丁是从383年在罗马时通过西塞罗著作接触到学园派思想，决定采取其态度则是384年在米兰时，因此到386年他皈依为止，他处在"怀疑"中大约有两年。Bonner认为，不应将怀疑主义作为奥古斯丁思想的一个阶段，因为它发生影响的时间较短，同时范围有限（他仍是相信基督的）。其意义主要在于它标志着他与摩尼教的决裂。见 Gerald Bonner, *St Augustine of Hippo*: *Life and Controversies*, p. 74。

[43]这个看法是 Courcelle 提出来的，但后来遭到 Theiler, O'Meara 等人的反驳，目前尚不能确定。见 Gerald Bonner, *St Augustine of Hippo*: *Life and Controversies*, p. 80。菲奥多后来又回到异教哲学去了。因此 Wills 以为奥古斯丁此处"满肚子傲气的人"是指他。参 Garry Wills, *Saint Augustine*, pp. 50 – 52。

［44］这也是为何在《上帝之城》12∶7不给出始祖堕落的有效因（efficient cause）。

［45］《论意志的自由选择》1∶6（写于388年）∶"你问我们作恶的原因，但先得弄明白什么是作恶。"

［46］Quinn认为这两次是新柏拉图主义的"上升"，是凭着理智自身艰苦的努力获得的，而"奥斯蒂亚异象"则是基督教的"上升"，是奥古斯丁受洗之后得到的，里面有上帝的sacramental graces，是上帝的赐予，母子二人只是被动地接受，因此没有费什么力气（连莫尼卡这样没什么文化的信徒也可以得到）。见John M. Quinn, *A Companion to the Confessions of St. Augustine*, pp. 506－507。Quinn对"奥斯蒂亚异象"的解释也许是正确的，因为奥古斯丁在奥斯蒂亚时期，早已受洗，并听过安布罗斯为准备受洗者所作的布道，因此对基督教的了解更深了一步，这自然会反映在他的"上升"上。但Quinn的看法，对前两次"上升"，尤其《忏悔录》7∶10，似乎不够公正，因为奥古斯丁在那里也提到了不是人与神合一，而是神与人合一，人是被动的。问题只在于如何从一个回忆者的话里剥离他当时和现在的思想。一个办法是考察奥古斯丁《忏悔录》之前著作里有无"上升"，看它们是否足够"基督教"。但相关的资料笔者尚未找到。关于这两次新柏拉图主义的"上升"与"奥斯蒂亚异象"之异，亦可参Serge Lancel, *Saint Augustine*, p. 86。

［47］这也是笔者用《论三位一体》来涵摄《忏悔录》的诸多理由中的一个。

［48］生活形态的不同决定了思想形态的不同，这么说好像还是有道理的。对比一下奥利金和奥古斯丁，就可以发现一个自由知识分子和一个主教发展出的神学是有很大差别的。可参见汉斯·昆，《基督教大思想家》（北京∶社科文献出版社，2001）。

［49］此处写作时间依据Augustine's Works（dates and explanations）, in∶ *Augustine through the Ages*, ⅩⅣ.

［50］《罗马书》9∶11－13，"双子还没有生下来，善恶还没有作出来，只因要显明神拣选人的旨意，不在乎人的行为，乃在乎召人的主。神就对利百加说∶'将来大的要服侍小的。'正如经上所记∶'雅各是我所爱的，以扫是我所恶的。'"雅各和以扫的事，见《创世记》25∶21－23。

[51]《罗马书》9：17-18，"因为经上有话向法老说：'我将你兴起来，特要在你身上彰显我的权能，并要使我的名传遍天下。如果看来，神要怜悯谁，就怜悯谁；要叫谁刚硬，就叫谁刚硬。"法老的事，见《出埃及记》9：16。

[52] Paula Fredriksen Landes, *Augustine on Romans*, pp. 31-32, p. 27,《〈罗马书〉章句评注〉》第55节，在那里奥古斯丁在解释为何有许多人蒙召，但只有少数人被拣选时，说，"除非上帝知道某人会相信并听从呼召，他是不会预定这人的"。因此这里是预知决定了预定。

[53] Paula Fredriksen Landes, *Augustine on Romans*, 同上, ix-xi。奥古斯丁正文见 pp. 33-37。

[54] 同上, xi。

[55] 同上, xii。

[56] To Simplician-On Various Questions, in: *Augustine: Early Writings*, pp. 389-390。奥古斯丁在1：2：11亦持同一观点。

[57] 奥古斯丁还在稍早于《更正篇》的《论圣徒的预定》5：8及《论保守的恩典》20：52提到了这封信，并指出在这封信里他的思想发生了重要变化。

[58] *Augusitne: Earlier Writings*, 370。

[59] Dennis R. Creswell 在其 *St. Augustine's Dilemma: Grace and Eternal Law in the Major Works of Augustine of Hippo*（Peter Lang Publishing, Inc., N. Y., 1997）一书中，指出奥古斯丁的恩典观有五个阶段，其中最重大的转变就在397年至辛普里西安的这封信里。人不是靠着自己的功德得救，而是靠着上帝的预定得救。上帝的预定不是因为上帝预知到有人会有善功，反而是上帝的预知依赖于他自己的预定。但是 Creswell 指出，在这封信里，奥古斯丁对于信仰的起端的问题，还是认为是由人掌握的。回答上帝的召唤与否，即信上帝与否，这个最初的决定，是人自己作出来的（见该书第3章）。笔者亦坚持这个观点，奥古斯丁在与佩拉纠派论战晚期（尤其是《论圣徒的预定》），自己说到了他以前在这个问题上是错误的，转而坚持认为这个起始行为也是上帝预定好了的。

[60] Joseph T. Lienhard, "Augustine on Grace: the Early Years", in: *Saint Augustine the Bishop: A Book of Essays.* ed. by Fannie LeMoine & Christo-

pher Kleinhenz, N. Y. : Garland Publishing, Inc. , 1994. pp. 189 – 191。

[61] 以下部分主要参照了 NPNF, Series One, Vol. 8, B. B. Warfield 所撰之导论，以及 B. R. Rees, *Pelagius*: *Life and Letters* (The Boydell Press, 1998)，第一章。

[62] 佩拉纠在罗马时，曾与保林（Paulinus of Nola）过从甚密，此时后者似乎越来越倾向于佩拉纠。

[63] 为什么奥古斯丁不在开始就直接批评佩拉纠本人呢？在 417 年写的《论佩拉纠决议》52 章，他说他早在 412 年就已将佩拉纠认作异端，他 413 年写给佩拉纠的信也深藏隐义，是要佩拉纠改邪归正（论佩拉纠决议 26：51）。显然佩拉纠没有读出他的隐义，还在迪奥斯坡利斯会议上引用，证明自己的观点得到了奥古斯丁的支持。另据奥古斯丁本人在 427 年写的《更正篇》里所说，他在《论惩罚与赦罪》里不提佩拉纠的名字是为了团结他，纠正他，使他不至于离真理更远，他在第 3 卷里充满赞赏地提到佩拉纠是因为考虑到了他的品行受人赞扬（《更正篇》2：33）。有的学者认为，他对待佩拉纠的犹豫不决的态度半是由于佩拉纠和他一样是反对摩尼教的，半是由于佩拉纠在罗马享有声誉，有许多支持者。Evans 则认为，真正的原因在于，佩拉纠在《论本性》里引用了教父们的著作，其中包括奥古斯丁本人早期反摩尼教的《论意志的自由选择》（388 – 395）中的句子，来证明他自己观点的正确。佩拉纠引用《论意志的自由选择》是因为赞成，但佩拉纠也意识到在奥古斯丁的原罪观里有摩尼教二元论的"恶"的味道，在奥古斯丁的预定论里则有摩尼教命定论的味道。Evans 的观点见 B. R. Rees, *Pelagius*: *Life and Letters*，第 1 章。Evans 这种看法可算"诛心之论"，实际上，从两人根本思想来看，他们的冲突是迟早要发生的。

[64] 该书已有中译，见《论灵魂及其起源》，石敏敏译，北京：中国社会科学出版社，2004。

[65] 应该说奥古斯丁对这句经文的解释是错的。这里"所有人"是指任何人，并非奥古斯丁所说的一小部分人。

第四章

奥古斯丁的基本思想

前　言：几种叙述的模式

由于奥古斯丁著作的繁富多样，思想的深刻多变，把握他的精神着实不易。所以有些学者说，如果有人向你夸口说他把奥古斯丁著作读完了，那是极不可信的。面对所谓的"奥古斯丁思想"，人们就像"盲人摸象"一样，往往是各执一端，而不得全貌。像白（Baius，1513－1589，冉森的先驱）这样夸口自己将奥古斯丁所有著作共读了9遍，有关恩典的著作则读了70遍的神学家，[1] 在一些天主教正统派看来，也仍旧没有"全面"而"平衡"地把握到奥古斯丁的精髓。他们认为，冉森在预定论上也误读了奥古斯丁。[2]

随着时间的流逝，奥古斯丁的研究资料越来越多，现当代尤其如此，以致情况就像伊斯多尔（Isidore）所说，没有人能放心地说他读完了关于奥古斯丁某一方面的研究资料。[3] 即使是"奥学家"（奥古斯丁专家），也难以对英法德等语种的研究资料了然于胸。[4]

西方古典研究的学术传统未曾中断过，二战后尤其欣欣向荣，学术积累非常深厚，确实像一句玩笑话所说："每一个小问题上都趴了三个学者"。笔者于2000年10月参加AAR（美国宗教学会）在田纳西州纳什维尔的大会（计有近一万人参加），三天的会议期间，"奥古斯丁研究"的分会就一直未断，会场主题已细到类似"奥古斯丁早期与摩尼教的关系"这样的程度，具体论文所探讨的问题当然只能更细致。这一方面令人对美国人尤其初出茅庐的学者的学术热情和专业训练印象深刻，另一方面也对学科分工的"极细化"感到畏惧。虽然说局部做细了才有整体的清晰，但过分的细化也可能使人只顾着自己的二亩地，"只见树木不见森林"。如何在微观研究和宏观研究之间保持良好的平衡，看来是个值得注意的问题。

就奥古斯丁研究来说，各国学者各有长短。法意学者多重小学训诂，于微言处见大义；德国学者材料分类一丝不苟，善于把握结构；英美学者擅长义理分析，将语言分析学派的功夫贯彻到底。[5] 从学者个人来说，随着分工的细化，综合性的大师日见稀少，新型大师多只是在奥古斯丁某部著作或某一方面有所创见者，如科舍勒（Courcelle）这样的优秀学者就主要是在《忏悔录》的研究方面，布朗（Peter Brown）主要是在奥古斯丁的生平史实方面出类拔萃。这是学术分工的趋势使然，因为要有清晰而确实的答案，就得把学问做细，一个学者毕其一生，能把一两个问题搞清楚，就已了不起，成为"小范围的权威"。而以往综合性的大师，到今天可能只是将各个局部大师的成绩"串讲"起来而已，可能已没有原创性，而只是起到了一个"总结"的作用。但光是这个"总结"，就是一项浩大的工程，因为要了解各个局部最新的进展情况，本身就要花费巨大的时间和精力。[6]

在这种情况下，没有人敢自诩把握住了奥古斯丁的思想整体。一般的情况下，学者们是从奥古斯丁的"主要"著作入手，把握他的"基本"思想。而一般所认为的"主要"著作，大致包括产生过较大影响的著作，如《忏悔录》、《论三位一体》、《上帝之城》、《〈创世记〉字解》、《基督教教导》、《教义手册》及各部反异端著作，当代则越来越扩及布道和书信，尤其是近年来新发现的。

　　奥古斯丁被誉为"第一个现代人"，今天的读者在读他的著作时仍能体会到其异乎寻常的心灵深度，感受到一个前后连贯的思想体系。他关于上帝与人关系的思想塑造了西方文明，虽然他对于自然所述甚少，他对物质世界秩序及此秩序的合理性的态度，却亦有助于西方自然科学的发展。[7]

　　关于奥古斯丁神哲学的综论浩如烟海，各个作者有各个作者的写法。总的来说，有如下几种模式：

　　（1）有的是按奥古斯丁本人思想进展的过程加以叙述，如早期哲学对话录、反摩尼教时期、反多纳特派时期、反佩拉纠派时期。[8]

　　（2）有的是按神学、哲学分支分类叙述。从哲学角度叙述的，一般是按信仰与理性、知识论、自然论、伦理学及政治理论这样的顺序进行；[9] 从神学角度叙述的，则是按上帝论、创世论、基督论、恩典论、教会论、圣事论、道德神学、末世论等今日"系统神学"的顺序进行。[10]

　　（3）有的是按照一个主题或问题，通过所涉及范畴的逐步扩张来安排叙述其整个神学，如将"幸福"这样的范畴作为主线，[11]或以"意志"作为主线，[12]或从"政治哲学"、"政治神学"、"历史神学"[13]的角度着眼，从奥古斯丁整个思想系统来考察奥古斯丁某一方面的看法。这种做法有时可能会变成"专题研究"，只是规模上要比后者大。

　　（4）专题研究，用一本书或一篇论文，就研究中的某一个问题作出较系统的考察。绝大多数文献都属于这一类。

　　这几种写法不是相互排斥的，一般是交叉在一起的。比如，在按时间进程安排叙述的写法中，作者一般会根据奥古斯丁不同时期关注问题重点的转移而涉及不同的主题或问题。[14]

　　在这种情况下，要写出一部中文的奥古斯丁思想概要（包括今天所谓的"神学"与"哲学"两方面的因素），殊为难事。
一方面既要尽量地参考和吸收西方学者已有的成果，一方面又不
能照抄照搬，要有自己的特色，包括自己关注的问题和角度，任
务不可谓不重。[15]本书在前面已按年代顺序介绍过奥古斯丁的生
平活动和思想进展情况，现在就来对他的"基本"思想作一种
"专题综合式"的介绍。所谓"基本"，是相对于其他思想家
（如柏拉图和别的教父）而言的"特色"。奥古斯丁思想的"特
色"，就在于其"内在恩典论"，这使他与早期教父有异，另外
开辟了一个传统。所谓"专题综合式"，是指尽量参考该专题领
域近年来的研究成果，而加以辨析和综合，试图有作者自己的看
法。由于在奥古斯丁本人那里，真正的哲学也就是真正的神学，
对哲学与神学并不作中世纪那样的区分，对自然理性之光与基督
之光也不作区分，因此，在行文中，也不强行区分神学与哲学，
而统称为"基督教思想"或"神哲学"。[16]在叙述的模式上，考
虑本书前面三章已按照年代顺序对奥古斯丁的思想作了初步的叙
述，因此，本章侧重于从"主题"着眼，考察其在某一个论域
的主要思想。

　　尽管奥古斯丁就信仰、理性、权威、知识（包括感知、自
我认识和自身意识）、道德、时间、幸福、宇宙秩序等各大主题
都有过论述，但哪怕是从他最早的《反学园派》起，他都是将
这些探索放在基督教思想的框架里的，因此，他之讨论知识，就
跟现代"认识论"和当代"知识论"不同，[17]不是单纯就知识
而知识，而是将知识与伦理、信仰连为一体，从一个宗教思想的
框架来谈。

　　限于篇幅，也由于作者在别处探讨过奥古斯丁的存在论
（ontology，是论）、认识论、信仰与理性关系、时间说等"哲
学"成分较浓的部分，[18]本书侧重于奥古斯丁的"恩典"论，
由"恩典"而旁及"原罪"和"预定"。"原罪"则涉及"堕

落"，而为何堕落则又会扩展到"创造"中的"存在"（是）与"虚无"（不是）。"预定"则会涉及基督论以及决定论和自由意志论的关系问题。由于在同一个尘世，"上帝之城"和"世俗之城"是交织在一起的，因此，圣与凡、"教会"和"国家"，以及国与国之间的关系问题，就成为关注的重点。"基督教神学"最后的落脚点，还是在于"基督教人学"。

可以说，这是一种神学史与哲学史交织的叙述方式。

第一节　上帝论

一　三位一体

关于奥古斯丁的上帝论，近代以来存在很大的争议。有人认为奥古斯丁是一个"上帝中心论"者，是以上帝（三位一体）而不是基督为中心的；有人认为奥古斯丁是一个"基督中心论"者，是以基督为主，三位一体为从的。[19]在认为奥古斯丁是三位一体中心论者的学者当中，也出现了两种不同的认识。一派认为奥古斯丁改变了在他之前的教父传统，是"由一而三"，先强调上帝的"一体"，再在此基础上谈论"三位"，而这带来了许多问题，一个主要的弊端就是使得基督教的上帝成了"柏拉图——柏罗丁——黑格尔"式的"太一"，即"哲学家的上帝"；一派则认为奥古斯丁继承了教父传统，他仍旧是"由三而一"，但他在承认圣父、圣子、圣灵三个独立的位格的基础上，强调他们的"合一"，从而较好地解决了三一论当中的许多问题。[20]近年来，一些学者反思近代以来对于奥古斯丁上帝观的理解，取得了不少新的成果。[21]

其实，奥古斯丁的"上帝"论和"基督"论，虽然其中会有不少后现代主义思想家感兴趣的"裂缝"，[22]却仍然是一个不可分割的整体。"上帝"抑或"基督"，这不是一个非此即彼的问题，而是一个看问题视角的问题。在奥古斯丁那里，不管上帝是指什么（圣父、三位一体整体），[23] 谈"上帝"必然离不开"基督"，反之亦然。具体来说，要理解"基督"，就得将之放在"三位一体"的背景里；而要理解"三位一体"，就必须藉由基督所启示的东西，来深入理解"上帝"内部发生的事情。不可剥离奥古斯丁丰富的思想内涵和神学处境，来抽象地谈论一个抽象的上帝。

奥古斯丁的上帝论，首先承认有圣父、圣子、圣灵三个不同的位格，他们是有分别的，不可混淆和等同。圣父是上帝，圣子是上帝，圣灵也是上帝。从他们内部永恒的关系来说，圣子是由圣父"生"出来的，圣灵则是从父和子[24]"发"出来的，因此他们之间存在着"生"和"受生"、"发"和"被发"的关系。[25] 就圣子（基督）来说，作为上帝"本体的真像"，作为"从光出来的光"，作为圣父的"独生子"，他完完全全地享有圣父那样的至真至善至美之"存在"（ousia，"是"），丝毫不爽。圣灵也是如此。同时，根据《圣经》的说法，从三个位格与人类的交往过程来看，他们之间也是有区别的。圣父耶和华主创造，圣子基督主救赎，圣灵则在基督耶稣之后被"差遣"到世上来工作，他们虽然协作，但似乎存在着分工的不同。这成为信徒识别三位格的标志特征。奥古斯丁所理解的教会传统的说法是：

> 据我所知，大公教会中新旧两约的注释者（他们在我们之前讨论过三位一体），都按照《圣经》教导说，在一个实体的不可分离的平等中展现了一种统一，因此没有三个神而只有一个神；尽管事实上父生了子，因此父不是子；子是由父所生，因此子不是父；而圣灵既不是父也不是子，而只

是父和子的灵，他本身是与父和子同等的，属于三位的合一体。

　　然而并非三位（他们接着教导说）而只是子一位由童贞女马利亚所生，在本丢彼拉多手下被钉在十字架上，葬了，第三天复活，升天。也并非三位而只是圣灵一位像鸽子在耶稣受洗时降在他身上，而且在主升天之后五旬节那天，当"从天上有响声下来，好像一阵大风吹过"（徒2：2）的时候，"如火焰的舌头，分开落在他们各人头上"（徒2：3）。也不是三位而只是父一位，当子受约翰的洗，又当三个门徒同他在山上，从天上说"你是我的儿子"（可1：11），并且说"我已经荣耀了我的名，还要再荣耀"（约12：28）。虽然如此，父、子、灵既是分不开的，他们的工作也就是不能分开的了。这也是我的信仰，因为这是大公教会的信仰。（《论三位一体》1：7）

　　其次，虽然圣父、圣子、圣灵三个位格都是上帝，但并不存在三个上帝，而只有一个上帝。对此，人们会自然而然地发问：这怎么可能呢？这岂不是在说三等于一吗？确实，这是基督教上帝观所面临的最大难点。虽然奥古斯丁对自己的回答不是很有信心，认为人凭着受造的理性无法理解上帝的奥秘，而只能凭着信仰去接受上帝是三位一体这个事实，他的回答却仍可试为一种尝试。依据他的三一论，可知回答大致如下：

　　所谓"三位一体"之"体"，实为"是"（essentia，存在），来源于动词"是"（存在，esse）。由于圣父是至真至善至美的"是"，他将这一完满的"是"又赋予了圣子和圣灵，而导致他们三位共享一个完满的"是"。这个"是"的方式是"永恒"：圣父、圣子、圣灵是共永恒的，他们是没有任何生灭变化的，因此三位格内部所谓的"生""发"不能理解为是有时间先后间隔的（《论三位一体》15∶45）。同时，既然他们的共同的"是"
的方式是"永恒"，则在他们之中没有任何偶性的变化（比如，
不能说上帝一会儿有智慧，一会儿又没有智慧；或有时聪明些，
有时迟钝些），因此关于上帝的一切言说，除了三位格的关系范
畴外，都是指上帝的永恒性质的。在上帝那里，"是"（存在）
即"是什么"，也就是说，to be 等于 to be wise, to be just, to be
eternal，等等。这样，圣父、圣子、圣灵就享有完全同样的 to be
和 to be wise, to be just, to be eternal，等等。[26] 还有，在上帝那
里，不能说他有智慧却没有正义，或有正义却没有圣洁，因为上
帝的 to be wise 等于上帝的 to be just，等等，此即上帝的"单一
性"（Simplicity）。[27] 倘若我们不是像后世那样将 ousia/essentia
看作所谓的"实体"或"本质"（substance/essence），即看作一
个"东西"，而是看作一个 to be/esse，看作一个动词，则奥古斯
丁所说的上帝是一个保持着其单一性的"是"（存在，essentia），
还是比较好理解的。如果我们将上帝看作一个"实体"或"本
质"，就真有可能认为在圣父、圣子、圣灵这三个位格之外，还
有一个单独的"上帝"（第四上帝）了。尽管如果读者不是很注
意，奥古斯丁的某些行文可能会让他们发生误解，以为在父、
子、灵另有一个单独的"三位一体"或"上帝"，但其实奥古斯
丁是坚决反对这种看法的。[28]

　　此外，笔者揣测，可能奥古斯丁认为，从作为受造物的人
（信徒）的角度来看，启示史启示了父、子、灵的不同，但也启
示了他们有着同样的智慧、能力、意志，其对人的行动（如创
造、救赎）是统一的，因此人可以将之视为一个上帝来看待。
如若以人与人之间的关系作为对比系，则圣父、圣子、圣灵这三
个永恒的灵性位格间的密切关系，实在可以说是"密不可分"
的。虽然人类之中的朋友、知己关系已很密切，已"不分彼
此"，"朋友"也在拉丁文中被称为"他我"（alter ego），但由

于人有身体，灵魂（主要是感情）也有变迁，因此是不可能真正做到"亲密无己"的，但在属灵的神圣三位格那里，无疑是可以因着"爱"而成为"一个"上帝的。所以，奥古斯丁特别强调圣灵作为"爱"本身在联结圣父和圣子，从而使三位成为"一体"中的作用。[29]

二　上帝是永远的"正在是"，上帝之中无偶性

如上所说，在奥古斯丁那里，"三位一体"的准确含义，应当是"三位一是"（treis hypostaseis, mia ousia）。[30]鉴于"是"在希腊哲学乃至整个西方形而上学中占有关键地位，奥古斯丁对于"是"的理解值得我们进一步研究。奥古斯丁的"是"的概念，虽然可能受到过新柏拉图主义的影响，[31]其主要依据，却是拉丁译本《出埃及记》3：14上帝说自己"我是我所是"（Ego sum qui sum）。奥古斯丁抓住上帝唯一表明自己身份的这句话，发展了其"是论"（ontology）。他引用这句话计有50多次。[32]他所强调的，乃是上帝是"是"本身（由于拉丁文的"是"既表系词"是"，又表动词"存在"，因此说上帝是"是"本身，即说上帝是真理本身，亦是存在本身）：

> 上帝是是，正如诸善之善是善（Est enim est, sicut bonorum bonum, bonum est）。　（《〈诗篇〉阐释》134：4）。[33]

他用essentia来对译希腊语的ousia，并指出essentia的动词就是esse（正如being来自于to be）。[34]

至少，无疑的是，上帝乃是实体，或用一个更好的词说是essentia；无论如何正是希腊人称作ousia的东西。正如我

们从'有智慧'得到'智慧'，从'知道'得到'知识'，我们也从'esse'得到'essentia'。（《论三位一体》5：3，原文为：Est tamen sine dubitatione substantia, vel, si melius hoc appellatur, essentia, quam Graeci οὐσία vocant. Sicut enim ab eo quod est sapere dicta est sapientia, et ab eo quod est scire dicta est scientia, ita ab eo quod est esse dicta est essentia.）

在继承前人的"是"观的同时，奥古斯丁亦着重强调"是"的"永恒"性。[35]拉丁文的"我是我所是"用的既非过去时态，亦非将来时态，而是现在时态，这让奥古斯丁认为，这是上帝在暗示他是永恒的现在和"今天"。他甚至说，上帝的永恒就是上帝的实质：

　　在它（上帝）之中没有什么过去之物，仿佛它不再是似的；没有什么将来之物，仿佛它还未是似的。在它之中除了"正是"，没有别的；在它之中没有"曾是"和"将是"，因为曾是之物不再正是，将是之物仍未正是，但在它之中不管有什么正是，都只是"正是"（sed quidquid ibi est, nonnisi est）。（《〈诗篇〉阐释》101，原文为：ibi nihil est praeteritum, quasi iam non sit; nihil est futurum, quasi nondum sit. Non est ibi nisi：Est; non est ibi：Fuit et erit; quia et quod fuit, iam non est; et quod erit, nondum est：sed quidquid ibi est, nonnisi est.）[36]

上帝既然没有"曾是"和"将是"，则他必然没有"变化"，因此，"不变"就成了上帝的一个本质属性。在上帝之中是没有出现过又消失了的"偶性"的。上帝和受造物的不同，在于受造物有其产生、发展、消亡的过程，受造物的偶性与受造物也是可分离的（比如，乌鸦的羽毛跟乌鸦是连在一起的，但它是有产生变化的，也可以消失；人的头发年轻时是黑的，年老后会变白，等等，见《论三位一体》5：5）。而在上帝之中既没有性质的变化（如一时产生有智慧，一时无智慧），也没有程度的变化（如有时更聪明些，有时更迟钝些）。[37]

上帝虽然没有方生方死的"偶性"，但却有其不变的属性。上帝的属性很多，如智慧、仁爱、独一、伟大、全能、良善、正义、有形无形万物的创造主等（7：12）。

上帝的这些属性是绝对不变的，跟这些属性在人身上只是相对的、可分离的不同。在人身上，我们可以说，一个人是勇敢的，但他不见得智慧；一个人很节制，但他不见得明智。但在上帝那里，所有这些属性都是不可分离的，实际上很难分出哪里是智慧，哪里是勇敢。因此，我们只能说，上帝的存在、智慧、正义是一回事，不能将之分离开来。上帝的 to be 也就是 to be wise, to be just, to be true, 等等：

> 在人的精神里，存在并不等于强壮、明智、公义或节制；因为精神能够存在而不同时具备这些美德。但在上帝那里，存在同时也就是强壮、公义、明智，或用来指称他的实体的单纯的多或杂多的一的别的东西。（《论三位一体》6：6）

> 假如我们说，"永恒、不死、不坏、不变、生存、智慧、有力、美丽、公义、良善、幸福、灵"，似乎只有最后一个才指实体，而其余的都指这实体的性质；实际上在那不可言传、全然单纯的本性里并非如此。看似性质谓词的东西不管是什么，实际上都要看成在指实体或存在。在实体上称神为灵又在性质上称他为善，这是不可设想的；这两个称法

都是实体上的。(《论三位一体》15：8)

这就是上帝的所谓"单纯性"。由于存在着人与神之间的这种不同，奥古斯丁将上帝称为"真是"（vere esee）、"恰是"（proprie esse）、"源是"（primitus esse）、"纯是"（simpliciter esse）、"至是"（summe esse），这都无非是表示上帝是永恒、单一不杂、没有时间变迁、作为万物之源的自立的是。可以说，在上帝那里，"是"、真、善、美、智慧、正义是完全统一的。在受造物那里，虽然这些属性都是分离的，但我们仍然可以说，一个受造物分有越多的"是"（存在），便分有越多的"真"、"善"、"美"，便在"存在大链条"上占据着更高的地位。

所谓"存在大链条"，是奥古斯丁根据其所受新柏拉图主义的影响，而对世界作出.的等级划分。比如，上帝是永恒、无罪、理性、活泼、美的；天使缺了"永恒"一项（因为他们是受造的，有一个开始）；人类缺了"永恒"和"无罪"两项；动物更加少了"理性"；到了一般的事物，比如光，就只剩下"美"了。[38]但无论一件受造物在"大链条"上地位多么卑下，它都仍然是有存在的，因此就仍是美的、善的，就是有价值的，即使它腐败、有病、犯罪也好。

但我们要注意一点，就是奥古斯丁虽然认为从上帝（绝对存在）到虚无（绝对不存在）有一个逐渐过渡，但他并不像新柏拉图主义者那样认为上帝与受造物是一个连续体（"流溢"），而是认为上帝与受造物截然不同，上帝是创造者，而受造物是被造者，相较于上帝的绝对存在来说，受造物（包括人）虽非绝对虚无，却也仍然是一种"虚无"。因为它们乃是"时间中的存在者"。

在谈到圣父凭借基督创造万有时，奥古斯丁甚至采取上帝圣子的角度，对上帝观看万有的受造与发生的情状加以揣测——在上帝的智慧那里，不仅有万物之相，还有万物将来实现后的变迁、发生的事件：

> 在（圣言，智慧或圣子）那里，过去和将来都是现在，仿佛是静止的。（《论三位一体》4：23）

> 上帝得以知道万事万物的这个智慧，怎么能够是这样的，将来之事不必像还未发生似的那样等待，而是与过去之事、现在之事一道当下并存；且事物不是一个挨一个地想及，不是从一个念头转到另一个念头，而是万有均在灵光一瞥中领悟；哦，谁人能明了这种智慧？这智慧同时即明智、同时即知识，既然我们甚至连自己的都不明白……我们可以设想，凭着如此虚弱不堪的心智能力，我们可领会神的先见是如何与他的记忆、他的理解力相同，以及他如何不通过一个挨一个地想事物而观察事物，而是在永恒、不变、难以言喻的一瞥里拥抱万有的吗？（《论三位一体》15：13）

甚至设想圣子对他自己将来言成肉身这件事的了解：

> 尽管如下说法是真实的：在太初与神同在且就是神的圣言里，就是在神的智慧里，早已经无时间性地有了智慧于其中将现为肉身的时间。所以尽管在"太初有言，言就是上帝"的太初没有任何时间和开端，在圣言里却无时间性地有了言成肉身且住在我们中间的时间（约1：1，2，14）。"及至时间丰盈（和合本译为"时候满足"），上帝就差遣他的儿子为妇人所生"，就是说，生在时间里，好叫那成肉身的言向人显现出来；而成就这

事的时间早已无时间性地定在圣言之内了。所有的时间系列都已无时间性地包含在上帝永恒的智慧里了。(《论三位一体》2：9)

这无疑是在化解永恒与时间之间的矛盾，因为我们无法理解，时间性怎么就"无时间性地"在永恒的智慧里了。这个问题，对永恒与时间关系如何理解的问题，直到今天仍是一个大难题。[39]我们这里不触及这个问题。

第二节　创造论

一　上帝一举而创造万物，将"是"赋予它们

在《上帝之城》12：2，奥古斯丁谈到了上帝创造万物，将"是"赋予它们：

既然上帝是至高无上的是（essentia），就是说，既然他至高无上地是，从而是不可变更的，那么，他就将"是"（esse）赋予了他从无中创造出来的所有东西，只不过它们不是绝对的是者。某些东西他给了多一些的是，某些东西则给得少些，从而以等级的方式安排了一种是者本性的秩序。（"essentia"这个名词，出自动词"esse"，正如"智慧"出自动词"是智慧的"。在拉丁语里，essentia 是一个新词，这个词古人还没有用过，近来却被选用为希腊词 ousia 的一个对等的词，essentia 乃是 ousia 的确切的对译。）因此，除了不是（译者：指虚无，绝对的不是）外，没有本性能对反于至高无上的、创造了拥有是的一切（除他自己之外的）别的本性的那一本性。换言之，没有什么是的东西站在自是

者的对立面。所以，没有是者与上帝反对，后者乃是至高无上的是者，他是全部是者的来源（原文：Cum enim Deus summa essentia sit, hoc est summe sit, et ideo immutabilis sit: rebus, quas ex nihilo creavit, esse dedit, sed non summe esse, sicut est ipse; et aliis dedit esse amplius, aliis minus, atque ita naturas essentiarum gradibus ordinavit（sicut enim ab eo, quod est sapere, vocatur sapientia, sic ab eo, quod est esse, vocatur essentia, novo quidem nomine, quo usi veteres non sunt latini sermonis auctores, sed iam nostris temporibus usitato, ne deesset etiam linguae nostrae, quod Graeci appellant οὐσίαν; hoc enim verbum e verbo expressum est, ut diceretur essentia）; ac per hoc ei naturae, quae summe est, qua faciente sunt quaecumque sunt, contraria natura non est, nisi quae non est. Ei quippe, quod est, non esse contrarium est. Et propterea Deo, id est summae essentiae et auctori omnium qualiumcumque essentiarum, essentia nulla contraria est.）。

上帝作为真是（vere esse），从"无"（"不是"）中创造万物，将"是"赋予万物，使它们成为是者。这些是者各自得到的"是"有多有寡，从而形成了"是者"的等级秩序。

创造是圣父、圣子、圣灵合作进行的。其中尤为重要的是圣父和圣子的合作。圣子作为圣父的"圣言"或"逻各斯"，代表了创造中理性和秩序的一面。创造世界是神圣三位格的行动。父藉着子创造世界："智慧本身（圣子）虽是不变，却非高高在上，远离是者，而是居于变动不居的是者之中，因为无物不是由它所造"（《论三位一体》3：15）。

三一上帝先是造了万物之"相"，万物之"相"在圣言（圣子，又称智慧）中也与圣言、上帝一样是永恒的、没有时间变化的：

> 因为上帝的圣言只有一，万物都是藉着他造的，在他之中万物都是原始地、不变地共是，这里"万物"不只是现在的这整个受造界，还包括曾是的和将是的一切；但在真理（圣子）之中，它们是不存在"曾是"或"将是"的问题的，在那里它们只是"现是"；在那里万物都是生命，一切为一，或不如说，在那里只有一个"一"和一个生命。（《论三位一体》4：3，原文：Quia igitur unum est Verbum Dei, per quod facta sunt omnia, quod est incommutabilis veritas ubi principaliter atque incommutabiliter sunt omnia simul, non solum quae nunc sunt in hac universa creatura, verum etiam quae fuerunt et quae futura sunt. Ibi autem nec fuerunt nec futura sunt sed tantummodo sunt; et omnia vita sunt et omnia unum sunt et magis unum est et una est vita.）

上帝是从"虚无"中造出万物的。"虚无"意味着绝对的"无"或"不是"，连柏拉图主义意义上的原始物质也没有。因此，物质和形式（相）都是从虚无中创造出来的。但是，在关于"相"的思想上，奥古斯丁早期和晚期的看法似乎有些不同。在较早时候，他说"相"不是形成的，它们自身是永恒不变的，"它们就包藏在神圣的理智里"或"神圣心灵里"，它们是与上帝共永恒的。[40]它们是时空之中万物的原型。可变的人心正是因为能够认识到永恒不变的"相"，而领悟到自己与物体不同，是可以持存的，并认识到在它之上尚有一个永恒世界，其源泉即上帝。但是说相就在上帝心中，而人可以认识到上帝心中的相，这似乎是说人可以进入上帝心中了。同时，说相是"永恒"的，这个"永恒"也似乎应该修正，是指"受造的永恒"，而不是像上帝本身那样的"永恒"：一经受造，即可持久不灭。

　　为什么要涉及到"相"，而不直接按照《创世记》前三章，说上帝六天创造了世界万物呢？这涉及到奥古斯丁对《创世记》的诠释。

　　奥古斯丁一生中至少有五次想对《创世记》加以系统解释。第一次是《论〈创世记〉，反摩尼教》，写于 388 年至 390 年之间，在他从意大利回到非洲后以及被强选为司铎前。第二次是《未完成的〈创世记〉字解》，约写于 393 年，奥古斯丁想写完创世六日，但力不从心，没有写完。到了晚年写《更正篇》时才加上两段，算是终篇。第三次是 397 年至 401 年之间的《忏悔录》的最后 3 卷（11－13 卷），谈到了创世六日，还加上了安息日。第四次是 12 卷本的大作《〈创世记〉字解》，写于 401－416 年。[41]第五次是《上帝之城》第 11 卷，约写于 417/418 年。在那里他谈到了创造与堕落的故事，这形成了上帝之城与尘世之城历史的开端。此外，在 419 至 421 年之间，他为反驳一位将世界的受造归之于恶魔的无名异端而再次解释《创世记》。[42]

　　《〈创世记〉字解》可以说代表了奥古斯丁对《创世记》前三章的成熟看法。所谓"字面解释"（literal meaning）并非说，圣经作者在对世界作一个事实上的解说，而是说，对经文的评论，"不按其寓意，而按事件的适当意义"。[43]奥古斯丁认为，《创世记》不是《雅歌》那样的文学作品，而是《列王记》那样的历史作品，因此不能像解释前者那样用形象法，而要像后者那样用历史的方法，因此他比较注重"文字的"意义而不用比喻性的寓意解经法来解释《创世记》前三章。但他的这种解释方法也与当代的所谓"字面释经"不同。因为在理解经文作者原意上，他更注重单个的字词而非句段，将前者而非后者视为意义的基本单位。他还认为，不能将任何荒谬的和无价值的东西加到上帝头上。这样，他就将创世第一日的"光"理解为太初属灵的创造，是圣言造的。而《德训篇》18：1所说的"永生的上帝，一举而创造了万物"，在他看来就是指上帝在一瞬创造了万有。奥古斯丁虽然意识到了《创世记》1：1－2：4a和2：4b－3：24之间的差异，但他仍旧认为整部《圣经》出于同一个上帝之手，它们相互之间是完全一致的。由于这个原因，他面对的释经困难要远远大于今天的释经学者。因为今天的释经学者将《创世记》1－3分为祭司说和雅赫威说，认为它们出于两个不同的作者，从而不排除这两个不同的叙述之间有差异甚至矛盾。而奥古斯丁则要将这两个不同的叙述"说通"、"说圆"。上帝怎么能在六天之内创造万有，包括第六天造男造女，然后用尘土造男人，用男人的肋骨造女人呢？他的观点是，所谓上帝于一瞬造出了万有，是指上帝在六天里创造出了万事万物的不可见的原理，而它们的具体实现，则要在时间过程中以可见的形式表达出来。所以，亚当虽然在第六天便已受造，但那是指其原理的不可见的受造，其身体的形成则是这原理在时间中的具体实现。

　　《创世记》指世界是受造的。人与宇宙的存在均有赖于上帝的意志和善。所以奥古斯丁所谓"字解"，是说《创世记》告诉我们的是事情原本如何，而不是用一套高深的语言来讨论世界与灵魂的永恒。柏拉图在《蒂迈欧篇》中已将创造主喻为工匠，但工匠仍有待于先已存在的原始物质。在公元2世纪时便已有基督教神学家认为，创造主也创造了物质（质料），世界是"从虚无中"创造出来的。奥古斯丁从波菲利那里得到启发，波菲利在阐述《蒂迈欧篇》时说，尽管质料在存在秩序上先于创造主赋予它的形式，但在时间之中从来没有缺乏形式的质料。奥古斯丁利用并改造了这一思想，使之符合最严格的一神论。在奥古斯丁看来，世界是"从虚无中"创造出来的，这意味着世界的两大构成成分——质料和形式——都是上帝从虚无中创造出来的，都是上帝的作品。那么如何解释在时间中出现的一些新现象、新物种呢？奥古斯丁认为，上帝的创造是分步骤的。他先创造的是万事万物的"种相"（rationes seminales），这些"种相"在具体时空中实现出来，有些新的物种出现的时间要慢一些。奥古斯丁的这个思想也许是受到了新柏拉图的存在等级逐步演化观的启发，也许是受到了柏罗丁"流溢说"的影响，[44]总之是强调任何的果都潜在于因之中，世界是完全合乎理性的，没有什么事是偶然的、无因的（唯一例外是人的自由意志）。

在《论三位一体》3：13，奥古斯丁先是提到了通常意义上的"种子"，然后提到了"种相"，即上帝起初"一举而创造了万物"时所用到的"相"：

> 凡生来有形可见之物，其种子都潜藏在这世界的有形元素中。当然有许多动植物的种子是我们的肉眼能看见的；但这些种子的种子却是隐藏着的，正是从它们那里，创造主一吩咐，水就产生出最早的水族和飞鸟，而地也生出最早的芽，各从其类，以及各种活物，各从其类（创1：20－25）。当初上帝创世时，这一种子的繁衍力并没有耗尽；它们有时缺乏相应情境的组合，因而不能运用它们的繁衍力来产生并保存它们的种类。（奥古斯丁认为上帝先是创造了万物之"种相"，种相在时间中实现为物种，这一实现是需要适宜的外部环境的。）试想最小的苗也是种子，若适当地将它置于土中，它就会长成树木。但这苗是从我们可以看见的一粒更细的种子生出来的。但这粒种子又出于另一种子（此处指种相），这种子我们的肉眼虽不能见，却可理智地推测到它的存在；因为除非那些元素里面有这种能力，从地里就决不会产生了未先下种的物品来；也决不会产生了未先经公母交配便有的许多物来；无论是生在地上的，还是水中的，它

们都成长，并且彼此配合产生后代，但它们本身原来是不由前代相配而发生的……这些看不见的种子的创造者，乃是创造万有的主自己。因为凡出生看得见的东西，都是从隐藏的种子起源，并且按照原始的程序继续生长，成就其独特的形态的。[45]

由此可见，为了协调"六天创世说"和"上帝一举而创造了万物"，奥古斯丁利用柏拉图"相论"提出了"种相说"。"种相"原存在于"永恒"的"智慧"之中，到了适当的环境中，便会"实现"出来。"相"得以"实现"的地方，无疑是具体的时空。对于我们来说，空间的受造容易理解，那么时间是如何受造的呢？

《忏悔录》第12卷阐释了《创世记》开篇神创造天地的故事。奥古斯丁认为，圣经所说"起初神创造天地"，"起初"指圣子即神的智慧，这实际是从三一角度看创造，与《约翰福音》相应；"天地"则指还不受时间影响、没有时间变迁的两类造物。其中"天"指"天外天"或"诸天之天"，"是一种具有理智的受造物"，如属灵的是者和"相"，它们虽不能和三位一体同居永恒，却能分享神的永恒。"地"则指"某一种未见形相的原始物质"，它处于形相与虚无之间，是一种"既非形相又非虚无，近乎虚无而未显形相的东西"（12：6），它与虚无的不同在于它具有"取得可见的和复杂的形相"的能力，它总是有一种"是"而不是非"是"。

上帝从绝对虚无中创造了"天地"，又从这个不具形相的"地"，近乎虚无的"地"，创造了变易不居的世界万物；在这个变化不定的世界中，表现出万物的可变性，我们从而能觉察时间和度量时间，"因为时间的形成是由于事物的变化，形相的迁转，而形相所依附的物质即是上述'混沌空虚的地'"（12：8）。

有人认为，一切形相消除后，仅仅剩下无形的物质，这物质有时间的变迁，奥古斯丁认为"这是绝对不可能的"，"因为没有活动变化，便没有时间；而没有形相便没有变化"（12：11）。所谓变化乃指从一个形相转变到另一个形相，而"地"是这样的一个"混沌空虚的原质，没有一时如此、一时如彼的时间变迁，因为既没有形相，便说不到如此如彼"（12：13）。"这物质没有形相，便没有组织，没有时间的变迁；虽不是完全空虚，但近乎空虚"（12：15）所以，这"地"不受"时间的支配"（12：12）。"天"也由于分享着神的永恒而没有时间的变迁。因此可以说"天"和"地"是"半永恒的"（aeviternity）。

这样，在整个"是者"界，有三种是者：最高的是作为"是"（est）本身的上帝，他是永远的现在，是真正的永恒的是者；其次是"天"和"地"，它们没有形相的转变，堪称"半永恒的"；最后是人和其他的万物，都算是时间中的"是者"，是于时中（being in time），有生灭变迁。

我们可依照《忏悔录》11：1－14，29－31，12：1－21对"时间"作如下定义：时间与永恒相反，也不同于半永恒，它与有限是者有关，它是永恒上帝的造物，与宇宙有形相物体共始终。可以说它指有形相物质的变化运动，即从一个形相转变到另一个形相。[46]时间状态有三：过去、现在、将来。

二　三一痕迹与形像

三一上帝创造世界万物，除了赋予它们"是"（存在）以及形式（相）外，还由于上帝是"三而一"，而在万物身上留下了"三一"的烙印。《智慧书》11：21说，"他（上帝）按照尺度、数字和重量（modus, numerus, pondus）设定万物"。对于事物中的"尺度、数字和重量"，奥古斯丁是这么解释的：

尺度是某种行为准则，以防止一种不能变更的和毫无规则的过程；数字属于灵魂的倾向和力量，由之灵魂可以被恰当地聚集起来，从不智的丑恶形式转到智慧的形式；重量是用在意志和爱上的，当我们可以清楚地看到有多少重量以及什么重量被给予到喜欢或不喜欢、渴望或拒绝的感觉上时，我们就可以说意志的"重量"了。

奥古斯丁接着说，事物"尺度、数字和重量"的来源是上帝：

但是灵魂和心灵的这一尺度是由另一尺度决定的，这一数字是由另一数字形成的，这一重量是由另一重量获得平衡的。现在可知，没有尺度的尺度衍生了上述的尺度，但它本身则别无起源；没有数字的数字是万物由以形成的数字，它本身却不是被形成的；没有重量的重量是将那些以纯粹喜乐为休息的事物导向休息的重量，它本身却不被导向任何别物。[47]

简要地说，在上帝自身那里，有着尺度、数字和重量这三种因素（如果将它们视为三一类比，则它们分别对应于圣父、圣子和圣灵[48]）。上帝创造万物时，也将这三大因素赋予了事物，使它们的运作有一定的规则（尺度），运动的过程中体现出一定的数量的规律（数字），并趋向一定的目的地，不达那目的地便不能安稳（重量）。

和其他古代哲学家一样，奥古斯丁很看重"数字"，认为数是秩序和形式的原则，是美和至善的原则，也是适宜和法律的原则。但是三者中最重要的，应当说是"重量"。这里"重量"不光包括今天我们所说的"重量"，还包括事物运动的终极趋向。

比如，石头的"重量"是向下，只有在地面上它才能得到"休
息"；火苗的"重量"是向上，如是它才能安稳地燃烧。至于人
的灵魂，奥古斯丁认为，它的"重量"是趋向上帝，"若非在你
（上帝）的怀里，我们的心便不能得到安息"。[49] 由于"重量"
来源于上帝，因此，人心中趋向上帝的倾向，是上帝设定在人心
里面的。人天然地就具有对上帝的渴求。这是奥古斯丁神哲学中
很重要的一个主题。它类似于现代哲学所说的"对无限的渴望"。

　　与"尺度、数字、重量"相似，奥古斯丁还在《论善的本
性》第 3 章说，万物，无论是物质的还是精神的造物，均被上
帝赋予了"尺度（modus）、形式（species）、秩序（ordo）"这
三项因素。其中"尺度"指存在的等级，指事物有其给定的比
例或程度；"形式"指存在的种类，指事物有其本质的特征；
"秩序"指存在的终极，指事物有其"和平"或完满状态。它们
构成了上帝创造万物时赋予它们的"律"和"善"，而恶就是这
些"善"的缺乏。相似的词组还有《八十三个不同的问题》第
18 问中所说的"生存（quod constat）、区别（quod discernitur）、
和谐（quod congruit）"。[50]

　　受造物的"三一性"不只表现在以上的几组词汇上，还体
现在许多别的方面。曾经有学者统计过奥古斯丁所作的三一类比
（包括"痕迹"），列表如下：[51]

三一痕迹与形像表

圣父	圣子	圣灵	出处
A　上帝自身之中			
至上之是（esse）	最高智慧	最大之善	《上帝之城》6：28
真正的永恒	永恒真理	永恒真实的爱	同上
永恒	真理	意志	《论三一》1：2

续表

圣父	圣子	圣灵	出处
永恒	真理	幸福	同上
永恒	形式	使用	《论三一》6：11
父	形象	恩赐	同上
万物的起源	美	愉悦	《论三一》6：12
B　一般受造物之中			
统一	形式	秩序	《论三一》6：12
生存	知识	对二者的爱	《上帝之城》11：27
是（esse）	认知	意欲	《忏悔录》13：12
是	拥有形式	遵从律则	《上帝之城》11：28
万物的起源	区分	和谐	83 个不同的问题之 18
存在之原因	存在之种类的原因	存在之善的原因	同上
本性	教育	实践	《上帝之城》11：25
物理	逻辑	伦理	同上
C　人的感觉之中			
被看的物体	外视觉	心之注意力	《论三一》11：2
记忆	内视觉	意志（意愿）	《论三一》11：6
D　人的心灵之中			
是	理解	生命	《论三一》6：11
心灵	知识	爱	《论三一》9：3
记忆	理解	意志	《论三一》10：17
能力	学习	使用	同上
对上帝的记忆	对上帝的理解	对上帝的爱	《论三一》14：15，14：4

上帝的"三一"痕迹体现在"内在之人"里面,就成为人身上的上帝"形象"。真正的形象有两个:一个是心灵对它自己的"记忆－理解－爱",一个是心灵对上帝的"记忆－理解－爱"。此外,上帝的"形象",还体现在人的时间意识中有"永恒"的形象。奥古斯丁的"主观时间说",通过对人的时间意识(过去－现在－将来;记忆－注意－期望)的分析,而得出时间是"心灵的伸展"(过去的现在－现在的现在－将来的现在),是"永恒"在人身上的投影的结论。由此可知,"形象观"是连接奥古斯丁"人学"和"神学"的枢纽,把握了它也就等于把握了奥古斯丁神哲学的一个基本要点。

三 "是者"的秩序

对于奥古斯丁来说,"秩序"是一个很重要的概念。秩序首先意味着等级和差异,其次意味着这些等级和差异构成的整体和谐。

就实在来说,上帝是至善至纯的存在,上帝从虚无创造万物,赋予万物存在。由于存在即善,因此万物皆为善,只是按照存在的等级有大善小善的区别。造物之中,按照存在和善的等级,由上而下依次为天使、人、动物、植物、自然物(如光、矿、大地、海水等)。

我们可以用一个简要的图来表示实在的等级(当然虚无不在"实在"或"是者"之列,但可以作为一个对比)及其主要属性:

永恒的是者:上帝
(三位一体:圣父"生"圣子,圣父和圣子"发"出圣灵)
纯是、至善、全能、全知、不变、单纯、活泼、无罪、美、公义、爱

上帝"是"的方式是永恒
不在时空之内

被造的是者

（在时空之内，被造，有生灭变化）

天使：没有身体（不占空间），纯灵体，依附上帝则可以永
　　　恒，理性，美，善，活泼

人：灵魂（理性），有身体，灵魂不占空间但在时间中，活
　　泼，美，善

生物：动物：没有理性，本能，活泼，美，善

其他：（光、海、地、空）：美，善

虚无

（"是"之缺乏，善之缺乏。恶。罪。）

上帝和受造物在存在上最大的区别，在于上帝存在的方式是
永恒，而造物存在的方式是时间。这意味着，在上帝那里，没有
由"过去"、"现在"、"将来"这样的词所表示的变迁和变化，
因此上帝是没有生老病死、产生衰亡的，上帝是始终保持着自身
同一性的。而受造物则是有其产生、兴盛、衰亡的自然过程的，
是有时间和历史的，是不能总保持着自身同一性的。对于人来说
是如此，对于天使也是如此，天使虽然凭借着依附于上帝而可以
达到永恒，但天使仍然是造出来的。天使优越于人的地方，在于
天使没有身体，只是纯灵，而人虽然也有灵，这个灵却是与他的
身体连在一起的，而身体是占有空间的。因此虽然人的灵不占空
间，只是处于时间之中，人作为一个整体却是局限于时空之中
的。

受造物是上帝从虚无中创造出来的。由于上帝是至善，他之

造物不是造自己，因此受造物不能是跟上帝一样的至善存在，而只能是介于至善与虚无之间的大善和小善。善的大小依据该物在存在等级上的地位而定。奥古斯丁在《论意志的自由选择》里说，万物等级有序，大善小善犹如列星环绕，有的星亮，有的星暗，就整体而言，却构成一最为佳美的星空。[52]

受造物既然介于上帝与虚无之间，其存在相对于上帝而言，就可说是虚无，但相对于虚无而言，则可说是存在——既非完全地是，也非完全地不是（nec omnino esse, nec omnino non esse）。[53] 受造物的存在方式既为时间，则其"生"就是从虚无中出来，其"死"就是复归于虚无，其生死之间即为其存在过程。有生则有死，有盛则有衰，这是受造物摆脱不了的命运（天使那样的"灵体"除外，他们可说是有生无死）。虚无是与一切的存在相对立的东西，对之难以名状，但我们通过善或存在之缺乏，则可以知道其仍然是可以言说的。

实在的秩序可以说是"大宇宙"的秩序。在实在的秩序里，存在的"纯度"是从上帝到低级受造物逐步下降的，存在的价值（"善"）和"美"也是依次下降的。就权力来说，是上级影响、操纵、主宰着下级，下级对上级难发生影响。

四 心灵的秩序：认识、爱与幸福

在人这里有一个"小宇宙"，可以说是"大宇宙"秩序的精妙缩影，也集中地体现了"大宇宙"中的秩序观念。

在所有受造物中间，人的地位最为独特。他是上帝与虚无之间的"中间存在者"的典型。他分享了上帝的存在（"是"），他是有理性的灵魂，不占空间而只有时间的灵魂，可以对上帝和"相"进行认识，对自己进行反思，从而与动物不同；他又是有身体的，这与动物无异，身体占有三维空间，可以分解，身体还有其本能欲望。人是灵魂和身体的结合体，奥古斯丁从新柏拉图

主义的存在等级观出发，认为灵魂在等级上高于身体，因此对于
身体有支配权。即使是人的感觉，[54] 奥古斯丁也认为是人的灵魂
（理性）在主动地进行感知，而不是像哲学家们通常所说的那样
是被动的。我们举个例子，一颗尘埃落到皮肤上，我们对之无所
知觉，奥古斯丁会认为，这是因为灵魂此时并没有进行认知活
动；而如果尘埃有酸性，刺激到了感觉神经，使我们对之有所意
识，那么这一行为在奥古斯丁看来，就是灵魂在主动地通过感觉
进行认识。凡在意识中的，都是灵魂认识到的，只不过灵魂借助
于感官进行认识罢了。

一般他将人视为一个"有身体的灵魂"，灵魂可以向上仰望
"相"及上帝，也可以因为身体的"重量"而下坠，只关注外
物。他说，正如身体的生命是灵魂，灵魂的生命乃是上帝，人只
有以上帝为自己的灵性食粮，灵魂才会有生机。人若背离了上
帝，转而趋向于外物，以它们为目的，灵魂就会慢慢趋近于死
亡。

按照上帝原有的创世秩序，高一级的存在对于低一级的存在
有着支配权，低一级的存在对于高一级的则没有支配权，同一级
的，比如一个人和他人，由于其存在没有高低之分，故不能相互
支配。他们乃是平等的。因此等级森严的国家秩序，在奥古斯丁
看来，乃是一种恶。这和古典政治哲学视等级基于人能力的差异
及其分工，因此为合理的观点，迥然不同。

如果低级的控制了高级的，同级的控制着同级的，这在奥古
斯丁看来，就是出现了失序，是存在链条的病态。就人的内部结
构来说，若是肉体欲望控制了精神，非理性控制了理性，那么人
就出了问题。

奥古斯丁甚少感兴趣于灵魂的本性，倒是着意于其作用的发
挥。奥古斯丁心学的起点是，灵魂或心灵首先是一个自我意识中
心，是一个返观自照的呈现者。它知道自己，也因此爱自己。奥

古斯丁的"我思"跟笛卡尔相似,乃是一个绝对确定、无可怀疑的奠基石。但是与笛卡尔不同,奥古斯丁并非从"我思""推"出"我在"及上帝和世界的存在,而是从这个绝对无可怀疑的起点反证人可以得到真理,知识是可能的,人不应当轻率地怀疑,而应该过有信仰的生活。

从自我意识中心出发,奥古斯丁建立了一个作为功能结构的心智模式。在它上面以及在它里面,它能够认识上帝;或者说,它向真理敞开,与真理相接触,根据真理之光就一切事务作出判断。在它下面、在它外面,通过身体感官,它向物理宇宙开放着。这一认知功能结构原先是正常有效的,但经由罪的侵入,人的整个心智秩序就被颠倒。

奥古斯丁将人(位格,person)定义为"使用身体的灵魂",又将一个完整的人分为"外在的人"和"内在的人"(这样的用语来自保罗)。从心智功能上说,"外在的人"包括最外部、最低层的感觉功能,以及内含于感觉之中的、比感觉稍高点的感觉记忆/想像功能;"内在的人"则包括两个层次,一个是较低较外在的功能,即对物质的和尘世的事物作出理性的判断和决定,这称为 scientia 或知识,另一个是"内在的人"最内、最高级的功能,即凝思永恒的、非物质的真理,这称为 sapientia 或智慧。

奥古斯丁心学用了不少的术语,其中 anima 一般译作"灵魂",但它不特指人的灵魂,而是连动物的灵魂(感觉)也包括在内;animus 则较严格地限定在人的理性上,指人的理性的灵魂,不能用于动物,这个词可译为"意识",意识渗透于感知之中;而 mens 则大约与"内在的人"相称,泛指人的意志的、认知的功能,狭义时则指"内在之人"的最内和最高功能,可译为"心灵"。

用一个示意图可以表示这点:

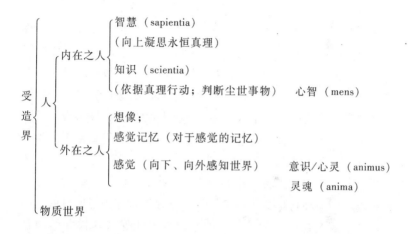

这就是人本来的心智秩序。从实在的层面看，智慧高于知识，知识高于想像，想像高于感觉记忆，感觉记忆高于感觉；从价值（善）的高低来说，在上的高于在下的；从美的程度来说，亦是在上的高于在下的；从操纵的能力来说，也是在上的主宰在下的。就人的认识来说，由于人在"大宇宙"中所处的中间位置，其认识功能依认识对象的高低而有不同，以纯善的上帝和不变的"相"为认识对象的，是心智功能结构中最高的"智慧"，而以变动不居的物质世界为认识对象的，则是心智功能结构中最低的"感觉"。在奥古斯丁的哲学里（尤其《论三位一体》第10卷、15卷讲人心"三位一体"的部分），人的认识是与"爱"连在一起的，一个人集中注意力（"思"）于某一物上，就意味着这个人喜欢该物，对该物感兴趣，因此在人的认识的秩序里，业已包含了"爱"的秩序。

人这个"小宇宙"的本来结构，就是一心仰望上帝，"爱"

上帝，依从上帝处获得的"相"知识指导自己的尘世生活，正确地与外物打交道，正确地进行感知活动，控制自己的感性欲望和身体。依照"正确的"认识秩序和爱的秩序生活的人，堪称奥古斯丁的"理想人格"：这个人过沉思的生活，依照沉思所得的上帝知识生活；这个人过着身体力行的生活，按照沉思所得的最高真理进行生活实践；这个人克制了自己的感性欲望，一切以上帝的声音为指引；这个人以与上帝相伴为享受，以祷告、崇拜上帝为乐，而不以世俗的对象为享受的对象，它们只是用来为上帝服务的；在"爱邻人"和"爱上帝"之间，他是出于爱上帝而爱邻人，或"在上帝之中爱邻人"，爱邻人是爱上帝的一种自然的流露，一种自然的体现，但他不以邻人本身为爱的目的，因为他是在爱上帝中爱邻人。人的心智倘若能保持这样井然的秩序，则人与神、人与自我、人与他人、人与物就能保持着一片和谐。

奥古斯丁仔细地区分了"享受"和"使用"。"享受"相当于今天所说的"终极关切"，是我们行动的目的，而"使用"则是为了获得我们最想得到的对象而采取的手段或利用的工具。比如，你为了追求你的女朋友，而不惜采取种种手段，这里女朋友就是你的"享受"对象，而你采取的手段、利用的工具（有时包括他人，如媒人、朋友等），就是"使用"。一个人如能得到他所要"享受"的对象，那他就得到了"幸福"。如果不能，则就是"不幸"的。

对于奥古斯丁来说，人的"幸福"就在于"享受"上帝，以上帝为乐，其他万物则都是供人"使用"的，它们本身不能被当作人"享受"的目的。

人在"享受"和"使用"上可有这么几种选择：（1）享受至善的上帝，将之当作最有价值的，这是正确的爱；（2）使用价值较低的事物，但不把它们本身当作目的，而是作为达到享受上帝必需的手段，这也是正确的爱；（3）享受价值较低的事物，以它们本身为目的，这是错误的爱；（4）使用价值最高的事物，以之为手段，来满足对价值较低事物的享受，这是错误的爱。前两种爱都是根据实在的等级和价值的等级，适如其分地爱某一对象，奥古斯丁一般将这种爱称为"仁爱"（caritas）；后两种爱则是不顾实在的等级和价值的等级，颠倒悖逆，以目的为手段，以手段为目的，奥古斯丁一般称这种爱为"贪爱"（cupiditas）。

在上帝创造出来的原有秩序里，包括人的"小宇宙"里，还没有"贪爱"，只有"仁爱"，但由于自由意志的存在，已潜藏着"贪爱"的可能。

"爱的秩序"决定了"幸福的秩序"。奥古斯丁的总体思想，大致可以这么推定：实在的秩序（大宇宙）——心灵的秩序（小宇宙）——认识的秩序——爱的秩序——幸福的秩序。

在《忏悔录》开篇，奥古斯丁说出了他的名言：若非在上帝的怀中，人的心不能得到安息。这种由上帝带来的平静心境或心灵的和平，对于奥古斯丁来说，就是幸福，就是以往哲人（如皮浪主义和斯多亚派）苦苦追寻但未能得到的幸福。

为什么只有在上帝那里，人才能得到幸福？这是因为只有上帝才是永恒不变的，爱上帝就是爱一个永恒不变的对象，他是永远不会抛弃你、背弃你、离开你的，他是永远忠实、信实、可靠、爱你的。而一切价值较低的事物，都是变易不居的，都是有生有死的，如果你以它们为爱的对象，为享受的对象，则它们终有一天要离开你，消失在你眼前，引起你的悲恸。要不然它们终有一日会引起你的厌腻，你会"移情别恋"，你的爱乃是无限的，而它们都是有限的。就人间之爱而言，你的亲人、朋友、恋人或陌生人，其存在均是有限的。这种有限体现在，他们内有生老病死别离之，外有饥荒、战争、监禁、奴役之虞，此外，在他们与我们自己的关系上，感情也经常波动，时好时坏，时亲时疏，有时父子翻脸，母女破裂，兄弟反目，朋友成仇，恋人成怨偶，因此我们的心时时处于担心和焦虑不安之中。一旦亲人故去，或恋人离去，便撕心裂肺，情绪低落，不知如何是好——我们前面已说过，受造物的这种脆弱性是由其存在的有限性带来的。受造物出于虚无，亦总要回到虚无，因此若是以它们为享受的目的，则如何能达到心灵的平静或安息呢？

无论是在奥古斯丁这里，还是在后世的思想家那里，都预设了一个理论前提：心灵的爱（欲求）是无限的，它要得到满足，就必须有一个无限的对象，而这就是上帝。舍上帝之外，无物能够满足人的无限心（爱）。无限心若执著于有限的存在物，便只会像叔本华所说的那样，在厌倦和痛苦之间来回摆动：一物既已享受完毕，便生厌倦，不再愿享受，而是别寻新的目标，而在获得新的目标之前，便是未满足之痛苦，一旦到手，便又生厌倦。在奥古斯丁看来，解决这个问题的途径，当然是无限心以无限存在者为爱之对象，如此方能获得无限满足。

"爱的秩序"决定了"幸福的秩序"，也决定了爱者自身存在的品质。由此我们便不难理解奥古斯丁在《上帝之城》里区分"上帝之城"与"尘世之城"的标准：其居民共同的爱的对象是上帝还是受造物。在"上帝之城"里，其居民（善天使与古往今来的圣徒）以上帝为爱、享受或追求的对象，由于只有无限、永恒的上帝才能满足人的无限的爱欲，因此这些居民是获得了真正的幸福的；在"尘世之城"里，其居民（恶天使和未悔改的罪人）以种种世俗之物、受造之物为爱、享受或追逐的对象，比如自我、偶像、英雄业绩、虚荣、知识、成功、权力、财产、美色（性乐）、美食等等，他们都得不到真正的幸福，因为这些东西都是脆弱而短暂的，都会成为过眼云烟，满足则令人厌腻，保持则令人紧张，出现异情则令人担心，消失则令人伤恸。

第三节　堕落论

一　虚无和恶

上帝创造了一切，唯独"虚无"除外。上帝"从虚无中创造"，上帝作为至高的 Being，将 being 赋予了受造的 beings，但是"虚无"除外。上帝"是"（is），虚无"不是"（is not）。虚无是无可捉摸的，它像寄生虫一样"寄生"在"是"身上，但你抓不到它，因为它并没有"实体"。你甚至不能言说它，因为它无可名状。虽然如此，我们却知道它"存在"，就如我们虽然不能听见寂静，却可从一切声音的消退知道寂静；虽然不能看见黑暗，却可从一切光线的消失知道黑暗一样。[55] 这真有点庄子濠上之知的味道。虚无虽非实体，却是有力量的。它是上帝之外的一切是者的敌人，它是它们的威胁者、摧残者、破坏者和毁灭者。辩证地说，由于有了虚无，世界才开始转动。否则，世界就会没有生灭变迁。我们常说，"世事如戏"，戏中总是少不了"反面角色"，正是有他们的存在，才有"故事"可言，才有"冲突"、起伏、解决。但是"存在论"（ontology）上的"虚无"，却并没有自己的"形象"，因为它是无可名状的，它是"不存在的存在者"，"不在场的在场者"，"未现身的现身者"。

"虚无"总是与"恶"连在一起。由于受造物是从"虚无"中造出来的，因此它们的存在是不完美的，是有变化之可能的，而这就可能产生"恶"。

恶的问题是导致青年奥古斯丁转向摩尼教的重要原因之一。倘若上帝全善全能，为什么他所创造的世界会有恶呢？难道他不能创造出一个至善至美的世界吗？如果上帝创造的事物是跟他一样的，那么就不是"创造"了。至善至美的圣父"生"了至善至美的圣子，三位格构成一个至善至美的上帝。但是受造物是上帝"创造"的，这意味着它们是与上帝不同的。它们没有上帝那样的完善性。它们是上帝"从虚无中"创造出来的。"虚无"是使它们异于上帝的因素。"虚无"意味着它们是终有变化的"时间中的存在"，而上帝是永恒不变的存在者。但是，即使出自虚无，它们也是上帝创造的，因此仍然都是好的，那恶又自何而来呢？

新柏拉图主义"恶是善的缺乏"的观点，给了奥古斯丁很大启发。在早期，奥古斯丁对于平常人们所认为的"恶"，采取了一种审美的态度：一些在我们看来显得"恶"的东西，从一个更大的视角看，则会是"善"的，有助于构成整体的和谐。在《论意志的自由选择》中，他谈到了事物之"是"有大有小，恰如天上星星有明有暗，却构成了一个最美丽的星空一样：

> 当你观察到它们之中的不同，看到有些比别的亮时，若你想要消除其中一些暗的或把它们变得跟亮的一样亮，那么你就错了。相反，如果你用整体的完美来观照它们，就会看出，这些亮度上的差别令宇宙的存在更为完美。伟大的事物若不是与不那么伟大的事物一同存在，后者若是被排除了出去，那么宇宙就不会完美了。[56]

但是，这种美学式的解释，差不多是在说"恶"只是我们认识出错误的结果。这是不足以回答为什么生活中会有具体的、真实的"恶"的。

在《忏悔录》7：12，奥古斯丁回忆他在接触到新柏拉图主义后，逐渐认识到上帝所造的一切是者都是善的，恶只是善之缺乏：

一切可朽坏的东西，都是"善"的；唯有"至善"，不能朽坏，也唯有"善"的东西，才能朽坏，因为如果是至善，则是不能朽坏，但如果没有丝毫"善"的成分，便也没有可以朽坏之处……如果一物丧失了所有的"善"，便不再存在。……事物如果存在，自有其善的成分。因此，凡存在的事物，都是善的；至于"恶"，我所追究其来源的恶，并不是实体；因为如是实体，即是善；如是不能朽坏的实体，则是至善；如是能朽坏的实体，则必是善的，否则便不能朽坏。[57]

在《教义手册》里，奥古斯丁亦较为集中地谈到了恶的问题。他说，全能全善的上帝是不会允许他的创造物中有恶的。那么，又怎么有恶呢？它是什么？

我们称之为恶的东西，除了是善的缺乏外，还是什么呢？在动物的躯体里，疾病和伤口只不过意味着健康的缺乏，[58]当治疗获得效果，这并不意味着呈现出来的恶——即，疾病和伤口——从躯体里跑掉并走到别处去了：它们彻底地停止存在了；因为伤口或疾病不是一个实体，而是肉体之实体中的一种缺陷——肉体本身是一个实体，因此是某种善的东西，而这些恶——即我们称之为健康之善的缺乏——却只是它的偶性。同理，被称作灵魂中的邪恶的东西，也不是别的，而只是天然之善的缺乏。它们也不能转移到别处去：若它们不能在健康的灵魂中存在，它们就不能在任何别的地方存在。

所以，一切存在的东西（naturae），既然它们的创造者是至善的，它们自己也就是善的。但是，由于它们并非像它们的创造者那样是至善和不变的善，它们的善也就是可以减少和增加的。善被减少，这是一种恶，尽管无论它减少了多少，只要它还继续存在，它都必定保留着某种善以构成其所是（natura）。不管存在者（natura）有多弱且为何种存在者，若非毁灭存在者本身，要毁灭使得它成为一个存在者的善都是不可能的。我们恰如其分地尊敬未被朽坏的本性。但是，如果它是不可朽坏的，它就无疑地具有更高的价值。然而，如果它被朽坏了，它的朽坏就是一种恶，因为它被剥夺了某种善。倘若它的善丝毫没有被剥夺，它就丝毫没有受到伤害；但它确实受到了伤害，所以它被剥夺了善。所以，只要一个存在者尚处在朽坏的过程中，在它之中就有某种善正在被剥夺；倘若这存在者当中有一个部分是不能被朽坏的，则它当然就是一个不会朽坏的存在者，相应地，朽坏的过程就会将这大善显示出来。但是，倘若它一直不间断地受到朽坏，它也就会一直不间断地拥有朽坏所欲剥夺的它的善。倘若它被朽坏彻底地、完全地销蚀了，善也就会荡然无存了，因为此时已没有存在者（natura）了。朽坏之所以能销蚀善，是因为存在者可以被销蚀。所以，一切的存在者，都是善；倘若它不能朽坏，则是大善；倘若它能被朽坏，则为小善：但无论如何，只有愚蠢者和无知者才会否认它乃是善。倘若它被朽坏完全销蚀掉了，则朽坏本身也就不会有了，因为已没有它由以寄身的存在者本身了。[59]

可以看出，奥古斯丁在"是"（存在）和"善"之间建立起了几乎等同的关系。受造物本出自"虚无"，被至高的是者上帝赋予了或多或少的"是"。它们处身于"时间"之中，其"是"有堕入"虚无"的危险，其"善"也有堕入"朽坏"的危险。如果说虚无乃"是"之缺乏，则恶乃"善"之缺乏。如果说虚无是存在的"日食"，[60]恶则是善的"伤口"。它们本身

"不是东西"，但都寄生在"东西"那里。"东西"在则它们在，"东西"没有了它们也就没有了。当我们要说明恶的时候，我们必须先确定它所依附的善，只有从善的缺乏和被破坏，我们才能对恶有所了解。从这个角度说，对于"恶"本身，我们很难或不可能下定义，或不可能认识它。我们可以看出，这是奥古斯丁在解释何以有恶，罪何以进入世界（亚当为何犯罪）时所采取的论证策略。

在《忏悔录》7：16，奥古斯丁说："我探究恶究竟是什么，我发现恶并非实体，而是败坏的意志叛离了最高的实体，即是叛离了你天主，而自趋于下流，是'委弃自己的肺腑'，而表面膨胀"。[61]

那么，上帝所造的善的意志，为什么会败坏，会叛离上帝呢？

> 但也许你要问，什么是意志由以背离不变的、趋于可变的善这一运动的原因……假如我告诉你说我不知道，你也许会失望。但事实却是如此。因为人不能知道本是虚无的东西。……一切善都来自于上帝。凡有一点善的东西，没有不是来自于上帝的。因此，既然我们都承认其为罪恶的这一背离善的运动，是一种缺失的运动（defectivus motus），此外，既然一切的缺失都来自于虚无，你就可想想这一运动出自哪里：你可以肯定，它不是来自于上帝的。而既然这一缺失（defectus）是自愿的，它就是发生在我们能力之内的。你大可不必害怕这一缺失，因为如果你不欲求它，它便不会存在。这种"不欲求，便不发生"的生活，还有什么是比它更安全的呢？[62]

就世界上存在的道德恶来说，它们并非实体（"东西"），而

是一种"运动"（尤其是人的意志的运动），有着不同的朝向的
"运动"。就如有的学者所说：正如《忏悔录》第7卷所显明的，
奥古斯丁谈论上帝和恶时都用了"去空间化"的语言：上帝和
恶在宇宙中没有一个"地方"（空间），也不是与别的主体相竞
争的主体。就恶而言，这意味着关于恶的言谈总是关于时间过程
的言谈，我们逐渐将这些过程等同于损失或朽坏，我们认识得越
是清楚和真实，我们就越是能够理解世界上的行动彼此关联的整
体模式。[63]

　　道德上的恶（罪）虽非实体，却有力量。犹如疾病虽是健
康的"缺乏"，却可损害人：

　　　　我们既已得知罪不是实体，岂不认为（就不提别的例
　　子了）不吃东西也不是实体？因为绝食，是绝那作为实体
　　的食。绝食虽非实体；但我们身体的实体若是绝食的话，也
　　会如此地健康受损，如此地衰弱无力，如此地无精打采，以
　　致它即便还能活下去，却也难以恢复到进食了，这食本是它
　　曾绝的，却造成了它如此的败坏和伤害。同样，罪不是实
　　体；但上帝是实体，且是最高的实体，只有他才是理性受造
　　物唯一真实的食物，人若因不服从而与他隔绝，以致无能无
　　力，就不能接受本当欣然接受的东西，后果就是《诗篇》
　　作者所说的："我的心被伤，如草枯干，甚至我忘记吃饭"
　　（诗102：4）。[64]

　　这样，恶（道德的恶即罪）虽然不是实体，却是有杀伤
力、破坏力的。奥古斯丁就这样承认了恶的真实性及其破坏
性，同时又以不可知论的方式，指出我们只能知道它不是上帝
创造的实体（因为上帝所造的都是好的），它只是善的缺乏，
存在的伤口。

二　堕落

在《忏悔录》7：3，奥古斯丁谈到皈依之前他为恶的来源问题所苦："谁创造了我？不是我的天主吗？天主不仅是善的，而且是善的本体。那么为何我愿作恶而不愿从善？是否为了使我承受应受的惩罚？既然我整个造自无比温良的天主，谁把辛苦的种子撒在我身上，种在我心中？如果是魔鬼作祟，则魔鬼又是从哪里来的呢？如果好天使因意志败坏而变成魔鬼，那么既然天使整个来自善的创造者，又何从产生这坏意志，使天使变成魔鬼？"

上帝所造的世界为善，为何会出现恶？上帝赋予人和天使自由意志，自由意志本身是善的，则它为何会产生恶的意图，选择恶的行为，从而堕落，使世上有恶呢？

在柏拉图主义那里，尚可说因为德穆革（神）创世是将形式加诸原始物质之上，故而恶来自于物质和身体。而奥古斯丁因为持上帝从虚无中创世说，一切事物都是上帝所造，故而这个问题尤为紧迫。

那么奥古斯丁是如何回答"何以世上有恶"这个问题的呢？

有的学者认为，奥古斯丁早期尚受新柏拉图主义影响，认为堕落即（前世）先存的灵魂降入有形的身体。但大多数学者认为，奥古斯丁关于堕落的成熟见解，是在《〈创世记〉字解》和《上帝之城》里面提出来的。在《〈创世记〉字解》里，奥古斯丁认为对于始祖吃禁果的故事，应该作字面的理解，不应做过多的寓意解释。堕落就是指始祖吃禁果。果实是好的。上帝令他们不吃果子，是要让始祖为着服从的目的而非任何别的好处来服从他（8：13）。撒旦以蛇的形式对夏娃说话，是因为夏娃理性较弱，易受欺骗（相信她不听上帝的话真的有好处）。亚当犯罪则是因为他爱夏娃（11：42）。他们做出吃禁果这个行为之前，心里已有恶的意念了（11：30；《上帝之城》14：13）。可见在原人那里已有一种骄傲或自爱的因素了。如何解释这骄傲或自爱的来源呢？这个问题实即堕落的原因问题。由于人的堕落是受了撒旦的欺骗，因此奥古斯丁不得不将原因追溯到天使的堕落。[65]

奥古斯丁在《〈创世记〉字解》11：16 里认为，恶天使是在受造时自由地堕落的，但后来他在《上帝之城》11：15 修正了这个看法，认为恶天使起初一度是无罪的，只是后来才犯罪堕落，没有保持住无罪状态。[66] 在《上帝之城》第 12 卷他着重谈了天使堕落的原因。他们是通过他们自己的意志堕落的，但其意志之由善到恶这一转向本身却没有有效因（causa efficiens）。由于他们是从虚无中创造出来的，因此有一种"缺陷因"（causa deficiens）允许骄傲、失序的自爱在受造界里发生。（上帝允许它存在，不等于上帝创造了它。）在《上帝之城》12：6－7，奥古斯丁在讨论为何有的天使堕落而有的天使保持原样时，以两个各方面情况都差不多的人在面对同一个美女的诱惑时，出现的不同的反应（一人出现邪念，一人则无）为例，指出恶念的出现与"虚无"有关。他说：

　　你必定会问，为何其中一人会产生恶意——这是因为他的由上帝赋予的本性，还是因为那本性是从虚无中造出来的呢？答案必定是，恶意并非出自其本性，而是出自其本性乃是从虚无中受造这一事实。倘若恶意出自他的本性自身，则既然一个善的受造物是它自己的恶的意图的原因，那我们岂不是说，一个善的事物产生了恶，甚至导致了它？但一个尽管可变却天然地善的事物，又怎能从自己那里产生某种既有的恶，从而导致恶意呢？

　　但愿没有人去找一个恶的意志的有效因。因为它的原因不是有效的，而是缺失的，因为恶的意志并非某个事物的效果，而是一种缺失。因为从那至高无上的是者那里，转到其是之程度要低一级的是者那里，这乃是"是"之缺失，乃是原初之恶意。（Deficere namque ab eo, quod summe est, ad id, quod minus est, hoc est incipere habere voluntatem malam.）去寻找我所说的那不是有效因而是缺失因的东西，去寻找这些缺失的原因，就如想要看见黑暗，或听到寂静一样。这两者都是我们所知的，前者凭的是眼睛，后者凭的是耳朵：不过，却不是通过它们的显现，而是通过它们的缺乏任何显现。所以，就不要来从我这里询问我知道我不知道的东西了；除非他希望得知如何才能不知道我们本该知道不能知道的东西。因为那些不是通过它们的显现，而是通过缺乏显现才被知道的东西（倘若可以这样表达并理解这件事的话），我们只有通过不知道它们才能知道它们；因此我们关于它们的知识本身是一种不知道。因为，当肉眼凝视有形物体时，它只是在开始看不到的地方才能看到黑暗。同样，不是别的感官，而只有耳朵才能感知到寂静；而寂静要被感知到，除了倾听外别无他途。同样，我们的心灵通过理解而感知可理知的形式；但当它们缺失时，它却是通过不知道它们而知道它们的；因为"谁能知道自己的错失呢？"（诗 19：12）[67]

在这段话里，奥古斯丁实际上对"上帝所造的善的世界何以有恶"这一问题作了两种回答：一是"恶出自虚无"，一是"不知道"。倘若恶意是出自虚无，而一切受造物皆出自虚无，则自由意志之产生恶，是不是必然的呢？倘若必然，那自由意志是否还要为自己的行为负责呢？奥古斯丁意识到"虚无"与"责任"之间的矛盾，因此又说：

我肯定地知道，无论何时、何地、何种方式，上帝的"是"都是没有缺失的，而出自虚无的事物其"是"却会有所缺失。就这些事物而言，它们的"是"越多，所行的善越多，即它们达到的效果越多，它们也就有更多的有效因。相反，倘若它们缺乏"是"，并因此作恶——如果这样，它们除了缺失外，还能成就什么呢？——它们就有了缺失因。[Hoc scio, naturam Dei numquam, nusquam, nulla ex parte posse deficere, et ea posse deficere, quae ex nihilo facta sunt. Quae tamen quanto magis sunt et bona faciunt (tunc enim aliquid faciunt), causas habent efficientes; in quantum autem deficiunt et ex hoc mala faciunt (quid enim tunc faciunt nisi vana?), causas habent deficientes.] 我也清楚，在意志变得邪恶的地方，倘若意志本身是无意的，它也就不会产生恶了；所以意志的缺失（指缺乏善意——译者）就得到了正当的惩罚，因为它们不是必然的，而是自愿的。因为意志的缺失不是导向恶的事物，而是其本身就是恶的：就是说，它们不是转向其本身即恶的事物（奥古斯丁认为事物没有本身即恶的——译者），而是意志自身的缺失，这一行动本身即恶，因为它有违本性的秩序。它乃是背离至高的是者，转向较低的是者。[68]

虽然人的行为中有虚无的成分，但人的行动系由己出，人只要反思自身，即可知道，他无法推脱责任。这可视为对《忏悔录》7：3 一段话的回应："我确知愿或不愿的是我自己，不是另一人；我也日益看出这是我犯罪的原因。"

对于奥古斯丁的堕落论之解释效力到底有多大，当代学者仍有争论。切普尔（T. D. J. Chappell）认为，经过修正，奥古斯丁的两个解释，即"没有原因"解释和"从虚无创造"的解释，可以结合起来，在逻辑上仍是有效的、不自相矛盾的。由于人是从虚无中创造出来的，因此他是有限的，这意味着他是可堕落的，堕落是可能的，但并不是必然的或不可避免的，这样就避免了取消人的自由意志及其责任，上帝则无需为人的堕落负责。[69]我们可以从天使的例子看出，在"背离上帝"的选择面前，有的天使同意了，从而堕落了，而有的天使则没有同意"背离上帝"，从而仍旧保持着原有的对上帝的爱。因此，虽然天使和人一样，也是上帝从"虚无"中创造出来的，从而有堕落的可能性，但他们并不是必然会堕落的（因为一部分堕落了但另一部分并没有堕落），这里面自由意志的作用是关键的。既然有自由意志，则为自己的选择承担责任也就是必不可少的。人的堕落也是同理，尽管与天使比较，人的理性不如天使清澈，还额外受到了肉体的激情的干扰。

三　堕落造成的后果

亚当和夏娃在堕落前的生活，是身心皆处在乐园里——身心两相宜，绝无后来的身心相背离。外在的感觉和内在的感知、身体的快乐与心灵的快乐，这时还都是和谐如一的。但是这引起了撒旦的嫉妒，因骄傲而背离了上帝、转而以自己为享受对象的撒旦，失去了其原有的快乐，因而对人的未堕落状态充满仇恨，极力想破坏它，于是附在蛇身上向夏娃发话，引诱两个人类始祖中较弱的一方夏娃犯罪（违反上帝的命令，吃了禁果），从而达到控制他们二人的目的。如果说夏娃犯罪是出于软弱（糊涂或天真），亚当犯罪则是为了维持与夏娃的伴侣关系，不忍让她独自去受苦，因此他是在明知故犯（他清楚犯罪的后果）。[70]

尽管有蛇（撒旦）的引诱作为人堕落的外因，但人堕落的内因则可以说是因为他是出于虚无的，在这点上他与撒旦的堕落是一样的。[71]人妄图以自己取代上帝，成为存在的中心，这实即骄傲。骄傲使得他们明知自己犯错后，不求上帝原谅，不求医治自己，反而想在上帝面前推卸自己的责任。夏娃将责任推给蛇，说是蛇骗她；亚当将责任推给夏娃，说是夏娃让他吃果子。但实际上，违抗上帝的禁令却是"他们自己的行为"，他们是无法推脱自己的责任的。[72]

堕落带来的后果是严重的，人类的本性被破坏了、改变了，他们不再不死，身体反对灵魂，灵魂反对自身（《上帝之城》13：3），他们被贪婪支配住了：爱金钱、权力、暴力、性等等有限的善，而忘记了爱大善上帝。堕落天使和人类失去了真理，而人将精神之物想像成物质的东西（像奥古斯丁本人早期那样）。人的认知状态被扭曲了，理智不再能如实地认识事物，世界充满了谎言和欺骗。[73]人的意志也分裂了，知而不愿，愿而不能，甚至意志自己跟自己作对。当始祖吃完果子，眼目变得明亮，发现自己赤身裸体，知道了羞耻，就用无花果树的叶子编织裙子遮羞，这在奥古斯丁看来，是因为人的身心关系已经破裂，生殖器发生了不受理性控制的运动（《论原罪》，41章），故而需要遮掩。在另一处他还说，人的生殖器老是不受意志的控制，在该运动的时候不运动（阳痿），在不该运动的时候运动（如在公众场合无意地勃起）。[74]这在今天看来，只是一个单纯的病理现象或正常的生理现象，但在公元4、5世纪的奥古斯丁看来，却是一个综合性的神哲学问题：人的意志无法控制自己的身体，意志失效了。而在堕落之前，生殖器本来是像手和脚那样可以随着意志的命令轻而易举地、不带情欲地运动的。可见奥古斯丁并不反对性，他所反对的，只是性在罪性状态中发生了异化。

在反佩拉纠主义的论战中，奥古斯丁系统地发展了他的原罪论，其中最有意思的部分是说，罪性状态中的人类，其本性业已败坏，灵肉关系颠倒，常常"二律交战"，能力、意愿和知识处于分裂状态。能而不愿、愿而不能、知而不愿，使人陷于瘫痪状态。这样的人类无法自救，只能依靠上帝的恩典的帮助，才可以做到所愿的，恢复人在堕落前的样子。

由于上帝的禁令（不要吃苹果）能如此轻易地遵守，但始祖不遵守，因此其惩罚就是如此严重。[75]

这样，上帝所造出来的原初的秩序（认识、爱、幸福等层面的），就被彻底地颠覆了。

对于"爱的秩序"的颠倒，秉承了奥古斯丁精神的现代哲学家舍勒有着深入的认识。他认为，现代社会价值混乱的原因，就在于人们将只具有相对价值的对象，当作了绝对价值来爱，从而造成了"爱的无序"。[76]

第四节　原罪论

一　《圣经》与早期教父的原罪观

为什么现实中的人总是有种种的"不是"和缺陷，为什么罪是如此的普遍？将罪的普遍性[77]与"人类祖先"的过错联系起来，就形成"原罪教义"。虽然《创世记》记述了亚当夏娃的故事，但在《旧约》其他经卷中，如"先知书里"，几乎都不提亚当。《旧约》有"父债子还"的"集体"责任意识，如果说上帝是债主，则人类作为一个大家庭，都是还债人，从这个角度，《智慧书》和《德训篇》将其余人的罪与亚当的过错联系了起来。但随着个体道德意识的觉醒（"一人做事一人当"），像约伯那样的人开始出现，将自己的罪归之于祖先，混淆个体与集体，已不再是趋势。

恶自何来？"伪经"开始强调魔鬼的作用，总之不能认为恶来自上帝。到了《新约》，耶稣只提人们自己所犯的罪，而未提亚当的罪，并未将本罪与一个遥远的事件联系起来。但是耶稣提到了撒旦，说撒旦乃是杀人的（约8：44－45），是从天上坠落的，像闪电一样（路10：18）。耶稣所强调的，乃是罪的普遍性，但他并没有明确地将之与亚当的罪联系起来。耶稣虽然没有明确提到亚当的罪，但福音书中有一处似在暗示。《约翰福音》3：3 中，耶稣在与尼哥底母的对话时，说"人若不是从水和圣灵生的，就不能进上帝的国"，这似乎是预先假定了人是有原罪的，故而需从水和圣灵受洗。后来这句话为奥古斯丁所反复引证。[78]

保罗对奥古斯丁的原罪论有着最直接的影响。但奥古斯丁有没有歪曲保罗的意思，一直是个有争议的问题。[79]

保罗的罪观受到了犹太思想传统和当时思想环境的影响。"伪经"《艾斯德尔传》（Esdras）提到，亚当犯罪，将死带给了众人。但该经也说，亚当的罪只是影响了他自己，其余的人虽是他的后代，却需为自己的行为负责，为自己的命运负责。因此每个人都是亚当。犹太哲学家斐罗（Philo）则将《创世记》第 1 章上帝按照上帝的"形象"所造之人称为"第一亚当"，将《创世记》第 2 章上帝用尘土所造之人称为"第二亚当"，认为前者是天上的人，是柏拉图意义上的理想、完善的人，后者则是尘世之人，是不完善之人。保罗当时还有很强的"弥赛亚"盼望，"对观福音"也表现了这点：弥赛亚将从亚当的后裔中涌现（路3：23 - 28），但将使万物和谐。[80]

保罗的罪观主要表达于《罗马书》5：12 - 21，亦见于《哥林多前书》15 章。[81]据学者普拉特（Ferdinand Prat）的研究，保罗既将亚当与基督作了平等的对比，也指出了二者相反的地方。平行的对比有：亚当使我们迷失，基督则救了我们；亚当的违规带来可悲的后果，圣子的服从则令我们称义；在亚当里众人都死了，在基督里则众人可以复活。相反的地方在于：亚当一次的违规将死带给整个人类，救主一次的行为则消除了诸多的过错。罪多之处，恩典越显丰富。[82]

具体点说，保罗继承了犹太人中流行的对《创世记》第 3

章和第 6 章两处不同的堕落史的解释。第 3 章更形成了保罗原罪观的基础。在《哥林多前书》15、21、22 章他只是考虑到亚当的罪导致了后代生理上的死，没有考虑到罪的遗传的问题。但在《罗马书》5：12 – 21 他不仅视亚当的罪为生理之死的起源，且使后代传承了罪性，但如何遗传他却没有解释。这段话难解是出了名的。瑞斯（Rees）认为，其要点并不在阐释人类的死与罪在亚当那里的起源——而是强调律法无益于消除它们，只有基督的恩典才能将人从死与罪里救赎出来。所以堕落教义与救赎教义乃是对称的，构成了基督教拯救论（soteriology）的两大支柱。[83]

保罗将死与罪的来源追溯到了亚当的堕落，坚持人先天的疾病就潜在于人的"肉体"或"肢体"中，是一种行恶的冲动，只有基督的恩典才能医治它。但他留下了许多问题没有想到。始祖原先的状态如何？亚当之罪与基督之救功有同样的重要性吗？他是否认为我们本性中真有原罪，令我们要为亚当之罪负责？

早期教父并没有从保罗那里继承一种明确一致的原罪教义，他们也没有严肃认真地考虑过原罪观。据波阿斯（G. Boas）的考察，使徒时期的教父们总共只提到了一次亚当，而伊甸园和知识树根本就没有提到。[84] 希腊教父们一般含糊地接受着保罗的教导，但没有做仔细的思考，因此在他们的争论和思辨里，堕落、原罪并没有什么特别的地位。堕落和原罪在地方洗礼文里，甚至在尼西亚信经里也没被提到。[85]

2 世纪的爱任纽对堕落、原罪等作了系统的思考。但他对人性的看法远较保罗乐观，故而这些词的含义与保罗大为不同。[86] 他认为人起初受造，有神的"形象"，但这"形象"并不完善，只有经过磨炼，方可发展成神的"样式"，这样式是由耶稣启示给他的。爱任纽神学的着重点不在过去发生的一次堕落，而在将来可达到的成长。[87]

威廉斯（N. P. Williams）认为，教父们发展出了两种不同的堕落教义，一种以奥利金为代表，一种以德尔图良为代表。

奥利金早期将亚当夏娃的故事当作形象的比喻，将堕落教义当作是对恶的现象的反思结果。但在后期，考虑到凯撒尼亚（Caesarea）地方婴儿受洗的习惯，他将堕落与原罪连了起来，正确地意识到，婴儿受洗的仪式若不是在思想上，也至少在事实上是在先于原罪教义的；婴儿并不是因为原罪才受洗的，倒是原罪解释了婴儿受洗为何如此重要。他还说，原责（original guilt）的概念是与原罪的概念一起的。这样，原罪就从一种弱点变成了一种更为积极主动的污染，是会产生生理上的后果的，是伴随着罪责（guilt）的。不过，虽然强调婴儿受洗的重要性，奥古斯丁也只是将它视为得救过程中的一个步骤，圣灵的洗礼比它更为重要。

德尔图良立下了非洲的原罪教义的基础，在他这里原罪是一种积极的败坏，出自亚当，然后由父母遗传给孩子。他造出了"始罪"（originis vitium）一词。他是肉体遗传说（traducianism）的创始人。他认为灵魂是物质，祖先与后代具有"种的同一类"（seminal identity），故而坚持这种遗传说对他在理论上不构成自相矛盾。不过，他没有发展出明确的原责观，还坚决认为婴儿受洗是不必要的，甚至应该反对，因为婴儿受了洗，如何解释受洗之后犯的罪呢？第二位非洲大教父齐普林则将罪的遗传的污染与由洗礼而来的脱离罪、得到救赎挂上了钩，从而认为受洗越早越好，他还认为原罪与原责有关。[88]

二　奥古斯丁原罪论所受影响

奥古斯丁的原罪论不是天上掉下来的，而是他在自己的生存体验中，在对《圣经》和传统仪式的理解的基础上提出来的。

一般认为，奥古斯丁的原罪论和恩典论是他本人的生命经验和保罗书信发生遭遇后的结果。这在《致辛普里西安》1：2和

《忏悔录》7：10－11 有所表达。

虽然人们都承认《圣经》尤其是保罗书信对他的影响，但具体是哪部分经文却存有争议。李昂勒（Lyonnet）认为，主要的影响来自《罗马书》7 和 9 章，以及《哥林多前书》15 章，而不是被讨论最多的《罗马书》5：12。至于教会传统的影响有多大，也存有争议。有人认为奥古斯丁发明了原罪教义，但大多数人认为奥古斯丁在原罪论上受到奥利金、德尔图良、齐普林、安布罗斯以及希腊人的影响，还有人认为这个名单应加上安布罗斯亚斯托（Ambrosiaster）和提康尼。

对原罪论有影响的两个传统观念是：圣处女无瑕受孕而生基督，婴儿受洗。也许是安布罗斯提出了这么一种观点：基督的无罪性是与他摆脱了普通的受孕连在一起的。齐普林则首次将婴儿受洗的仪式与原罪教义联系起来。他宣称，虽然婴儿本身还没有犯罪，但由于他们生来就继承了亚当的罪，因此给他们施洗是必须要做的，是马上要做的。教会中给婴儿施洗的传统实践是奥古斯丁坚持原罪论的一个主要依据，在其早期著作中即已提出。他相信婴儿在生理上和道德上的受苦正体现了婴儿天生的罪性。对他来说，这并不是炮制来反驳朱利安的一个论证，而是一个事实。

这样，奥古斯丁就受到了五方面的影响，实际上也成为他用来证明原罪教义的五个论证：《圣经》，尤其是保罗书信；传统（教父哲学）；仪式，尤其是给婴儿施洗的仪式（在《论罪的赦免》里他都提到了）；奥古斯丁对他本人的生命体验的反思；孩子的受苦。[89]

在奥古斯丁用来证明其原罪论的经句中，下面五句是关键的。

（1）《罗马书》5：12。这段经文希腊原文为"这就如罪是从一人入了世界，死又是从罪来的；于是死就临到所有人，因为所有人都犯了罪"，但奥古斯丁所参照的拉丁文圣经将这里的"因为所有人都犯了罪"（希腊文原文为：Eph hoi），误译为"在他（亚当）之中众人都犯了罪"（in quo omnes peccaverunt）。[90]

（2）《希伯来书》7∶9－10 提到利未虽然还没有出生，但已预先存在于祖先身上了（和合本："并且可说那受十分之一的利未，也是藉着亚伯拉罕纳了十分之一。因为麦基洗德迎接亚伯拉罕的时候，利未已经在他先祖的腰中"）。

由上面两段经文，奥古斯丁推论说，所有人在出生之前本就已在祖先亚当身上存在了，亚当与他们有种的同一性，所以亚当犯罪，他们也就参与了。这就是原罪。原罪带来原责，如死这一惩罚，就是他们要负的原责。他们既与亚当在种上同一，那么既在亚当里犯了罪，也跟亚当一样拥有了肉欲，不信上帝。

（3）《诗篇》51∶5："我是在罪孽里生的，在我母亲怀胎的时候就有了罪"；

（4）《约伯记》14∶4－5（七十贤士版）："谁能摆脱污秽呢？没有人能，即便他的生命只有地上的一天那么长"（和合本为："谁能使洁净之物出于污秽之中呢？无论谁也不能"）；

（5）《约翰福音》3∶5："人若不是从水和圣灵生的，就不能进神的国"；《以弗所书》2∶3："我们本为可怒之子，和别人一样"。

据一些当代学者的考证，这五句经文中，有三处误译。[91]但一些学者认为，虽然有这样的瑕疵，奥古斯丁对于保罗的思想，尤其是原罪思想，理解得还是比较准确的。虽然《罗马书》5∶12 是误译，但奥古斯丁的原罪论思想却非主要建立在这一句话上，而是建立在《罗马书》7、9 章和《哥林多前书》15 章上。

三　奥古斯丁原罪观的发展

据一些学者的考察，在 396 年之前，奥古斯丁保持与东西方教父传统的一致，认为亚当所受的惩罚作为有死性在其后代的肉身上继承了下来，而婴儿的灵魂是无辜的。

奥古斯丁很早就注意到了"原罪"。388 年在反摩尼教时他就说，没有什么是比"旧罪"（antiquum peccatum）更常成为常识性的传道话题，也没有什么是比它更难把握的奥秘了。

396/397 年《致辛普里西安的信》在评注《罗马书》时，奥古斯丁造出了"原罪"这个词（peccatum originale），首次将"原罪"一词引入了基督教传统。[92]后来奥古斯丁经常以这封信为例，说明他在那时就有了恩典和原罪论。在那里也确实可以发现他第一次用了"原罪"（originale peccatum）、"原行"（originalis reatus）及来自于安布罗斯亚斯托的词"罪的团块"（massa peccati），还可以找到"贪欲"及"原义"观念的萌芽。[93]

但一个词可以有不同的含义。"原罪"一词，随着奥古斯丁思想的发展，其蕴含着的丰富含义逐渐显现出来。在与多纳特派论战期间，在多纳特派神学家提康尼的刺激下，奥古斯丁着重研究了齐普林的著作，以及保林（Paulinus of Milan）于 405 年带到迦太基的安布罗斯的著作，从而将重点转移到了后期意义上的"原罪"上。所以，一些学者认为奥古斯丁是在 406 年左右，即在保林到达非洲后，才形成成熟的原罪观。[94]

大约与创作《忏悔录》同时，奥古斯丁在 401－416 年一直致力于《〈创世记〉字解》。他认为，亚当是由于骄傲而犯罪的，骄傲使他爱自己胜于爱他的创造者，结果就误用了上帝给他的自由意志，尽管上帝清楚地警告了他吃知识果的后果，他仍选择了和夏娃一起不服神令。后来他再一次骄傲，试图将罪责推卸给夏娃，让夏娃一个人承担责难，从而使自己得到上帝的怜悯。由于他的罪，就被罚逐出伊甸园、身体的死、永罚，以及其后代都受到同样的惩罚，通过继承由罪导致的致命缺陷以及伴随着罪而来的罪责。这种缺陷，vitium originis 或起源的罪，乃是肉欲（concupiscentia carnis)，导向性交的性欲，由于罪，他就失去了凭意志对这性欲进行控制的能力。这样，亚当的罪就不仅给他本人而且给整个人类带来了灾难，因为由堕落导致的本性的蜕化传给了他的后代，后代又传给后代，致使一切孩子都"生在罪里"，只有耶稣是个例外，他不是从肉体受孕而生，故而得免于罪。[95]

原罪论的想法，最为清楚、成熟、极端地体现在奥古斯丁与佩拉纠派论战的著作中。"原罪"与"预定"、"恩典"、"自由意志"构成了奥古斯丁神哲学的主要范畴。

四　"原罪"的内容与本质

奥古斯丁本人的"原罪"概念并不好把握，因为他总是根据敌手的责难而加以修正。他也没有对原罪下一个明确的定义。

虽然不好把握，有的学者还是认为，奥古斯丁成熟的原罪论包括如下几个层面：

(1) 亚当的罪及对它的惩罚（贪欲/贪婪，concupiscentia）是会遗传的；

(2) 婴儿的灵魂是有罪责的（guilty）；[96]

(3) 婴儿的罪是真实的（不是类比）、严峻的，是通过生育而遗传的；

(4) 洗礼是一切人，包括婴儿，得救的必要手段。[97]

但是，原罪的本质是什么呢？现代学者主要有三种看法。第一种认为，原罪是指亚当的骄傲（superbia），由于亚当的后代与亚当的合一（solidarity with），他们也就由于灵魂的死而分有了骄傲；第二种认为，原罪是指从亚当那里遗传来的贪欲之罪责（guilt of concupiscence），它是对亚当的骄傲的一种惩罚；第三种则力图将这两种看法结合起来，认为亚当的罪导致了其灵魂的死，而灵魂的死通过生育被传给了后代，使他们的人格不再完整，先天地倾向于背离上帝，婴儿也是如此。就人的自由来说，他总是想选择自认为好的东西，但他认为的这些好的东西，又总是有限的，是根据他个人过去的经验以及前人（文明）的习俗等判定的。如果这些好的东西包括了对上帝的爱，则人尚有行善的自由，但若没有，则只有作恶的自由了。人之所以缺乏行善的能力，是因为其意志有所缺失，从个人层面来说，是由于习惯和感情的力量，从原罪的层面来说，是由于贪婪。实存的人性乃是个人和集体历史的结果。它从亚当那里继承了三重遗传：愚昧无知、贪婪、死亡。作为灵魂死亡的结果，我们既不能辨认指导我们行为的善（遗传的愚昧），也不能将其有效地行出来（遗传的贪婪）。[98]

　　瑞斯认为，虽然奥古斯丁的"原罪"难以把握，不过，抓住"贪欲"和"种的同一性"也就差不多了。在他看来，奥古斯丁所说的"贪欲"（concupiscentia），是指人类背离至高的善、转向较小的受造的善的倾向；亚当的第一个罪就是贪欲，为此亚当受了罪责，但这罪也包含了许多别的罪的种子。奥古斯丁列举的贪欲之罪有：骄傲、亵渎神灵、杀人、精神通奸、贪婪、偷盗等等，但其主要表现是性欲。性欲由人繁衍后代的本能培养浇灌，这在其本身当然是必要的，但在所有形式的贪欲中，它乃是"最狂暴的，理性和上帝的命令最不能指导的"（威廉斯语）。亚当的第一桩罪是骄傲之罪，可称为自爱或自我中心意义上的贪欲；但它导致的是后代摆脱不了的肉欲（concupiscentia carnis）：它们形成了"可诅咒的团块"（massa damnati），作为上帝审判给人的惩罚，被留在那里了，除非上帝怜悯他们，使他们得释放。作为性欲的贪欲既是原罪，即衍生了其他一切罪的罪（peccatum），又是它所召来的相应的惩罚，即报应罪（poena peccati）。[99]

五 原罪如何遗传

上面说过，保罗并没有回答"罪是如何遗传的"。对这个问题，奥古斯丁是必须回答的，因为他要解释，为何一个连自由意志都还没有的婴儿也会有原罪。据一些学者的归纳，奥古斯丁共有四种不同的说法：[100]

A 通过某种神秘的种的统一而来。亚当在伊甸时，我们每个人都处在亚当这个个体里面，因此整个种类都是那个犯罪的人（《反佩拉纠派的两封信》4：7）；

B 亚当的罪败坏了本性，并败坏了后来所有分有接受了这本性的人（《论婚姻与贪欲》2：57；《上帝之城》14：1）；

C 只是由遗传而来（《反佩拉纠派的两封信》4：7）；

D 由性交过程中的可耻的贪欲而来。由于要生育后代必须先经过性交，而性交是免不了有情欲（或性欲，贪欲之一种），由此情欲而生的后代就不可避免地染上了原罪（《论原罪》42。）[101]

由于原罪的传递是在上代人与下代人之间进行的，而人又是"有身体的灵魂"，因此，单个人的灵魂如何产生的问题就很重要了。在《论意志的自由选择》3：20，奥古斯丁提到了关于灵魂起源的四种理论：（1）遗传说（traducianism），认为所有人的灵魂都是从上帝当初造的那人（亚当）遗传来的；（2）个别创造说（creationism），认为上帝在每一个人出生时为之单独造了灵魂；（3）先存差遣说，灵魂先已存在于某处，上帝将之发送到单个的人的身体上；（4）下凡说，灵魂先存于某处，但不是上帝而是它们自己下凡附在身体上。奥古斯丁在那里是在为上帝辩护,尽管人生在无知无能之中,却不能说上帝不义,不能说上帝要为人的罪负责。这四种理论都可以说是可能的。[102] 到了佩拉纠论战中,灵魂起源问题由于原罪问题而显得紧迫。在《论灵魂及其起源》中,奥古斯丁认识到这四种理论都是有缺陷的:(1)遗传说尽管较清楚地解释了在亚当犯罪时,众人是如何"在他里面"的,却隐含着灵魂物质论(德尔图良就持这种观点),即一人灵魂之由前人灵魂产生,就如一人肉体之由前人肉体产生。对此奥古斯丁不能接受。(2)个别创造说则难以解释为何上帝所单独创造的灵魂,会玷有原罪呢?(3)如果先存的灵魂被上帝派送到身体中,则它们怎么会是有罪的呢?(4)如果说先存的灵魂在前世犯了罪,因此今生下凡附体,则可以较合理地说清为何今生灵魂有罪,但是,这种观点是保罗《罗马书》9:10所明确反对的。[103] 奥古斯丁对灵魂起源问题迟疑不决,未作定论。[104]

尽管在灵魂起源问题上难下定论,但"原罪如何遗传"这个问题,奥古斯丁还是比较倾向于第四种解释(D),即性交中的性欲(情欲)将原罪遗传给下一代。当时佩拉纠派提出了一个反驳"受洗洗去了原罪"的论证:如果一个婴儿的父母双方都是基督徒,都受过洗,那么无疑他们的原罪都被洗去了,没有原罪了,那么他们在受洗之后生的孩子也就没有原罪了,这样,为什么还要给他们的孩子受洗呢?这岂不是自相矛盾吗?对此诘难,奥古斯丁作了一个机智的回答,他说,洗礼所洗去的,只是罪责和一个人以前犯的本罪,至于罪的实质(或行为,actus),却是没有触动的,只要一个人比如在为生育进行性交时,动了情欲之火,则肉欲会在此时玷污下一代,从而使后代仍有原罪。就如刮胡子一样,原罪宛如胡子根,原责宛如胡子,刮掉了原责,但原罪仍在,且会重新长出原责来,因此人在此生活着时,就有必要不断地刮胡子,虽然他刮不掉胡子根。刮掉胡子根只能在将

来灵性的身体那里才有可能，因为那时连欲望本身都无需再有了
（《论原罪》44）。尽管洗礼使基督徒摆脱了罪责，但只要他们生
孩子，为生孩子而进行性交时产生的性欲仍会使孩子受到玷染，
故而肉欲的行为仍不会消失，它仍留在人性里头。所以，任何人
都生而有双重遗传，从亚当的罪继承来的肉欲，以及罪责。罪责
在洗礼中得到了赦免，但只要肉欲的行为重犯了，罪责就会再
有。区分罪的行为与罪责，奥古斯丁就可回答佩拉纠派的诘
难了。[105]

所以，奥古斯丁才会说，"我们本性的污点在我们孩子那里
印得如此之深，即使在父母身上同样过错的污点因免罪而得到清
洗，在他们身上也仍然保留着"（《论原罪》44）。

六　性欲与婚姻

根据上面的观点，原罪得以遗传，跟人在受孕时父母的性欲
（情欲）有莫大关系。而这牵涉到对性、性欲和婚姻的看法。

在佩拉纠的追随者（主要是朱利安）看来，奥古斯丁的罪
观是在谴责婚姻和生育。上帝让世界有男女二性，并赋予他们性
欲、祝福他们生育，这难道错了吗？当然没有错。在他们看来，
奥古斯丁的说法不仅是欺骗性的，还是危险的，是摩尼教之谴责
身体和生育的残余。在反朱利安的著作里，奥古斯丁困难地坚持
认为，婚姻与生育本来是善，同时又强调原罪和情欲的邪恶是通
过婚姻传承的。近来有些学者认为，奥古斯丁在受到朱利安这样
的佩拉纠派的攻击时，软化了他以前的一些观点，承认在无罪的
伊甸园那里，可能存在着一种无邪的力比多即性欲。[106]

在早期，如写于 388–389 年的《论〈创世记〉，反摩尼教》
1：19：30，奥古斯丁对《创世记》1：28 所说上帝要人"生养
众多，遍满全地"进行了一种"属灵的"解释，认为始祖堕落
前，男与女，灵魂与身体，都处于一种融洽状态，并没有性欲或

情欲之类来捣乱。性欲只是堕落后才有的。

不过，对《创世记》所作的属灵的解读，虽在对付摩尼教时有用，但也招来基督教内的指责，说他的性伦理太禁欲了。400 年左右，他开始强调生理意义上的婚姻和生育，对《创世记》作一种更字面的、"物质的"解释。但虽然如此，他之将性欲与始祖犯罪联系起来的作法，仍使得后来朱利安指责他是一个隐藏的摩尼教徒。[107]

在和朱利安的论战中，奥古斯丁对于双方的争论点是很清楚的。421－422 年写的《反朱利安》5：12：46 说："我们之间的问题是：是否（始祖）在天堂里犯罪之前肉体有情欲违反（人的）灵；是否现在这并未发生在配偶中间，当婚姻的谦逊本身抑制了这同一种贪欲（指情欲）的过度时……"[108]

奥古斯丁设想了亚当和夏娃堕落前的性生活图景：他们的性交必定是平静的、在意志控制之下的，就像我们可随意移动手脚似的。他们在天堂里的交合是"至乐"的一个源泉（《上帝之城》14：26）。[109]因此，在人堕落之前，就已有性交了。性交并非像诺斯替派所认为的那样是堕落引发的可耻后果，反倒是上帝原初美好的创造。但是，性交虽非堕落的结果，却受到堕落的影响。始祖犯罪后急忙遮掩自己的裸体，这在奥古斯丁看来，似乎暗示着某种从前没有的事发生了，就是他们的性欲引起了性器官的反应（《上帝之城》14：24；《反朱利安》4：4；4：8；《书信》6：5）。[110]因此，性交虽非堕落的结果，性欲却是。罪的状态中的人常常发生这样的情景：不想性交时，身体却有反应，想性交时，身体却无反应。这样，意志、理性、身体之间就不再像堕落前那样和谐一致，而是呈现出分裂的状况。它成了罪的一个集中体现。婚姻中的性也免不了如此，由此而生的孩子就玷染了原罪。

在《反朱利安》4：5：35，他却似乎考虑到，始祖堕落前可能是有情欲的，但这情欲在意志的控制之下。他说："你为什么不相信，在罪出现之前，天堂的那对夫妻（指始祖）本可以不带任何情欲地生产孩子，其行为及其肢体的性交或结合乃是平静的；或至少，他们身上的情欲引起的行动既不先于也不超过意志?"[111]

新近发现的一封约写于421年的信里（信6*），奥古斯丁对他在与佩拉纠派论战中关于原罪和情欲的观点作了一个小结。这封信是写给君士坦丁堡主教阿提克（Atticus）的。该信表明，在与佩拉纠派的论战中，奥古斯丁发展出了一种更为微妙的立场：区分婚姻之中的合法性欲和"肉体的贪欲"，同意可能在伊甸园时曾有一种无罪的性欲，假如"堕落"未曾发生的话。[112]

在这封信的第8章，奥古斯丁指出，这种肉体的贪欲，若是在天堂里有的话（为生孩子繁衍人口），也不是我们现在所经历的这种肉体的贪欲，后者对什么都垂涎三尺，不管是合法的还是非法的。若是天堂里曾有贪欲，也会是一种不同类型的贪欲，在那里肉体是不会激起情欲来反抗精神的，不会超出意志的倾向，它与意志处于一种和谐之中；除非是有了生孩子的需要，它是不会出现的。但堕落后它已经被罪所败坏，因此，它的运动才使得先前赤裸但毫无羞愧的始祖现在陷于羞愧之中了。基督没有玷染原罪，是因为他是圣灵生的，不是通过人的情欲生的。[113]

他接着说，基督没有玷染原罪，就是因为他是马利亚为圣灵所感而生，并没有玷染上人的情欲。在《反朱利安》5：15：54他也说，情欲的变质可用来解释为何耶稣为处女所生：从马利亚那里，耶稣只是采取了"罪身的形状"，而不是被原罪玷污了的肉体。这样，在一些学者看来，奥古斯丁就向中世纪神学注入了一个"强有力的、有害的"主题，即处女生子预设了，即便是在婚姻之内，只要有性行为，就是有情欲的污点的。[114]

按照原罪论，由于婚姻的性交会成为原罪传播的工具因，所以，独居胜过婚姻。但奥古斯丁也并不因此贬低婚姻，他想在贬低婚姻的哲罗姆和否认童贞优越性的约文尼（Jovinian）之间保持"中道"，在 401 年写的《论婚姻的好处》中，他警告修女们，尽管她们已选择了一种更高尚的生活，却无须看低基督徒的婚姻。应该区分开不可避免地伴随着性行为而有的生理的快感，和作为误用了的冲动的力比多。

那么上帝所设立的婚姻有什么好呢？在《论婚姻的好处》中，他指出婚姻有三种好：繁衍后代、彼此的忠诚、以及"圣礼的结合"（sacramental bond，即禁止离婚和再婚），[115]但并没有包括夫妻彼此的快感。他采用罗马法的说法，认为婚姻是由夫妇双方的同意结成的，而不是由生理的完满结成的。既然性行为首先是为了产生后代而有的，如果已婚者虽无产生后代的目的但也享受婚姻的交合，也是"可原谅的"。像亚里士多德和保罗那样，他强调夫妻双方相互的义务。他要严肃的基督徒严格一点，而老年的基督徒夫妇若是持有无性的友谊则更佳。但他也准备退让，实际上是坚持，在基督徒的婚姻内，肉体的冲动得到"好的和正当的运用"。[116]

总的来说，由于奥古斯丁认为，人是上帝创造的，因此其本性是善的，但由于始祖犯罪，这善的本性被玷污了、损害了，因此而有了恶。这恶作为"虚无"，"寄生"在"善"的上面也一并地通过婚姻而"遗传"下来。但正如上帝创造了善的本性一样，上帝也为治疗人的疾病而准备了"医生"。从三一论来看，创造论与救赎论是一致的。

《论原罪》38 章可以代表奥古斯丁在婚姻与原罪问题上的一般看法，他说：

　　但他们（佩拉纠派）论辩说："这样一来，婚姻岂不成了罪恶，婚姻所生的人也算不上上帝的作品了？"这样一

来，仿佛婚姻生活这种好处就成了贪欲这种疾病，那些不认
识上帝的人正是带着这色欲爱他们的妻子的……仿佛婚姻生
活也不再是夫妇间的忠贞，肉欲正是因这忠贞才被正当地引
上了生育孩子的目的。仿佛一个人不管是婚生子女，还是乱
伦或通奸的产儿，都算不上上帝的作品似的。然而，在目前
的探讨里，当问题不是为了什么事上帝是必要的，而是为了
什么事救主是必要的，我们就不要考虑在本性的繁殖里有什
么善，而要考虑在罪里面有什么恶，我们的本性正是由于这
罪才败坏了。无疑这二者——本性和本性的败坏——是同时
产生的；它们之中一个是好的，一个是恶的。一个是从创造
主的慷慨施舍而来，一个则由我们起源的谴责而受到玷染；
一个起因于至高上帝的善良意志，一个出自人类始祖的堕落
意志；一个宣扬上帝为宇宙的创造主，一个显出上帝是不顺
服者的惩罚者：简而言之，同一位基督为了创造其中之一而
成为人的创造者，为了医治其中另一个又被造为人。

七　"不能不犯罪"

我们已在"生存体验与神学反思"一章里看到，奥古斯丁
对于自己"知、愿、能"的分裂是深有体会的：你所知的，你
不愿作；你愿作的，你不能作；你能作的，却不愿作。人内心充
满骄傲，以为凭着自己的能力就可以认识真理，认识真理就可以
凭着道德修炼达到完善。但实际上，他们既不能认识真理，也不
能臻于至善，反倒是陷在"无明"和"无能"之中。最可悲的
是，有时他们认识到了真理，但仍然依照谎言生活，"恨恶真
理"；或者认识到了真理却没有能力按照它去生活，反而沉沦于
旧的生活习惯而不能自拔。

除了耶稣基督之外，一切的人都玷染了原罪，都是本性有缺
陷的，好像泡在一个大染缸里，无论如何都只有犯罪的份。奥古

斯丁说，谈到自由意志，我们只能说，在始祖亚当那里，他有两个选择：或者服从上帝的命令，或者不服从上帝的命令，因此他是真正有自由意志的，而且他服从上帝的命令也是很容易的。他本来"既能够不犯罪，又能够犯罪"（potuit non peccare, sed potuit et peccare），但是他选择了犯罪，也即不服从上帝，这样就堕落了，就受到了上帝公义的惩罚，整个人类就陷在原罪以及原罪带来的更多的罪里不能自拔，使得他所有的后代"不能不犯罪"（《上帝之城》22：30）。

从这样的罪人里面，上帝选了一部分人，使他们脱离罪，成为圣洁，将来这些人在天上时，由于分有了那"不能犯罪"的上帝的自由，而接受到"不能犯罪"的能力，完全以上帝的意志为意志，那时他们得到了真正的自由，这种真正的自由就是"不能够犯罪"（peccare non potest，《上帝之城》22：30）。这样，由"可以不犯罪"，到"不能不犯罪"，再到"不能犯罪"，乃是人迈向真正自由的"正"、"反"、"合"三阶段。

奥古斯丁区分了"自由"和"自由选择"，"自由"在他看来就是处于一种完全以上帝为乐、爱上帝、以上帝意志为意志的状态，它与心灵的一种满足、喜乐、幸福感连在一起，但奥古斯丁从来没有对它作过严格的定义。这种"自由"，在"自由意志论"哲学家看来，恰是一种不自由，因为这里是没有不爱上帝、不以上帝为乐的选择的。

奥古斯丁所说的"自由选择"，也不大同于今天所说的"自由选择"。比如一个人既可选择行善，也可选择作恶，这就是今人所说的自由。但在奥古斯丁看来，亚当堕落之后的整个人类，没有真正的善（除非是得到上帝恩典者），所以，他们可能作出的行为和选择，都只是在不同的恶之间作出的。[117]

为了说明奥古斯丁的意思，我们不妨用一个比方。

在二战期间，法国有一位官员，此人廉洁奉公，勇敢正直，颇有道德感，严格遵守上级的命令，甚至很是积极。不仅上级，而且街坊邻居，都对他赞誉有加。但当时政权是听命于纳粹的维希伪政府。某一日，上级命令官员，将本市的所有犹太人集中起来，送到德国集中营消灭。这位官员遂行动起来，按命令捉拿犹太人，将他们送往德国。

我们可进而设想二战时的一个德国公民。此人的行为，在纳粹德国国内堪称模范公民，他积极守法，履行职责。但从一个更大的范围来看，他却又无时不在犯罪：他教育子女爱国，将他们送往前线，只是将他们送往死亡，或让他们去杀更多的人；他天天去工厂加夜班，只是在生产更多的武器去杀人；他节约自己的每一分钱，宁愿自己饿肚子，也要捐给国家去买飞机大炮，却只是产生更多的罪恶。

这两个人的处境，就相当于亚当所有后裔的处境：他们只有自由选择，但缺乏自由。他们背离了上帝，转而为撒旦所统辖，受肉欲的摆布，虽然他们的行为有时候看起来很有道德，但实际上只是促进了恶，只不过是在以不同的方式增加恶而已。他们可以选择做这个，做那个，但从一个大的范围来看，他们无数的选择都不过是一个"恶"而已。这是因为他们处在一个本身就是恶的结构里。他们处在撒旦之城里，爱的只是自己，自己的欲望、自己的骄傲。他们自己无法摆脱这样的恶的结构，或是无法认识，或是认识到了但无能为力，这时就需要外力的强行介入。

上帝就是这外来的强力。从这样的黑暗国度里，上帝选择了一些人，让他们得见光明，认识到、做到真正的善，成为真正的义人、正直人。上帝使他们首先有信，有善恶之知，由信而生善行，并且使他们有能力保守这信，继续行善，由善行而得奖赏，就是将来得永生。他们就是所谓"圣徒"，他们和好的天使一道构成"上帝之城"。而那些未被选中的人，则继续留在罪里沉沦，他们以世俗的善为至爱，他们构成了"世俗之城"。

亚当后裔因为亚当的罪而受到惩罚，本性受到损害，"不能不犯罪"，所做的一切无不是与罪沾边，他们之有痛苦、有死，也本是理所应当，是惩罚的必然。在这些人当中，一部分人得到拯救，另外的人不能抱怨上帝不公，而应该感谢上帝，因为本来全体人类都该受罚的，上帝却额外开恩，救了一部分人，所以应该感谢。

得救的人不多，是一小部分人，这些人就是得到了"内在恩典"的人。他们先是有信心，信耶稣基督为救主，其次是出于爱而有善行，并能保守到生命最后一刻。但归根到底，无论信心也罢，行为也罢，都是上帝给予他们的，不是他们凭着自己的能力获得的，所以他们毫无骄傲的资本，只有谦卑的份。奥古斯丁特意强调，使圣徒开始成为圣徒的地方，就是"信"这一行为本身，其开端也是出于上帝，不是出于他们自己（《论圣徒的预定》）。他们的得救，乃是上帝早已预定好了的。

第五节 预定论

一 原罪与预定

虽然原罪论与预定论有着密切的关系，但二者的发展并不是平行的，预定论也不必然以原罪论为其理论前提。[118] 在早期《论意志的自由选择》第 3 卷中，虽然奥古斯丁已注意到意志的受缚状态（"愚昧"和"困难"），虽然奥古斯丁已将它们当作对（始祖的）罪的惩罚的结果，但系统的原罪论尚未提出。[119] 而预定论的问题，在解释保罗的有关经文时，就已涉及。[120]

预定论和原罪论的连接问题，虽然也早就蕴含在保罗书信的解释之中，真正变得急迫起来，却要到《致辛普里安》，在那里他要回答如下问题：上帝为何在孪生子以扫和雅各出生之前，便已爱以扫而恨雅各？如果上帝本可爱以扫却恨之，使他被弃，本可爱法老却令他"心肠刚硬"，从而被定罪，这公平吗？[121] 本来奥古斯丁已以"上帝的旨意是人不可测度的"，而上帝无有不公正作答。但在那里，奥古斯丁仍进一步作了解释，以便使"软弱的人心"可以用他们所熟悉的人间事作类比，来对上帝的公正有所明白。[122] 他用欠债和陶工制作器皿来说明为何上帝的预定是公正的。我们这里来看看他如何用欠债来类比上帝的公正。

　　人类社会通过付出与获得的交易行为而交织为一体，事物的付出与获得有时是作为欠债进行的，有时则不是。一个人如果要收回别人欠他的东西，你是不能说他不义的。一个人如果准备放弃别人欠他的东西，你当然也不能说他不义了。作出这一决断的，不是欠债的人，而是债主。公平的这种形象或痕迹是由至高的公平烙印在人类的商业交易上的。[123] 人乃是罪的团块（massa peccati），因为，正如使徒所说，"在亚当里众人都死了"（林前 15：22），整个人类犯罪违抗上帝，其源头也要追溯到亚当那里。有罪的人类必要向至高无上的神圣正义偿还惩罚之债。不管那债是要偿还，还是被免除，都没有不义的。如果欠债的人声称他可以决定谁的债该免，谁的债该还，那就意味着他的骄傲自大了；正如那些在葡萄园里干活的人，在看到后来干活的人拿的工钱和他们一样多时，就不正当地埋怨主人一样。[124] 所以使徒才会压制厚颜无耻的质询者。"你是谁，竟敢向神犟嘴呢？"说一个人跟上帝犟嘴，在这里是说他不高兴看到上帝找罪人的错，仿佛上帝在强迫某人犯罪一样，而实际上上帝只不过是没有对某些罪人施怜悯，因此就被说成是令某些罪人变得刚硬；上帝这么做，不是因为他驱使他们去犯罪，而是因为他未对他们施怜悯。他决定不怜悯谁，他所依据的公平的标准是至为秘密的，是远远超出人的理解能力的。
"他的判断何其难测！他的踪迹何其难寻！"（罗11：33）
他找罪人的过错，这是正当的，因为他并没有强迫他们去犯
罪。同样正当的是，他对某些人施怜悯，使他们可以听到他
的这呼召，在上帝找罪人的过错时可以衷心地悔过，并转向
他的恩典。因此，他之找人的过错，乃是既正当，又仁慈
的。[125]

因此，既然普世之人都因为亚当的过错而成为"罪的团块"
（带有原罪），欠了上帝的债，他们就不能埋怨上帝正当地惩罚
他们，更不能埋怨上帝只救他们中的一部分人，使之有信心和善
行，而放弃大部分人，让他们继续生活在过错里。他们应该感
恩，因为上帝本可以连这部分人也不救的。

这样，预定论似乎就与原罪论连接上了。从普世罪人中，上
帝对一部分"施怜悯"，"预定"他们得救。我们不能知道上帝
"预定"一部分人得救的根据何在，但我们不能埋怨上帝不公
正，因为如上所说，原罪中的人本来都要受惩罚。

二　单一预定还是双重预定？

这里又会产生新的问题：上帝是只预定了一部分人的得救，
还是也预定了其余所有人的沉沦、被定罪？也就是说，奥古斯丁
所主张的，到底是单一预定论，还是双重预定论？联系到后世的
"双重预定论"，这个问题尤其显得重要。[126]

在上一节引用的《致辛普里西安》1：2，我们看到，奥古
斯丁只提上帝预定了一部分人得救（免除他们的债），但没有说
上帝也预定了其余的人被定罪，仅是小心翼翼地说，上帝没有向
某些人施怜悯（在人看来，就是上帝"恨"某人，如恨以扫，
或叫法老"刚硬"），但这些没有蒙恩的人之处于沉沦状态，完

全是由于自己的自由意志（在亚当里犯罪），怪不得上帝。所以，不能说是上帝驱使人犯罪。直到 428/429 年写的《论保守的恩典》里，奥古斯丁仍旧强调这点。

　　但他似乎又有双重预定的思想，这表现在他有时会使用"预定永死"这样的词汇上。在 419/420 年《灵魂及其起源》，他提到了永死的预定："对那些他（上帝）预定了永死的人（quos praedestinavit ad aeternam mortem），他也是最为公正的惩罚者，不仅是因为他们放纵自己的意志使罪增添，还因为他们的原罪（propter originale peccatum），即使他们什么也增添不了，婴儿的例子就是如此。"[127] 在《论恩典与自由意志》第 45 章，奥古斯丁提到上帝"允许"罪人变得"刚硬"，但他们之变得刚硬，是"凭着他们自己的自由意志"，上帝并未主动地使其变得"刚硬"。[128] 在《教义手册》26：100，奥古斯丁提到上帝给那些他已预定惩罚的人定罪，是在以恶致善。但他接着解释说，这些预定惩罚的人的恶行，是违背上帝的意愿的。它们并非上帝导致的，但上帝"允许"它们发生。从某个角度说，"即使违背他（上帝）意志的事也并没有逃脱他的意志。因为，如果他不允许，它就不会发生（当然他的允许不是无意愿的，而是有意愿的）；一个善的是者（Being），倘若不是其全能可以将恶变成善，他是不会允许有恶的。"[129]

　　所以可以看出，虽然奥古斯丁有时用"预定永死"之类的词汇，但他的意思，并不是说上帝主动使人作恶好使他们被定罪（否则人就无须为自己的恶行负责，倒是上帝要负责任，既然如此，则上帝惩罚罪人是不公正的。这当然是奥古斯丁要避免的），而只是说，上帝虽然预知到人会作恶，但他只是消极无为地"允许"人作恶，[130] 在人作恶后又正当地判其罪。这和预定永生不同。上帝给人恩典，使其蒙召信从，是完全主动的，人只有消极地接受的份。倘若所谓"双重预定"是说上帝既预定了永生，也预定了永死，既主动使人蒙恩行善，又主动使人遭谴作恶，则显然奥古斯丁没有这样的意思。因为他的"存在与虚无"的形而上学决定了他的作为最高的善和存在的上帝，是不会主动创造"虚无"，即"存在的缺乏"和"善的缺乏"的。上帝可以默许存的"虚无"和道德的"虚无"的存在，并且就像我们的"记忆"记得我们的"遗忘"一样（《忏悔录》10：16），上帝作为最高的存在也"预知"到受造的存在会发生"虚无"和"缺失"，但这"虚无"与"缺失"却不是由存在导致的，正如"遗忘"不是由"记忆"导致的，而只是"记忆"之"缺失"。上帝默许"虚无"和"缺失"，也许是因为这有助于整体的善，有"缺失"可能性（即滥用自由意志的可能性）的宇宙好过一个完美无缺但却没有自由意志的宇宙。

但是，奥古斯丁的预定论确实很容易使人发展出"双重预定论"。如果只是单纯地记得奥古斯丁使用了诸如"预定永死"这样的词汇，忘记了奥古斯丁一再强调的上帝只是"允许"而不使人犯罪，并且对于奥古斯丁的"存在与虚无"的存在论没有整体把握，便很容易将"预定永生"与"预定永死"平行起来，提出"双重预定论"。[131]

三　预定与预知

奥古斯丁区分了"预定"和"预知"。预定之前必有预知，但预知并不一定伴有预定。奥古斯丁这么区分是为了解决一个问题：如果预定即预知，那么上帝肯定会预知到有人干坏事，那么岂非上帝也预定人干坏事了？所以，缩小预定的范围，只预定好事，而不预定坏事，就是必要的了（《论圣徒的预定》19）。他还说过，预知就跟我们的记忆一样，我们记得过去的事，但过去的事并不因为我们记得它们就有所改变。同样，上帝虽然预知到我们将做坏事，但我们之做此事却并没有受到干扰，是我们自己做的。

四　预定论的后果

这样，在奥古斯丁的预定论神学里，人类就被分成三种：

外面的是"愤怒的器皿"，处于原罪之下，并且得不到上帝的怜悯；中间的是称义了但没有坚持到底的人，也即没有得到保守恩典的人——他们一度免于沉沦，但最终又沉沦回去了；核心处是"怜悯的器皿"，从一开头就被挑上了的选民，他们不仅得到了称义的恩典，还得到保守的恩典，直到今生的最后一口气。[132]

归根到底，本来一样的人类，这时却一分为二：得救者和依旧沉沦者。这实际上暗示了"预定论"：上帝预定了一部分人得救，另一部分则任其沉沦。

有人开玩笑说，"奥古斯丁接过了保罗最差的那部分，加尔文又接过了奥古斯丁最差的那部分。"[133]就预定论来说，诚然如此。因为我们前面已说过，保罗那已有预定论的可能，但仍非必然导致预定论，比如奥利金就试图用灵魂轮回说避免预定论，既无损上帝的全能，又保留人的自由意志，最后以上帝的爱作为万物回归到原初的完美状态的保证。而在奥古斯丁这里，则将保罗思想中的预定论因素发展了，使之明确起来，但他本人是否有明确的"双重预定论"，仍是可以争议的。而到了中世纪哥德沙克和近代加尔文那里，就变成了明确无误的"双重预定论"：上帝预定了一部分人得救，又预定了一部分人受永罚。这样，上帝的爱就彻底退位了，上帝的全能和公义就变得过分严峻、令人畏惧了。"地狱"岂是"爱的上帝"所能设置的呢？

预定论虽然看起来过于严峻，却可用来解释经验事实。因为在现实的生活中，基督徒显然只是一部分，其中"真正的基督徒"即圣徒，显然只是一个极少数。由这个经验事实，必然会提出这样的问题：为什么只有一部分人得救？很容易由此推到极端，推出预定论。对于其他宗教来说，也面临这个问题：为什么听闻我这个宗教的只是一部分人，信的更是一小部分？宗教（乃至任何意识形态）产生出来，必然要依据其"规则"或"标准"对人分出高低好坏。从理论上说，所有宗教都会强调自己的"普适性"，让所有人看到自己得救的希望，但在实践上，又都不得不承认现实的严峻："有的人就是没办法得救的"，"人是有等差的"（连佛教也认为一阐提之类是不能得救的）。[134]对此，宗教要作出合理的解释，甚至调整自己的教义。从一神论体系的内部逻辑来说，预定论可以说是有其"合理性"。但是只要人们不承认其前提，则这种"合理性"就不存在。同时，"合理"并不等于"合情"，严格预定论当然令非教内人士产生反感。这个问题，在当今世界宗教多元的处境中，显得尤为紧迫。

我们已经指出，奥古斯丁在早期讨论原罪、预定、恩典时，有他自己的生存论体验上的原因。当他在服膺保罗神学后，回顾自己皈依基督的过程时，感到自己年轻时所犯的罪，无不是出于自己的虚无本性和自由意志，而上帝所遣来的良师益友，则让他一步步领受了真理之光，并于一个戏剧性的事件中，突然之间得到了上帝的恩典，意志得到了更新，成为新人。他领悟到，这一切都是上帝的旨意，他的命运上帝早已预定。如果他有什么美德，那都出自上帝之力，应当归功于上帝。

可是将这种个人的体验和感觉，作为客观的逻辑推及全人类，则必然导致上面预定论的结果。虽然不能说是上帝"预定"大部分罪人沉沦至永死，这样铁面无情的上帝，却令人感到无比畏惧。而且"预定"似乎取消了"自由意志"，人纯粹成为上帝的木偶。关于"预定"与"自由意志"的关系问题，哲学家和神学家们多有讨论，我们将在后面论述。这里先来看看历史学家是如何从奥古斯丁当时的时代思潮，去理解奥古斯丁的恩典论和预定论的。

第六节　恩典论

一　时代思潮中的恩典观

　　奥古斯丁的恩典论战胜佩拉纠派的自由意志论，常常被赋予许多文化意义，被认为代表着西方思想史上的一个重大转折。古典哲学中那个靠着自己天赋的知识能力和道德能力"止于至善"的"人"，这时被查出早已病入膏肓，在知识上是"无知"（试想怀疑论和不可知论），在道德上是"无能"，摆脱困境的唯一希望只在"基督的恩典"。在奥古斯丁看来，只有基督这个"大医生"，才能给人开出新药方，光照人，使他们有真知，感动人，使他们有能力，从而达到美善。

　　但是奥古斯丁的恩典论并非突如其来，它不过是当时文化背景和思想潮流的一个集中反映。奥古斯丁的恩典论的"新"，不在于它说上帝"选中"、"预定"了一些人，给予了他们特殊的"恩宠"和能力达到美善，而在于它将"恩典"的范围扩大，从极少数的圣徒、殉道者、道德楷模和英雄人物身上，扩展到了普通信徒日常生活的每一个善意、善念和善行那里。

　　著名的奥古斯丁传记专家布朗从广阔的历史视野考察了奥古斯丁提出其恩典论时所处的历史情境。[135]当奥古斯丁就任教职，深入研读保罗书信，思考上帝的恩典时，他所面对的问题是现实的。当时的人们普遍认为，少数人被上帝"选中"，具有"超凡魅力"，被上帝赋予了特殊的能力办大事情，而多数人未被"选中"，只能做平凡人。对这种现象，神学上应当如何解释呢？由于圣徒只是极少数人，一些普通信徒就产生了"避重就轻"的想法。比如，奥古斯丁书信 2 ＊提到，弗尔姆（Firmus）迟迟不愿受洗，他的借口是："若没有额外的力量，这么重的担子虚弱的人是挑不起的"，所以他要等上帝给了他力量才愿受洗。这可说是表达了当时普通人对上帝恩典的一个态度。在一个被"超凡魅力视角"（Charismatic perspective）主宰的时代，人们相信，只有当上帝给了他们异梦或别的什么征兆显示其旨意时，他们才觉得自己被"选中"了，从而有力量来采取行动。

所以，对于当时的人来说，问题不在于是否有上帝的恩典，也不在于这恩典是否无所不能——他们全都相信有恩典，且恩典是无所不能的。恩典早已在极少数人的行为中以令人眩晕的方式显示出来了。问题在于，恩典在多大程度上扩及到广大的普通基督徒身上呢？普通信徒卑微的努力似乎远远地落在那环绕着极少数圣徒的超凡之光外面去了，迷失在黑暗中。在这种情形下，奥古斯丁希望普通信徒保持在圣洁性上"日日新"的盼望。394年后当他深入阅读保罗书信时，《哥林多前书》有两段话引起了他的重视，成为日后他的恩典论引以为据的核心经文：

> "你有什么不是领受的呢？若是领受的，为何自夸，仿佛不是领受的呢？"（林前4：7）
> 如经上所记："夸口的，当指着主夸口"（林前1：31）

在这两段话里，奥古斯丁找到了针对"基督教精英主义的解毒剂"。在多尔彪（Dolbeau）发现的布道中，有一些很可能是奥古斯丁397年（即他就任希坡主教后不久）去迦太基时所作的，在那里他强调，没有一个群体是未被上帝的恩典所触及的。任何人的努力，无论怎么卑微，都和那显示了"超凡魅力"的人的作为一样，绝对地出自上帝恩典的白白的赐予。恩典面前，人人平等。这些布道是在殉道者节（festivals of the martyrs）期间作的，自有其特殊的意义。因为殉道者作为坚定的基督徒，他们的光荣是毋庸置疑的。上帝的恩典以一种充分可见的、英勇的方式在他们身上发生了作用。他们的光荣之"被预定"也是毋庸置疑的。奥古斯丁后来提出的"预定论",也许在他的一些同代人眼里仍是不透明的,但在殉道者节期间,"预定"的道理,却是朗朗如白昼。对此,人们只要翻翻天主教的日历,看看那么多的圣人节,就可以知道什么是"恩典"(恩宠)和"预定"了。

奥古斯丁的工作,就是要沟通这两端:一端是上帝恩典显示在殉道者身上,他们的行为难以模仿,超凡出众;一端是上帝恩典显示在普通的基督徒身上,他们的行为没那么戏剧性,但在他们面对生活中的痛苦和试探时同样重要。在《论贞洁》40:41-45他对作为"选民中的选民"的修女们说,你们也不要轻看已婚生子的妇人,那使她们中间的一些人成为勇敢殉道者的上帝的恩典,也同样地存在于她们的日常生活中。她们中间的一些人有朝一日很可能又成为英勇的殉道者,而作为"选民中的选民"的修女,如果心存骄傲,倒有可能绊倒。在另一篇布道中他还说,男人们也不要因为自己属于"强势性别"而感到骄傲,因为在殉道中,乃是同一个上帝的恩典将基督的能力灌注到了男殉道者和女殉道者心中。

这样,在一个讲求等级结构的时代,奥古斯丁在恩典问题上就注入了一种平等性。在他看来,恩典无分大小地充满在教会里,教会不应制造出高高低低的门槛,让普通人望而生畏,因而阻碍了他们的进步。他认为慕道友不应推迟受洗,平信徒也应及早担当已受洗者的责任(他们中间的一些人也有可能担任教职,就像他奥古斯丁一样,被强选为司铎或主教。这种情况在当时并不罕见),婴儿应当早些受洗——这都是上帝恩典的流露。上帝的恩典,其表现形式有时激烈(像他本人那充满戏剧性的皈依),有时平静(像一些司铎和主教在选择过禁欲的生活时),

但都是同一种恩典。

在写给弗尔姆的那封信里，奥古斯丁说他写作《上帝之城》的一个重要原因，就是为了让那些在信仰上动摇不定、既非顽固的异教徒又非基督徒的人认识到，他们都是"上帝之城"（奥古斯丁在这里指教会）的潜在成员。正如《诗篇》87 所说的，万民都属耶路撒冷。《上帝之城》也是为了消除有教养的异教徒迈入教会的障碍而写的。上帝的恩典是对一切人敞开的。

最重要的是，在恩典论里，奥古斯丁清楚地抓住了他那个时代整个宗教文化都弥漫着的强烈的代理感（agency，或译代办，中介，媒介），由超自然的默示证实的代理感。布朗说，奥古斯丁将这种代理感"驯化"了，让上帝恩典的光荣对一切人都开放。在一个无人能自我光荣的时代，他让以上帝为根基的"代理"意义上的光荣敞向了每一个人。他认为上帝在每一颗心灵里都放置了"极重的荣耀"（林后 4：10）。

奥古斯丁的这种恩典观，在其后继者普罗斯柏（Prosper of Aquitaine）那里仍旧保留着。在历经忧患（战难）之后，他说："（上帝）让被拣选者得到恩典，不是为了让他们任意妄为，而是为了让他们好好工作"。

我们在下面将看到，奥古斯丁的恩典论是"内在恩典论"，注重从心灵的微观层面剖析上帝圣灵在人的每一个善意、善念、善行的作用。圣灵就如"春风化雨"一般，浇灌着人心，使之有爱，并结出福乐的果实。虔信者的心灵由于是"圣灵"的代理或代办，因此就具有了自然人所没有的"能力"，也就能达到自然人所不能达到的美善。

二 "预定"如何一步步实现，成为"恩典"

虽然"恩典"是和"预定"紧密地连在一起的，但它们之间还是有细微的差别的。《论圣徒的预定》19 章说："在恩典与预定之间只有这个差别：预定是恩典的准备，而恩典是赐予本身"，"上帝的善的预定，正如我们上面所说，乃是恩典的准备；恩典则是那一预定的效果"。我们可用音乐演唱会作例。组织者"定"好了演唱者的名单，这是在演唱会开始之前。当演唱会开始的时候，只要按"原定"名单进行，演唱者就会按照顺序一一现身演唱，"实现"原定的程序。

上帝的"预定"和"恩典"，是三位一体集体的工作。其中，圣灵深入到人的内心深处，打动它，使它接受恩典，从而实现预定。

上帝预定得救的人，会得到什么样的恩典呢？这个人原本是处在罪性状态中的，被无明和无能束缚着。虽然他有自由意志，能够进行自由选择，但那只不过是在各种不同的恶之间进行的选择，而并没有真正的自由。在这种绝望的情况之下，上帝的福音出现了，它消除了人的"无明"，因为人凭着自己的力量是找不到真理的。同时圣灵进入人心，消除了人的"无能"，因为人凭着自己的能力是达不到完善的。奥古斯丁说：

　　　　使徒以及所有那些被神称义并为我们展示了何为恩典的人，其意图都只不过是显示，得荣耀的，当归荣耀于主。谁会质疑主的作为，就是从一个（罪的）团块当中，定一人的罪，而令另一人称义呢？自由意志是最为重要的。它确实是有的，只是在那些被卖给罪的人那里，它又有什么价值呢？他（使徒）说，"情欲和圣灵相争，圣灵和情欲相争，这两个是彼此相敌，使你们不能作所愿意作的"（加 5：17）。我们被命令过义的生活，奖赏就放在我们面前，可以令我们过上永远快乐的生活。但一个人若非凭着信仰被称为义，又怎能过上义的生活，行出善事呢？我们得到命令，要相信我们是可以得到圣灵的赐礼，凭着爱能够行出善事。但一个人若非听到某声召唤，听到某个真实的见证，又怎能相信呢？谁有能力在他的心里产生这么一个动机，让他的意志受到影响，以致相信呢？谁能在心里欢迎不能令他喜欢的事物呢？但是谁能保证令自己喜欢的事物会出现，或他会喜欢出现的东西呢？倘若那些令我们喜欢的事物有助于我们迈向上帝，那也不是由于我们自己的才智、勤励或善功，而是由于上帝的默示，由于他所赐予的恩典。他自由地赐予我们自愿的赞同、急切的努力，以及用以完成热烈的爱之行动的力量。我们得到吩咐，要恳求好得到，要寻找好找到，要叩门好让门敞开。我们的祷告岂不是有时不温不火甚至冷冷的吗？它有时岂不是根本就没有了，以至于当我们发现自己这样子时竟无忧伤之感了吗？因为若是我们还为这样子感到忧伤，这本身就已经算一种祷告了。这除了证明了那命令我们恳求、寻找和叩门的（上帝）本人给了我们服从的意志外，还能证明什么呢？"这不在乎那定意的，也不在乎那奔跑的，只在乎发怜悯的神"（罗9：16）。若非他激发起我们，将起动机的能力赐予我们，我们是既不能意愿，也不能奔跑的。[136]

这对应于《罗马书》10：14 – 17："人未曾信他，怎能求他呢？未曾听见他，怎能信他呢？没有传道的，怎能听见呢？若没有奉差遣，怎能传道呢？……信道是从听道来的，听道是从基督的话来的"。在奥古斯丁看来，上帝预定一个人得救，就会先让这个人听道，召唤他，并让他产生感动，赞同那召唤，服从那声音。在这个过程中，圣灵从一开始就在人的心里运行，使他注意那召唤，喜欢那道，并赞同之。如果没有圣灵的帮助，人便会无动于衷，或者有始无终。那些未得到恩典的人，就是如此。因此，圣灵乃是心志改变的必要条件。

在随后谈到一些浪子突然回头的事例时，奥古斯丁还说，"唯一可能的结论是，是意志被拣选了。但如果不是有某种令人喜欢的东西出现并激发起心灵，意志本身是不会有动机的。事情如此发生，这不是人的力量能够控制的。"保罗在成为基督徒以前，疯狂地迫害基督徒，但突然他心里发生了转变，产生了新的意念，一变而为基督徒，并四处热心地传道。这只能是上帝的恩典，是上帝将更新的意念赐予了他。[137]

我们在《忏悔录》中可以看到，奥古斯丁本人的皈依，就是这样的一个完整过程。原先处于罪性状态中的奥古斯丁，在理智上不能正确地认识上帝，总是将上帝等同于时空中的受造物，以时空物质的样式来设想上帝，也不能理解三位一体，在意志上陷于情欲，肉体与精神相争，人格也呈现出分裂状态（见本书"生存体验与神学反思"一章）。但上帝借助于柏拉图主义哲学，让他对上帝、基督和三位一体有正确的理解，并通过安布罗斯、辛普里西安等人和米兰花园的"巧遇"，而克服他意志的分裂，令他幡然转意。当奥古斯丁回过头去打量他的灵命历程时，发现他的每一个正解，每一个善念，都无不是上帝圣灵工作的结果。

依据自己的生存体验，和对保罗神学的反思，奥古斯丁逐渐形成了他自己的恩典论。当他397年左右写作《致辛普里西安》和《忏悔录》时，他所关注的问题，乃是通过回顾自己的人生历程，揭示其中隐含着上帝的恩典。他所犯的一切错误，都归于出于"虚无"的自己，为此他要"忏悔"自己的罪；他所行的一切善事，都归于创造万有的上帝，为此他要"赞美"上帝的伟大。[138]他的存在、理智、道德（意志）方面的"更新"，莫不最终出于三位一体上帝的力量。他的理智得到真光基督的"照耀"，除掉了"无明"；他的意志得到了圣灵的规劝，除掉了"贪婪"，他的存在除掉了"骄傲"，由虚弱的"小是"渐成坚强的"大是"。他的更新不是出于自己的功劳，而是完全出于神力。因此祷告是最重要的事。此时奥古斯丁的恩典论和预定论，是出于他自己的生存体验和处境，尚带有强烈的感染力。但是在随后的时间里，随着与不同论敌的论战的展开，潜含在这种恩典论中的各种因素和矛盾会越来越显明，一旦他努力让它成为一套自洽的理论，其严峻性就会充分显现出来。[139]

三　内在恩典与外在恩典

在奥古斯丁与佩拉纠派的争论中，核心分歧在于双方对"恩典"的理解不同。奥古斯丁主张的是"内在恩典"，即上帝（主要是圣灵）在人的心中工作，人的每一个善念和善行里，都有上帝的工作；佩拉纠派主张的则是"外在恩典"。在他们看来，所谓"恩典"，就是上帝赋予了人自由意志、律法、圣经、教训和基督这个学习的"榜样"。对于这个差异，奥古斯丁是非常清楚的。

在《论佩拉纠决议》第 61 章，奥古斯丁清楚地指出，佩拉纠派的实质，就是以个人的自由意志、人的完善的本性等等外在的恩典，来否定上帝的内在恩典，否定人唯有靠上帝恩典方能得救的必要性。他说：

> 这种异端打着捍卫自由意志的旗帜，反对我们凭着主耶稣基督而得的上帝恩典；它努力要推翻基督教信仰的基础，关于这基础经上写道："死既是因一人而来，死人复活也是因一人而来。在亚当里众人都死了，照样，在基督里众人也都要复活"（林前 15：21 – 22）；这种异端还否认我们行为中的上帝的帮助，断言"为了避免罪和完成义，人类的本性就足够了，因为它受造时是有自由意志的；上帝的恩典在于这一事实，即我们受造如此，能够凭着意志做这，更在于这一事实，即上帝给了我们律法与诫命之助，且在人转向他

时免他们过去的罪";还断言"上帝的恩典被认为就在这些事里,而不在他对我们每件行为的帮助里"——"因为人愿意,就能够无罪,并且守上帝的诫命。"[140]

在奥古斯丁看来,佩拉纠派对于外在恩典的强调,只能导致律法主义,使人不知恩典的真义(《论基督的恩典》9)。"他(佩拉纠)承认的是上帝用以向我们指出并启示我们须行之事的那恩典;而不是上帝用以赋予并帮助我们行动的那恩典,因为律法的知识若非与恩典的帮助相伴,反倒只会导致犯诫。"

在奥古斯丁看来,佩拉纠派的这种恩典观是与保罗恰恰相反的。在《论基督的恩典》第6章,奥古斯丁重申了保罗的说法:"你们立志行事,都是上帝在你们心里运行"(腓2:13)。因此,真正的恩典乃是内在的恩典,乃是上帝对人内心的改变。佩拉纠派认为美德是人凭着自己的自由意志达到的,奥古斯丁则认为,这是上帝恩典在人身上运行的结果。如果没有恩典,一个人无论如何努力,所行的都只能是恶。

奥古斯丁在恩典与美德生活的因果关系上的成熟看法,有如下几点:奥古斯丁认为,人凭着自己的知识和能力是不可能具有美德的,一个人要过上美德生活,是有下面几个必要条件的:

(1)上帝预先的做工,使得一个人意愿好的和有德的事(prevenient grace);

(2)上帝给予这个人力量,让他有能力做出他所愿意做的好事(helping grace);

(3)上帝在这个人没有做成这件好事时,宽恕他(forgiving grace)。[141]

前面的两种恩典,即相当于神学家瓦菲德(Warfield)所说的"内在恩典"。[142]

内在恩典说可以说是奥古斯丁的发明，但也不能说他没有理论先驱。《圣经》上有这样的经文，如说上帝在人内心工作，早期教父也谈到这点。而且上帝"选中"一些人，赋予他们特殊能力，使"大人物办大事情"的观念，在奥古斯丁的时代是较为普遍的。[143]但系统而集中地强调内在恩典，将之推向逻辑的极致，却是奥古斯丁的所为。以致后世有人说，奥古斯丁的内在恩典说和原罪说乃是对整个教父哲学传统的偏离，开创了一个新的传统。

在佩拉纠那里，上帝与人发生关系有三次：创造人的本性（能力）、颁布善恶标准（律法教导等）、提供效仿的楷模（基督），除此之外上帝基本上是与人无关的，因为对这能力运用得好坏与否，遵守教训学习楷模与否，完全是人自己的事，甚至上帝也不得不根据人的善行恶行，对人作出奖惩。奥古斯丁认为这未免抬高了人、贬低了上帝，人既处于原罪之下，所作所为都是犯罪，不是积极犯罪，就是消极犯罪。在这种情况下，真正的美善只能来自上帝，来自基督。是上帝在人的心里工作，使人有善念，是上帝在人的行为里工作，使人有善行。而凡是出于人自己的，不管是意念还是行为，都没有不恶的。

既然自然人一切的事都是恶与罪，那么要有美善，总得有一个开端。这个开端就是信（基督为主为上帝）。信仰本身是上帝给的，信仰的开端也不是人自己启动的，而是出自上帝，是上帝让信徒开始有了信。既信之后，就有圣灵在人心里浇灌着爱，这爱使人有善的行为。这样的信才是活的信心而不是死的信心。以后一切的善念善行，都无不出于圣灵，也即上帝。在人的每一个单个的行为中，都得到了上帝的帮助。

所以，在一些学者看来，若是用钟表匠与表的关系来比喻上帝与人的关系，那么可以说：佩拉纠的钟表匠造了一块表，就自顾自玩去了，不管它了，让它自己运转，只是在它走得实在慢得不行了时才去校正一下（先是用律法、后是用耶稣校正了两次）；奥古斯丁的钟表匠则不仅造了表，还一直拧着表的发条，拨着时针分针秒针，每一刻都维系着它的运转。[144]

四　"意愿"心理学

钟表的比喻仍然是外在的，未能深入到人的内心去进行考察。作为一个诚实而敏锐的心理观察者，奥古斯丁对自己的意识活动有着微观层面上细致而逼真的描述。他认为上帝不只是外在地通过圣经、律法、基督的言行来影响人，还内在地作用乃至主宰人的内心思想，使人遵从他的意志。在这个过程中，人本身的"意志"是"自愿"的，人之"爱上帝"的"意愿"是在圣灵的帮助下产生的，人在这个过程中是"自由"的。"考察词源就可发现，意愿来自愿意，能力来自能够"（《圣灵与仪文》53章）。"意愿"和"意志"在拉丁文原文中是同一个词。众所周知，对"意志"的强调是奥古斯丁思想的特征之一，但他对"意志"与"意愿"（愿意、自愿、乐意）的紧密关系的强调，人们似乎注意不多。[145]其实在谈到奥古斯丁的"自由观"时，这一点是非常重要的。总的来说，奥古斯丁认为，一个行为，只要行动者在行动时是自愿的，那么不管这行动有没有外在的必然的原因，它都是"自由的"。可以说，在他那里，"自由"实际上相当于"自愿"。由于"自愿"、"意愿"与"意志"、"爱"的相关性，"意志"／"爱"在奥古斯丁那里又相当于整个人格，或决定一个人的人格的主要因素，[146]因此，对"意愿"作较深入的考察就是必要的。

在奥古斯丁看来，自然人每天的意愿（或意念）都是自然而然地产生的，可以说是中性的，那么人的道德性体现在哪里呢？体现在他们对这些意念是妥协还是拒绝上。

奥古斯丁对人的意念的看法，显得与今天的思想家有所不同，而与古代传统一致。比如奥利金认为，动物只有本能，例如蜘蛛会结网，但蜘蛛不会对结网这事作一个判断，而人能够在本能冲动涌起时，对本能作一个相应的判断，作一个要不要赞同该本能冲动的判断。在奥古斯丁看来，我们日常生活中出现的形形色色、川流不息的念头，都是不以我们的意志为转移地涌进我们心里来的，它们似乎都是中性的，难说有美丑好坏善恶之分，分别只是在人心对它们进行判断时才出现。

奥古斯丁在《本性与恩典》第 73 章说：

> 谁若不让心里的罪管辖自己，在卑贱念头袭来之时加以克制，不让它形之于外，谁就可算是"离弃了一切邪恶的行为"。所以，没有罪的念头是一事，不服从罪的念头又是一事。

圣徒也会有"卑贱念头袭来之时"，但圣徒异于凡人的地方，就在于他对这念头进行了反思和克制，"不让它形之于外"，算得上是"离弃了一切邪恶的行为"。而无明之中的人则自觉不自觉地赞同了这样的念头，并且在条件适当时采取行动，从而导致了罪的行为。

在《论佩拉纠决议》第 12 章，奥古斯丁将这个意思说得更为明确：

> 关于"不进入"义人和圣洁之人的"思想"的说法，并不值得赞赏，这是因为凡是进入心灵的通常都称为一个思想（或念头），即使我们随之并没有同意它。招致责备的、被正当地禁止的思想，没有不是伴随着同意的。可能那些人有佩拉纠著作的不正确的抄本，以为反对他所说的"恶并

不进到我们思想里"这样的话乃是适当的，这句话的意思就相当于说，不管恶是什么，都从不进到义人和圣洁之人的思想里。这当然是十分荒谬的说法。因为每当我们审查恶事，若非它们被我们想到了，我们是不能用话语来历数它们的。但是，正如我们前面所说，唯有伴随着同意的，才称得上是有罪的恶念。

奥古斯丁认为，义人和圣洁之人也有不好的念头，但是他们没有"同意"这样的念头。由于他们产生过这样的念头，因此才会在事后反思时表示忏悔。不义之人与他们不同的地方，就在于他们对这些念头表示了"同意"，并且做了出来。

在《圣灵与仪文》这篇最早的反佩拉纠派的文章里，奥古斯丁认为虽然信仰上帝后的人的心思受上帝主宰，但当初信仰上帝这个行为乃是信仰者自己作出的。在第 60 章，奥古斯丁谈到了外在恩典与内在恩典的不同，上帝影响人是通过外在的和内在的两种方式进行的。外在的方式，是通过律法、福音的宣传，使人听道；内在的方式，是通过将一些好的意念提供给人的心灵，让人沉浸在善的环境里，使之有信道的可能。当然信不信，赞同不赞同这样的好的意念，仍然在人的决定（后来在《论圣徒的预定》里奥古斯丁改变了这一看法，认为赞同是由上帝作出的）。

　　　　我们必须小心，免得有人说，倘若在"你们有什么不是领受的呢？"（林前 4：7）这句话里，我们由以相信事情的那意志被当作上帝的恩赐（因为这信的意志出自我们受造时得到的自由意志），那么自由意志所犯的罪就必须归到上帝头上了。但是，我们要提请反对者注意，这意志被归为神圣恩赐，不只是因为它出自我们受造时本有的自由意志，还是因为上帝凭着我们意愿与相信等等知觉的动机影响我们，他要么是外在地通过福音的规劝影响人，在这里甚至律法的命令也有一定的作用，倘使它们能令软弱的人投身于使人因信称义的恩典的话；要么是内在地影响人，在这里，什么意念将进到自己的思想里来，是没有人能控制的，尽管赞同这些意念与否属于他自己的意志。所以，既然上帝用这样的方式影响有理性的灵魂，以便它可以信靠他……那么就可以说，（上帝）既在人心里工作，唤起相信的意愿，又在一切的事上用他的仁慈引领我们。实际上，我们同意或不同意上帝的召唤，都如我所说，乃是我们自己意志的功能。这不仅不会推翻使徒所说"你们有什么不是领受的呢？"（林前4：7），反倒会坚固它。因为灵魂若非表示同意，是不能领受并拥有这里所说的这些恩赐的。所以，它所拥有和领受的无论什么，都来自上帝；但领受和拥有的行为却理所当然地属于领受者和拥有者。现在，倘若有人强迫我们探问这么一个深刻的奥秘：为什么这个人得到了如此的说服以至于同意了，而那个人却没有呢？对此我只能引用经文，作为我的回答："深哉！上帝丰富的智慧和知识"（11：33），以及"难道上帝有什么不公平吗？"（罗9：14）。倘若这人对这回答不满意，他就要找更有学识的好辩者了；但愿他小心为是，免得找到了专横自大的人。

在这里，奥古斯丁的"内在恩典"，表现为对"你们有什么不是领受的呢"这个问题，作了这样一个回答："你们的意念是从上帝那里领受来的！"这里是说人领受的意念，或人用以作判断的材料，乃是上帝准备的，是从上帝那里来的（"它所拥有和领受的无论什么，都来自上帝"）。但同时奥古斯丁又认为，判断上帝所提供的意念或意志（尤指相信上帝的意志），这一行为本身乃是人自己作出来的（"但领受和拥有的行为却理所当然地属于领受者和拥有者"）。我们应当注意，这里奥古斯丁是坚持人的自主权的（信不信由我，不由上帝）。而到了写《论圣徒的预定》时，奥古斯丁则将上帝主权一推到底，否认了他在《圣灵与仪文》中的这一说法，认为信与不信，亦是由上帝发动的。就是说，不只"原材料"由上帝提供，"赞同"这一行为也是上帝发出的。这是一个重大的差别。

为什么有的人在"领受"到上帝准备的好的意念后，会表示赞同，给出一个肯定的回答，而有的人却加以拒绝，回答以"不"呢？对这个问题，奥古斯丁在这里以"不可测度"作答，认为上帝没有什么不公平的，人不能以己之心度上帝之腹。实际上，按照他后来的预定论，这是上帝早已预定好了的。

说人内心的意念是上帝准备的，这会产生一个问题，就是说好的、善良的意念是上帝准备的还可以，说坏的、邪恶的意念也是由上帝准备的，可不可以呢？从奥古斯丁的实在观来看，一切实在都是好的善的，上帝是全善和纯善，他不可能将恶念提供给人心。同时，恶念是"善意的缺乏"，是来自于"存在之虚无"，更不是上帝造成的，而只能是人自己通过滥用自由意志导致的。但是在反驳佩拉纠的论战中，奥古斯丁也涉及对《圣经》尤其《旧约》"上帝令某人（如法老）心中刚硬"的问题，就是说，上帝为了达到某个从全局来看好的目的，有时会出于策略的考虑，"允许"某人心里充满恶念。但就普通的情形论，上帝不会"使"人心中有恶念，因为这是与上帝善的本性相违的。

如果我们理解了奥古斯丁的原罪论，就可以知道，原罪笼罩下的人类，只有"自由选择"而没有"真正的自由"，他们只能在不同的恶之间进行选择，并没有善供他们选择，所以这时他们赞同心中的恶念，乃是他们处于沉沦状态的必然后果，当然不是上帝提供的。而在这种普世沉沦的恶念之中，能够出现善念，当然只能是来自上帝的恩典。只是奥古斯丁在写《圣灵与仪文》时，虽然认为上帝提供了善念，尤其是"信上帝"这一善念，却并不认为"信"或"赞同"这些善念的行为是由上帝作出的，而是认为这个关键的行为，乃是由人自己决定的。上帝只是提供了这一思想的可能，这么一个机会而已。

在写作日期晚于《圣灵与仪文》的《恩典与自由意志》第32章，奥古斯丁也明确地谈到了上帝对意志施加影响：

> 意愿（意愿和意志在原文中是同一个词）是上帝准备的，我们就必须请求他给我们这样的一种意志力量，足以使我们凭着意愿而行。大家也确知，在我们意愿时，乃是我们自己在意愿，但使得我们意愿善事的乃是他，对他，经上是这么说的（正如他前不久才表达的），"意志是主准备的"（箴8：35）。对同一位主，经上还说，"义人的脚步被耶和华立定；他的道路，耶和华也喜爱"（诗37：22；"喜爱"原文为"意愿"）。对这同一位主，经上又说，"你们立志行事，都是上帝在你们心里运行！"（腓2：13）。大家也确知，我们行动时，行动的正是我们自己；但使我们行动的乃是他，他通过对我们的意愿施加有效的影响来使我们行动……

瑞斯指出，奥古斯丁引用的《箴言》8：35出于拉丁旧译本，该译本将希伯来原文"他将获得主的宠爱"误译成了"（人的）意志被上帝准备好了"。但即使"（人的）意志被上帝准备好了"也可以有多种解释，既可以用来指上帝实际上操纵着我们的意志，也可以指上帝使我们有能力去意愿，后一种意思是不能排除的。但是奥古斯丁无疑用这句话支持他的"内在恩典"，即上帝操纵着我们的意志。[147]

在上面引用的这段话里，上帝对意志的影响似乎比前面引用的《圣灵与仪文》增大了。在以前，上帝只是提供意念，但现在上帝开始使人行动了，上帝成了行动的动因（"使得我们意愿善事的乃是他"、"使我们行动的乃是他"）。当然，奥古斯丁仍然强调"行动的正是我们自己"，但是一个戏剧中的傀儡皇帝也可以说，行动的正是他自己。

不过，也可以作别的理解，上帝用的可能是"诱导"的方法，他使人心甘情愿地听从他的话，遵照他的意思行事。

到了《恩典与自由意志》第33章，奥古斯丁较为详细地谈到了上帝影响人的意志的步骤：

> 在开头，他在我们里面工作，使我们可以有意愿，在我们有了这意愿后，他又与我们同在，使我们的行动得以完全。因此使徒说，"我深信那在你们心里动了善工的，必成全这工，直到耶稣基督的日子"（腓1：6）。所以，他是在我们外面工作，以使我们可以意愿；当我们意愿，且我们意愿行出所愿之事时，他与我们协力工作。我们若无他做工使我们可以愿，或同工使我们愿，我们自己就什么可导致虔诚善功的事也做不了。

上帝影响人的意愿分为两步：（1）使人产生意愿，产生做某件善事的意念；（2）帮助人进一步产生"达成这意愿"的意愿，并且和人一起工作，帮助人渡过难关，做成所意愿的事。第一步是意念的准备，第二步是行动的帮助。第一步是提供"愿"，第二步是提供"能"。

在这里，我们看到是上帝在替人出主意、帮忙办实事，但不能说上帝在"越俎代庖"，因为人仍然还是独立的人，只不过他对上帝是"言听计从"罢了。

在《圣徒的预定》第52章，奥古斯丁将善的意念与预定论联系了起来：

　　当上帝愿意作唯有他所愿意的人才能作的事时，他们的心就倾向于想作这件事——就是说，是被上帝的能力弄得这么倾向的，上帝以一种神妙不可言喻的方式在我们里面工作，使我们意愿做什么事。

　　这种预定论推到底，就是说上帝预定要得救的那些人，他们趋向于善的一切意念、意志、行动，都是上帝施加影响的结果。按照教父哲学流行的"化"语言来说，他们是"为上帝所化"了，他们的意志已变成"善良意志"，善良意志有善良倾向。由于他们有这么一种倾向及建立于此倾向之上的"自愿"，因此他们之有善意和善行，乃是"真正的自由"。

　　如果我们将"神赐善意论"与奥古斯丁的基督教人学联系起来，就会看到：始祖沉沦后，整个人类本性受损，存在之善削弱，陷在无知无能的黑夜里，知、愿、能三者分裂，内心二律交战，没有一丝善行，无力自拔，不能自救——上帝先是颁布律法，但律法反被败坏本性不正当地运用，助纣为虐，杯水车薪——上帝最终派出基督，呈现在人面前，让他们有悔过自新的机会——但是基督只是一个分水岭，一个试金石，人凭着信或不信基督分为两类——而根据奥古斯丁的神学，人的分类最终出于上帝：上帝预定了一部分人得救，于黑夜中得到光明：得到善的意念和做善事的能力；另一部分人则仍然陷在黑暗中，他们仍循着败坏了的本性行事，心里不会有善意，也做不到善行。他们如此，并非由于上帝的预定，而是由于他们自己的喜好（尽管是始祖的原罪所带来的）。

　　所以，善意是在普世之人陷于人性的黑暗中出现的，它不能出自于人性本身，因为人已无力自拔，它只能是从别的地方来，而这无疑就是上帝的功劳了。上帝先是给人提供"原材料",提供善意,然后给人提供对于善的倾向,按照善的意念行事的意志和能力,并在行动中与人同工——启动后,则为"神人协力论",而不再是单纯的"神力论"。

五 意念的互文性:一种新理解

奥古斯丁曾经以朋友关系来比喻人和上帝的关系,所谓"知己"就是深知我们的心意的人,也能够影响我们的决定的人。常常,我们可以发现两个"知己"心意相通,一个人的想法就是另一个人的想法。在"知己"的情况中,一人对另一人完全信赖到"言听计从"的地步,并不奇怪。我们难道不可以说,一人是另一人的傀儡?

也许用恋人关系来类比神人关系更为密切。不仅奥古斯丁,后世的伯纳德都用过这类爱情类比(伯纳德《论雅歌》)。设想人心如同女子,被上帝之美吸引,在不断的交往中更深地陷入情网。上帝的言辞打动她,上帝的建议使她心动,上帝开口所说的话令她"言听计从",到最后是"有话必依",仿佛她没有独立意志和判断能力——但她深深地沉醉在爱情的甜蜜里,她感到无上的幸福,她对他是完全的信靠。——这时我们能不能说,她是他的傀儡?虽然她的行为还是她的身体作出来的,但是她的行为所遵从的意见却是出于他,他的意见在她的心里,她对他的意见总是赞同,到最后他的意见总是成了她自己的意见,她按照他的意见去做,在做的过程中有时能力不够,就请求他来帮忙:软弱时扶一把,困难时帮助克服,因此每一个行动总是协力完成的。考虑到她是娇小无力的,可以认为在行动中,他起了主要的作用,借用她的身体办他想要做的事:实际上也是办她想要做的事。这样,通过爱情的力量,两人的心意成了一个心意,两个人的行为成了一个人的行为。我们最不可忽视的,是在这样的一种行动过程中，她从头到尾都被一种幸福感笼罩着，沉浸在幸福里。也许外面的人觉得她被他完全控制住了，她是"不自由"的，她没有选择反抗他的余地，她是他的"傀儡"——但是在她本人看来，她这样才最幸福、最自由，因为她感受到他的爱。——用这种情形来类比良好的神人关系，也许是比较适当的。

　　人与人之间思想意念的互相渗透，可用当今文论中"互文性"或"对话主义"这一词来作新的表达，就是说一个人思想、写作时，总会自觉不自觉地渗入、参考、引用别人的思想，以之为自己的思想，并自觉或不自觉地将之化为行动。正如巴赫金所说，"自我是一种恩惠，是他人的馈赠"，自我是通过他人而形成的。[148]我们在巴赫金的"对话主义"，在陀斯妥也夫斯基小说人物的内心世界中，可以看到支配着一个人行动的思想是如何地受着别人思想的影响和渗透的。以此反观奥古斯丁的"上帝影响人的意念"论，就多少可以得到一些"同情的理解"。我们设想一个信徒，天天读《圣经》，天天向上帝默想祷告，与上帝交流，其内心的意念长此以后，就会自然而然地慢慢地为"上帝的话语"所"化"，性情变得圣善，其行为也会不自觉地因着意念的圣善和愿望的圣善而圣善起来。产生善愿之后，他们感觉到靠着自己的能力不足以完成善行，便祈求祷告上帝赐予其力量来达成善愿。这样理解奥古斯丁所说的"内在恩典"或上帝改变人的意念的思想，当不为过。这种理解显然与佩拉纠派的"外在恩典"不同。可以说，在佩拉纠派那里，对于内在心理的关注是相当少或几乎没有的。他们关注的是外在的学习（耶稣这个榜样）和外在的行为，所以奥古斯丁批判他们是"法利赛人"。而奥古斯丁所谓的内在恩典，强调内心的感受，亦与他总是重视心理的真实相一致。从话语的冲突到谐调，到水乳相融，形成一个一致的意志，这时人心里的"话语"显然既是来自上帝的，也是来自于人本身的了，你可以说它是上帝决定的（决定论、预定论），但也可说它是人自己决定的（出于自愿，也是自有的意念），二者并不像初看起来那么不相容。

在奥古斯丁神哲学中，"幸福论"是贯穿始终的一根主线。恶的起源、上帝的存在与属性、神人形象论、自由选择、个人的内心冲突以及"信、望、爱"三德，对这些问题和主题的追寻，都可以落实到个人的幸福，主要就是内心的幸福感和平安感。"幸福论"本是古希腊哲学向来就有的，在亚里士多德、伊壁鸠鲁、斯多亚派、怀疑派那里，获得"幸福"是人生目标。我们看到，在奥古斯丁这里，获得幸福的途径由早期的《论幸福生活》的知识论，变成了后来的信仰论，灵魂的幸福是与对上帝的"信、望、爱"牢不可破地连在一起的。尘世的事物，无论是荣名、财产、美色、战争的胜利，还是友谊、亲情，都是终有一朽、不会持久的，执著于它们只会带来悲恸和哀伤，只有上帝是永恒的，是可以满足人的内在的"无限空虚"的，人只有持念于上帝，以上帝为坚实的倚靠，才会有真正的幸福感，且"从心所欲而不逾矩"，达到"真正的自由"。这种幸福感是第一位的，相形之下，今人所看重的"自由"（善恶之间作选择的自由）等等都是第二位的。理解奥古斯丁，不能不看到这点。出于德性的"真正的自由"和单纯的"自由选择"，是大有不同的。前者更类似于孔子这样的圣贤所追求的"从心所欲而不逾矩"的境界。

如果一定要问"究竟是谁在起主导作用"，我们就只能说，在内心思想的这种"互文性"里，一个人的意念和他人（类比上帝）的意念是水乳交融地融在一起的，人凭之以作出抉择的意念，是在这种交叉影响下作出来的。由于上帝是高于普通他者的"绝对他者"，因此上帝对人意念的影响当然达到了难以思虑的程度，但虽然有极大的影响，人却仍有其主动性，虽然他可能是在一种"陶醉"的幸福状态下作出选择，却仍可视为他本身与上帝协力合作的后果。不过，从意念的发生，尤其是善念的来源及其运作来看，在一个信徒的眼里，当然仍旧是上帝的主权高于人的主权，是"上帝的恩典战了上风"。

第七节　自由观

一　此自由非彼自由

奥古斯丁的自由观在前后期有不同的强调。在《论意志的自由选择》第 2、3 卷（写于 395 年），奥古斯丁区分了亚当的"自由"和后人的"自由"，亚当的"本性"和后人的"本性"。亚当在堕落前，是有择善的自由的，但他实际上滥用了这自由，选择了小善而放弃了大善（上帝）。作为对他的惩罚，堕落后的亚当及其后人的"自由"就受到了"无知"、"无能"的束缚。亚当堕落前的"本性"（可称为第一本性）是无瑕的，但堕落后他遗传给后代的，则是有亏损的"本性"（可称为第二本性）。

这样，"自由"就可分为"堕落前的自由"和"堕落后的自由"。堕落前，亚当接受了上帝赋予的"可以不犯罪"（posse non peccare）的能力，这是"原初的自由"（prima libertas），但此时亚当还没有得到"不能够犯罪"（non posse peccare）的恩典，因此他仍有可能犯罪，实际上他也犯了罪。这样他就丧失了"原初的自由"，造成整个"秩序"的颠倒，从此只有"堕落后的自由"。"堕落后的自由"指人在丧失了"原义"的情况下，虽然还保留着上帝的形象，因此而有"自由"，但这"自由"是颠倒了的，是只能作恶的自由，是《忏悔录》第 2、3 卷所说的虚无的自由（manca libertas）、无益的自由（fugitiva libertas）、空洞的自由（vana libertas），是被罪所奴役中的自由（servilis libertas）。此时人仍旧有自由选择，但由于丧失了对上帝的爱，而只爱地上的事物，因此只能在此恶与彼恶之间进行选择。除这两种"自由"外，还有"真正的自由"（vera libertas），则是由圣灵发动的仁爱之心，因此，又被奥古斯丁称为"基督徒的自由"，是恢复了对上帝和对邻人的爱的"自由"。[149] "堕落后的自由"和"真正的自由"实际上是按照"原罪"与"恩典"的对立来看待自由的。

我们在这里可以看到上一章所说的"意愿心理学"：只要是出于自愿、意愿和爱，一个人干什么事，就是自由的。对于堕落后的人类来说，他们爱地上之物，乃是出于他们的自愿和爱好，因此他们是自由的，但这种自由从基督教的角度说，当然是一种"恶的自由"；对于圣徒来说，他们爱上帝，也是出于他们的自愿和爱好（背后是圣灵的工作），因此他们也是自由的，但这是一种"好的自由"。对于奥古斯丁来说，无论是在罪里的人还是在恩典之中的人，都是"自由的"，只是其性质截然不同。在《教义手册》第30章，奥古斯丁说：

> 正如一个自杀的人在自杀时必须是活着的，但在自杀身亡后就不再活着、不能令自己起死回生，当人用自己的自由意志犯罪时，罪就征服了他，他的意志的自由就消失了。"人被谁制服，就是谁的奴仆"（彼后2：19）。这是使徒彼得的判断。这确实是真的。我要问，被捆绑的奴仆，除了拥有乐于犯罪的自由外，还能有什么自由呢？因为那以主子的意志为乐的人，在捆绑中也是自由的。相应地，谁是罪的奴仆，谁就是自由地犯罪的。因此他也不会自由地行善，除非在从罪里得到解放后，开始成为义的奴仆。这才是真正的自由，因为他以义行事；这同时也是一种圣洁的捆绑，因为他服从于上帝的意志。[150]

接着奥古斯丁说，只在凭着上帝的恩典，"罪的奴仆"才能变成"义的奴仆"。"罪的奴仆"是不能自己变成"义的奴仆"的。

从对"罪的奴仆"与"义的奴仆"的"自由"可以看出，"自由"与"自愿"是紧密相连的：只要一个人的行为是"自愿"地做出来的，那么他就是"自由"的，就要为其行为"负责"。罪人爱世物不爱上帝，因此"自愿"地为世物而搏杀、拼搏、奋斗，他们是"自由"的，要为此负责。

奥古斯丁区分了"不自愿"和"自愿"，在"自愿"中又区分了积极的"自愿"和消极的"自愿"（即"勉强"或"不情愿"）。比如，某地发生了一起劫持案。犯罪分子A将人质B捆绑在桌子上不能动弹，并挟持人质C向警察开枪。在这个情景里，犯罪分子A是在积极、主动地犯罪，是"自愿"和"自由"的，而人质B则是没有"自愿"和"自由"可言的，人质C则面临着暴力挟持，他可以向警察开枪，也可以不向警察开枪。如果他不向警察开枪，罪犯就要打死他。这时，虽然他是被外力挟持着的，但如果他真的向警察开枪（"不情愿地"），他仍然要承担部分责任，因为他在这时仍然是有反抗犯罪分子而不开枪的可能的。所以，虽然他不是"积极主动地"犯罪，而是消极地、"不情愿地"犯罪，但也仍然是犯罪，要承担部分责任。奥古斯丁作出"自愿"的程度区别，是为了指出，圣徒在今生虽然没有积极主动地"犯罪"，但是，由于原罪所带来的"无知""无能"，他们仍旧免不了会消极地、被动地"犯罪"，因而他们每天仍要祈求上帝免他们的罪。[151]

二　对"自由"理解的深入

虽然奥古斯丁强调亚当的罪使得所有人陷入了"无知"和"无能"（困难），但他认为人不能因为这个而找借口为自己开脱。他说，"不由自主地无知并不算你的错，无知时却不寻求才是你的错；不绑住受伤的肢体不算你的错，轻视愿意治好伤病的人才是你的错"（《论意志的自由选择》3：19）。[152]考虑到395年时奥古斯丁还在坚持人的自由，显然这里是指每一个人都有自由接受或拒绝恩典。这一时期奥古斯丁的"自由"可以说与摩尼教命定论不同，因为他否认摩尼教"恶"是实体的观念，否认人的选择是由于外在势力干预决定的，而强调人有自由意志，应为自己的选择负责。但这一时期他也与后来的佩拉纠有所不同，因为奥古斯丁看到了原罪对人的影响，即"无知"和"无能"对意志的束缚。他也不像佩拉纠派那样认为任何人都享有亚当堕落前那样的既可择善亦可择恶的能力，而是区分了亚当和后人的"自由"和"本性"。但这时他也与自己在427年《论圣徒的预定》之认为信仰、祈求上帝这一行为亦是上帝决定的不同。写《论意志的自由选择》时，无疑他认为一个人认识到自己的无知无能之后，只要恳切地祈求上帝帮助，就会得到帮助恢复健康的。

在与佩拉纠论战时，由于佩拉纠在其《论本性》一书中援引了奥古斯丁《论意志的自由选择》中的一些话以证明自己观点的正确性，奥古斯丁对被引用的话的语境作了解释。在415年写的《论本性与恩典》80－82章，他说：

> 佩拉纠说："奥古斯丁主教也在他的著作《论意志的自由选择》里写道：'不管决定意愿的原因为何，若意愿不能抵抗它，那么服从它就算不上有罪；然而，如果意愿可以抵抗这原因，就但愿它不服从这原因，这样就不会有罪了。不过，它要是欺骗不谨慎的人，怎么办呢？就请不谨慎的人小心自己不要受欺骗。欺骗是不是如此隐秘，以致不可能防止呢？倘是如此，那么那就不会有罪了。因为，在预防为不可能

的地方，谁会犯罪呢？然而我们却犯了罪；因此预防就是可
能的了"（《论意志的自由选择》3：18）。[153]

我承认这是我说过的话；但他也得承认我在前面说过的
话，明白讨论是关于上帝恩典的，而不是关于义的不可能性
的。上帝的恩典是藉着中保来的，是作为医药帮助我们的。
这样，不管意愿的原因为何，它都是可以抵抗的。这最确定
不过了。正是由于这个缘故，我们祈求帮助说："不要叫我
们遇见试探"（太6：13），若是我们认为抵抗毫无可能，也
就不会祈求帮助了。抵抗罪是可能的，不过得要藉着永不会
受欺骗的上帝的帮助。与防罪有关的一件事是，要诚心祷告
说："免我们的债，如同我们免人的债"（太6：12）。防身
体的病有两个法子：首先是预防它发生，其次是如果发生
了，就赶紧求医。要预防罪恶发生，就应祷告说："不要叫
我们遇见试探"；要赶紧求医，就应祷告说："免我们的
债"。这样，犯罪的危险，不管只是在威胁着，还是已临到
我们，就都是可以抵挡的了。

不过，为了使我在这个主题上的意思不仅为他所明，也
为未读过我的《论意志的自由选择》的人（这书无疑佩拉
纠是读过了），以及不仅没有读过我的书反倒读了他的书的
人所晓，我必须从我书里摘引出他省略了的话，这些话他若
是曾看过并在他的书中摘用，就不会引起我们之间在这主题
上的任何纷争了。因为我在说了他所引用的那些话之后，马
上就加以补充，道出任何人都会想到的思想，原话如下：
"可是有些行为虽是由于无知，还是应受责备，被定为该得
惩罚，正如我们在经上念到的。"在举了几个例子后，我进
而说到人的虚弱："有些出于必然的行为，也是应该受斥责
的，有如一个人愿意行得好，却不能够。不然，何以经上说
'我所愿意的善，我反不作，我所不愿意的恶，我倒去作'

（罗7∶19）呢?"接着，在引用了《圣经》中类似的一些
话之后，我说:"但这些话都是那些正从死的刑罚中出来的
人说的。因为死若不是人的刑罚，而是人的本性，那么那些
就不是罪了。"稍后些我又补充说:"因此，这刑罚乃是人
所应得的。因此，我们也不应惊讶于，人要么因为无知而没
有自由意志决定应做什么事，要么因为情欲习惯的阻挡
（它由于有死之人的遗传，而在某种意义上嵌入了人的本
性）而尽管知道应当做什么，也愿意去做，却不能够做到。
一个人若是本可轻易地利用他的能力去做某事却不愿意，那
么让他失去这能力，就是最公正的惩罚了；这就相当于说，
有意不做应该做的事的人，失去了他在愿意时拥有的做的能
力。每个犯罪的灵魂，都真会得到两个惩罚性的后果——无
知、无能。由无知产生了使人蒙羞的错误；由无能产生了使
人撕裂的痛苦。不过，将谬误当作真理，以致有意犯错误，
且由于肉体束缚的敌对和痛苦而不能禁戒情欲的行为，这却
不是人当初受造时的本性，而是人被定罪后所受的惩罚。然
而，我们所谓行善的自由意志，当然是指人受造时的自
由。"[154]有人马上就提出反对意见，说上帝将无知无能的罪
由原人遗传给他的后代，乃是不公平的。我对这种观点的回
答是:"我简短地作答，告诉他们，保持沉默，不要埋怨上
帝。若是没有一个人征服过错误与罪恶，也许他们的埋怨是
有道理的，但既来了一位全在者，藉着受造之物用种种手段
召唤人事奉上帝，在人信时，教导他，在人望时，安慰他，
在人爱时，勉励他，在人努力时，帮助他，在人祷告时，聆
听他——不由自主地无知并不算你的错，无知时却不寻求
（基督）才是你的错；不绑住受伤的肢体不算你的错，轻视
愿意治好伤病的人（基督）才是你的错。"[155]我竭力用这样
的话劝勉他们行义；我也没有让上帝的恩典落空，若没有这

恩典，人现已暗淡无光的本性便既不能得光照，也不能得洁
净。我们在这个主题上与他们的争论点就在于，我们不能用
一种对本性的谬见，使显现于耶稣基督我们的主身上的上帝
恩典归于徒然。在上面最后那段引语之后，我这样提到本
性："（'本性'一词二义），一是人受造时无瑕的那个本性；
一是由罪罚而来的我们生而即有的无知的与属肉体的本性，
恰如使徒所言：'我们本为可怒之子，和别人一样'"（弗
2∶3）。[156]

415 年时的奥古斯丁虽然已完成了预定论，但在"信仰的开
端"问题上还没有做到 427 年《论圣徒的预定》那样的明确和
彻底，即认为信仰的开端也是上帝决定的。在《论本性与恩典》
中，奥古斯丁在为 395 年《论意志的自由选择》辩护时，虽然
强调了上帝的恩典的作用，但仍然认为信仰的开端（即"寻求"
和"接受"基督）是在人自己身上，是自由意志的决定。

在 427 年写的《更正篇》里，在谈到他早年的《论意志的
自由选择》时，奥古斯丁再次小心翼翼地对其中一些段落作了
说明，以与佩拉纠派划清界限，免得被人利用。他指出，《论意
志的自由选择》是针对那些否认意志的自由选择是恶的原因，
因此创造万物的上帝要为恶负责的摩尼教徒写的。"既然我们的
论述是针对这些人的，这几卷书也就没有处理上帝的恩典问
题……因此在提到上帝的恩典时，都只是一笔带过……因为探讨
恶的来源是一件事，探讨如何返回我们从前的善，或获得更大的
善，又是一件事"。[157]

奥古斯丁详细地列出了被佩拉纠引用的一些句子，并再一次
指出，佩拉纠认为这些句子与他们一致，这是枉然的。

正如我在这些段落里所论证的，我们是凭着意志犯罪或

过得正当的。除非意志被上帝的恩典从使他成为罪的奴隶的
捆绑里解放了出来，除非它获得了帮助来战胜邪恶，终有一
死的人是不能过得正当和虔诚的。[158]

接着他指出，即使是在反摩尼教的《论意志的自由选择》
里，他也没有完全忽视上帝的恩典，如在第二卷他提到了人的善
觉善念都是来自上帝的，在第三卷他指明了亚当才有"择善"
的自由，而后人继承的"第二本性"，则陷入了无知无能，要靠
基督的恩典。[159]

三　自愿即自由

恩典作为预定的实现，是不是否定了人的自由呢？倘若人的
一切善行都是由上帝的恩典决定了的，则人的自由意志何在？在
《恩典与自由意志》一文的开头，奥古斯丁强调不能用自由意志
否定恩典，也不能用恩典否定自由意志，显然，他认为恩典与自
由意志是一致的。

人们一般认为，在决定（预定）与自由意志的关系问题上，
后期奥古斯丁所持的观点是"兼容论"。[160] "兼容论"一方面承
认我们的行为是受因果关系决定的，另一方面又承认只要我们的
行为是我们自愿发出的，我们就是自由的。"自由意志论"则认
为，一个行为只有是出自我们自己，而且是在面临 A 与 - A 相
反选择的情况下作出的，才是"自由"的。[161]

我们上面已说过，佩拉纠派和奥古斯丁对"恩典"的理解
是不同的，佩拉纠派是指"外在恩典"，奥古斯丁则侧重于"内
在恩典"。这种理解的不同是与他们对"自由"的理解紧密地连
在一起的。对于佩拉纠派（尤其朱利安）来说，"自由"是指
"选择的自由"，如果一个自主的人不能在 A 与 - A（善与恶）
之间进行选择，而只能要么选 A 要么选 - A，则这个人就无"自

由"可言。而对于奥古斯丁来说，"自由"是指"自愿"，一个人即使只有 A，但只要他是"自愿"的，即使从未有 - A，这个人也是"自由"的。换用今天的话说；朱利安的"自由"是"自由意志论"的"自由"，奥古斯丁的则是"兼容论"的"自由"。

　　放在奥古斯丁和佩拉纠派的论战背景中，亚当堕落前可以选 A（善），也可以选 - A（恶），因此可以说亚当此时是有自由意志论意义上的"自由"的。[162]看来奥古斯丁和朱利安都同意这点。

　　但对亚当堕落后人类还是否有"自由意志论"意义上的"自由"，则二人看法不同。奥古斯丁认为，由于原罪的遗传，所有的人都"不能不犯罪"，因此都只能选 - A。这在朱利安看来，是"不自由"的，因为此时人没有选 A 的可能。既然人是在"不自由"的情况犯罪的，是出于必然，则人就无须为其行为负责，这样，人的责任就被取消了。但在奥古斯丁看来，人这时的行为仍然是"自由"的，因为此时的人之选 - A，是出于他们的"自愿"（他们都不爱上帝而只爱世俗之物），所以，他们仍旧要为自己的行为负责。

　　至于奥古斯丁所说的得救者将来"不能犯罪"，在朱利安看来，这无异于说他们只能选 A，而不能选 - A，这当然是"不自由"。但在奥古斯丁看来，得救者只能选 A 而不能选 - A，是出于他们更新了的本性的爱好，是出于"自愿"，因此是"自由"的。只是追究其善的来源，是在上帝，因此他们应当将善的选择归功于上帝。

　　关于成熟期的奥古斯丁的自由观，克烈斯韦尔（Creswell）的话说得好："奥古斯丁拒绝佩拉纠派对于意志的自由选择的定义，说，人类意志只有在它自愿地做它所做的事的意义上才可说是自由的。在罪人那里，意志自由地犯罪。在义人那里，意志自由地做正确的事。意志的自由意味着人们做他们自愿做的事。坚持意志的自由即在行善作恶之间进行选择的能力，会使得佩拉纠派得出一个可笑的观点，即上帝没有自由意志，因为上帝的本性决定了他不能选择作恶。"[163]

比如孔夫子说他 70 岁时达到了"从心所欲而不逾矩"的境界，这等于说，其性格（本性）已接近至善（当然，跟上帝比还是有本质的不同），其所思所愿所行之事无一不善，甚至可以说，他已没有作恶的可能，用朱利安的话说，孔夫子此时只能选 A 而不能选 - A，但我们不能像朱利安那样，说孔夫子这时"不自由"，反而会像奥古斯丁那样，认为孔夫子达到了更高一层的"自由"，即"真正的自由"。

当然，奥古斯丁并不会认为孔夫子这样的"圣人"会完全没有错。在他看来，像保罗这样的圣人在今生仍会不自觉地犯罪，这不是说保罗在积极主动地犯罪，而是说由于知识与能力的局限，而在消极地犯罪，否则主祷文也不会祈祷上帝赦免我们每日的罪过了。[164] 这倒是和中国的俗话相似：金无足赤，人无完人。尽管如此，我们仍然可以说，像保罗这样的圣徒，出于其"性格"，其有意识的所愿所行，皆已是善，在今生他们虽不能做到完全"无罪"，却也已部分地预尝到了"真正的自由"。到了末世，这"真正的自由"就会真正地实现。

我们已经看到，在奥古斯丁那里，"意愿"即"意志"，即"爱"，而"爱"即意味着"自由"、愉悦和幸福。[165] 一个人做他最爱做的事情，是自发的、自愿的，他在做的过程会感到"自由"、愉悦和幸福。按照奥古斯丁思想，罪性态度中的人最喜欢做的事就是满足几大本能欲望（如骄傲、虚荣、权力欲、性欲等等），当他们做他们最喜欢做的事时，他们是"自愿"而"自由"的。此时，上帝的诫命对他们来说只是一种外在的压力，他们是出于恐惧或害怕而"不情愿地"服从的，他们还没有"真正的自由"。按照奥古斯丁的说法，当人的内心被圣灵打动，对上帝的诫命充满喜悦之情，喜欢它、爱它，自发自愿地遵守它，并且被上帝赋予了能力时，他们就达到了"真正的自由"。在这种真正的自由里，他们是可以得到真正的幸福的。信仰的最终结果，就是让人"成圣"，化性起伪，陶冶性情，使"美德"成为"本性"和"必然"。

四　兼容论的"自由"

由于奥古斯丁和朱利安对"自由"有不同的理解，因此在"恩典与自由的关系"问题上，两人也就有不同的主张。那么，应当如何看待奥古斯丁的"自由观"呢？"圣灵"深入人心，使人有善意懿行，并逐渐"成圣"，再不会主动选择犯罪，这是不是用"内在恩典"否定了人的自由意志？在这个问题上，有两种不同的看法。

一派以哈纳克、卢福斯（Loofs）和威廉斯（N. P. Williams）为代表。他们认为，在奥古斯丁那里，上帝宛如棋手，他不仅知道对方（人）下一步会怎么走，还通过作用于对方的心和脑而实际上将下一步走出来，从而在棋还没开始之前就已赢了。这一派也代表了大多数学者的看法，那就是奥古斯丁用预定论（决定论）[166]否定了人的自由意志。

另一派以波达利（Portalie）为代表。他认为奥古斯丁并没有否认人的自由意志，因为第一，意志在作任何决定时，都受某些动机影响，意志在决定选择哪个动机时，是自由的，但这些动机本身是全能上帝呈现给人的；第二，人心中最初的一些念头都是自然地出现的，意志的作用只是对这些念头表示赞同与否，而将这些念头呈现给人的也是上帝；第三，全能的上帝预知到人会对这些动机和念头作出什么回答，但是人并不是因为上帝预知到他会犯罪才犯罪，而是因为他本来就要犯罪才犯罪，但这人要是愿意的话，他本来也可以不犯罪。由于预知并非预定，所以上帝的预知与人自己的行为并没有决定关系。这样，上帝就只是通过给人动机和念头而影响人，而人的意志仍然是自由的。波达利认为，奥古斯丁形成了一个没有自相矛盾的、真实的、完美的逻辑体系，其主旨在他成为主教之后就没有变过；奥古斯丁直到死都明确地坚持认为他的理论肯定了人的自由，这并没有受到外来刺激（与佩拉纠派的争论）的影响。支持波达利的论点的还有天主教女学者克拉克（Mary Clark）和哲学家阿姆斯特朗（A. H. Armstrong）。[167]

第一种看法，如果从"决定论"和"自由意志论"来看，当然是正确的。但如果从"兼容论"来看，一个人出于"自愿"而择善，而不择恶，是"自由的"，哪怕他之择善是由上帝决定了的，而且他不能择恶。这里"内在恩典"并没有否定"自由意志"。

波达利的看法，如果从兼容论的角度看是有道理的，但在具体的论述上，虽然第一、第二点符合奥古斯丁的想法，但在第三点上是不确切的。实际上，在晚期奥古斯丁那里，是预定决定了预知，而不是相反。上帝并不是因为预见到一个人会信他才预定这个人，而是因为上帝预定了这个人信，才预知到这个人会信。这在《圣徒的预定》一文中尤其明显。"预定"最极端的例子，就是《圣徒的预定》所反复强调的，信仰的开端也是上帝预定好了的。一个被预定了的人，无论你愿不愿意，都逃脱不掉做"选民"的命运。上帝会首先给你"洗脑"，让你"心甘情愿"地选择善，因此让你"自由"。但这种"自由"（兼容论意义上的）显然不是波达利所说的"自由"。波达利实际上还是在坚持天主教的半佩拉纠主义（或半奥古斯丁主义），为人的（自由意志论意义上的）"自由"辩护。波达利所说的——上帝只是预知到了人的意念，但未预定人要如何——只能代表奥古斯丁早期的思想：上帝的预定是根据上帝的预知（预知到某人将信与否）而定的。奥古斯丁晚期的思想则是倒了过来：上帝的预知是根据上帝的预定而来的。上帝预定雅各成善，则亦预知雅各成善。否则，如果上帝是因为预知到了雅各成善，才预定他得救，则上帝的恩典就不会是恩典，而会是一种有针对性的奖励，而这是与"恩典"的"白白地赐予"的本义相违的。因此，上帝预定某人得救，则首先会给某人善念，并通过圣灵的作用，让他"赞同"这善念，然后上帝会给他能力，将这善念化为善行。至于人凭自身所产生的恶念行恶，则不是上帝所"预定"的，但上帝可以"预知"到其产生，并"允许"其发生，有时还会利用它产生善的结果。无论人得到圣灵的帮助趋向善，还是继续留在罪里作恶，都是出于"自愿"，因此都是"自由"的（兼容论）。

　　普通兼容论的缺点在哪里呢？假设二战时期的希特勒强行利用全德国的媒体，号召全德国的人民爱他，而全德国的人民也确实被他"洗脑"，自愿、自动、自觉地爱他，把他当救星来崇拜，以致爱希特勒竟然成为其时德国人民的"国民性"——虽然我们可以说，由于德国人民是"自愿"的，因此他们是"自由"的，且他们要为此"自由"带来的后果"负责"——因此，说他们是"自由"的，是有道理的——但是，难道这种"自由"是"真正的自由"吗？这和"奴隶的自由"又有什么区别呢？这时，"选择"意义上的"自由"，即自由意志论意义上的"自由"，就具有了其价值。

　　奥古斯丁的兼容论的缺点在哪里呢？除了普通兼容论所有的缺点外，有些人指出，奥古斯丁的理论还面临着一个"道德主体错位"的危险。在奥古斯丁那里，恩典状态中的人的每一个善念善行，都是在上帝的帮助下才有的，就此而论，上帝是产生它们的首要的、终极的原因，上帝可说是"第一当事人"，而人则可以说是"第二当事人"，是依赖于第一当事人的。其行为是由"第一因"（第一当事人带来的）决定的。奥古斯丁兼容论的困难在于，"第二当事人"虽然要为自己的行为负道德责任，但归根到底，要为其行为负根本责任的是上帝。如果将人堕落的原因追溯到最后，就会发现，按照奥古斯丁兼容论中"决定论"的一面，是上帝决定了给堕落者（坏天使和人）少一点的恩典，最后才导致了（或"允许"）其堕落。[168]

但事情要更复杂一些。我们在"生存体验与神学反思"中谈到过，人由于出自虚无而有堕落的可能，与被赋予自由意志并真切地感受到运用它的自由，二者是可以并存的。人虽然有堕落的可能，却并不是必然要堕落，因为他本来可以选择不堕落，可见这里还是有自由意志的运用不当。在天使的例子里，如果好天使和坏天使都是上帝从"虚无"中造出来的，都被赋予了自由意志，他们可以选择善也可以选择恶，而好天使选择了善，坏天使选择了恶，这就体现出他们是有自由意志的，是要为自己的行为负责的。当然，如果你一定要追根究底，问好上帝造出来的好天使为何一部分竟然变成了坏天使，那原因一定会直接间接地归到上帝那里，因为是上帝把他们创造出来的。对此，奥古斯丁只能用"你这是想听见寂静，想看见黑暗"作答。

第八节　基督论

一　基督作为桥梁

我们注意到，在奥古斯丁的"内在恩典论"中，圣灵起到了关键的作用。那么，基督的地位何在呢？基督与圣灵、与圣父在人的得救中，彼此关系如何？倘若我们不像一些学者那样强调存在于基督与圣灵、圣父之间的张力和"裂缝"，而侧重于从三一论的角度来看他们在人的得救中各自的分工与互补作用，则也许能得到一个较为完整的画面。[169]

有的学者认为，奥古斯丁的整个恩典神学，从《致辛普里西安》1：2：21 起，就建立在《哥林多前书》1：31 这一句话上："夸口的，当指着主夸口"（qui gloriatur, in domino glorietur, 亦见《哥林多后书》10：17）。[170] 因为人的行善能力（包括信仰本身）并非来自人自己，而是源于"基督的恩典"（gratia Christi）。

但是"基督的恩典"当作何解？它似乎包括了"外在的恩典"，指基督作为榜样和导师[171] 予人的教益。基督化身成人，出生入死，言传身教，是爱神爱人的道德楷模。但又似乎包括了"内在的恩典"，起码在认识论领域。《论教师》就说，基督作为圣言或逻各斯，是我们的"内在的教师"，照耀着我们的认识过程，使我们得见真理。如果将它推广到宗教真理，则我们对于上帝和基督本身的认识，也是真理之光照耀的结果，是基督让我们认识基督和上帝。基督既人且神，是为了让我们从"信""外在的基督"，转而"理解""内在的基督"。[172]

但是，随着神学思考的深入，奥古斯丁逐渐由早期的强调基督的"榜样"和"光照"作用，转移到更强调基督的中保作用。由于"中保"这个角色是在神人之间，因此，基督作为人和作为神的双重身份都得到了重视。作为神，基督是三位一体中的一位，因此，他乃是人的"目的"，是人要热爱的对象，要投往的"家乡"；作为人，基督是人类中的一员，但由于他是由马利亚和圣灵所生，故而没有玷染原罪，因此他可以作为人们的榜样，引领他们，就此而论，他乃是兄弟、同伴、"道路"。

　　今天，对所有在亚当里死了的人来说，基督都是生命的中保。不过，（在某种意义上）他却不是一个中保，因为他是与父同等的；就此而论，他与我们的距离之远恰如父与我们的距离之远；在这么远的距离之间，怎能有什么中保呢？

　　所以，使徒不是说，"神人之间有一个中保耶稣基督"，而是说，"基督耶稣其人"（提前 2：5）。所以，他之为中保，是在他是人的意义上说的——他低于父，因与我们自己更近；他高于我们，因与父更近。这么表达更为清楚，"反倒虚己，取了奴仆的形象"（腓 2：7），他高于我们，是因为没有罪的瑕疵（《论原罪》33）。

　　因为这就是"神人之间的中保基督耶稣"。作为（人）他是我们的中保；作为（人）他是我们的道路。因为，当有道路贯穿在旅人和旅人的目的地之间时，才有希望达到旅行的终点。但若没有道路，或者若是一个人不知道走哪条路，即使知道目的地在哪儿，也没有什么用。那完全正确无误的唯一的道路就是既是神又是人的那位：上帝，我们的目的地；人，我们的道路（《上帝之城》11：22）。

　　这个"目的地"或"家乡"就是上帝三位一体：圣父、圣子、圣灵。因此，奥古斯丁是很注重从三一论来看基督的作用的。在《论三位一体》中的一系列类比中，除了三一类比外，实际上还包含了"言成肉身"的类比。在《论三位一体》第 1 卷，奥古斯丁隐含了对次位论（将圣子视为低圣父一等，甚至视为受造物）的批驳，指出圣子与圣父平等，因此上帝乃是三位一体而不是只有圣父一位。但是对这个三一上帝，信徒将在何时看到？如何看到？奥古斯丁找到的关键经文是《马太福音》5：8："清心的人有福了，因为他们必得见神"，再加上另外两段关键经文，即《哥林多前书》15：24－28："再后，末期到了，那时基督即将一切执政的、掌权的、有能的都毁灭了，就把国交与父神。因为基督必要作王，等神把一切仇敌都放在他的脚下。尽末了所毁灭的仇敌就是死。因为经上说：'神叫万物都服在他的脚下。'既说万物都服了他，明显那叫万物服他的，不在其内了"；以及《腓立比书》2：5-7："你们当以基督耶稣的心为心。他本有神的形象，不以自己与神同等为强夺的，反倒虚己，取了奴仆的形象，成为人的样式"。[173]但人要享受"荣福直观"（见到三位一体），那只是末时的事，而在今生，他们只能凭着信仰基督去模糊地看到一些。正是基督耶稣这一个神人之间的中介，使他们得以对三一上帝有所了解。

在奥古斯丁看来，圣子被称为"圣言"（logos），就意味着"说"出来，而"说"话总有"说"的内容，那就是圣子"言成肉身"，以具体可感的"奴仆的形象"进入历史，进入时间之中，显现在以人为代表的受造物面前，引导他们回归天国。奥古斯丁对这个"言"作了发挥，在《论三位一体》中，他也为"言"找到了类比项，那就是在人的心灵里面，也有"言"之被"说出"，进入具体的存在（成为物质的响声）。在三位一体类比中，圣子是"理解"（意向性的思想），同时也是"言"（内在之言），就三位一体内部关系而言，"言"生自"记忆"（父）但又异于"记忆"，是"记忆"的一种明晰化的状态。就三位一体与外部（受造界）的关系而言，明晰化了的"言"更被圣父"说出"，正如人的心灵中的"内在之言"（明晰化了的思想）之被"说出"，通过声音的震动和传播，抵达他人的耳中，使他人明白到我的意思。虽然人的"内言"之被"说出"与上帝的"圣言"之被说出有着巨大的差异，但无疑可以用前者来类比后者，因此，前者亦可算后者的一种"形象"（《论三位一体》15：20）。

由于"言成肉身"在三位一体的上帝和人之间架起了一座桥梁，使得幽渺无闻的上帝得以被听见，大象无形的上帝得以被看见，不至于成为一个空洞的概念，因此，这个类比自有其重要性。从人对上帝的了解来说，必得借助于基督耶稣这个中介，才能得窥三位一体的奥秘。倘若没有基督之化身成人显现在人面前，三位一体也就无从捉摸，遂成空谈。因此，了解言成肉身就成为进入三位一体的不二法门和唯一道路。在这个意义上，奥古斯丁说基督既是"道路"，又是道路最终要抵达的"家乡"。信基督的人，是从作为人的基督抵达作为上帝的基督。

在《论三位一体》13：24，奥古斯丁从基督中心论的角度谈到了"在基督里"的"智""识"的统一：

> 这样，我们的知识（scientia）就是基督，我们的智慧（sapientia）也是基督。正是他将关于尘世之物的信仰置于我们里面，正是他将关于永恒之事的真理置于我们心中。我们藉着他而走向他，藉着知识走向智慧，而又不曾偏离了这同一位基督。

在这里，基督论是放在三一论的背景中谈论的。基督作为神人二性统一的位格，他既能"显现真理"（作为父的形象），又能派出圣灵，将"信仰"置入人心。如此基督就既启示了三位一体，又将人带入三一生命及工作（亦见 14：24）。

要达到作为人的至福的荣福直观，就得从信仰基督出发，一直修炼，直至将来得见三位一体。这个过程，在今生就是"成圣"的过程。而这个"成圣"的过程，从三一神学的角度来看，就是上帝预定一些人，使之在听闻基督事迹时被圣灵感动，立志更新，悔改向善，而被上帝"圣化"的过程。因此，表面上看上去是人凭着自己的努力在"成圣"，但实际上是圣灵在使人"圣化"，是圣灵使人获得一种能力，达到真实的自由。

可以看到，即使我们勉强说奥古斯丁神学是以基督论为中心的，但这"中心"的背景也仍旧是三一论的。在《论圣徒的预定》8：13，他说：

　　三位一体的教训，是不能用肉体的感觉得知的。我们听到了父的声音，他教导我们，好让人可以来到子面前。子也是如此……因为他乃是父用来教训人的圣言，但他（圣言）不是通过我们的肉耳，而是通过心灵的耳朵教训人的。同时，父和子的圣灵也在这儿。他也教训人，但不是单独地教（而是与父、子一起教），因为我们知道，三位一体的行为是不可分的。

　　因此，人所接受的一切真理的教导，都不只是来自基督，还来自整个三位一体。由于三位一体的"密不可分"的关系，因此，圣灵都是通过基督起作用的。后期奥古斯丁恩典论重圣灵的作用，也可以说，是重"基督的圣灵"的作用，这样，基督就并没有被晾在一边不管了。

　　在与佩拉纠派论战的过程中，奥古斯丁越来越强调基督的中保作用。在《论基督的恩典》和《论原罪》中，他指出，使人产生善念并有行动能力的恩典，只能是藉着圣灵的内居，由基督而来的礼物。离开了"神－人"基督，便无救恩可言。[174]

　　当然，基督还有别的身份和作用。"大祭司"这一称呼也可说形象地体现了基督的居中调和神人关系的中保作用。1954 年，Lecuyer 指出，奥古斯丁的"祭"（sacrifice，牺牲）的真正意义是在《上帝之城》10：6 所说的："verum sacrificium est omne opus, quo agitur, ut sancta societate inhaereamus Deo"（真正的祭，是让我们与上帝为伴的行为），只有基督这个中保的行为才能满足这个条件，献出这种"真正的祭"。他同时是祭献的对象：上帝；是祭品：羔羊；是祭司，代人献祭者。[175] 他为人代祭，他本身又是人，只是没有罪。

　　通过基督，上帝与教会（元首与肢体）、教会成员与教会成员也得到沟通。教会论也是以基督为基础的。总之，从早期重天上的"逻各斯"和道德榜样，到后期重中保所带来的恩典，奥古斯丁的基督论各个阶段强调的东西是既有差异，也有连续性的。

二　"内在之人"的得救

如果我们从微观的层面，来考察"堕落"之中，"内在之人"动态的心理结构所发生的偏转，以及"得救"之人之动态的心理结构所发生的"矫正"，则《论三位一体》所显示的"心学"不无助益。奥古斯丁心学的特点在于，它是动态的，是朝着不同的方向运动的。在希尔（Edmond Hill）看来，《论三位一体》第12卷以失乐园故事为例揭示了一个动态的心理图，将历史因素引进了人心这一上帝"形象"。照希尔的解释，奥古斯丁用"亚当"来代表"智慧"，就是"心智"中最上层的、凝思上帝及真理的那部分；"夏娃"则代表"知识"，就是"心智"中较低层的、认知的或行动的功能，它负责与尘世事务打交道；"蛇"则代表外在之人的感性，也即想像及感觉记忆的认知功能。

失乐园故事暗喻了人心结构的败坏，上帝"形象"的逐渐抹除。吃禁果不只是违规，而是表示人从方向上背离了上帝，转向自我中心，趋于自爱，爱私甚于爱公。这种背离造成的后果，就是上帝所造的秩序（人服从上帝，人管理世界）破裂；人拒绝被上帝主宰，想成为自己的主人，结果却是心为物役。

《论三位一体》第13卷谈到人心（psyche）由于赞同"识"对物质力量的欲求，而从最高的对属灵真理的凝思坠入到肉欲的深渊，为肉欲所因。这个方向，是人心由高到低堕落。

而人心的拯救是一个相反的方向，是由低到高的过程。先是人的感官看到成为肉身的道（耶稣基督），接着是人心凭着"信"相信神成了人，并开始凭着"美德"来控制外在之人的感性欲望，最高的"智"的功能才会重新解放，带着爱去凝思神圣真理及上帝。于是原有的秩序终于恢复，上帝的"形象"再次复位。

希尔提供了一个大致的"复形图"。[176] 在奥古斯丁的原文中，并没有提到"复形"过程中的基督和圣母玛利亚，这只是希尔自己的一个阐释。不过，这个阐释有益于我们理解奥古斯丁的"动态心理图"，从奥古斯丁的整个神学心学来看，他的这个解释是有一定道理的。

上帝

	恩典中被造之人			得救之人	
内在之人	赞同非法行为	亚当	智慧	基督	凝思永恒真理
之人	赞同非法行为	夏娃	知识	马利亚	信靠基督德行
外在之人	诱惑	蛇	想像感性	道成肉身耶稣	听闻福音
之人	罪之对象	堕落之人	感觉		信仰对象

世界

我们先从这个图的左侧看起。起先受造的人，是完整的受造形象，有智、有识、有想像、有感觉，低层服从高层，高层服从上帝，低层处理外物，各归其位，各安其位，井然有序。违反神令之时，神人、人物关系破裂，人的内在心理结构也破裂，这表现在象征"识"的夏娃听从了象征"感性"的蛇的话，去以外物（禁果）为目标，以自我中心为目标，违反神的诫命，而象征"智"的亚当听从了象征"识"的夏娃的劝说，从而引发堕落——最高层的凝思真理和上帝的"智"为外物所诱惑，不再以上帝为中心，而以自我和外物为中心，造成朝向的逆转。这是由内在之人（亚当和夏娃）向外在之人、声色之人（蛇、罪）的堕落，后果便是人不再以上帝为最高对象和真理来源，心为物役，陷溺于罪。上帝的形象步步黯淡，变得破损。

而拯救的工作亦从低处做起。先是肉身之道、置身于历史中的有形人物耶稣，他呈现于人的眼目之前，使他们的感官可感，他们亦听闻福音，最终作出判断，信仰耶稣即基督，即救主，因信而有爱，过一种德性生活，逐渐摒弃罪恶，最后则领悟到一切真理、美德都来自于上帝，其幸福以服从上帝为根本，由此回到"智"：凝思上帝之美，恢复原初形象。在对上帝的不断加深的认识和爱里，越来越"肖似"上帝（当然不是本性上和上帝一样），以凝望寂然不动的真宰为乐，达到幸福的状态。今生之后，迈入天国，得睹三一上帝的真面，即获得荣福智观，享有永久的安息。

就理性迈往认识上帝之途的工作而言，奥古斯丁在《论三位一体》第 10 章有较详细的说明，其中的进路就是后来被中世纪神哲学家（如波那文都）广泛采用的"三步骤"：（1）"由外向内"，通过"我疑"，摒弃外物，返身而诚，做一种类似于今天现象学"悬搁"的工作，从杂乱无章的意向活动中剥离掉关于"物"的超验所指，而专注于意向活动自身，并由意向活动构造出一个（类超验之）"我"，此为一确定无疑之物；（2）"由内而上"，得到这个绝对确定无疑的"阿基米德点"之后，意识到其变化性及相对性，意识到其中的真理（如数学真理、伦理真理等）的永恒不变性及无时空性，认识到在"我"之上犹有物焉，此步骤与后来笛卡尔有异曲同工之妙；（3）"由上而上"，认识到"我"之上有一个真理世界或"相世界"，以及其上的上帝，但由于吾人处于今生肉体情欲及罪的负累之中，故对此上帝的认识不能达到清晰的观看，而只能是借着"自我"之中的上帝三一形象"模模糊糊地观看"，除了作一系列的理性认识功夫（认识形象中的三位一体）外，还得凭着信、望、爱三德，不断地深入体察理解上帝，逐步认清上帝更深更高的奥秘，直至末日后天国里的荣福智观。

不过，希尔几乎不提奥古斯丁的恩典论。其实，"内在之人"的"转识成智"，明己明神，并非他自己努力的结果，而是基督"光照"的结果；"内在之人"的"变贪为爱"，爱神爱邻，也并非他自己的改变，而是圣灵"浇灌人心"的结果。如果回顾我们在前面所说的"意愿心理学"，就可以明白奥古斯丁在这个问题上的观点。因此，应该将奥古斯丁的认识论和意识哲学，放到他的整个神哲学体系尤其是恩典论中，而不能将之从整体割裂开来，单独地考察。

"内在之人"的回归之旅，实际上也是人身上三位一体的"上帝形象"的恢复过程。不过，根据奥古斯丁恩典论，形象的破损是由于人滥用了自由意志，而形象的恢复则是出于上帝恩典之助。即使有恩典之助，人在今生也难以做到无罪，因此，人的真正的完善，乃在天上的耶路撒冷那里。这是将希望放在末世的基督教人学。[177]

第九节 两城说

一 两种解释模式

"内在之人"的更新，代表着个体的微观层面。当许多"内在之人"得到更新时，他们所构成的教会就会令世俗文化发生改变。不过，由于教会仍旧是尘世中建立起来的组织，因此它仍免不了"圣俗杂处"的局面。这样，"圣徒"如何与教会内的"不能得救者"和社会上的"不能得救者"相处，就成了一个问题。[178]由于教会是处在国家之中的，教会与国家应该有一种什么关系，也是一个棘手的问题。奥古斯丁对"国家"和"教会"的思考，都是在面对现实问题时所作出的回应。

奥古斯丁对人类历史和社会的思考，曾随着他思想的变迁而发生过很大的转折。其中比较大的两次转折，一次发生在396/397年《致辛普里西安》前后，一次发生在410-413年罗马遭劫之后。我们在前面说过，396年的思想转变是奥古斯丁就任教职后，于393-396年深入研读保罗书信的结果，这次转变使奥古斯丁抛弃了以前那种希腊-罗马哲学式的对于人的知识能力和道德能力的自信，而注意到预定先于善行，恩典在人达到美善中的必要作用，这反映在他的社会-政治观上，就是不再像早期那样强调人类可以经由七个历史时期或四个历史阶段，逐步达致完善，恢复上帝的形象，形成天上的耶路撒冷，而是强调罪的力量与恩典的作用，将人类区分为罪人与选民，因此人类历史各阶段都处于"两城"对峙、"两民"交杂的张力之中。[179]410-413年之间，奥古斯丁将理想的"基督教社会"与任何世俗的组织作了区分，彻底地从末世论角度来看待和设想理想社会，并依此对现实的政治社会作出批判，从而超出了同时代基督教思想家将世俗力量等同于基督教的想法。[180]

对《上帝之城》以至奥古斯丁的整个社会-政治理论，存在着两种不同的解释。一种是传统的解释，以天主教和新康德主义为代表，核心在于认为，奥古斯丁所谓"上帝之城"即指教会，"地上之城"则指现实国家，但含义是中性的，因为奥古斯丁继承了古典政治哲学的观念，认为国家建立于自然人性之上，具有天然的正义性。在教会与国家关系上，奥古斯丁认为，教会乃尘世社会的"神圣酵团"，有助于提升国家道德，深化国家的文化，既然"上帝——教会——国王——公民"这一秩序在所难免，那么国王或国家听从教会在道理上也就成立。[181]

另一种是现代的解释，以新教的一批神学家和自由思想家为代表，关键是辨认出奥古斯丁"上帝之城"的末世论特征，认为它并非指尘世的教会，而是指末日审判后善天使和圣徒的"属灵的爱的共同体"。"地上之城"指现实国家，但强调的是其"悖逆之爱"，即国家是由只爱世物不爱上帝的自私的个人组成的自私的集体，它违背了上帝创造的正当的爱的秩序。国家并不是天然正当的，而只是人堕落后的产物，因此从来源上说，国家是"天然不正义"的。"国家"总是与"强制"、与一部分人对另一部分人的压迫连在一起，而这在未堕落前的乐园里和将来的"爱的共同体"那里，是不可想像的。就"国家"与"强制"连在一起，给人带来痛苦，是人性所不乐意的来说，"国家"是上帝对人类堕落的一种惩罚；但就"国家"靠着"强制"的手段阻吓了沉沦之人彼此间公开的抢劫和杀戮，给堕落后混乱无序、欲望鼎沸的人类社会带来了外部的和平和秩序，从而使他们能维持生命甚至享受世间之乐来说，"国家"是上帝给沉沦人类的一个救治。就此而论，"国家"虽说不上真正的"正义"，但人有服从的义务。对于今生走在朝圣路上的圣徒来说，只要"国家"没有强迫他亵渎上帝、崇拜偶像以及干涉他的信仰自由，他就得服从"国家"。[182]

奥古斯丁对于"国家"的起源、功能和局限的分析，虽然带有浓厚的神学色彩，却无疑影响了后世诸多的政治哲学家和神学家，从霍布斯直到阿伦特，都可以看到他的思想的影子。同时，在当今的一些思想家看来，他一方面与近代政治哲学传统暗相契合，一方面又包含了对其局限性的克服：奥古斯丁对于

"爱"和"美德"的"社会"的强调，为当今这个类似于"匪帮"的、只有表面的"秩序"却无法消除内心混乱的"全球化世俗之城"，提供了一个更高、更内在的理想。

二　不道德的个人和不道德的国家

奥古斯丁严格地区分了"社会"和"国家"（或"城"，或政治社会）这两个概念。人是天生的"社会动物"，但不是天生的"政治动物"。上帝造人，人与人是处于同一类、同一存在等级的，他们之间是平等的，他们共同管理动物，而不是一部分人管理另一部分人。亚当和夏娃的关系可视为"人是天生的社会动物"的典型：他们出于同一类（肉中的肉，骨中的骨），只有性别的差别和分工的差别，但是关系是平等、互爱、互助、互补的。

"国家"则起源于堕落之后罪性的人的自爱，尤其是人的控制欲（libido dominandi，或译操纵欲）。弑兄者该隐建了地上第一座城，正是政治社会罪性的集中体现。罪性状态中的个人，其高级理性无法管住低级理性，低级理性无法管住感性欲望，反而被感情、感性冲动和种种欲望摆布了，这些欲望最主要的有：虚荣（名声）、嫉妒、贪婪（财产）、情欲（性欲）、控制他人欲（权力欲）。控制欲践踏了上帝造人时本来的平等原则，拒绝承认人是天生就平等的。控制欲产生于骄傲，产生于自爱，产生于爱自我甚于爱他人，以他人为手段来满足自己的虚荣。"国家"可以说产生于罪人们的这些卑鄙的冲动和欲望之上的，也是其集中体现。国家之内和国家之间的战争往往就由权力欲和征服欲而来。这样看来，奥古斯丁所理解的"国家"就与古典哲学家如柏拉图和亚里士多德所理解的作为人的天性的表现的"城邦"或"国家"完全不同。对于奥古斯丁来说，"国家"是人天然平等地结成的"社会"变质后才出现的，是人的社会本性被罪败

坏之后才出现的，它是背离了人的自然本性后才出现的。"国
家"总是恐惧、痛苦、死亡的来源。即便好法官也不可能看到
受审者的内心，有时只好诉诸严刑拷打，以求得真相；但仍旧会
让无辜者受罚，让有罪者释放（《上帝之城》14：6）。

在《上帝之城》第 19 卷，[183]奥古斯丁将"正义"从西塞罗
的"国家"定义里剔除掉了。[184]

"国家"不再必然地包含有"正义"这样的美德，而只是诸
多理性存在者结成的一个集体，他们在其所爱的对象（"共好"）
上有着一致性。在古典的"国家"观里，"国家"的秩序和等级
来自于人的自然差异，是天然正义的，所谓"正义"就是"各
人得到他当得的"，金银铜铁各类人等在柏拉图的"理想国"里
就各安其位，各尽其职，各得其所，为整体尽一份力。古典政治
哲学家默认了"国家是正义的"，他们的问题是："国家如何才
能达到正义？"对此柏拉图的答案是等级制，亚里士多德的答案
是民主制。奥古斯丁的问题则是："国家是正义的吗？"换言之，
"国家能够做到让每个人各得其所吗？"对此他的回答是："不"。

在奥古斯丁看来，如果"正义"真的是指"给每一事物它
所当得的"，那么，按照奥古斯丁的标准，在世俗的"国家"
里，人们并没有把上帝当上帝来崇拜，也没有把无价值之物当无
价值之物来使用，反倒将它们当作了人生的目的，由这样的价值
混乱的人民组成的"国家"，当然不会是"正义"的。可以说，
在奥古斯丁的眼里，"国家"不过是由"不道德的个人组成的不
道德的集体"。[185]

"国家"既无真正的"正义"可言，那么它与"匪帮"的
区别也就不过是规模大小不同罢了。"盗亦有道"，匪帮也有自
己的内部秩序和内部和平，包括有头领、对抢夺对象的共识、分
赃规则、内部"摆平术"等等一整套的"游戏规则"。当这匪帮
扩大成了一个国家，我们就会看到这个国家也有一个皇帝、有共

同的福利、有种种制止内部冲突的"规章制度",维持着一种表面上的"和平"。在"匪帮"和"国家"之间只有人口和土地的量的增长,并没有质的差别(《上帝之城》4：4)。奥古斯丁还举了个"海盗和亚历山大大帝的对话"的轶闻,说亚历山大的手下擒到一名海盗,海盗对大帝说："本质上我俩没什么区别,只不过我抢的是区区小船,而你则用百万大军抢夺别人的国家而已!"(4：4)。战争之发生,不过是一群人、一国将自己的意志和"秩序"强加于别人、别国身上,从而达到一种外部的"和平"。而"国家"之无"正义"可言,于此也可见一斑。难怪奥古斯丁要从西塞罗式的古典"国家"定义里将"正义"剔除掉了。

　　奥古斯丁对"国家"本质的看法,与古典哲学家迥乎不同,这是因为他对人性的看法迥异于古典哲学家,不再像古典哲学家那样乐观。这集中体现于他对沉沦状态中的人的欲望分析上。沉沦状态的人类,他的爱是"误置的"或"颠倒了的",不爱上帝爱世物。人在世的误爱,突出地表现在"贪"上,这个"贪",就是"占有欲",物化出来就是"财欲",它与另外两个沉沦之"欲"控制欲(权欲)和性欲构成"欲界"的三大欲望。

　　由于人多而财少,你对一物的占有意味着我对一物的稀缺,因此人与人处于争夺物资的战争状态。奥古斯丁生动地用"恶海"里"大鱼吃中鱼,中鱼吃小鱼"来比喻这种状况,还说,你从别人手里抢来的金子,又会被更强的人夺走,因此你总是处于恐惧忐忑之中。将人生的倚靠放在财物上乃是极不安全的。对于私有财产,奥古斯丁认为,从起源上来说,私有财产是一种不自然、不合理的东西,是化大公为小私。不过,他并不主张没收私产,这是因为私产乃是沉沦状态中的人维持生活所必需的。在沉沦状态下,必须维护各人的财产权,否则就会有公开的抢夺和强盗行径了。维护私产权起码能保证人与人之间外表上的和平,虽然丝毫不能防止暗地里的欺诈行为和"暗抢"。他反对当时的一种说法，即富人难进天国。对"骆驼穿过针眼"这类比喻，他的解释是，爱上帝的富人和爱上帝的穷人一样可进天国，而不爱上帝的富人和不爱上帝的穷人一样会下地狱，因此不能以尘世财产多寡来衡量将来的命运，而只能以爱上帝与否为唯一标准。穷人如果不爱上帝，任由对财富的贪欲在心里发动，也一样会结局不妙。在财产的量上，奥古斯丁主张最好的选择是能保证基本的生活所需，不要太多，免得反为财所累，以致送命。他说，与其多财，不如少欲，如此才能求得心灵的平安。

　　"误爱"的另一个表现就是控制欲或"权欲"，即支配他人的欲望，或后世所谓"权力意志"。在上帝原初的创造里，人与人是平等的，在"存在大链条"上处于同一类和同一级，人与人之间只有"善意关怀"。但人的堕落和沉沦使得人用控制他物的方式来对待同类，或者想如上帝控制万有一样控制自己的同类，操纵他们，使自己凌驾于他们之上，使自己成为上帝。和霍布斯不同，奥古斯丁认为控制欲是一个独立的欲望，而不是依附于求生欲之上的欲望。乐园里的人天生是"社会"动物，相与为侣，相互友爱，但他们不是"政治"或"政治社会"动物，后者只是堕落后才有的"制度"。"政治社会"或"城邦"、"国家"区别于"社会"之处，就在于在"政治社会"里，总是有统治者和被统治者，总是存在着"强制"。"强制"存在的原因就是一部分人想控制、统治另一部分人，使他人的意志屈从于自己的意志。"控制欲"常常与"荣誉感"连在一起，一个人或一群人、一个国家控制了另外的人或国家，就会受到被控制者和"自己一边的人"的尊敬和阿谀，于是暴行就成了美德。和西塞罗不同，奥古斯丁对于早期罗马共和国也没有好感，认为它从一开始就是兄弟残杀，"每一堵城都淌着血"，罗马共和国和帝国的荣耀是建立在国内外人民的血泪之上的。罗马共和国出于

"控制欲"而发动战争，侵占他国，爱荣誉甚于爱财物，体现出一定的勇敢、节制等美德，但也不过是以"控制欲"来替代和减轻"财欲"和"性欲"罢了。而若是"控制欲"脱离了"荣誉感"，就会变成赤裸裸的"禽兽不如"的暴力和阴谋了，暴君尼禄夺权屠其政敌岂不就是如此？说是"禽兽不如"，是因为人有理性采取更恶劣的手段来达到自己卑劣的权欲，相形之下，禽兽倒是太善良了。

"欲界"的第三个大欲，乃是性欲。在"发掘"人的潜意识层面的性欲上，奥古斯丁堪称弗洛伊德的"遥远先驱"。他认为性欲乃是堕落后的产物，是颠倒了乐园里的爱的秩序后才有的，正是假借交合时的情欲，"原罪"方得以世代传递。上帝造男造女，乃为他们有伴，以及生养众多，倘若没有堕落，人的生殖行为应当是毫无情欲，就如举手投足一般自在。不幸沉沦后，脱离生育甚至婚姻的性快乐成为目的和享受，为求此享乐，人常常不顾道德廉耻，通奸、乱伦成为常有的事。但既然人的灵魂背离上帝，身体也就会背离灵魂，生殖器官常常会在不当有动静的时候动静，当有动静的时候无动静（阳痿），不听从意志的安排，"意志与欲望"相悖。这些现象都被奥古斯丁视为沉沦者"能而不愿，愿而不能"的身心分裂的突出表征。[186]

可见，奥古斯丁所描述的原罪状态下的人间，和霍布斯描述的"人对人像狼一样"的"自然状态"是差不多的。也正如霍布斯认为"利维坦"是为了维持"丛林"秩序所必需的一样，奥古斯丁也认为，为了不致"涕泣之谷"进入完全的混乱状态，不致人与人公开地实行"丛林法则"，而是有一定的外部和平，上帝允许人类社会成为"政治的"社会，允许"强制"力量进入人类社会生活，也即允许国家制度，如警察、法院、军队、监狱存在，来威慑及阻吓人欲的公然横流，使得最低限度的保障生命财产的"善"得以成为可能，使得最基本的外部秩序成为可能。因此，国家的主要功能有两个：一个是作为对人的罪的惩罚；一个是作为维持尘世秩序与和平的必要措施。像尼禄那样的暴君也有其存在的理由，他的权柄出于上帝，是来充当上帝的惩罚的工具的（此处奥古斯丁没有区分开统治制度和统治者个人）。国家一方面是罪的后果和惩罚，一方面是对败坏的人性的一种治疗：它限制并控制着罪人的破坏度。它为基督徒和非基督徒生存于世提供了基本的和平环境。对于普通的基督徒来说，甚至异教罗马历史上涌现出的一些英雄人物，也可以作为学习的榜样。这些英雄人物为了一些较为崇高的目的（比如爱祖国、爱名声）而抑制自己其他的卑下欲望（比如贪财、贪色），过着克制、奉公、勇敢的生活。此外，异教文化所产生的灿烂的文化英雄，如柏拉图、瓦诺、柏罗丁、波菲利等人，也值得景仰。

总的来说，奥古斯丁对于"国家"的看法是消极的。其作用仅只是维持外部的秩序，它是从来不能使人内心更新的。对于国家，人可说是出于"怕"才服从，而"怕"是不能改变人性的。国家不能使人变好，国家只能使人不至于公开地坏。奥古斯丁打了一个奇怪的比方，说是一个人被倒吊在树上，手上还抱着沉重的石头，这种状态当然是极累极沉重。这时有人过来帮助他一下，将石头从他手上拿开了，从而减轻了他的负担。但这并没有根本地改变他的不幸处境，那就是他还是倒悬在那里。这个比方说的就是沉沦状态的人类，国家虽然拿走了人手上的石头，减轻了一点他的负担，但他仍然是倒挂着的。

三　"基督教国家"是否可能？

那么，奥古斯丁有没有认为，基督教的出现，将改写人类的"国家史"，在地上建立天国呢？

奥古斯丁颇有预见性地提到了基督教国家的出现，认为它与异教国家相反，是可以接近于在尘世实现正义的。基督教国家可以为教会提供一个有益的发展环境，基督教统治者可以运用其权力传播上帝的威名，让更多的人崇拜上帝（《上帝之城》5：24）。奥古斯丁赞同地提到了皇帝菲奥多西（Theodosius）顺从安布罗斯的权威，并祝贺皇帝准备"用最正义和仁慈的法律来帮助教会反对不信神者"。在书信中，他还提到教会应该呼吁世俗行政人员帮助教会跟异端斗争。不过，奥古斯丁并没有提供一个系统的"政教论"，他的论述很分散，有具体的针对性，他并没有定论说，世俗权威应该服从教权。但《上帝之城》确实有一些这样的零星说法。这些说法后来被中世纪神权政治所利用，中世纪和现代的一些学者也从这个角度来解释奥古斯丁的政教观。

但也有一些现代的学者注意到奥古斯丁的政治观有其复杂微妙的一面。后期奥古斯丁对所谓的"基督教国家"其实是不抱幻想的。413年，曾经在反对多纳特派时与奥古斯丁并肩战斗过的马色林，因为参与皇朝内斗而被皇帝处决，使奥古斯丁对"基督教国家"的想法更趋向于《圣经》中的政治现实主义。多纳特派想建立"纯净人教会"，认为他们自己是纯净的信徒，是"上帝之国"，是都要得救的，奥古斯丁早已指出这既不现实，也不符合《圣经》的教导。上帝预定谁得救，是今世凭着外在的表现看不出来的，人不能以为自己是上帝，能够判断谁终将进天国。多纳特派判断谁是"纯净人"，谁不是"纯净人"，是越权想当上帝，实质上是一种骄傲。得救者与不得救者永远都混居一处，只有上帝才能清楚谁属哪类，只有在末世上帝才会将他们分开出来，像鱼只有被打到网里拖到岸上后才能分拣一样。

在与多纳特派的斗争中，虽然最后凭着国家的强制力量，"强使他们回来"，但"强扭的瓜不甜"，不少回到"公教"的多纳特派教徒只是勉强的公教教徒，真信的不多。大多数人或是半心半意，或是为着世俗的好处，或是迫于政治压力才进教会。奥古斯丁依据自己对《圣经》的理解，加上在教会服务的经验，意识到得救的信徒也即圣徒寥寥可数。这样，大多数的人就是不能得救的了。教会尚且如此，对国家又能存着什么指望？那只能更糟。倘若皇帝是真正的基督徒，也许在解决教会争端上有所帮助，在发布政令时带着一丝仁慈之念，但他改变不了国家机器的运转，改变不了国内绝大多数人是罪人这一事实。

由于国家机器是由无明无能的罪人构成的，因此改变不了其恶的本质。比如法官在判决谁是罪犯时，很可能由于无知而在不知道真实情况时将无辜者判为有罪，放走真正的罪犯。在人所犯的罪案中，往往只有极少数被发现了，被发现者中，又往往只有极少数是正确的。由于证据常常不足，法庭常常拷打折磨嫌疑犯，往往使无辜者屈打成招，而让真正的罪犯逍遥法外。就法官本身来说，他也是人，他的知识是有限的，他的决定常常是任意、武断、匆忙的，他在轻易判决别人命运时常会为自己对别人拥有如此大的控制力而感到骄傲，感到施用权力的满足。基督徒法官会为真正的罪犯感到难过，祈祷上帝宽恕他的灵魂，但仍不得不判决他，好以刑罚警示其他人不得犯罪，从而维持社会秩序及外部和平。

在《上帝之城》2：19 以及别处，奥古斯丁在凡是涉及到"基督教国家"可能实现真正正义的地方，都马上会补充说，这样的国家从未有过。[187] 这里根本的原因就在于圣徒也是罪人，虽然他已真心信奉上帝，但仍免不了"无明"和"无能"，否则他就用不着祈求上帝免他犯过的罪，叫他以后不要遇见试探了。可见奥古斯丁的"上帝之城"是彻底末世论的。

四　两个"城"，两种"爱"

奥古斯丁的"两城说"，很集中地体现在下面这段话里：

两种不同的爱分别建立了两个不同的城；爱自己以至轻视天主则产生了地上之城，爱天主以至舍弃自己则产生了天上之城。前者因自我而夸耀，后者把荣耀归还天主；因为前者追求的是人的赞赏，而后者却以天主的光荣自豪。前者趾高气扬，后者却向天主说："你是我的光荣，你使我昂首阔步。"在地上之城内，王侯及其属国为强权霸道所操纵；在天上之城内，发令的上司及听命的下属同为爱德所统一。前者依附权贵，追求自己的光荣；后者却向天主说，"主啊！我爱你，你是我的力量。"（《上帝之城》14：28）[188]

人性的败坏使得整个人类都陷在黑暗无明的滔滔罪恶中，上帝出于仁慈，从人类中预定了一小部分人摆脱罪，得到拯救。这些得到拣选的人就组成了"上帝之城"，他们是历代圣徒的集体称呼。他们原先被罪削弱了的意志得到了上帝恩典的修复，由是得以逃脱"自爱"的捆绑，舍弃自我，转而爱上帝。而没有被选上的人，依旧陷在黑暗之罪里，成了弃民，他们就组成了"地上之城"。[189]

前面说过，古典政治理论所理解的"城"（国家）或"人民"，总是与"正义"、"共同福利"这样的崇高词汇连在一起，而奥古斯丁所理解的"人民"，则去掉了"正义"这样的褒义词，只是简单地成了"在被爱的对象上达成共识的理性受造物的集合体"，而一个城邦的"人民"与另一个城邦的"人民"的不同，就表现在他们所爱的对象的不同上。"上帝之城"爱的对象是上帝，"地上之城"爱的对象是自我。爱的对象决定了爱的性质，爱的性质又决定了爱者存在的品质。

上帝之城是"敬神之人的团契"，但并不就等于尘世的教会。从奥古斯丁的神学总体来看，中世纪将"上帝之城"说成是教会，是有意或无意的误解。在奥古斯丁那里，"上帝之城"的成员，是好天使和尘世中过去选民的灵魂，当今地上活着的圣徒只是其一小部分。"地上之城"的成员，是背叛了上帝的天使、已死遭谴之人的灵魂，以及现今被欲望折磨的人。正如不能简单地将"上帝之城"等同于教会，也不能将"地上之城"等同于某个国家，如巴比伦、亚述、罗马帝国或它们全体。但可将它们视为"地上之城"的一种体现。

两个城都是不可见之城，在今生是难以分辨出来某个人到底属于哪个城的。比如有些人虽然外表上属于教会，但却可能实际上属于地上之城。教会和国家一样，是圣人与恶人混杂，选民与弃民共处，从外表上看不出分别。就如好鱼坏鱼混杂在网上，只有在打上岸后才能分辨出来（18：49）。选民弃民、好鱼坏鱼、绵羊山羊无法在今世凭着外表区分出来，上帝的日头和雨水同样照顾他们，直到末日审判之时才将之判然分开。

不是每个教会成员都属"上帝之城"，反过来，也不是每个"上帝之城"的成员都属教会（18：47）。比如《旧约》里的义人，其在尘世生活之时还没有基督教教会，但他们仍属于"上帝之城"。奥古斯丁甚至大胆地说希腊神话里的那个西比尔（Erythraean/Cumaean Sibyl）亦属于"上帝之城"，只因为她反对崇拜假神，并预言了基督（18：23）。在这个问题上奥古斯丁似乎有些主张"匿名基督徒"的思想。但我们别忘了奥古斯丁是个唯基督论者，假如孔夫子或佛陀没有说出过关于基督的预言，恐怕是难以被他算进"上帝之城"的。当然，这中间也会存在很大的阐释空间。

两城是与基督教的直线历史观相连的。历史不是生与死的无限循环，而是有开始和终结的，在这个直线过程中两城就渐渐地展现其真容。人的真正命运，人的受审判，不是在历史之中，而是在历史之外。

五　圣徒的服从

虽然从末世的角度看，"两城"成员的命运截然相反，但在尘世的生涯中，他们却不得不共处一地一时，生活在一起。圣人如何与凡人相处呢？

如前所说，圣徒是这样一些人，他们"在世但不属世"，他们"身在曹营心在汉"，一心信、望、爱上帝和上帝的国度，以上帝为欢享的对象，对于世物是轻看的，是"使用"（uti）而非"享受"（frui）。[190] 因此他们在遇到财物、权力、荣誉、亲人的丧失，甚至生命的危险时，都会泰然处之，安之若素，[191] 因为他们心中有倚靠上帝而来的平安和喜乐。由于他们对于世物没有"欲"，也就少受因"欲"满足不了而有的"苦"。反观罪人则不同，他以世物为最高享受，这世物要么是肉体之乐，要么是名声、地位、权柄，为达此享乐他不惜采用任何手段，甚至以上帝为手段，来达到世俗的享乐。由于世物易丧，对世物的"贪"总是带来"苦"，他便总是处于惶然、焦虑、忧惧的状态，并没有真正的平安和喜乐。

圣徒虽然与未堕落的天使属于"上帝之城"，但今生仍得呆在这涕泣之谷。只不过这涕泣之谷是罪人的享乐之地，而对于圣徒来说，则是朝圣之旅，是锻炼自己的地方。圣徒因为爱上帝而能爱邻人，他首先具有"信、望、爱"三德，尤其是"爱德"，并以此三德改造和提升了罗马人所说的"四德"（审慎、勇敢、节制、正义）。[192] 圣徒将今生当逆旅，当"成圣"之所。但他仍然是人，仍得维持此生的生命，拥有维持生命的基本物资，有时甚至为了保住自己的生命、财产、妻儿朋友的利益，而不得不容忍恶人行恶，采取明哲保身的态度。

由于国家是上帝为沉沦的人类给出的疗方，可以维护外部的和平，因此对于国家机器和君王，基督徒（包括圣徒）都得服

从，所谓"恺撒的归恺撒，上帝的归上帝"。甚至国王发动对他
国的战争，基督徒也得参军打仗，在一切政事上以服从命令为天
职。奥古斯丁与保罗保持一致，认为最邪恶的国王也是上帝命定
的，上帝自有他的美意，因此基督徒要服从国王之令。奥古斯丁
反对以暴力手段发动革命以反抗、推翻暴君，认为这样以暴易
暴，会导致任何人都以反抗暴君为借口来行夺权之实，造成社会
的混乱无序，而无序是最大的恶。我们可以从中看出他对革命者
人性的不信任。在他看来，人都一样是有罪性的，有权有钱的强
者如此，无权无钱的弱者也一样，弱者只是由于怯懦而不敢公开
抢夺他人罢了，但他们岂不是心里在暗暗地巴望自己的敌人早
死，自己早一天取而代之么？他们心里对世物的觊觎是一样的。
不过，对于那些"革命成功"的皇帝，奥古斯丁也承认这是上
帝的意旨，是上帝要他们推翻前朝，立定本朝的。[193]

　　虽然说基督徒要服从由上帝命定的地上权威，但唯有一事例
外，那就是在君主违背人的宗教信仰和良心自由，要基督徒亵渎
神圣、崇拜偶像时，基督徒可以拒不服从。这么做是因为，在正
当的"爱的秩序"里，上帝占着第一位的重要性，尘世君主只
是次要的，拒绝君主的命令后果轻，拒绝上帝的命令后果重，拒
绝君主的命令只是身体被关进监狱，拒绝上帝的命令却是灵魂被
打入永远的地狱。[194]虽然奥古斯丁说基督徒在这种情况下可以
对君主说"不"，但他对这个"不"作了严格限制。这个"不"
只是一种消极的不服从，而不是积极的反抗，基督徒在接受国家
对自己的不服从的惩罚时，也是心甘情愿的。

六　有形教会的统一："强使他们进来"

　　"上帝之城"是末世论意义上的，是善天使和古往今来一切
圣徒的团契，由于他们以上帝为"爱"的对象，因此在末世，
当他们聚集在一起时，是比当初亚当夏娃堕落前更美好的"社

会"，是完全不需要"政治社会"（国家）所必有的"强制"、"暴力"来维持其秩序的。"上帝之城"乃是"爱的团契"，其榜样是圣父、圣子、圣灵构成的"三位一体"。

但是，与这个"天上教会"或"无形教会"相对照的"地上教会"或"有形教会"，仍然处身于具体的历史和文化环境中，免不了鱼龙混杂，问题多多。

在奥古斯丁的时代，基督教已成为罗马帝国的国教，这虽然从数上壮大了基督教，从质上却不见得提高了它。多纳特派的兴起，除了与北非独特的政治、经济、地理、历史、人文环境有关外，亦主要与基督教成为国教后，大量假伪劣"基督徒"涌入教会有关，他们加入教会就和当今某些国家的某些人为了牟取私利和个人前途而加入某些强势党派一样。多纳特派看不起这样的"基督徒"，因此他们要"纯洁"教会。奥古斯丁则主要从"团结"着眼，在提高公教会的品质的同时，呼吁多纳特派重归公教会，让"基督的肢体"保持完整。

奥古斯丁的教会论主要是在和多纳特派的斗争中提出来的，后来在《上帝之城》里有较集中的论述。在反对多纳特派时，为了让他们"明理"，从而心服口服地重归公教会，奥古斯丁系统地提出并发展了他的教会论。在这个过程中，他吸收了提康尼的一些思想，[195]指出，多纳特派的纯洁主义（purism）——即教会只许圣徒加入——并不符合《圣经》的教训。

提康尼本属多纳特派，但迦太基的多纳特派主教巴曼尼安认为提康尼对这个腐败的世界过于宽容，因此把他逐出了多纳特派教会（这事发生在奥古斯丁返回非洲之前不久）。提康尼虽然在多纳特派内部受到排挤，却未曾变成一个公教徒。

提康尼著有《标准书》（*Book of Standards*），是西方第一部系统地对释经方法进行考察的著作。提康尼注意区分哪些经文是说基督自己的，哪些经文是说基督的身体（教会）的。这部著作令奥古斯丁受益匪浅，在他摆脱摩尼教的释经学，重归公教信仰的过程中，起到了相当大的作用。[196] 在教会论上，提康尼承认，教会是由圣徒和罪人组成的，在末日审判之前，这两类人是无法分开的。提康尼引用经文《马太福音》3：30 并对它进行了深入的阐释，这在后来成了奥古斯丁的教会论和整部《上帝之城》的基石。[197] 早在 393 年，奥古斯丁就针对巴曼尼安为多纳特派所编的圣歌，编了一首近三百行的《答多纳特派的圣歌》，将麦子和稗子的比喻，以及《马太福音》相似的比喻——如网中鱼的比喻（13：47－48），麦子和糠的比喻（3：12）[198]——都编了进去。[199]

奥古斯丁认为，只有一个教会，那就是上帝和基督的教会，它发源于耶路撒冷，而不是迦太基。多纳特派的错误，在于他们以为自己是上帝，可以充当裁判，在今生就把选民和弃民区分出来。即使说到"纯净"，他们也远远称不上，因为历史上还没有不犯错的人和教会，人都是有罪的，人在今生怎能做到完全无罪呢？就圣礼而言，无论是谁在主持洗礼，都是上帝在主持，都是具有效力的，并不因为主持个人的好坏而不同。"彼得主持洗礼，就是上帝在主持洗礼，约翰或犹大主持洗礼，也是上帝在主持洗礼"。[200]

在和多纳特派斗争的早期，奥古斯丁主要是用说理、建好公教会等方法劝说多纳特派重归公教会，但他不愿意使用国家的武力使他们回心转意，这是因为他觉得"强扭的瓜不甜"，害怕出现"口服心不服"、"身在曹营心在汉"的伪信现象。但到了后期，随着多纳特派暴力的不断升级，奥古斯丁认为教会可以适当地援用国家的力量，"强使他们进来"。[201] 虽然奥古斯丁在实践中，对待异端是宽大处理，竭力减轻刑罚，严格限制强制力，反对拷打和死刑，但他为这种宗教不宽容的习惯做法所作的辩护，却被中世纪思想家利用（如宗教裁判所）。但考虑到奥古斯丁的时代，宗教普遍地不宽容，也没有"政教分离"的观念，皇帝常常召开主教大会裁判谁是异端谁是正统，争论的双方都同意这种介入，或许我们可以减少对他的指责。

　　如何对待多纳特派坚决拒绝与公教和好呢？奥古斯丁又一次吸收了提康尼的理论。提康尼在谈到保罗所声称的恩典废除了犹太律法时，说，律法是说明性的，而不是拯救性的，律法只是让人明白什么是罪，却不能让人脱离罪。那么，在上帝对犹太人的引导中，律法起到了什么作用呢？它就像一个儿童训导员（pedagogue），强迫孩子去上学，孩子一旦被强迫上学，就可自由地学习了。提康尼说，"我们得服从律法，就像服从我们的训导员一样，训导员会强迫（cogeret）我们拥抱信仰，强迫我们拥抱基督。""神意增加并守卫亚伯拉罕的子裔，由律法所致的苦修和敬畏，许多人可被强制（compellerenter）通向信仰。"[202]奥古斯丁在解释《路加福音》14：23 盛筵的比喻时，用到了提康尼上面的论证。盛筵喻说，一人大摆筵席，但他所宴请的人都找各种理由不来，让他大怒，于是让家仆到城里找穷人、残疾人、瞎子、瘸子入席，但还有空座。这时主人就对仆人说："你出去到路上和篱笆那里，勉强人进来，坐满我的屋子。"

　　奥古斯丁很重视这里的"勉强人进来"。他用了非洲拉丁版本《圣经》的词 coge intrare 和哲罗姆通俗译本的词 compelle intrare，意思都是"强使他们进来"。多纳特派对公教的长期的积怨已成习惯，这使得他们根本不愿与公教一方集会和辩论，并彼此倾听。奥古斯丁以为，打破积习就可解放他们的意志，使他们听到他们早已无意去听的道理。

　　在惩罚、纠正犯人或错误的行为方面，奥古斯丁强调惩罚者对于被惩罚者一定要有爱心，他强调动机的纯正，强调惩罚者在行动之前一定要弄清楚自己的动机不是世俗的，而是出于爱。"爱，并做你所愿的"（Ama et quod vis fac），这句话他在《保罗

〈加拉太书〉评注》57 及《关于〈约翰一书〉的布道》7：8 都
用过。[203]在书信里他举例说，父亲打儿子，对之很严厉，是为
了儿子好；而坏人则出于邪恶的目的，对孩子可能笑脸相迎，奉
承哄骗。[204]奥古斯丁的这种惩罚式教育观，类似于中国"棍棒
出孝子"、"打是亲，骂是爱"的做法。只是这种理论，很容易
被那些自以为真理在手的人所利用，出于好的动机去"解放"
别人，最后却可能导致坏的结果。奥古斯丁的"强使他们进来"
成为中世纪宗教不宽容政策的一个理论来源。

第十节　正义战争论

一　奥古斯丁的正义战争论

　　早期教父大多数是和平主义者，[205]他们认为耶稣为世界带
来了和平福音，终将消除"强权即真理"和"以暴制暴"的暴
戾，他们牢记着耶稣的"要爱你的仇敌"[206]以及"有人打你的
右脸，连左脸也转过来由他打"[207]的教导，宁可受严惩，也要
反对战争。但随着基督教成为国教，这种和平主义如何与耶稣的
另一个教导"上帝的归上帝，恺撒的归恺撒"以及《旧约》中
上帝命令人发动战争的经文调和，越来越成为问题。410 年罗马
遭劫后，基督教受到的一个攻击就是，它宣扬"忍让"，结果就
造成国家无力抵抗外侮。面对这样的指责，奥古斯丁发展了他独
具一格的"强调内在动机，不重外在行为"的战争论。[208]他说，
"倘若人们以为上帝不能加入战事，因为在后来主耶稣基督说，
'只是我告诉你们，不要与恶人作对。有人打你的右脸，连左脸
也转过来由他打，'那只是因为这里所要求的不是身体的行为，
而是一种内在的倾向。美德的神圣宝座乃在人心"（《反浮士德》
22：76）。[209]

奥古斯丁关于战争的论述，主要是在《论意志的自由选择》1：5、《反浮士德》第 22 卷、《书信》138（致马色林）、《书信》189（致 Boniface）、《书信》222（致 Darius）、《圣经前七书的问题》6：10；《主的山上宝训》30、《书信》57、《上帝之城》15：4；19：7。虽然这些著作跨度很大，而且在写它们时他的思想框架变化很大，但在一些学者看来，其实质的内容是差不多的。[210]

正如"正义"有上帝那里的绝对正义和人间的相对的"正义"，战争的"合法性"也可以从永恒法和尘世法（世俗法）来看。符合现在的尘世法的，不一定符合永恒法。比如，如果你确实爱上帝，而上帝命令你杀人，你就得杀人，你杀人是符合绝对正义的。像亚伯拉罕杀独生子以撒，摩西得到上帝允许杀埃及人，都是正义的。[211] 符合尘世法的，不一定符合永恒法。永恒法要求我们爱上帝，也爱仇敌，轻看自己的生命和财产，因此，就个人来说，奥古斯丁是个和平主义者，他认为，如果有人要对他谋财害命，作为"要爱你的敌人"的基督徒，他无权为保全自己的生命和财产而杀害想害他的人。[212]

基督徒虽无权保卫自己的生命，却可使用暴力手段保卫无辜者受害，比如，当歹徒想杀害我无辜的邻居时，我可以为了救邻居而杀害歹徒。[213] 虽然从永恒法的角度看，我杀害害人者是违反了"你不可杀人"的诫命，但从尘世法来看，我仍是合法的，因为"让一个无辜的人死去"和"让一个害人的人死去"两相比较，选择后者仍然是更合理的。

就国家的层面来说，奥古斯丁认为"秩序"是最重要的，无政府的混乱状态是他最害怕和憎恨的，一个国家的统治者有义务保持其国家的秩序与和平。[214] 如果国家的内部有骚乱和冲突，则智慧的统治者有权发动战争（内战）。[215] 如果一个国家非法侵犯另一个国家，后者有权进行正当防卫（《上帝之城》3：

10）。[216] 如果一国公民在另一国犯罪并且拒不悔改，则另一国有权对该公民所属国家发动战争。[217] 尽管战争是人的罪性所导致的罪，发动战争是一件悲哀的事，战争却也是对罪的治疗，是为了恢复和平。

对于战争与和平的关系，他有一段名言："和平之被寻求，不是为了燃起战火，战争之被发动，却是为了获得和平。所以，即便是在发动战争时，也要怀抱着和平缔造者的精神，就是说，通过征服你所攻击的那些人，你可以将他们引回到和平的好处中去；因为我们的主说过，'使人和睦的人有福了，因为他们必称为神的儿子'"（太 5：9）。[218]

虽然奥古斯丁被称为"正义战争论之父"，[219] 他为战争所作的辩护却很不完善。他强调的主要有这么几点：（1）恰当的权威：奥古斯丁引用使徒保罗的命令："在上有权柄的，人人当顺服他；因为没有权柄不是出于上帝的"（罗 13：1）。奥古斯丁说："与合乎道德的和平相应的自然秩序，要求发动战争的决定是由合法的权威作出来的。"由于当时一国的权威是国王，因此只要国王决定了打仗，军人就得听从命令奔赴战场。[220]（2）正当的理由：一个国家对另一个国家犯了过错，或其公民在别国犯罪而该国却不纠正其公民，则受害国有权发动战争。[221]（3）奥古斯丁认为参战者动机要纯正，[222] 不能出于恨，而要出于爱，只是为了让犯错者纠正错误。他说，战争中最大的邪恶，乃是"对暴力的爱、报仇的残忍、狂暴难驯的敌意、野蛮的抵抗、对权力的欲望"。[223]（4）在战争中不要洗劫敌人的教堂、杀害对方的妇孺和停止反抗的俘虏。[224]

可以看出，奥古斯丁的"正义战争"过分强调主观动机的纯正性，对于"正义"的标准欠缺客观的评价。正如一些学者指出的，根据他的"正义战争"观，希特勒在二战初期（到 1939 年闪电袭击波兰前为止）所进行的战争无疑是正义的：希

特勒既是发动战争的合法权威（德国元首），也有充分的理由
（德国因一战失败而遭受割地赔款的耻辱和一系列不公正条约），
而动机的纯正，谁能知道呢？因为人毕竟不是神，不能判断别人
心里在想什么事情。将"爱"彻底内在化、动机化、主观化，
使它与外在的行为后果没有什么关系，只能使得实际的道德行为
没有了评判的标准，转而还要依靠国家，从国家的行为中寻找上
帝的旨意。但国家的行为出发点无疑是国家利益，这样，奥古斯
丁从"绝对正义"的起点，最终却落向"尘世正义"看齐，与
霍布斯、马基雅维利、黑格尔同一层次了。在这些学者看来，奥
古斯丁的动机伦理学和道德保守主义，使得由基督所开启的实践
的和平主义虚化了，使杀人重又成为可能。[225]

二　正义战争论在后世的发展

后来的阿奎那对奥古斯丁的正义战争观作了简明扼要的总
结："一场战争要是正义的，就必须满足三个条件。第一是战争
须由权威统治者发动；第二是被攻击者之被攻击，是因为他们犯
了某种过错，应该得到攻击；第三是交战方应有正当意图，是为
了获得善，或避免恶"。阿奎那还说，"真正的宗教，将那些不
是出于骄傲自大和残忍的动机，而是为了获得和平、惩罚作恶者
并高扬善的战争，视为和平的战争"（《神学大全》II－II，40，
1）。[226]

不过，阿奎那也要面临奥古斯丁面临的问题：如果战争有正
义的（哪怕是相对的），如何解释战争中无辜的受害者呢？比
如，战争双方的士兵都只是国王手中的"剑"，他们没有自己的
感情（爱好暴力、残忍等），仅只是在执行自己的公务，他们可
以说是无辜的（不义国王那边的士兵尤其如此）；同时，交战双
方中的非参战人员也可以说是无辜的。既然战争中有无辜者受
害，则如何能说战争是"正义"的呢？奥古斯丁也坦率地承认

其中的矛盾。但有的学者认为，奥古斯丁似乎还是有答案的：
（1）不义的一方虽然有好士兵和好平民，但总的来说，鉴于人
类的罪性状态，一个坏国家的人口中，义人的数量也不会多到哪
里去，正如义人罗得的家乃是所多玛城的例外一样。（2）奥古
斯丁极为强调参战者的主观动机，一个人只要不是带着私人感情
杀敌，不追杀穷寇，就是没有道德过失的。被杀者在正义战争中
被杀是可悲的，但却不是可谴责的，因为上帝常常允许无辜者在
今生受到罪过的鞭策，在天国他们却得免惩罚。关于非交战人
员，奥古斯丁则未有清晰的观点。总的来说，由于奥古斯丁极为
重视参战者的动机的纯正，因此似乎陷入了"主观主义"，在实
践中会导致严重的后果，因为交战双方都可以宣称自己的动机是
"纯正"的，自己是"善"的而对方是"恶"的。[227]

　　在中世纪，曾有两点被加入了使得"战争"成为"正义"
的条件：（1）战争的道德状态决定于发动战争者的意图，战争
并非本来就是恶的；（2）如果战争是为了基督解放人类的意图，
就是可接受的。显然，这样一来，"十字军东征"就是完全"正
义"的了。尤其可怕的是，当你确实是怀着崇高的动机去解放
"异教徒"或"水深火热之中的人民"时，你却给他们带来巨大
的灾难。近代人文主义兴起后，这两条就逐渐被淘汰了。

　　后来的"正义战争教义"力图在早期教会的和平主义和极
端的圣战论（十字军东征或宗教战争，或无限制地运用武力为
上帝服务）之间走"中道"。正义战争的标准与四个问题相关：
（1）谁有权威命令使用武力？（2）作出这一命令要有什么充分
必要的理由？（3）应该有什么特殊的、额外的考虑来控制运用
武力的决定？（4）在发生武力冲突的前提下，对武装的敌人和
无武装的旁观者（平民），怎样的对待方式才是可接受的？[228]

　　一般认为"基督教正义战争"要符合七个基本条件，这七
个条件又可以分为实质正义和程序正义：

发动战争的正义（jus ad bellum）：

（1）合法权威：要求唯有合法官员才能决定诉诸武力，这是为了反对任意武断。

（2）正当原因（或理由）：三个标准的可接受的理由是自我防卫、追讨被盗财产、惩罚作恶者。

（3）和平的意图：意图是为了使用武力获得和平，使用武力限制和减少武力。

（4）最后手段：诉诸战争之前，要运用一切合情合理的取得和平解决的方法。

（5）合理胜算：打仗须有取得和平、交战双方重新和好的胜算。

战争程序的正义（jus in bello）

（1）合比例性：战争造成的苦难和毁灭不能超过战争造成的好处。

（2）区别对待或非交战人员豁免权：战事必须对交战人员和非交战人员进行区别对待。[229]

现代的"正义战争论"并不都是从基督教信仰中发展出来的，一般认为，它有十项标准：

发动战争的正义：

（1）正当的理由（通常是自卫或保卫受到侵略的第三方，具体点说，三个标准的可接受的理由是自我防卫、追讨被盗财产、惩罚作恶者）；

（2）正确的意图（与由于正当理由而去参战时的实际的动机相匹配）；

（3）正确的权威（宣战者是公认的权威，他既有权力动员军队，又有能力评估是否发动战争的正义标准是否都得到了满足）；

(4) 合理的胜算（不要打胜不了且只能死伤更多人的战争）；

(5) 最后的手段（在诉诸武力之前，试尽了一切其他的手段）；

(6) 公开意图（向对方宣告打仗的理由）；

(7) 平衡（让各个方面的人都平摊所受损失和花费，免得有人从战争中获利）。

战争程序的正义：

(1) 正当的意图（弄清楚攻击敌方参战人员的动机）；

(2) 合比例性（只使用获胜所必要的力量）；

(3) 区别对待（特别要区分参战人员与非参战人员）。[230]

　　奥古斯丁的战争论在上世纪美国越战期间重新引起世人的注意，20世纪90年代和21世纪之初的两次伊拉克战争之前，西方（主要是美国）知识界和教会都会讨论美国政府发动的战争"是否正义"。2003年伊战之前，美国教会界、神学界、知识界举行了数次讨论会，虽然"基督教正义战争"的几大原则大家都差不多赞成，在涉及到具体的判断时，却仁者见仁，智者见智，莫衷一是。美国天主教是反对美国打伊拉克的，但是教会内（以及新教各宗）也有很多人认为应当打。在他们的讨论中，奥古斯丁是一个频频被提到的名字。[231]

注　释：

[1] Marrou Henri, *Saint Augustine and His Influence through the Ages*, pp. 172 – 173.

[2] 巴彼尼，《圣奥斯定传》，p. 189。

[3] Joanne McWilliam, "The study of Augustine's Christology in the Twenti-

eth Century", in: *Augustine from Rhetor to Theologian* (Canada: Wilfrid Laurier University Press, 1992), p. 183.

[4] Lancel, Serge, *Saint Augustine*, p. 537。

[5] Hubertus R. Drobner, "Studying Augustine: An Overview of Recent Research", in: *Augustine and His Critics*, pp. 18 – 34。

[6] Peter Brown, "New Evidence", in: *Augustine of Hippo*, a new edition with an epilogue (2000), pp. 441 – 481。

[7] Henry Chadwick, *Augustine* (Oxford University Press, 1986), p. 4.

[8] 如 Gerald Bonner, *St Augustine of Hippo: Life and Controversies*。

[9] 如 Frederick Copleston, *A History of Philosophy*, vol. II, *Mediaeval Philosophy*, part I: *Augustine to Bonaventure*, N. Y.: Image Books, 1962。Copleston 所重为奥古斯丁的哲学思想, 共用了六章, 分别为: 生平与著作; 知识论; 上帝存在的证明及上帝的属性; 世界论 (包括身心问题等); 道德理论 (幸福、自由、义务、恩典的必要等); 国家理论。赵敦华《基督教哲学 1500 年》(北京: 人民出版社, 1994) 也主要是从哲学的角度对奥古斯丁的思想作了概述, 分为以下几节: "基督教学说" (信仰与理性)、光照论 (认识论)、神学世界观 (创世论、时间论、身心说)、恶与爱 (伦理学说)、上帝之城 (政治理论)。

[10] 如 Eugene Portalie, *A Guide to the Thought of Saint Augustine*, Chicago: Henry Regnery Company, 1960; Agostino Trape, *Saint Augustine*, in: *Patrology* (ed. Johannes Quasten), IV, pp. 342 – 462, Christian Classics, Allen Texas, 1995。两位作者都是天主教作者, 后者更是典型地按天主教方式将奥古斯丁思想分成"哲学"、"神学"、"灵修"加以叙述, "神学部分"分别涉及方法论、三一论、基督论、圣母论、救赎论、超性的人类学、教会论、圣事论、末世论等。

[11] 如 Gilson, Etienne, *introduction a l'etude de Saint Agustin*, 3e ed., Paris, 1949。英译: *The Christian Philosophy of St. Augustine*, N. Y.: Random House, 1960。

[12] John Burnaby, Amor Dei: *A Study of Saint Augustine's Teaching on the Love of God as the Motive of Christian Life*, London, 1938。

[13] Herbert A. Deane, *The Political and Social Ideas of St. Augustine*,

Columbia University Press, New York and London, 1963。

[14] 如 Henry Chadwick, *Augustine*, Oxford：Oxford University University, 1986。奥古斯丁每一时期都有每一时期关注的重点问题，如反摩尼教时期关注自由意志问题，400 年左右关注三位一体及创世问题，罗马被掠后关注上帝之城问题，反佩拉纠派时期关注恩典问题。

[15] 国内关于奥古斯丁神哲学的概述，已有唐逸先生的 "希坡的奥古斯丁"，载《哲学研究》1999 年 2 - 3 期，这是一篇综述；另有张荣《神圣的呼唤——奥古斯丁的宗教人类学研究》（河北教育出版社，1999），从神学人类学的角度对奥古斯丁的思想作了研究。

[16] 我所理解的奥古斯丁 "神哲学" 与所谓 Philosophical theology 仍有所不同，后者的涵盖面仍然较窄，带有托马斯主义自然神学的味道，即用哲学的自然理性来论证神学信仰。

[17] 当然，像普兰丁格（Alvin Plantinga）那样以振兴 "奥古斯丁式的哲学" 为使命的 "基督教哲学家" 或基督教知识论专家除外。他们所谓 "有保证的真信念" 就是为了证明基督教信念是知识，从而与宗教信仰连在一起，而冲破了现代以来的认识论传统。

[18] 周伟驰，《记忆与光照——奥古斯丁神哲学研究》，北京：社科文献出版社，2001 年。

[19] Basil Studer, *The Grace of Christ and the Grace of God in Augustine of Hippo* (The Liturgical Press, Collegeville, Minnesota, 1997), p. 10 - 13, "A Hundred Years of Studey of Augustine's Picture of Christ"。

[20] 周伟驰，"三一神论的 '三' '一' 之争"，香港《道风》1997 年秋季卷。另如 Eugene Portalie 批评 Regnon 神父强调东西方三一论对立的观点，认为后者对希腊教父的景仰使他不能准确地理解奥古斯丁。见 Eugene Portalie, *A Guide to the Thought of Saint Augustine*, p. 129。

[21] 如 Barnes, Michel Rene Barnes, "Rereading Augustine's theology of the Trinity", in：*The Trinity*, ed. S. T. Davis, D. Kendall, G. O'Collins, Oxfored Univ. Press, 1999. Lewis Ayres："The fundamental grammar of Augustine's Trinitarian theology"，载 *Augustine and His Critics*, p. 51 - 76。关于奥古斯丁三一论，笔者将另有专著进行探讨。此处为着行文的简洁，仅概说其三一论。

　　[22] 比如，法国学者关于奥古斯丁 386 年在米兰时所皈依的到底是基督教的上帝还是新柏拉图主义的上帝的争论就显示了这一点。

　　[23] 奥古斯丁在谈"上帝"（神）时，有时指圣父耶和华，有时指整个三位一体，有时当然也会指圣子或圣灵（因为他们当然也是"上帝"）。但他很明确地反对那种认为在三个位格还有另外一个单独的"上帝"（第四上帝）的说法。见《论三位一体》15 卷。

　　[24] 为了区分圣子的"受生"与圣灵的"被发"，奥古斯丁在《论三位一体》15 卷提出圣子是圣父所"生"，而圣灵则是圣父和圣子一起"发"出来的。后来东正教和天主教将这个"和"字的差异无限地夸大了。

　　[25]《论三位一体》15：48。"在那共永恒、平等、无形体、不可言喻地不可变化的三位一体里，如何区分生（generation）和发（procession），仍然是一个极为困难的问题。……我从《圣经》的证据出发，教导说圣灵是从父和子二者发出的。"

　　[26]《论三位一体》5：9："因此，不管就其自身上帝被称作什么，都既可用父、子、灵三重之名来言说，也可用三位一体之单数而非复数来言说。在上帝那里，存在（to be，是）与伟大（to be great，是伟大）并非二事，而乃一物，故此我们不说三个伟大，亦不说三个存在，而只说一个存在，一个伟大。这里我用'存在'一词指希腊语中的 ousia，我们常称之为'实体'。"该段原文为：Quidquid ergo ad se ipsum dicitur Deus, et de singulis Personis ter dicitur, Patre et Filio et Spiritu Sancto, et simul de ipsa Trinitate, non pluraliter, sed singulariter dicitur. Quoniam quippe non aliud est Deo esse et aliud magnum esse, sed hoc idem illi est esse quod magnum esse, propterea sicut non dicimus tres essentias, sic non dicimus tres magnitudines, sed unam essentiam et unam magnitudinem. Essentiam dico quae οὐσία graece dicitur, quam usitatius, substantiam, vocamus。

　　《论三位一体》15：5："生了子的上帝不仅是他的能力与智慧的父亲，而且本身即能力与智慧，跟圣灵一样；但却不是共有三个能力或三个智慧，而是只有一个能力和一个智慧，就像只有一个上帝，一个自是者一样。然后谈到我们如何能说一个是者、三个位格，或照一些希腊人所说，一个存在（是）、三个实体，我们肯定这是为了满足回答'三个什么'之需；我们确实承认有三位，即父、子、灵。"

[27]《论三位一体》6：8："不过上帝确是可从多方面称呼，即伟大、良善、智慧、可称颂、真实，以及种种相当的称呼；但他的伟大便是他的智慧（他不是因体积而是因能力而伟大），他的良善便是他的智慧和伟大，他的真理便是它们所有一切；在他里面，不是可称颂是一事，伟大、智慧、真实、良善，即他的存在，又是一事。"与物体形体的变化及灵魂的杂多（如感情性质及程度的变化）对比即可得出在上帝之中不存在这些变化与杂多。

《论三位一体》15：7："在上帝的本性里，善性与公义彼此区分正如在受造物中那样，仿佛上帝有两个不同的性质，一个是善性，一个是公义吗？当然不。他的公义即他的善性，他的善性即他的幸福。"

[28]《书信》120：3：13："父、子、灵是三位一体，但他们只是一个上帝；他们共有的神性并非某种第四位格，但神性（Godhead）乃是一个三位一体，是不可言喻、不可分离的。"在《论三位一体》里，奥古斯丁用人心"记忆－理解－爱"来类比上帝"父－子－灵"，但他在第15卷指出，"记忆、理解、爱"均只是心灵的"行为"，心灵"拥有"这些行为，但真正的实体只有心灵；而在上帝那里，却不能说只有上帝才是实体，上帝只是拥有"父、子、灵"这些"表现"。这样，奥古斯丁就反驳了那种以为"上帝本身"是一个独立于父、子、灵或站立在父、子、灵后面的独立实体的看法。《论三位一体》15：43说："虽然有某种相似，但在三一形象（指记忆－理解－爱）里，这三者不是一个人而是属于一个人，而在这一形象的原本之上三位一体那里，这三者却不能说属于一个上帝：他们就是一个上帝，并且他们就是三个位格而不是一个。"

[29]如《论三位一体》6：7："正是凭着他（圣灵），父和子二位才彼此联合为一，正是凭着他，受生者才为产生者所爱，反之受生者才爱产生者。凭着他，父子二位才既不是靠分享，而是靠他们自己的存在；也不是由哪个优先者的恩赐，而是由自己的恩赐，'用和平彼此联络，保守圣灵里的合一'（弗4：3）的。《圣经》告诫我们要藉着恩典来效仿这一互爱，无论对神对人都当如此。"再如《论三位一体》7：6："他被称为使父和子联合并使我们与神联合的至上的仁爱——这是一个适当的名称，因为经上记着说：'上帝是仁爱'（约壹4：8）"。

[30]关于这里的希腊词汇 ousia 及 hyperstaseis 的讨论，见《论三位一

体》5：10。该处拉丁原文为：Dicunt quidem et illi ὑπόστασις，sed nescio quid volunt interesse inter οὐσία et ὑπόστασις ita ut plerique nostri qui haec graeco tractant eloquio dicere consuerint μίαν οὐσίαν，τρεῖς ὑποστάσεις，quod est latine：*unam essentiam*，*tres substantias*。

［31］但是在柏罗丁那里，"太一"是高于"是"的。而奥古斯丁将上帝视为"是"本身。这是与柏罗丁不同的。

［32］Emilie Zum Brunn，*St. Augustine*：*Being and Notheingness in the Dialogues and Confessions*（Etudes Augustiniennes，1988），p. 111。

［33］转引自 James Anderson，*Augustine and Being*（The Hague：Nijhoff，1965），p. 5。

［34］奥古斯丁这里 essentia 强调的是动作（存在，是）。但在后来它的含义演化成 essence（本质）。因此中世纪神学家为了强调其由动词（esse）演化而来，另造了 ens 一词。

［35］在柏拉图和柏罗丁那里，已经有"时间"是"永恒"在尘世之中的"形象"的说法。奥古斯丁用其心理学时间论将"时间"中的"永恒"形象化了。因此奥古斯丁的"永恒"不是时间的量的无限延长，而是指永远的"现在"。

［36］此处可参 Roland J. Teske，*Paradoxes of Time in Saint Augustine*，p. 76 注 60。Teske 本人将 non est ibi nisi Est 译为：in it there is only "is"。未反映出奥古斯丁用双重否定式所作的强调。今改为"在他之中除了'正是'，没有别的"。

［37］在《论三位一体》5－7 卷，奥古斯丁指出，当阿里乌派说上帝之中无偶性时，他们是正确的；但关于上帝，除了就其"所是"的言谈外，我们尚可就其三个位格的关系进行言说。因此，不能说我们关于上帝的一切言说，都是就其所是而言的。比如，"受生"与"非受生"便不是针对上帝的所是说的，而是针对父与子的关系说的。

［38］Sharon M. Kay & Paul Thomson，《奥古斯丁》（北京：中华书局），p. 25。

［39］如当代美国"基督教哲学家"之一 E. Stump 教授在其"论永恒"一文中，就用爱因斯坦的相对论模式探讨了神学中永恒与时间的关系问题，尤其是"同时性"问题，即解释为什么从时间的任何一点上看，

"永恒"都是与这个点"同时"的。见《当代西方宗教哲学》一书（北京大学出版社，2001）。

　　［40］见《八十三个不同的问题》，46：2："事实上，相是原始形式，或真实事物永久不变的理型，它们自身不是被形成的；所以，它们就是永恒的、自身同一的，它们被包藏在神圣理智里。"*The Essential Augustine*, p. 62。

　　［41］J. Kevin Coyle 认为它写于 404 - 420 年之间。Roland J. Teske 则认为该书写作时间为 401 - 415 年，见 Roland J. Teske, "Genesis Accounts of Creation", in: *Augustine through the Ages*, p. 381。

　　［42］Roland J. Teske, "Genesis Accounts of Creation", 同上，p. 381。奥古斯丁的这篇作品为《反对律法书和先知书的反对者》。

　　［43］转引自 Roland J. Teske, "De Genesi ad litteram liber", in: *Augustine through the Ages*, p. 376。

　　［44］Copleston 认为"种相"一词可追溯到斯多亚派的 logoi spermatikoi。见 F. Copleston, *A History of Philosophy*, vol. 2, *Mediaeval Philosophy*, part 1, *Augustine to Bonaventure*, 91.

　　［45］另可参《〈创世记〉字解》9：17：32。

　　［46］Robert Jordan, "Time and Contingency in St. Augustine", in: *Augustine*, ed. By R. A. Markus, Doubleday & Company, INC., N. Y., 1972, pp. 270 - 273。Jordan 将奥古斯丁的"时间"定义为：Time is a relation, with a foundation in successive states of finite or limited being, whose measurement is a cognitive act terminating in the "distentio" of the mind。

　　［47］这两段话见《〈创世记〉字解》4：3：7。

　　［48］《论三位一体》11：18："在视象由以被翻印的事物那里，有某种尺度；而在视象本身那里，有某种数目。至于将这二者连结起来、偶合于一种统一体中，并且促使欲求（appetite）寻找或想要在视觉得以形成的东西中获得安息的意志，就好比重量（weight）了。"在接下来的一段里，奥古斯丁就提到了《智慧书》11：20"上帝以尺度、数字和重量设定万物"这句话。可知，奥古斯丁确实是有用"尺度、数字和重量"类比"圣父、圣子、圣灵"的意图。在早期的《论幸福生活》4：34，奥古斯丁甚至将圣父称为"最高的尺度"（Modus）。

［49］《忏悔录》开篇。

［50］James Anderson, *Augustine and Being* (The Hague: Nijhoff, 1965), pp. 69 – 70。

［51］Eugene Portalie, *A Guide to the Thought of Saint Augustine*, pp. 134 – 135。此处图表外形稍有改变但内容不变。必须指出的是, 原作中作者所列的这个表及其解释是有不少局限性的, 笔者在"复形记——奥古斯丁的形象观"一文中有所评论, 见香港《道风》2004 年秋季卷。

［52］*On Free Choice of the Will*, Thomas Williams, trs., Indianapolis: Hackett, 1993, p. 88.

［53］《忏悔录》7: 11: "我观察在你 (上帝) 座下的万物, 我以为它们既不是绝对'有', 也不是绝对'无'; 它们是'有', 因为它们来自你, 它们不是'有', 因为它们不是'自有'的。因为真正的'有', 是常在不变的有。"此段原文为: (7: 11: 17) Et inspexi cetera infra te et vidi nec omnino esse nec omnino non esse: esse quidem, quoniam abs te sunt, non esse autem, quoniam id quod es non sunt. Id enim vere est, quod incommutabiliter manet。Sheed 英译为: Then I thought upon those other things that are less than You, and I saw that they neither absolutely are nor yet totally are not: they are, in as much as they are from You: they are not, in as much as they are not what You are. For that truly is, which abides unchangeably, 可清晰看出 Sheed 保留了拉丁原文中的"是"与"不是", 或"有"与"无"。

［54］他对感觉 (sensation) 的定义是: 身体的变化, 它本身并未逃脱灵魂的注意 (passio corporis per seipsam non lateens animam), 见《论灵魂的宏量》25: 48。转自 *The Essential Augustine*, p. 68。亦参《论音乐》6: 5: 9 – 10, 见 *The Essential Augustine*, pp. 74 – 76。

［55］《上帝之城》12: 7。可参 *The City of God*, pp. 507 – 508。

［56］*On Free Choice of the Will*, Thomas Williams, trs., Indianapolis: Hackett, 1993, p. 88。后来在《忏悔录》7: 12, 他也提出了相似的想法: "我认识到, 清楚地认识到你所创造的一切, 都是好的, 而且没有一个实体不是你创造的。可是你所创造的万物, 并非都是相同的, 因此万物分别看, 都是好的, 而总的看来, 则更为美好, 因为我们的天主所创造的,'一切都很美好'"。这在后来发展为莱布尼茨的"最好可能世界"神正论。

[57] Confessions (F. J. Sheed): And it became clear to me that corruptible things are good: if they were supremely good they could not be corrupted, but also if they were not good at all they could not be corrupted: if they were supremely good they would be incorruptible, if they were in no way good there would be nothing in them that might corrupt... if they were deprived of all goodness, they would be altogether nothing: therefore as long as they are, they are good. Thus whatsoever things are, are good; and that evil whose origin I sought is not a substance, because if it were a substance it would be good. For either it would be an incorruptible substance, that is to say, the highest goodness; or it would be a corruptible substance, which would not be corruptible unless it were good. p. 119.

这段话原文为: Et manifestatum est mihi, quoniam bona sunt, quae corrumpuntur, quae neque si summa bona essent, neque nisi bona essent, corrumpi possent, quia, si summa bona essent, incorruptibilia essent, si autem nulla bona essent, quid in eis corrumperetur, non esset···Ergo si omni bono privabuntur, omnino nulla erunt; ergo quandiu sunt, bona sunt. Ergo quaecumque sunt, bona sunt, malumque illud, quod quaerebam unde esset, non est substantia, quia, si substantia esset, bonum esset. Aut enim esset incorruptibilis substantia, magnum utique bonum, aut substantia corruptibilis esset, quae nisi bona esset, corrumpi non posset。

[58] 当然，现代人可以反驳说，古人看不到病菌的存在，因此认为疾病只是健康的缺乏，但是今天我们能看到病菌和病毒，它们是有实际的存在的，并非"缺乏"。对此奥古斯丁是不是可以反驳呢？奥古斯丁可以说：病菌作为有生命的实体，也是上帝创造的善，它甚至有其自身的美（这就跟他在谈论苍蝇飞翔时的美一样）。倘若不是因为原初的堕落，病菌也是可以和人类和平相处的（就如《圣经》所说狮子和绵羊和平共处一样）。能不能说病菌本身就是一种邪恶的实体，破坏了人体这一实体呢？首先，恐怕奥古斯丁不会认同"病菌本身就是一种邪恶的实体"的说法。其次，他还解释何以一种原初美好的受造物（病菌），会成为"病菌"，会伤害人——这都是堕落造成的后果，生物也处于堕落所带来的"共业"里，而无法有原初受造时的美好本性。最后，奥古斯丁所要强调的是，当我们要说明病菌如何破坏人体的健康时，我们仍然先得有正面的、健康的观念，

这样才能适当地理解病菌所导致的消极后果。

[59] Enchiridion, 10 - 12。In: *The Essential Augustine*, pp. 65 - 66.
Vernon J. Bourke 将奥古斯丁原文中的 natura 均译为 being。本书第一版中据
being 译为"是者",今据 natura (有自然、本性、本质、出生等多重含义)
的最宽泛的含义改译为"存在者"。

[60] 事实上,在《诗篇阐释》7: 19,奥古斯丁将"是"(esse) 比作
"光",将"不是"(non - esse) 比作"阴影"。见 James Anderson, *Augustine and Being* (The Hague: Nijhoff, 1965), p. 22。

[61] 这也是《论意志的自由选择》的主题:恶不是出自上帝,而是
出自人的意志所进行的自由选择,是人为了爱自己或爱外物而离弃上帝,
或者说,人为小善而舍大善,从而造成了恶。但是为什么上帝所造的善的
东西(人的意志),会有不善的举动(进行错误的选择)呢?

[62] *On Free Choice of the Will*, 2: 20, trans Anna S. Benjamin & L. H.
Hackstaff, p. 83.

[63] Rowan Williams, "Insubstantial Will", in: *Augustine and His Critics*,
p. 121.

[64]《论本性与恩典》22 章。

[65] 相对于人的堕落起因问题,恶天使的堕落是个更为棘手的问题。
这是因为,如果说人的堕落尚有肉体、软弱、理性不足等等可理解的原因
(与之相关的恩典论也就很容易理解了:因为一切人都玷染了原罪,因此
他们被定罪是"罪有应得",而上帝从中救了一小部分人当然是恩典),而
天使则无身体,理性是清澈的,不会受感官的诱惑,也明知道背离上帝的
后果,也不存在像人类通过肉体生殖繁衍、因而有原罪遗传的情况。如果
诸天使受造时是完全平等的,则为何有的堕落,有的则没有?是因为上帝
给一些天使的知识、恩典、帮助更多些,而给另一些天使的更少些,从而
造成了他们之间的差别吗?如果上帝有意如此,岂不是不仁不义?如果上
帝本不愿如此,却不得不如此,则上帝岂非无能?奥古斯丁在《上帝之
城》11: 13; 12: 9 讨论了这类问题,预定论色彩很浓,论证过程及后果均
问题很多。对其讨论可参 Gene Fendt, "Between a Pelagian Rock and a Hard
Predestinarianism: The Currents of Controversy in City of God 11 and 12", in:
The Journal of Religion, 2001, The University of Chicago, pp. 211 -227。关于

人的堕落，可参 Katherin A. Rogers, "Fall", in: *Augustine through the Ages*, pp. 351 – 352; Paul Rigby, "Original sin", in: *Augustine through the Ages*, pp. 611 – 612。

[66] *The City of God*, p. 469。

[67] *The City of God*, pp. 507 – 508。亦可参 Garry Wills, *Saint Augustine's Sin*, 83 – 84。《上帝之城》里面的这个意思，其实早已出现在《论意志的自由选择》2：20：54："但也许你要问，什么是意志由以背离不变的善、趋向可变的善这一运动的原因……假如我告诉你说我不知道，你也许会失望。但事实却是如此。因为我不能知道本是虚无的东西。"亦可参 "De libero arbitrio", in: *Augustine through the Ages*, p. 494。

[68] *The City of God*, p. 508。亦可参 Garry Wills, *Saint Augusitne's Sin*, p. 84。

[69] "Explaining the inexplicable", in: *Journal of the American Academy of Religions* LXII/3, pp. 869 – 884。

[70]《上帝之城》14：11："我们须得出结论，亚当在违抗上帝律法上屈从于夏娃，不是因为他相信她所说为真，而是出于与她团结一致的必需，作为男人对女人，唯一的男人对唯一的女人，人对其同伴，丈夫对妻子的团结的需要。" *The City of God*, p. 606。亦见 Garry Wills, *Saint Augustine's Sin*, p. 89。

[71]《上帝之城》14：13："（人的堕落）若无意志中的缺失，是肯定不会发生的，而这样一种缺失是与其本性相违的（因为本性是上帝创造的——译者）。但唯有那从虚无中创造出来的本性才可能被一种缺失颠覆掉。所以，尽管意志作为一个本性的存在是出于上帝的创造，其偏离其本性却是因为它是从虚无中来的。" *The City of God*, p. 609。

[72]《上帝之城》14：14。*The City of God*, p. 611。

[73] 奥古斯丁曾就撒谎问题专门写过两篇文章（De mendacio, Contra mendacium），反对在任何情况下撒谎，即使有助于挽救人的生命。他尤其反对为了使人入教而撒谎，这是因为谎言是与真理、实在、善格格不入的。

[74]《上帝之城》14：17。

[75]《上帝之城》14：12："上帝的命令要求服从，服从可说是一切别的头等之母与卫士……人之受造，对于他有益的是服从上帝，对于他有

害的是按照己意而非创造者之意行事，那里有如此丰富的食物，不吃其中之一的禁令是如此易于遵守，如此易于记住，且命令颁布之时，人的欲望与其意志尚未成仇：二者的敌对是后来才有的，是对逾矩的惩罚。可见，罪之深重是与遵守禁令之容易恰成反比的。" The City of God（ed R. W. Dyson, Cambridge Univ. Press, 1998），pp. 608 – 609。亦见 Garry Wills, Saint Augustine's Sin, pp. 90 – 91，以及 "Fall", in：Augustine through the Ages, pp. 351 – 352；"Evil", in：Augustine through the Ages, pp. 340 – 344。

[76] 舍勒，《爱的秩序》，三联，1995。P. 62。

[77] 罪是人性的基本事实，罪是普遍的，这是犹太教的一个基本前提，就跟 "人性善" 是儒家的先设一样。我们看到，在福音书里，耶稣也强调罪的普遍性。人的得释放就是从普遍的罪里解放出来，从撒旦（恶）的势力下释放出来。但在有些神学家看来，罪的普遍性是一个事实，并不必然要追溯到一个最初的来源（亚当的罪），因此，"拯救" 并不必然要以 "原罪" 教义为理论前提。没有 "原罪"，人也由于罪的普遍性，而需要拯救。见 Henri Rondet, Original Sin：the Patristic and Theological Background（Alba House, N. Y., 1972），p. 24。（该书原文为法文，Le peche originael dans la tradition patristique et theologique, Librairie Fayard, Paris, 1967）。

[78] Henri Rondet, Original Sin：the Patristic and Theological Background, pp. 12 – 21。

[79] 同上，p. 21。

[80] Albert Gelin, The Concept of Man in the Bible（Geoffrey Chapman, London, 1968），pp. 143 – 149。

[81] 同上，pp. 150 – 160。作者考察了保罗《哥林多前书》15：21 – 22，45 – 49 之平行对比 "第一亚当、第二亚当" 的经句，《罗马书》5：12 – 21 之平行对比 "撒旦的压迫——基督的释放"、"亚当的违令——基督的服从（死于十字架）" 等经句，《腓立比书》2：6 – 11 之平行对比亚当因骄傲而坠低，圣子因虚己而升高的经句。

[82] 转自 Henri Rondet, Original Sin：the Patristic and Theological Background, p. 22。

[83] B. R. Rees, Pelagius：Life and Letters, p. 56。正如我们前面所说，有的学者认为，拯救论并不必然以原罪论为理论前提。

[84] B. R. Rees, *Pelagius*: *Life and Letters*, p. 56。

[85] 关于使徒教父和东方教父对亚当的罪的看法，可以参考 Henri Rondet, *Original Sin*: *the Patristic and Theological Background*，2－7 章。

[86] 保罗依据《创世记》思想，称"第一亚当"为"有灵的活人"，"第二亚当"（基督）为"叫人活的灵"；前者属地，后者属天；前者是先出现的动物，后者是后出现的灵（林前 15：45）。就此处"两个亚当"的比较来看，爱任纽的基督教人学更容易解释保罗，因为他认为人在开始并不完善，只有上帝的"形象"，后来经过不少的磨炼之后，方才臻于成熟，拥有上帝的"样式"。见 Henri Rondet, *Original Sin*: *the Patristic and Theological Background*，p. 24；亦可见 Irenaeus of Lyon, Against Heresies, IV：38：3, in: *Theological Anthropology*, trans. J. Patout Burns, Fortress Press, Philadelphia, 1981。

[87] 当代宗教哲学家希克将这传统称为"爱任纽传统"，以与强调堕落、原罪的"奥古斯丁传统"区分开来。有关论述可参 John Hick, *Evil and the God of Love*, San Francisco: Harper and Row, 2nd edition, 1966。

[88] B. R. Rees, *Pelagius*: *Life and Letters*, p. 56－58。

[89] Paul Rigby, "Original Sin", in: *Augustine through the Ages*, p. 608。

[90] 准确地说，这里的 in quo 是指"用什么方式？"（in that/in what way），而不是奥古斯丁所理解的"在他之中"。对这个句子，他的论战对手艾克兰的朱利安就理解得很准确。朱利安说："in quo omnes peccaverunt 这个句子，意思不过是，所有人都犯了罪，这跟大卫下面的这句话是一样的，in quo corrigit adulescens viam suam? 其意思就是，少年人用什么洁净他的行为呢？是要遵行你的话（《诗篇》119：9）。"但奥古斯丁固执己见，反驳朱利安说，"一切人都在亚当里死了。假如婴儿不是在他里面死了，他们也就无须在基督里复活了。"见 Gerald Bonner, "Augustine, the Bible and the Pelagians", in: *Augustine and the Bible*, p. 232.

[91] B. R. Rees, *Pelagius*: *Life and Letters*, p. 63。Rees 还批评说，奥古斯丁引用传统时，对那些观点与他不同的教父略而不提；他还诉诸教会洗礼中固有的作法，这些作法若是没有原罪是不可解释的，如吹气、赶鬼、弃魔等，但他这么做好像是教会胜于真理似的。他还诉诸文化，但当时的

一些大观念今天已无用了。

[92] 德尔图良用的词是 originis vitium。

[93] 但对于这里的"原罪"一词在语境中的含义，学者们有不同的解释。TeSelle 和 Sage 认为，《致辛普里西安》里的"原罪"一词，并不完全有后来所谓"原罪"的意思，在这里只不过是指"开头犯的罪"，就是每一个人生命中犯的第一桩罪。那时他至少还没有后来的"原罪"观。自从 1967 年 Sage 提出奥古斯丁的原罪论与恩典论并不同步，原罪论是在佩拉纠论战中才发展出来后，学界在奥古斯丁原罪观到底何时成熟的问题上便充满了争议。比如，Gerald Bonner 就坚持传统的看法，认为奥古斯丁原罪论和恩典论的基本思路，确实在 396/397 年《致辛普里西安》就形成了。近年来传统的观点又逐渐占了主流。见 "Augustine, the Bible and the Pelagians", in: *Augustine and the Bible*, p. 237。亦可见 Joseph T. Lienhard, "Augustine on Grace: the Early Years", in: *Saint Augustine the Bishop: A Book of Essays* (ed. Fannie LeMoine and Christopher Kleinhenz, Garland Publishing, Inc. N. Y. & London, 1994), pp. 189 – 191, 以及: Paul Rigby, "Original Sin", in: *Augustine through the Ages*, pp. 607 – 614。笔者认为奥古斯丁确实在《致辛普里西安》已形成其原罪论与预定论思想。稍后在谈到预定论时将涉及这点。

[94] B. R. Rees, *Pelagius: Life and Letters*, p. 66。

[95] 同上，p. 61。

[96] 也有人将这个词译为"罪疚"，侧重于主观心理感受的一面。但奥古斯丁的"罪责"一词强调的是"为罪负责任"及"罪的后果"的意思，有客观性的一面。按一些学者的看法，奥古斯丁的"罪责"最好是用法律模式去理解，比如一个人欠了别人的债，如果他不还完债，是算不上义的。可参 James Wetzel, "Guilt, Fault", in: *Augustine through the Ages*, p. 407。也许按"父债子偿"来理解，更能说清"罪责"的遗传性。

[97] Paul Rigby, "Original Sin", in: *Augustine through the Ages*, p. 608。

[98] 同上。

[99] B. R. Rees, *Pelagius: Life and Letters*, p. 61。

[100] 这四种说法见 NPNF, First Series, Vol. 5, lxvii, "Introductory Es-

say on Augustine and the Pelagian Controvesy", by B. B. Warfield。

［101］在未完成的《反朱利安》2：177，奥古斯丁用了一个医学的例子来说明原罪是通过性欲由父母传给子女的。他说，如果某人因放纵而感染了痛风，并将它遗传给了子女，我们可以正当地说，病是从父母那里传给他们的，子女是"在父母之中"传上它的。奥古斯丁这是在回应411年迦太基会议对佩拉纠门生科勒斯蒂的谴责，因为后者否认原罪。奥古斯丁的意思是，婴儿遗传了堕落的罪责，如果他们不接受洗礼将这罪责洗去，他们便将被定罪。见 Gerald Bonner, "Augustine, the Bible and the Pelagians", in: *Augustine and the Bible*, p. 233。

［102］*On Free Choice of the Will*, trans. A. S. Benjamin & L. H. Hackstaff, pp. 130 – 133。

［103］Roland J. Teske, "Soul", in: *Augustine through the Ages*, p. 810。《罗马书》9：10 – 11 如是说："不但如此，还有利百加，既从一个人，就是从我们的祖宗以撒怀了孕。双子还没有生下来，善恶还没有作出来，只因要显明神拣选人的旨意，不在乎人的行为，乃在乎召人的主。"

［104］奥古斯丁是否认为灵魂通过罪而降落到身体上，是一个热点问题。有人认为奥古斯丁主张，灵魂先存说是与"在亚当中犯罪"兼容的。大意是，灵魂在亚当中犯了罪，在后来降落在新出生者身上。见 Roland J. Teske, "Soul", 同上。

［105］B. R. Rees, *Pelagius: Life and Letters*, p. 61。

［106］*St. Augustine on Marriage and Sexuality*, ed. Elizabeth A. Clark, Washington, D. C. : The Catholic University of America Press, 1996. "Introduction", p. 10。

［107］同上，p. 41。Peter Brown 则指出，奥古斯丁在和朱利安论战前20年即已认为，亚当和夏娃作为完全有性的存在者，在伊甸园里是能够性交的——这是一种荣耀的性交，尚未被彼此冲突的欲望撕裂，尚无罪的阴影。——而同时代的尼萨的格里高利则认为始祖在乐园里是天使一般的，是没有性交这样的"动物"般的行为的。在这点上，奥古斯丁远远走在时代思想的前列。见 Peter Brown, *Augustine of Hippo*, A new edition with an epilogue (Berkeley & Los Angeles, 2000), p. 501。但堕落前性交并不必然伴随着性欲，而可能是不带性欲的，问题不在始祖其时是否性交，而在他们

是否有性欲。

[108] *St. Augustine on Marriage and Sexuality*，同前，p. 47。

[109]《上帝之城》第 14 卷约写于 418 - 420 年，奥古斯丁其时已与朱利安论战。*The City of God*，Cambridge University Press，1998，pp. 628 - 630。

[110] 可参 *St. Augustine on Marriage and Sexuality*，同前，pp. 7 - 8。

[111] 同上，p. 35。

[112] Peter Brown 说，奥古斯丁在这封信里对性的看法，会令读惯了卡帕多奇亚教父著作的人吃惊，因为奥古斯丁在那里提出，性是作为大善被上帝创造出来的，公教徒应当承认这点，并应当想像，假如亚当和夏娃没有堕落，乐园里的性交会是怎么样的。他们的性交会是一种庄重的愉悦的行为，两个发育完全的身体遵从他们灵魂的搅动，"一切都是在一种令人吃惊的完美的平和里发生的"。只是由于亚当出于心智的骄傲不服从上帝，才永久地破坏了那种潜在的身心至乐的和谐。性在奥古斯丁眼里有悲剧意味，只是因为它一度曾如此不同，而不是因为他像其他教父那样认为，性只是我们原来"天使般的"人性堕落后的"动物般的"附加物。Peter Brown，*Augustine of Hippo*，同前，pp. 501 - 2。

[113] *St. Augustine on Marriage and Sexuality*，同前，p. 104。

[114] 在第 12 世纪，潜藏在这一观点中的预设得到了阿伯拉尔（Peter Abelard）和 Robert of Melun 的揭露和攻击。见 Henry Chadwick，*Augustine*，第 10 章。

[115] 后来他补充说，无过错方可与通奸方分居，但不能离婚（《论通奸的婚姻》1：3：3；1：7：7；1：12：13；2：10：10）。《论原罪》39 章说，"结婚有三大好处：首先它是生育的合法方式，其次它是忠贞的保证，最后它是合一的纽带。"421 - 422 年《反朱利安》5：12：46 他重申了婚姻的三大善，并以约瑟夫和马利亚的关系作为婚姻的楷模。他们的婚姻："忠实，因为没有通奸；后代，我们的主基督；圣礼，因为没有离异。""这三重的善，在基督的父母那里成就了。"奥古斯丁直接影响了天主教的婚姻伦理。1930 年庇护十一世发布 Casti Connubii（贞洁的婚姻），就用到了奥古斯丁所说婚姻的三大好处：生育后代，从而排除避孕、不育、流产；忠诚，从而排除婚前婚外性关系；"圣仪之纽带"，从而排除了天主教徒的

离婚（极少数情况例外）。见 *St. Augustine on Marriage and Sexuality*，同前，导论及 46 页。

[116] Henry Chadwick，*Augustine*，第 10 章。

[117] 在当代哲学中，对"自由"、"自由意志"这样的概念，存在着"自由意志论"、"决定论"和"兼容论"的分歧。我们将在下面"预定论"和"自由观"两节进行详细讨论。

[118] Josef Lössl，"Augustine on Predestination：Consequences for the Reception"，in：*Augustiniana* [Leuven] 52 (2002)，p. 251，尤其注 50。

[119]《论意志的自由选择》3：18。*On Free Choice of the Will*（trans Anna S. Benjamin & L. H. Hackstaff, Bobbs – Merrill Educational Publishing, Indianapolis, 1964），p. 128。

[120] 在《致辛普里西安》之前写的《〈罗马书〉章句评注》（393/394）和《〈加拉太书〉评注》（394/395），既已涉及预定、恩典和自由意志的问题，尤其《〈罗马书〉章句评注》，是用"预知"来缓解自由意志和预定之间的紧张关系，认为上帝是因为预知到将来以扫和雅各的情况（信仰和行为）而对其作出预定（得救与否）。可参 Josef Lössl，"Augustine on Predestination：Consequences for the Reception"，in：*Augustiniana* [*Leuven*] 52 (2002)，*pp*. 241 – 250。

[121] *To Simplician – On Various Questions* 1：2：14 – 15，*in*：*Augustine*：*Early Writings*，pp. 396 – 397。

[122] To Simplician – On Various Questions1：2：16，in：*Augustine*：*Early Writings*，p. 397。

[123] 指人间的"公平"交易反映了上帝的"公平"，地上"公平"是天上"公平"的"形象"。故而我们可由这种"形象"思考上帝的"公平"。这当然是一种柏拉图主义。

[124] 事见《马太福音》20：11 – 15。葡萄园主雇人干活，给后到的人的工钱和先到的人的工钱一样多，先到的人发出埋怨。主人说："朋友，我不亏负你，你与我讲定的，不是一钱银子吗？拿你的走吧！我给那后来的和给你一样，这是我愿意的。我的东西难道不可随我的意思用吗？因为我作好人，你就红了眼吗？"

[125] To Simplician – On Various Questions 1：2：16，in：*Augustine*：

Early Writings, p. 398。

　　[126] Robert M. Kingdon 在其 "Augustine and Calvin" 一文（in：*Saint Agustine the Bishop*：*a Book of Essays*. ed. by Fannie LeMoine, Christopher Kleinhenz. Garland Publishing, Inc, N. Y. and London, 1994, pp. 177 - 178）指出，奥古斯丁极深地影响了加尔文，最突出的地方就在预定论。他在文中介绍了 Luchesius Smits 的观点，后者在其著作 *Saint Augustin dans l'oeuvre de Jean Calvin*（Assen：Van Gorcum, 1957）中对此作了深入研究。

　　Smits 先是简略分析了奥古斯丁在佩拉纠论战背景下发展的预定论。作者注意到了奥古斯丁早期预定教义的某些变量：（1）区分了单一预定与双重预定，前者指上帝只预定了得救者得至福，而后者指上帝预定了得救者得至福、被定罪者受永罚；（2）区分了堕落后预定论（infralapsarianism）与堕落前预定论（supralapsarianism），前者指上帝只是在亚当堕落后才作出其预定，后者指上帝早在创造亚当、在有时间之前就预定了。

　　接着考察加尔文。Smits 依据因攻击加尔文预定论而在日内瓦受审的 Jerome Bolsec 的审判记录，以及加尔文在其 *Institutes of the Christian Religion* 中的相关段落，显明加尔文坚持的是双重预定论和堕落前预定论。从这里以及别的资料还显明了加尔文认为他的教义是从奥古斯丁著作著来的，尤其是从《论处罚与恩典》和《论圣徒的预定》这两篇奥古斯丁著中来的。

　　最后讨论加尔文是否忠实于奥古斯丁。人们常认为奥教导的是单一预定论而加尔文将之强化为双重预定论。加尔文知道奥古斯丁的预定论有演化，并觉得奥古斯丁在晚期否定了自己早期的思想。他确信，奥古斯丁晚年达到了与他一样的结论，即双重的、堕落前的预定论，并且援引奥古斯丁的一些文章为自己辩护，但这些文章在其他学者看来却是单一预定论的。谁是奥古斯丁的真正的解释者？一些人认为是加尔文，其整个教义都可在后期反佩拉纠著作中找到。另一些学者则没有那么确信，他们认为加尔文自以为正确时，实际上却误解了奥古斯丁的观点。

　　[127]《论灵魂及其起源》4：16。NPNF, First Series, Vol. 5, p. 361。

　　[128]《论恩典与自由意志》46。NPNF, First Series, Vol. 5, p. 465。

　　[129]《教义手册》100。NPNF, First Series, Vol. 3, p. 269。

　　[130] 从这里可以看出，"预知"和"预定"仍旧是有区别的，虽然

在上帝的单一性里，预知也可以说是预定，正如智慧是勇敢一样。上帝作为 Being，可以知道（预知）人类的恶行（"虚无"），但这恶行并非上帝预定，即不是由上帝做出来的。就此而论，Josef Lössl 说"预知"和"预定"的区分是"人为的"，是不确切的。因为这对于奥古斯丁仍旧是重要的，如在死前一两年写的《论保守的恩典》41 他仍在用"预知"这个词，见 NPNF, First Series, Vol. 5, p. 542。在同期写的《论圣徒的预定》19 章，他则说："预定，若无预知它就不能存在，尽管没有预定预知也可存在；因为上帝凭着预定预知到了他要做的那些事，由此经上说，'他命定将来的事'（《赛》45：11）。不只如此，他还能够预知那些并非他自己做的事——比如无论什么样的罪。"见 NPNF, First Series, Vol. 5, p. 507。Josef Lössl 的观点，见其 "Augustine on Predestination: Consequences for the Reception", in: *Augustiniana* [Leuven] 52 (2002), p. 271。

[131] 当然，如果我们将上帝"允许""听任"理性受造物作恶从而导致受罚也当作一种"预定"的话，则无疑他是有"双重预定论"的思想的。但要记住，得救是上帝主动的行为，因此蒙恩的人要将荣耀归予上帝；而人类犯罪则不是上帝的行为，是人类自己的行为，因此被定罪的人要忏悔自己的过错，而不能埋怨上帝。

[132] B. R. Rees, *Pelagius: Life and Letters* (The Boydell Press, 1998), p. 40。

[133] 同上，p. 53。

[134] 佛教关于是否一切众生都有佛性，以及谁能现实地成佛的争论，也区分了成佛的可能性和现实性。可参见夏金华，"究竟谁真正拥有成佛的权利？"载《相争与相融》，尹继佐、周山编，上海社会科学院出版社，2003。就任何宗教或意识形态都有其"标准"而言，可以泛泛地说，它们都隐含着"预定论"。

[135] 本节参考了 Peter Brown, "New Directions", in: *Augustine of Hippo* (2000), pp. 506 - 513。

[136] *To Simplician – On Various Questions* 1：2：21, in: *Augustine: Early Writings*, pp. 404 - 405。

[137] 同上，p. 406。

[138] Confesson 的两个主要意思就是"悔罪"和"赞美"。今天只将

它理解为"悔罪"是片面的。

　　[139] Josef Lössl 正确地指出,当奥古斯丁将他在《致辛普里西安》中的发现应用到《忏悔录》中的人生故事时,他并没有想要提出一个抽象的、系统化的预定论,而是有其"生存论维度"。见其论文"Augustine on Predestination: Consequences for the Reception", in: *Augustiniana* [Leuven] 52 (2002), pp. 256 - 257. 不过,不管奥古斯丁喜欢不喜欢,蕴含在此时的预定论中的矛盾和"严峻",仍然是有的:比如,上帝为何不救所有人而只救一部分人,上帝是否先验地决定了人类大多数要下地狱,人还要不要凭着自由意志进行道德的努力,等等。一旦有提问的环境,这些问题都必须得到回答,不能回避。

　　[140] 奥古斯丁在《论佩拉纠决议》第 20 - 22 章,以保罗"立志为善由得我,只是行出来由不得我"之类话语为例,说明上帝的恩典并非本性和律法,这二者都是无能的,皆不足以救人,只有内在恩典才能救人。至于内在恩典,则是指上帝在人的内心运行,使人有善念和行善的能力。在《基督的恩典》第 42、43 章,奥古斯丁明确指出,佩拉纠的问题就在于其所理解的"恩典"仅仅是外在的恩典,而不是内在的恩典。

　　[141] Dennis R. Creswell, *St. Augustine's Dilemma* (Peter Lang Publishing, Inc., New York, 1997), p. 100。

　　[142] 见 NPNF, *First Series*, Vol. 5, Introduction, Part IV:"The Theology of Grace". lxvi - lxxi.

　　[143] Peter Brown, "New directions", in: *Augustine of Hippo* (2000), pp. 505 - 510。奥古斯丁时代的宗教实践中普遍有拣选和恩典的观念,它是人们生活中的一部分,因此奥古斯丁的这种神学有其天然的土壤,并非他一人的发明。布朗认为奥古斯丁的贡献只是将这种"被上帝选中的人有超凡魅力和超级能力"的观念"平民化"了,使普通信徒的平凡的善意善行都成为恩典的结果。

　　[144] B. R. Rees, *Pelagius: Life and Letters*, pp. 36 - 37。

　　[145] "自愿"、"意愿"、"意志"、"爱",都是一种"悦"(delight),指心之趋向、所好。从一个人来说,他之所好决定了他是怎样一个人,从一个社会("城")来说,其居民之所"共好"决定了它是属"上帝之城"还是"世俗之城"。"所好"与人的动机是连在一起的,奥古斯丁最擅长的

一点就是分析人行动的动机，人总是被外面的事物所吸引而起"悦"，起动机，才有行动，尽管这种"悦"或动机往往是在我们的潜意识里发生的（如上帝之吸引我们）而且是我们自己不能控制的。见 Peter Brown, *Augustine of Hippo*, pp. 154 – 155。

[146] 不只"意志"或"爱"相当于整个"心灵"或今天我们所说的"人格"，奥古斯丁所说的"记忆"、"理解"也不只是心灵的一个"功能"，而同时是整个心灵。在《论三位一体》中，奥古斯丁所找到的人的心灵中所蕴含的"上帝的形象"三要素中，"意志"或"爱"是比"记忆"和"理解"更加重要的、决定人的存在品质的因素。见周伟驰，"'正是者'的'思'与'爱'"，广州《现代哲学》2004 年 3 期。值得一提的是，从"意愿"与"自由"的关系上，可以找到奥古斯丁庞大概念网络上的一个"枢纽"，解开许多的"死结"，清除对他的一些误解，更好地理解他的思想。

[147] B. R. Rees, *Pelagius*: *Life and Letters*, pp. 44 – 45。

[148]《米哈伊尔·巴赫金》，（美）凯特林娜·克拉克、迈克尔·霍奎斯特著，人大出版社，1992，第 88 页。

[149] 可参 Marianne Djuth, "Liberty", in: *Augustine through the Ages*, pp. 496 – 497。

[150] 可参 *Enchiridion*, 30, in: *The Essential Augustine*, pp. 181 – 182。

[151] James Wetzel 在其 *Augustine and the Limits of Virtue* (Cambridge, 1992) 提出，奥古斯丁在《反佩拉纠派的两封信》里说，"使徒摆脱了对恶欲的赞同"，似乎与他的另一个观点，即所有人（包括使徒们）每天都在赞同恶欲并且犯罪相矛盾，即一方面说他们不犯罪，另一方面又说他们犯罪。Ann A. Pang – White 对 James Wetzel 的观点提出了批评，指出他没有分辨奥古斯丁所说的两种自由，即积极自由和消极自由。奥古斯丁说使徒不犯罪，是说他们不会积极主动地犯罪，说他们犯罪，是说他们由于原罪所导致的无知无能，而仍旧免不了会消极被动地犯一些小罪。见 Ann A. Pang – White , "Does Augustine Contradict Himself in Contra Duas Epistulas Pelagianorum?", in: *American Catholic Philosophical Quarterly*, 1999, Vol. LXXIII, No. 3, pp. 407 – 418。

[152] 可参 *On Free Choice of the Will*, trans. A. S. Benjamin & L. H.

Hackstaff, p. 129。

[153] 此段话可参 *On Free Choice of the Will*，同上，p. 127。

[154]《论意志的自由选择》3：18。同上，p. 128。这里所谓"人受造时的自由"，即指亚当堕落前的自由，其时他有"行善的自由意志"。后人则通过原罪的遗传而丧失了这种"行善的自由"。

[155]《论意志的自由选择》3：19。同上，p. 129。

[156]《论意志的自由选择》3：19。同上，p. 130。

[157] 同上书，附录，p. 152。

[158] 同上，p. 155。

[159] 同上，pp. 157 – 158。

[160] 关于奥古斯丁早期是否自由意志论者，学界有不同看法。如 Rogers 就认为奥古斯丁从始至终都是一个兼容论者，早期《论意志的自由选择》也不例外。见 Katherin A. Rogers, "Augustine's compatibilism", in: *Religious Studies* 40, p. 415, 2004. Cambridge University Press。另有人则认为《论意志的自由选择》是"自由意志论"（起码亚当在堕落前是有自由意志论意义上的自由的），如 Eleonore Stump, "Augustine on Free Will", in: *The Cambridge Compannion to Augustine*, Cambridge University Press, 2001, pp. 124 – 147。此外，虽然晚期奥古斯丁自认为自由意志和恩典是可以调和的，但仍有许多学者认为，他归根到底是一个"决定论"者，用预定和恩典否定了人的自由意志。如 Sharon M. Kaye 和 Paul Thomson 虽然认为奥古斯丁早期是自由意志论者，后期是兼容论者，但亦认为这种兼容论是为了达到决定论的目的，见氏著 *On Augustine*, Thomson Learning, 2001, pp. 33 – 34。该书中译本名为《奥古斯丁》，周伟驰译，北京：中华书局，2002。此处页码指中译页码。

[161] 关于"决定论"、"兼容论"、"自由意志论"的逻辑问题有无数的讨论，我们在此不可能做到十分细致和清晰。总的来说，"决定论"认为，一个人的行为只要是由外在的原因不可避免地导致的，这个行为就是被决定的。"兼容论"（compatabilism）认为，说一个给定的选择是被决定的，同时又说当事人要为此选择负道德责任，这二者并不矛盾，而是融洽一致。只要这个行为是我"自愿地"作出的，那我就是自由的。"自由意志论"认为，一个人的行为只有是由他自己而非别人发出，而且他能够

在 A 与 - A 之间进行选择时，才是自由的。见 Katherin A. Rogers，
"Augustine's Compatibilism"，in：*Religious Studies* 40，Cambridge University
Press，2004，pp. 415 - 419。但是有时兼容论和自由意志论之间的界限并不
是很容易划分清楚。比如，斯当普认为，兼容论主张"世界可以是被因果
地决定的，但又包括有自由的行为，作出该行为者须为此行为负道德责
任。"而自由意志论则要满足两个条件：（1）行动者带着自由意志行动，
或为其行为负道德责任，唯有当该行为不是由任何外在于该行动者的东西
因果地决定的；（2）一个行动者带着自由意志行动，或为其行为负道德责
任，唯有当他本可以选择别的做法时。斯当普认为，自由意志论也可以只
满足（1）而不满足（2），她把这称作"修正的自由意志论"（modified
libertarianism），以区别于同时满足（1）和（2）的"普通自由意志论"
（common libertarianism）。她认为，奥古斯丁的自由观就是她所谓的"修正
的自由意志论"。见 Eleonore Stump，"Augustine on Free Will"，in：*The Cam-
bridge Companion to Augustine*，Cambridge University Press，2001. pp. 124 -
147。她的这种定义遭到了批评。Lössl 指出，她所谓的这种"修正的自由
意志论"，实际上就是通常所理解的兼容论。而她所谓的"兼容论"，则是
一堆自相矛盾的陈述。Lössl 的批评出自他为 *The Cambridge Companion to
Augustine* 一书所写书评，见 *Religious Studies* 38，pp. 109 - 113，2002，
Cambridge University Press。

　　[162] 当然，奥古斯丁在《论意志的自由选择》中小心翼翼地避免提
"作恶"，免得有人以为"作恶是自由的必要前提"。吉尔松就因为没有看
出这一点，而认为奥古斯丁主张这点，从而遭到了 Rogers 的批评。见
Katherin A. Rogers，"Augustine's Compatibilism"，in：*Religious Studies* 40，p.
424，2004，Cambridge University Press。但 Rogers 的错误，在于将亚当堕落
时的选择也视为上帝的决定，从而为她的"兼容论"主张辩护，但其实亚
当此时确实面临着 A 与 - A 的选择，而与原罪状态的"不能不犯罪"和恩
典状态中的"不能犯罪"的要么只能选 - A，要么只能选 A 情况大为不同。

　　[163] Dennis R. Creswell，*St. Augustine's Dilemma*（Peter Lang Publish-
ing，Inc.，New York，1997），p. 138。

　　[164] 奥古斯丁在说作为罪的"赞同贪欲"时，区分了不同的情况。
一种情况是，一个人完全自愿地、蓄意地赞同贪欲，好得到某些非法的善

或快乐。如，一个人蓄意赞同自己的一个欲望，即谋杀别人以得到其妻子和财产。另一种情况是，一个人出于愚昧无知或者冲动而赞同贪欲，这时他是无意地或不情愿地/勉强地赞同贪欲的。在《论真宗教》（1：13：5）里他说："那些因为是在愚昧无知或强制的情况里犯下，从而被不无正当地说成是非自愿的（non - voluntary）罪，不能说是完全不自愿地（entirely involuntarily）犯下的。"在《圣灵与仪文》31：53 他说："人若是无意地做了一件事，通常我们不说他运用能力做了某事。不过……即使人们被迫去做违背他们意志（即不情愿地）的事，若是他们做了，也是运用他们的意志做的……毕竟，如果他的意志足够地强……他们无疑会抵抗该强制，不会做这一行为。因此，如果他们做了，他们就不是运用一个完全的、自由的意志做的，但他们仍只是运用意志去做的。"保罗没有积极主动地犯罪，因此他"摆脱了对恶欲的赞同"；但《罗马书》7：15 所谓"我所作的，我自己不明白。我所愿意的，我并不作；我所根恶的，我倒去作"，又表明保罗未能摆脱那种出于无知或冲动而不情愿地犯的罪（奥古斯丁在《佩拉纠的两封信》1：10：18 对此作了阐释）。因此，奥古斯丁一方面说世人没有人无罪，另一方面又说使徒们"摆脱了对恶欲的赞同"，就并不矛盾。见 Ann A. Pang - White, "Does Augustine Contradict Himself in Contra Duas Epistulas Pelagianorum?" in: *American Catholic Philosophical Quarterly*, 1999, Vol. LXXIII, No. 3, pp. 407 – 418。

　　［165］可参 Marianne Djuth, "Will", in: *Augustine through the Ages*, p. 884。

　　［166］由于预定论主张一切都是上帝早已决定了的，因此可以说是决定论中的一种。

　　［167］参 B. R. Rees, Pelagius: *Life and Letters*, The Boydell Press, 1998, p. 28。Rees 本人认为，恩典强调上帝的全能，是宗教的基础，而自由意志则是人的道德自律的根基，奥古斯丁和佩拉纠二人在这个问题上各执一端，都想在自己的立场上调和神恩与人的自由，实际上都犯了"想调和不可调和的东西的毛病"。要自由意志就不会有恩典，要恩典就不会有自由意志。

　　［168］Katherin A. Rogers, "Augustine's Compatibilism", *Religious Studies*, Vol. 40, 2004。p. 419, p. 433。

[169] 奥古斯丁的基督论是现代奥古斯丁研究中的一个热点问题，其概况可以参考 Joanne McWilliam, "The Study of Augustine's Christology in the Twentieth Century", in: *Augustine: From Rhetor to Theologian* (Canada: Wilfrid Laurier university Press, 1992), pp. 183 - 206。另可参 Basil Studer, *The Grace of Christ and the Grace of God in Augustine of Hippo*, pp. 10 - 13, "A Hundred Years of Studey of Augustine's Picture of Christ"。在这个领域，最重要的著作也许是 Van Bavel, 《圣奥古斯丁基督论研究》(*Recherches sur la christologie de saint Augustin*, Fribourge: Editions Universitaires, 1954), 该著详细考察了奥古斯丁有关基督论的文献，尤其是关于基督耶稣的感情与知识的部分，并在宽广的历史视野中指出奥古斯丁的贡献。

无论是强调奥古斯丁基督论中重神性的一面，还是重人性的一面，无论是强调作为中保的基督（以及作为"祭品"的基督），还是"整全的基督"(totus Christus), 都无疑抓住了奥古斯丁思想中的一个侧面，但也可能忽视了其他的层面。对于丰富的奥古斯丁著作和思想来说，任何"概括"、"总结"都是有"以偏概全"之嫌。因此本文在行文中只试图抓住其特色鲜明的部分。

[170] 这是 P. - M. Hombert 的观点，转自 Josef Lössl, "Augustine on Predestination: Consequences for the Reception", in: *Augustiniana* [Leuven] 52 (2002), p. 244。

[171] 如 O. Scheel 就持这种观点，见 Basil Studer, *The Grace of Christ and the Grace of God in Augustine of Hippo*, p. 10.

[172]《反摩尼教的信》(C. ep. Man) 36: 41, 转自 Basil Studer, *The Grace of Christ and the Grace of God in Augustine of Hippo*, p. 45。

[173] Michel Rene Barnes, "The Visible Christ and the Invisible Trinity: Mt. 5: 8 in Augustine's Trinitarian Theology of 400", in: *Modern Theology*, Vol. 19, No. 3, July 2003.

[174] Gerald Bonner, "Augustine, the Bible and the Pelagians", in: *Augustine and the Bible*, p. 237。

[175] Joanne McWilliam, "The Study of Augustine's Christology in the Twentieth Century", in: *Augustine: From Rhetor to Theologian* (Canada: Wilfrid Laurier university Press, 1992), pp. 183 - 206。

[176] Augustine, *The Trinity*, trans. Edmund Hill, N. Y.: New City Press, 1991。见 Edmond Hill 为后 8 卷所写的导言。

[177] 林鸿信教授认为莫尔特曼突破了奥古斯丁那种向过去看齐的时间观，将时间的方向转向了末世。参林鸿信，"回忆与盼望：奥古斯丁与莫特曼的时间观"，载《莫尔特曼与汉语神学》，香港：道风书社，2004。如果单纯地从《忏悔录》11 卷看奥古斯丁的时间观，诚然如此，但是从奥古斯丁整个神学来看，则奥古斯丁无疑亦具有莫尔特曼那种将注意力放在将来、放在末世的思想。可参周伟驰，"'正是者'的'思'与'爱'"，广州《现代哲学》，2004 年 3 期。这在奥古斯丁的社会观和教会观上尤其明显。

[178] 儒家说"修身齐家治国平天下"，奥古斯丁亦认为，一个人藉着内在恩典得到更新后，就会一级级地影响其所在的家庭、城市、国家、天下。奥古斯丁时代罗马人所谓的"家庭"（domus），与今天我们所说的"核心家庭"不同，而有些类似于我国旧时的"大家庭"，一家之长按"家法"（对应于城市法令）命令家人和家仆、家奴。基督徒对"家族"的改变，不在于形式，而在于实质：一个基督徒"家长"，就不是像世俗"家族"的"家长"那样出于控制欲去命令、使唤别人，而是"在上帝之中"去爱"邻人"，带着爱与同情的动机，为着他人的好，而服务于人。基督徒市长和国王亦是如此，虽然他们改变不了大多数人都仍是罪人这一事实。同时，他们虽然可能掌握了权力，但仍旧不可能在地上实现真正的"正义"，因此，他们只是将来完美社会的"影儿"，而不是其实质。Oliver O'Donovan, "Augustine's City of God XIX and Western Political Thought", in: *Dionysius*, XI, Dec. 1987, pp. 104 - 105，该文亦收录于 *Augustine*, Vol. II, ed. John Dunn & Ian Harris, An Elgar Reference Collection, 1997。

[179] F. Edward Cranz, "The Development of Augustine's Ideas on Society before the Donatist Controversy", in: R. A. Markus (ed), *Augustine*: *A Collection of Critical Essays*, N. Y.: Anchor Books, 1972, pp. 336 - 403。Cranz 认为，奥古斯丁社会观在多纳特论战之前经历了四阶段：（1）早期的希腊 - 罗马哲学阶段，认为世界有秩序，秩序可认识，认识后人可凭着美德能力达到合秩序的生活。（2）就任教职后至 393 年，圣经语言与哲学语言并用，互相"格义"，如将"罪"视为背离高级善、转向低级善，将"基督"

视为导师和榜样，将人引回到相的世界中去，将"教会"视为教育人的学校，让人们领悟真理，回归真道。他坚持"进步"的历史观，认为上帝六天创世，代表人类历史有六期、个人发展有六阶段（包括属肉体的"旧人"和属灵的"新人"），上帝教导人类逐步臻致完善。（3）393－396年，此时他虽然仍认为人要领悟宇宙秩序，热爱"不可见之事"，但由于对人的认识能力和道德能力开始怀疑，转而强调"罪"的影响，认为人不能认识宇宙秩序（如"上帝的义"或"永恒律"人是不能巨测的），并认为人也不能凭着自力达致秩序，而唯有在"恩典"的帮助下，人才能认识真理并活出美德。此时他将"基督"视为救人的"上帝"，把"教会"视为恩典的仪式发生之地。在这个阶段的初期，他将人类历史分为四个时期：律法之前，律法之下，恩典之下，和平之中。这么做显然是为了突出"恩典"。但他后来又取消了这种分期法，乃至任何"进步论"或"阶段论"，因为从古到今，只有被预定得救者和依旧沉沦者的区别，而没有什么较低较高历史阶段之异。（4）396－400年，在《忏悔录》等著作中深化第三阶段的认识，前9卷中谈到了他与母亲莫尼卡在"奥斯蒂亚"异象中初尝了"天上的耶路撒冷"的滋味，在后3卷中则从"社会"的层面，谈到了"两城"，他在那里以"海"喻罪人，以"陆"喻义人。这种"两城"论的思想，贯彻在同一时期的《驳浮士德》、《基督教教导》、《教导入门者》等著作中。

　　[180] 比如 R. A. Markus, *Saeculum*: *History and Society in the Theology of St. Augustine*, Cambridge, 1970。Markus 认为，这一时期奥古斯丁对政治社会的看法趋于悲观，认为人受罪的影响太深，无法趋于理性和秩序，真正的秩序只能在末世实现。转自 Miikka Ruokanen, *Theology of Social Life in Augustine's De Civitate Dei*, Göttingen：Vandenhoeck & Ruprecht, 1993, pp. 9－18。须说明的是，413 年奥古斯丁在反多纳特派中的战友马色林因参与宫廷政变而被处死，这件事可能促使他改变了对基督教与政治、国家关系的看法。见 Peter Brown, *Augustine of Hippo*, p. 337。

　　[181] 比如，Barker 就认为，奥古斯丁所说"世俗之城"有其自身固有的正义和美德，"爱上帝"只是锦上添花。Paul Ramsey 针对他的这种观点指出，不是出于信仰的美德，如罗马人所说的"四德"（审慎、正义、勇敢、节制），也不过是"灿烂的邪恶"而已。奥古斯丁的恩典论摧毁了

古典哲学"自力得救"式的道德自律的根基，因此，对于奥古斯丁来说，后人所谓"自然人性"在他那里是指原罪状态中的人，是没有美德和善良可言的，因为他们的爱的对象是自我，而不是上帝，由他们组成的集体当然也就没有美德（包括正义）可言了。当然，从程度上说，由于人到底还是上帝的"形象"，因此还是多多少少会有一点美德的，但都只是在相对的意义上说的。比如，国家就其维持人们起码的生活秩序而言，乃是"正义"的。但这种美德（正义）并不是"真正的"。可参 Paul Ramsey，"The Just War According to St. Augustine"，in：*War and The Christian Conscience: How Shall Modern War Be Conducted Justly*，Chapter Two，Durham，NC：Duke University Press，15–33，亦载 *Augustine*，Vol. I，ed. John Dunn & Ian Harris，An Elgar Reference Collection，Cheltenham，UK，Lyme，US，1997，尤其参看 pp. 324–329。

[182] 对奥古斯丁社会–政治观的两种解释之间的差异，可以参看 Miikka Ruokanen，*Theology of Social Life in Augustine's De Civitate Dei*，Göttingen：Vandenhoeck & Ruprecht，1993，pp. 9–18。

[183] Oliver O'Donovan 认为这一卷是"西方著作中难以撼动的经典著作之一"，它从基督教历史神学的角度打量人类社会史，为西方政治哲学提供了一些新东西。具体地说，它有两大特点：一个是将（公共）社会与（个人）美德区分开，一个是认为社会秩序的转变并无"进步"可言。见 Oliver O'Donovan，"Augustine's City of God XIX and Western Political Thought"，in：*Dionysius*，XI，Dec. 1987，89–90，该文亦收录于 *Augustine*，Vol. II，ed. John Dunn & Ian Harris，An Elgar Reference Collection，1997。

[184] 奥古斯丁用了词语游戏来描述西塞罗式的"国家"观念。共和国（res publica，commonwealth）是一个共同体福祉（res populi，community welfare），而一个共同体（populus，community）隐含着通过对正义（ius）的共识和利益（utilitas）的共享，而达到的一种关联。奥古斯丁认为这样的共和国从未实现过。见 Oliver O'Donovan，"Augustine's City of God XIX and Western Political Thought"，同上，p. 93。须注意的是，奥古斯丁的"国家"（共和国）和"人民"不同于近代意义上以语言、种族、民族为分界的"国家"和"民族"。参 Paul Ramsey，"The Just War According to St. Augustine"，in：*War and The Christian Conscience: How Shall Modern War Be Con-*

ducted Justly, Chapter Two, Durham, NC：Duke University Press，p. 26，亦载 *Augustine*, Vol. I，ed. John Dunn & Ian Harris, An Elgar Reference Collection, Cheltenham, UK, Lyme, US, 1997，p. 334。

[185]《上帝之城》19：21："当一个人不服从上帝，我们怎能说他正义呢？……假如这样的个体并无正义可言，由这样的人组成的一个共同体当然也无正义可言。"

[186] 对沉沦状态人的心理（欲望）的分析，参 Herbert A. Deane，"The Psychology of Fallen Man"，in：*The Political and Social Ideas of St. Augustine*。

[187] Herbert A. Deane，*The Political And Social Ideas of St. Augustine*，p. 124。

[188] 此处中译文引自区华胜译，《圣奥思定沉思录》，Carlo Cremona 编，台北：上智出版社，2004。第 VIII 页。

[189] 一般认为在奥古斯丁两城说的发展中，提康尼起到了重要的作用。见 Frend，*The Donatist Church*，pp. 315 – 317。在 "两城说" 的来源问题上，学界意见很多，除了提康尼外，尚有人举出摩尼教、柏拉图主义、《圣经》等等方面的影响，Oort 认为奥古斯丁主要受到了当时北非的犹太人的影响，见 Johannes Van Oort，*Jerusalem and Babylon*，Netherlands, Leiden：E. J. Brill, 1991，pp. 360 – 371。

[190] "享受" 和 "使用" 是奥古斯丁很重要的一对范畴。"享受" 指 "终极关切"，"使用" 则指为了达到终极关切而采取的手段。比如，一个男人爱一个女人，以这个女人为他的最高目的，只要和她在一起就快乐，不再他求，为此他不惜利用一切手段来取悦她。这就是 "享受"。再比如，一个人以呆在家里为最自由自在，为了将家安置好，他去银行取款、去家具店买家具等，都是为了将家弄得舒服一点。这时，家就是他 "享受" 的对象，而银行、家具店等等则是他 "使用" 的对象。"享受" 与 "使用" 涉及到 "爱" 的终极对象和爱的秩序问题。只有在 "终极之爱" 里一个人才觉得 "享受"，才觉得 "自由" "自在"，实际上这是很符合我们的生活经验的。由于 "享受" 上帝意味着 "使用" 邻人，则奥古斯丁面临着一个伦理问题：爱上帝与爱邻人如何处理？难道邻人可以作为我 "享受" 上帝的手段吗？奥古斯丁的回答，总的来说，是今生不能将邻人当作 "享受"

的目的，或将人当作终极关切，今生他们只能是"使用"的对象，是为了达到"享受"上帝的目的。但将来人们可以"在上帝之中享受邻人"（frui in Deo），在享受上帝中享受邻人，因此，邻人亦可以成为我们享受的目的。可参见 Raymond Canning，"uti/frui"，in：*Augustine through the Ages*，pp. 859 – 861。亦可参 Tarsicius J. van Bavel，"Love"，in：*Augustine through the Ages*，pp. 512 – 514，"love of Neighbor"。

[191] 在财富观上，奥古斯丁主张中庸，财产够用即可，重要的是要爱上帝。如前文所说，无论穷人富人，只要爱上帝都是好的，只要不爱上帝，便都是不好的。见 Boniface Ramsey，"Wealth"，in：*Augustine through the Ages*，pp. 876 – 881。

[192] 奥古斯丁认为，如果罗马人所说的"四德"不是出于对真神的信仰，则它们不过是出于骄傲或虚荣的"灿烂的邪恶"（《上帝之城》5：19）。信、望、爱全面改造并提升了四德（《论三位一体》13：20），而使得基督徒有"七德"（《书信》181A）。其中，"爱"是最关键的，它是所有美德的动力，也是它们的目标。"爱神"和"爱人"的秩序理顺了，一个人就有了"美德"（《上帝之城》15：22）。参 Geogre J. Lavere，"Virtue"，in：*Augustine through the Ages*，pp. 871 – 874。

[193] Herbert A. Deane，*The Political And Social Ideas of St. Augustine*，1963，p. 145。

[194] Herbert A. Deane，*The Political And Social Ideas of St. Augustine*，p. 148。

[195] 提康尼对奥古斯丁的影响，在一些学者看来，是很关键的。在此之前，奥古斯丁是不注重本土（非洲）思想家的，他的思想与当时一般的希腊 - 罗马哲学家一致，而正是非洲本土思想家的影响（提康尼可能是最重要的），使得奥古斯丁与同时代大都市里的佩拉纠那样的知识分子区分了开来。见 Peter Brown，*Augustine of Hippo*，p. 272。另见 Frend，*The Donatist Church*，p. 205。

[196] 关于提康尼《标准书》及其对奥古斯丁的影响，可参看 Pamela Bright，"The Preponderating Influence of Augustine：A study of the Epitomes of the Book of Rules of the Donatist Tyconius"，Robert A. Kugler，"Tyconius's Mystic Rules and the Rules of Augustine"，Charles Kannengiesser，"Augusitne

and Tyconius: A Conflict of Christian Hermeneutics in Roman Africa", all in: *Augustine and the Bible*, ed. Pamela Bright, The University of Notre Dame Press, 1999。前两篇文章对比了奥古斯丁《基督教教导》中与提康尼一些相似的部分，显示二者的同异。

[197]《马太福音》13：30 的语境是耶稣在用稗子麦子的寓言谈论天国。整段文字如下：耶稣又设个比喻对他们说："天国好像人撒好种在田里，及至人睡觉的时候，有仇敌来，将稗子撒在麦子里就走了。到长苗吐穗的时候，稗子也显出来。田主的仆人来告诉他说：'主啊，你不是撒好种在田里吗？从哪里来的稗子呢？'主人说：'这是仇敌作的。'仆人说：'你要我们去薅出来吗？'主人说：'不必，恐怕薅稗子，连麦子也拔出来。容这两样一齐长，等着收割。当收割的时候，我要对收割的人说：先将稗子薅出来，捆成捆，留着烧，惟有麦子要收在仓里。'"

[198]《马太福音》13：47 - 48：天国又好像网撒在海里，聚拢各样水族。网既满了，人就拉上岸来；坐下，拣好的收在器具里，将不好的丢弃了。《马太福音》3：12：他手里拿着簸箕，要扬净他的场，把麦子收在仓里，把糠用不灭的火烧尽了。

[199] Garry Wills, *Saint Augustine*, pp. 82 - 84。Wills 将《马太福音》13：30 误写成了 3：30。

[200] 转引自：弗朗西斯·费里埃，《圣奥古斯丁》，北京：商务印书馆，p. 71。

[201] 奥古斯丁对多纳特派态度转变的具体经过，可以参看 Herbert A. Deane, "Church, State, and Heresy", in: *The Political And Social Ideas of St. Augustine*。

[202] Garry Wills, *Saint Augustine*, pp. 102 - 103.

[203] Robert L. Holmes 从这句话分析出三种含义：（1）爱，然后做爱促使你去做的任何事；（2）做你所愿的，但无论你做什么，都要发自于爱；（3）如（合法权威）所命令的那样去做，但做时要不带残忍、敌意、对暴力的爱、对权力的贪等等。见 Robert L. Holmes, "St. Augustine and the Just War Theory", in: G. Evans ed., *Augustinian Tradition*, Berkeley, Univ. of California Press, 2000, ch. 18, p. 323。

[204] Herbert A. Deane, *The Political And Social Ideas of St. Augustine*,

p. 165。

［205］这是学界普遍的看法。关于早期教父和平主义的文献很多，可参 Robert L. Holmes, "St. Augustine on the Justification of War", in: *On War and Morality*, chapter 4, Princeton: NJ: Princeton University Press, 1989, p. 116, 注 2。亦载于: *Augustine* II, p. 318。不过，也有学者提出不同的看法，认为像拉克谭提（Lactantius）那样持和平主义的教父是凤毛麟角的，大多数教父，像尤西比（Eusebius）、亚塔拿修（Athanasius）、安布罗斯，都是认同战争的。在奥古斯丁的时代，基督徒普遍认为基督徒皇帝发动战争是合法的，带有神圣的意味，参 R. A. Markus, "Saint Augustine's Views on the 'Just War'", in: *The Church and War*, Studies in Church History, 20 (1983), 11 - 12, 或: *Augustine* II, pp. 175 - 176。R. A. Markus 还指出，奥古斯丁的独特之处，在于他在晚期超越这种时代的局限，看出不能轻率地将基督教皇帝与"正义战争"连在一起，作为一种"悲剧性的必需品"，战争是政治社会保持秩序所必要的，但是它与宗教神圣意义无关。这样，他就彻底反思了基督教与尘世建制（包括战争）的关系，对它们作出了必要的分别，认为基督徒不能自我认同于尘世的社会结构（包括战争）。

［206］《马太福音》5：44。

［207］《马太福音》5：39。

［208］奥古斯丁在《书信》138：9 - 15 里，对"勿以恶报恶"和"打你的右脸，连左脸也转过去"这类经文与"有意作恶"的矛盾，给出的解释认为，这种"以德报怨"的做法，有助于集体的和睦，让恶人良心发现，从而增加善人、减少恶人的数目。在他看来，右脸代表尊贵的永恒之物，左脸代表低贱的尘世之物，如果一个人伤了你的内在的永恒之物，那就连尘世财产（包括生命）也送给他好了，免得你记恨、报复，从而只记挂着尘世之物，而忘记、轻看了永恒之物。至于恶人的恶行，末世之时，上帝自会报应。见 *The Political Writings of St. Augustine*, Regnery Publishing, Inc, Washington, D. C., 1962, pp. 176。这是符合奥古斯丁重"善意"的内在动机论的，也是学者们普遍的看法。如 Robert L. Holmes, "St. Augustine on the Justification of War", in: *On War and Morality*, chapter 4, Princeton: NJ: Princeton University Press, 1989, pp. 118。亦载: *Augustine* II, p. 320。

[209] 转自 Robert L. Holmes, "St. Augustine and the Just War Theory", in: G. Evans ed., *AugustinianTradition*, Berkeley, Univ. of California Press, 2000, ch. 18, p. 340, 注 3。

[210] 这里列出的正义战争论出处，除《书信》57 外，均见 David Lenihan, "Just War Theory in the Work of SaintAugustine", 转自 Robert L. Holmes, "Augustine and the Just War Theory", in: G. B. Matthews (ed), *The Augustinian Tradition* (University of California Press, 1999), 339。奥古斯丁关于战争的文选，可以参看 *The Political Writings of St. Augustine*, Regnery Publishing, Inc, Washington, D. C., 1962, pp. 162 – 183。

Markus 认为，奥古斯丁战争观的发展经过了他思想的两次转变。约写于 389 年左右的反摩尼教的《论意志的自由选择中，奥古斯丁从新柏拉图主义的"秩序观"来看待战争，那时他认为世界是有秩序的，秩序是可认识的，认识后人们就可以通过自身的努力达到秩序。在这样的"秩序"里，刽子手的存在是合理的，战争也是合理的，战争有助于维持秩序，这是合乎由永恒律法生出来的尘世法的（temporary law），总之是合法的。但在数年后的《书信》57 里，奥古斯丁对战争的态度有所转变，他认为基督徒不应为了自卫而杀人，因为这不符合永恒法（爱的律），即"有人打你的右脸，连左脸也转过来由他打"的教导。但他的战争观仍然没有实质性的变化。396/397 年，在保罗思想影响下，奥古斯丁的思想发生了彻底转变，虽然仍旧认为世界是有秩序的，但这个秩序是人不能认识的，也是人不能通过自身的努力实现的，唯有恩典才能使人认识并实现秩序。尘世法、自然法和永恒法之间，是有间隔的，不是随便就能用永恒法论证尘世法的合法性的。到了 398 年左右写的《反浮士德》第 22 卷（Contra Faustum），在论证《旧约》与《新约》在战争观上的一致时，奥古斯丁为摩西听从上帝之令发动战争作了辩护，他认为摩西在战争中避免了残酷、爱权力、爱暴力、复仇等不纯的动机，而且战争是上帝命令的，因此战争并非在任何情境下都是天然不道德的。《新约》里也有关于正义战争的经文，并不像摩尼教说的那样与《旧约》是截然相反的。为了证明《旧约》中先知的预言不仅在《新约》中实现了，还在当今世界中正在实现，奥古斯丁采纳了他那个时代（400 年左右）弥漫在罗马帝国基督徒知识分子中的乐观态度，认为世界正在基督教化，帝国皇帝（如 Theodosius）就如基督的武士一样，正在将世界带入"基督的时代"。但在约 10 年后，当他写《上帝之城》时，这种乐观情绪从他的著作里逐渐消逝了，"国家的神话"幻灭了。他彻底地从末世论看"上帝之城"，不将之与任何尘世建制（包括教会）等同。见 R. A. Markus, "Saint Augustine's Views on the 'Just War'", in: *The Church and War*, *Studies in Church History*, 20（1983），1 - 13，或: *Augustine* II, pp. 165 - 177。

[211]《反浮士德》22：73。后来阿奎那继承了这点，说，如果上帝命令你杀人、抢劫、通奸，你若因爱上帝而做了这些事，你也是正义的。见《神学大全》I - II，94，5。参 Robert L. Holmes, "St. Augustine on the Justification of War", in: *On War and Morality*, chapter 4, Princeton: NJ: Princeton University Press, 1989, p. 128, p. 142。亦载: *Augustine* II, p. 330, p. 344。这实际上深刻地反映了宗教伦理和世俗伦理之间的冲突。

[212]《书信》47（致 Publicola）说，"为了不被别人杀死而杀死别人，这种观点是我所不喜的"。在《论意志的自由选择》1：5，奥古斯丁在和埃伏迪的谈话中，也似乎质疑旅行者出于自卫杀害攻击者的正义性。据一些学者的理解，奥古斯丁这么做是认为生命和财产的真正主人并非我们自己，而是上帝，不能为了并非属我们自己的东西而杀害他人（哪怕是坏人）。他之所以这么想，一个原因是他区分了尘世法和永恒法。从尘世法来说，人出于自卫杀害攻击者是合法的，但从永恒法（在爱神之中爱你的邻人）来说，基督徒应对一切人，包括敌人施以爱心，放弃一切暴力伤害。见 Richard Shelly Hartigan, "Saint Augustine on War and Killing: the Problem of the Innocent", in: *Augustine*, Vol. I, pp. 447 - 447。

[213] Robert L. Holmes 指出，《论意志的自由选择》1：5 中奥古斯丁所说"法允许人犯小错以防大错。因为一个埋伏在暗处等着杀人的人的死，比一个只是保卫自己生命的人的死要轻得多。让一个人蒙羞，要远远坏过强奸者被受害人所杀"，其意思都是指一个人在自卫中杀人是合（尘世）法的，并非像 Ramsey 所误读的那样，认为是在说一个人可以在强者欺凌无辜者时，挺身而出保卫无辜者。尽管 Ramsey 有这样的误读，但奥古斯丁确实还是有"保卫无辜者是合法的"的观点，只是这里的"合法"是合的"尘世法"。像自卫杀人、为保护无辜杀人、士兵为服从职务杀人，在"尘世法"上都是"合法的"，但从"永恒法"来看，则是有罪的。

Robert L. Holmes, "St. Augustine on the Justification of War", in: *On War and Morality*, chapter 4, Princeton: NJ: Princeton University Press, 1989, p. 123, p. 127。亦载: *Augustine* II, 325, p. 329。

[214]《上帝之城》19:6说, 在罪性状态中的人类社会秩序是非常脆弱的, 在"社会生活的这种黑暗中"(in his tenebris vitae socialis), 一个智慧的人怎么可能会回避担任法官, 来维护人类社会的团结呢? 对此他是不能闪避的。参 R. A. Markus, "Saint Augustine's Views on the 'Just War'", in: *The Church and War*, *Studies in Church History*, 20 (1983), p. 10, 或: *Augustine* II, p. 174。

[215]《上帝之城》19:7说, 假设国家外部没有敌国, 帝国内部却可能发生更有害的战争, 即内战, 对此, 人们都被冲突与恐惧所搅扰, 在这种情况下, "智慧的人将发动正义的战争", "是敌对的一方的错误行为迫使智慧的人去发动正义的战争"。但是奥古斯丁强调, 无论如何, 战争都是令人感到悲哀的事, 并没有一方是绝对正义的。这都是与现代正义战争论不同的地方。见 Paul Ramsey, "The Just War According to St. Augustine", in: *War and The Christian Conscience: How Shall Modern War Be Conducted Justly*, Chapter Two, Durham, NC: Duke University Press, 15-33, 亦载 *Augustine*, Vol. I, ed. John Dunn & Ian Harris, An Elgar Reference Collection, Cheltenham, UK, Lyme, US, 1997, 尤其参看 pp. 335-339。

[216]罗马早期的一些战争属于自卫战, 见 Herbert A. Deane, *The Political And Social Ideas of St. Augustine*, p. 160。

[217]《圣经前七书的问题》6:10: 当一个"国家或城邦忽略了惩罚其公民所犯的错误, 或不归还被它所不正义地取走的财产", 受害国为"报复所受到的伤害"所进行的"战争"行为, 就是"正义战争"。转引自 Richard Shelly Hartigan, "Saint Augustine on War and Killing: the Problem of the Innocent", in: *Augustine*, Vol. I, p. 450。

[218]《书信》189。见 *The Political Writings of St. Augustine*, Regnery Publishing, Inc, Washington, D. C., 1962. p. 182。

[219]这主要是从影响上说的。中世纪的正义战争论者、20世纪的法理学家(jurisprudentialists)和复兴正义战争论的人, 都频频引用并提到奥古斯丁。见 Robert L. Holmes, "St. Augustine and the Just War Theory", in:

G. Evans ed., *Augustinian Tradition*, Berkeley, Univ. of California Press, 2000, ch. 18, pp. 323 – 344。除奥古斯丁之外, 安布罗斯有时也被称为"正义战争之父"。

[220]《上帝之城》1：21 说, 士兵在战争中杀死了人, 是不用他们自己负责的, 因为他们只是国王手中的剑; 同样, 发动战争的国王之杀死邪恶的人, 也并没有违反"你不可杀人"的诫命, 因为他是代表了公共的正义, 是与上帝的旨意相一致的。参见 Richard Shelly Hartigan, "Saint Augustine on War and Killing: the Problem of the Innocent", in: *Augustine*, Vol. I, p. 451。出于对"秩序"的维护, 奥古斯丁强调士兵杀人和刽子手杀人都不算真正的"杀人", 他们只是在执行律法, 自己是不带私情的。

[221]《圣经前七书的问题》6：10。这也许是正当防卫战, 但并不必然如此, 因此与现代正义战争论将"自卫战"或反侵略战争作为唯一合法的战争有所不同。见 Robert L. Holmes, "St. Augustine and the Just War Theory", in: G. Evans ed., *Augustinian Tradition*, Berkeley, Univ. of California Press, 2000, ch. 18, p. 330。

[222] Holmes 对奥古斯丁"正义战争论"之"正义"有着细致的辨析。他认为, 奥古斯丁区分了三种情况的"正义战争": 一种是由上帝所命令的战争, 这当然是真正正义的, 如《旧约》中以色列人征服其他民族的战争; 一种是虽非由上帝命令, 但仍算得上"真正的战争"的战争, 它要具备四个条件, 即: 合法的权威、正当的理由、实质正确的意图、正确的爱; 一种则是"尘世的正义战争", 即只具备合法的权威和正当的理由这两个条件。Holmes 特别区分了"意图"和"动机"(爱), 前者是表层的, 后者则是终极性的。比如, 一个人救济别人, 这个意图是好的, 但是其背后的动机如果只是为了博得人们的赞扬, 则最终是自我的骄傲, 而不是真正的对神和人的爱。由于战争中的双方都可能会有好的意图 (如获得和平), 单纯从意图上是无法区分哪方是"正义"的, 因此, 只能从"动机"上进行区分, 看哪方是出于爱神爱人的动机才发动战争的。但是由于别人的动机是人难以知晓的, 甚至一个人自己的动机对他本人也是隐藏的, 因此, 我们只能达到"尘世的正义战争", 即只要满足合法的权威和正当的理由这两项, 就可以认为发动战争是"正义"的了。见 Robert L. Holmes, "St. Augustine and the Just War Theory", in: G. Evans ed., *Augustin-*

ian Tradition, Berkeley, Univ. of California Press, 2000, ch. 18, pp. 325 – 333。

[223]《反浮士德》22：74，转自 Richard Shelly Hartigan, "Saint Augustine on War and Killing：the Problem of the Innocent", in：*Augustine*, Vol. I, p. 449。我们可以看到，与奥古斯丁强调"内在之人"一致，战争中最大的恶也不只是肉身的消灭，而是"内在之人"动机的不纯。

[224]《上帝之城》1：4 – 5；7；5：23，《书信》138（致马色林）。参 Richard Shelly Hartigan, "Saint Augustine on War and Killing：the Problem of the Innocent", in：*Augustine*, Vol. I, p. 452。

[225] Robert L. Holmes, "St. Augustine on the Justification of War", in：*On War and Morality*, chapter 4, Princeton：NJ：Princeton University Press, 1989, pp. 140 – 145。亦载：*Augustine* II, 342 – 347。

[226] Richard Shelly Hartigan, "Saint Augustine on War and Killing：the Problem of the Innocent", in：*Augustine*, Vol. I, p. 455。

[227] 同上，pp. 454 – 455。

[228] David Little, "Introduction," in：David Smock, *Religious Perspectives on War*, U. S. Institute of Peace Press, 2002。

[229] 参见"美国和平研究所"（the U. S Institute of Peace）2002 年 12 月 17 日所组织的研讨会发言之前的 introduction，可用 Google 搜索。

[230] Mark Douglas, "Changing the Rules：Just War Theory in the Twenty – First Century", in：*Theology Today*, Vol. 59, No. 4, January 2003. p. 531。

[231] 2002 年 12 月 17 日"美国和平研究所"组织了一次研讨会，主题为"侵入伊拉克算'正义战争'吗"（"Would an Invasion of Iraq Be a 'Just War'"），四位代表作了发言。本节参考了其有关资料。有兴趣的读者可以用 Google 搜索有关内容。

第五章

奥古斯丁思想的影响

第一节　中世纪

奥古斯丁对后世产生了巨大的影响，人们从各个侧面发现、发展了他的某一个思想，可以说是在时间的流程中不断地"丰富"着奥古斯丁。[1]这里只谈论一些主要的思想家和学派。

波爱修（Boethius, 480－526）发展了奥古斯丁思想中哲学的一面，将奥古斯丁的一些观点与后期柏拉图主义（如 Proclus 和 Ammonius）结合在一起。波爱修的三一论、永恒论都与奥古斯丁有很深的关系。

哥特沙克（Gottschalk，约803－约868）将奥古斯丁的预定论发展为双重预定论，认为选民得救，被定罪者则下地狱。他被罗马教廷定为异端，被监禁在一个修院里达20年，直至死去。

安瑟伦（Anselm of Canterbury, 1033－1109）受奥古斯丁影响是全面而深入的。一般认为，他的本体论证明是对奥古斯丁的波爱修斯式的继承和发展，即通过理性的推论，使原有的思想明晰化。他的"信仰寻求理解"的口号也可说抓住了奥古斯丁神哲学方法论的精髓。

伦巴德（Peter Lombard, 1095－1160）编的《箴言四书》里，奥古斯丁语录占了很大的比重，该书成为当时新建大学的神学教科书，主宰了随后450年的神学课程，这使得奥古斯丁的影响持续加大加深。

13 世纪波那文都（Bonaventure, 1221 – 1274）、大阿尔伯特（Albert the Great, 1200 – 1280）、阿奎那（Thomas Aquinas）都深受奥古斯丁影响。吉尔松等人说，当时存在着"亚里士多德派"与"奥古斯丁派"的斗争。"亚里士多德派"包括西格尔（Siger of Brabant, 1240 – 1281/1284）和达西亚的波爱修（卒于 1260），还包括大阿尔伯特和阿奎那，其特征是赞同亚里士多德思想，将之运用到神学讨论中去。"奥古斯丁派"则包括哈勒斯的亚历山大（Alexander of Hales, 1185 – 1245），波那文都以及帕查（John Pecham, 1230 – 1292），他们意识到亚里士多德主义不仅会削弱基督教信仰，还会影响哲学实践。"亚里士多德派"多出自多米尼克修会，而"奥古斯丁派"多出自弗朗西斯修会，因此两派的斗争还交织着修会之间的斗争。但今天的学者，如斯通（M. W. F. Stone），一般认为吉尔松等人的这套"宏大叙事"未免歪曲事实。实际上亚里士多德和奥古斯丁在当时是并行不悖的，二者均被研究、引用、辩护。被认为是"奥古斯丁派"的波那文都，实际上也花了大量心血来解释亚里士多德、阿维洛依和阿维森纳，以达到精确的理解。他也并不仇视哲学。而阿奎那和大阿尔伯特则常常把奥古斯丁当作权威来引用，注意不让异教哲学动摇信仰。[2]

奥康（William of Ockham, 1285 – 1347）是原创性的哲学家，他的逻辑学和认识论受亚里士多德影响较大，他的唯名论与奥古斯丁主义的实在论正相反对，但他在伦理和救赎论上与奥古斯丁路线较为一致。

在 14 世纪，涌现了名正言顺的"新奥古斯丁派"（Neo - Augustinians），主要人物有布莱瓦丁（Thomas Bradwardine, 1300 – 1349）和瑞米利的格里高利（Gregory of Rimini, 1300 – 1358），他们反对当时日渐增长的"现代方式"（via moderna），试图按

奥古斯丁的思路来迎接挑战。他们较为忠实于奥古斯丁的文本。
布莱瓦丁的著作《论上帝的原因以驳佩拉纠，以及论原因的力
量》是新奥古斯丁主义的代表作之一。格里高利是奥古斯丁会
的一员，认为理智的知识依赖于天生的观念，这些观念将人心引
导到理性的和道德的目的上去。

新奥古斯丁派最显著的特点之一是，对佩拉纠主义进行持续
的哲学上的和神学上的攻击。他们强调内在恩典的力量，认为人
单凭自己的力量是绝对不能做出善行的，在行善的过程中，人的
意志也不能达到与上帝的恩典协力合作的地步，总之，唯独上帝
的恩典才能使人行善。他们指出，"现代"佩拉纠派的错误不在
对受造恩典（如人的天资），而在对上帝的直接干预的认识不足
上。格里高利更认为，上帝的特殊帮助使人得到能力爱上帝，但
仍不足以使堕落的人性在道德上和灵性上得到恢复。可以看出，
这是将奥古斯丁的"内在恩典"贯彻到底了。这也预示了后来
的改革宗强调内在恩典和反对佩拉纠派。"新奥古斯丁派"与奥
古斯丁会的关系很微妙，诚然他们在里面找到了支持者，但反对
他们的也不乏其人。[3]

奥古斯丁的预定论影响到了9世纪的哥特沙克和16世纪的
加尔文，以及17世纪的冉森派。改革派和反改革派的争论，很
大程度上可以视为对奥古斯丁恩典论以及教会论的不同解释。16
世纪关于因信称义的争论以及本性与恩典的争论，可以说是在奥
古斯丁以及中世纪的观念框架之内展开的。两派都争着引用奥古
斯丁语录。[4]具体就路德和爱拉斯谟关于自由意志的争论来说，
路德是站在奥古斯丁的立场，强调人的意志早已"受缚"，而爱
拉斯谟虽然也频频引奥古斯丁为证，却侧重于人的意志的自主，
因此，在某种程度上，可以将他们二人的争论视为奥古斯丁与佩
拉纠派争论的翻版，[5]新旧两派在称义问题上的争论，可以视为
对奥古斯丁反佩拉纠思想的解释，只是一个更为彻底（新教），

一个较为温和（天主教）。但特伦特公会议（Council of Trent）上的激烈争辩，却被看作是赞成还是反对奥古斯丁主义的战斗。最后公会议采取了奥古斯丁会会士塞里潘多（Seripando）的主张，即"双重称义"（double justification）说，避免过分精确的用语，从而避免激化分裂。奥古斯丁对于人性靠着自己的力量求得完美所持的否定态度，在两派思想中都同样显著。这与后来启蒙主义的乐观态度是恰相反对的，因此吉朋才会在其《罗马衰落史》中谈到奥古斯丁时对之贬损有加。对奥古斯丁的禁欲主义的理想，新教改革派持反对态度，路德认为修院之誓（monastic vows，绝财绝色等）与《新约》的教导不一致。启蒙主义也反对禁欲主义，但赞同反改革派的这么一个观点，即奥古斯丁对于《新约》的理解是正确的：《新约》教导禁欲者须弃绝自然之善（natural goods）。启蒙主义者之所以反对禁欲主义，是因为福音书无助于尘世物质财富的增加和军事的强大。[6]

在改革派和反改革派之外，在对奥古斯丁的解释上，还有人文主义一派。当时的人文主义者，其实大多是"基督教人文主义者"，因为他们主张回到文化的源头去，自免不了深受教父的影响，其中尤以奥古斯丁的影响为大，在他那里他们发现了基督教人文主义的模式和理论（《基督教教导》在当时颇有影响）。比如诗人彼特拉克（Petrarch）就随身携带着《忏悔录》，终生阅读。同时因为反亚里士多德主义及托马斯主义而兴起的柏拉图主义热，也间接地促进了对奥古斯丁思想的兴趣。[7]

第二节　现当代

整个 17 世纪都深受奥古斯丁影响。在神学上，由白（Baius, 1513 – 1589）启其端，冉森（Cornelius Jansen, 1585 –

1638）接其力，浩然勒（John Duvergier de Hauranne，1581 -
1643）和阿诺德（Antoine Arnauld，1613 - 1694）进一步深化的
冉森主义，把自己当作"恩典的辩护者和奥古斯丁的辩护者"，
强调人性的败坏和无可救药、上帝的恩典与预定等奥古斯丁晚期
的思想。其中，白夸口自己将奥古斯丁全部著作看了9遍，关于
恩典的著作更是读了70遍（而奥古斯丁的学生和第一个传记作
者 Possidius 认为一个人一生想将奥古斯丁的著作看完是不可能
的），因此他领会的奥古斯丁精神（实质上是悲观主义的奥古斯
丁）是准确的。冉森死后，于 1640 年出版的遗著甚至题名为
《奥古斯丁，或圣奥古斯丁关于人的本性的健康（指堕落前）、
疾病和治疗的教义：反对佩拉纠派和马赛的那些佩拉纠派》。冉
森派中最伟大的思想家是帕斯卡尔，他虽然只是通过蒙田或冉森
或他的一些朋友的著作获得关于奥古斯丁的知识，却总是忘不了
引用他。冉森派由于将奥古斯丁在反佩拉纠派的论战中关于恩典
和预定的思想发挥到了极端，而破坏了恩典与自由意志之间的
"平衡"，被耶稣派视为眼中钉，经过一系列的教会斗争，终被
罗马教廷定为"异端"，遭到迫害。

　　除了冉森派外，17 世纪思想的另一场神学争端也跟奥古斯
丁有关。16 世纪初，西班牙耶稣会士莫林那（Luis de Molina，
1536 - 1600）强调人的自由意志在得救中的作用，这引起了西班
牙多米尼克会士们的反对。罗马教廷对两派各打五十大板，多米
尼克会士们被说成是"加尔文主义者"，耶稣会士们则被说成是
"佩拉纠派"，风波暂告平息。但到了这个世纪末，奥古斯丁会
的诺利斯（Cardinal Noris，1631 -1704）又重挑战火，他主张严
格的奥古斯丁主义，反对莫林那主义。[8]

　　奥古斯丁对 17 世纪的哲学和人文思想方面的影响，主要是
通过笛卡尔和马勒布朗士等人体现出来的。

　　笛卡尔（Rene Descartes，1596 - 1650）是近代哲学的奠基

人，其作为近代哲学阿基米德点的"我思"即与奥古斯丁有着深刻的渊源关系。笛卡尔《沉思集》发表不久，就有人指出他的"我思"等思想看得出受了奥古斯丁影响，但笛卡尔不愿明确承认，只是含糊地说，他感到很荣幸，能与这位伟大思想家进行相似的思考。实际上，在笛卡尔的同时代人的眼里，笛卡尔哲学与奥古斯丁思想的相似，保证了笛卡尔不被打成异端邪说。奇妙的是，当笛卡尔哲学开始被人们接受后，他们就反过来通过笛卡尔来打量奥古斯丁，发现奥古斯丁不仅是个神学家和灵修导师，还有关于"人的哲学"（Arnauld），更有人（Andre Martin）把奥古斯丁的一些言论集录起来，用来论证奥古斯丁跟笛卡尔一样，是否认动物有灵魂的。[9]

关于奥古斯丁对笛卡尔，以及通过笛卡尔而对整个现代哲学产生的影响，是现代哲学研究中的一个热点。除"我思"之外，当代学者认为在"自我意会"（se nosse）或"反思前的我思"等问题上，笛卡尔亦与奥古斯丁有非常接近的地方。[10]

格老秀（Hugo Grotius, 1583 - 1645）是国际法先驱和近代最有影响的"正义战争"理论的提倡者，他承认自己在"正义战争"论上深受奥古斯丁影响，在其论正义战争的著作《战争与和平法》（De jure belli ac pacis）中引用、提到奥古斯丁的地方有 150 多处。奥古斯丁本人更看重"正义战争"的正当理由，而格老秀则和阿奎那一样，同样强调程序或战争行为上的正当性。

马勒布朗士（Nicolas Malebranche, 1638 - 1715）乐于承认自己受到奥古斯丁影响，但也指出自己与奥古斯丁的不同之处。其《真理的追求》（Recherche）2：2：6 题为"我们在上帝之中得睹万物"，引用了奥古斯丁《论三位一体》14 卷有关光照论的话，说，奥古斯丁认为人在今生就可得睹真理（相），而真理即上帝，因此人在今生得睹上帝。马勒布朗士说，他的观点与奥古斯丁不同，他认为真理即使是永恒的（如 2 + 2 = 4），也不是绝对的存在，因此并非上帝本身，因此我们不能说在看到真理时就看到了上帝，因为真理并不就是上帝，我们只能说这些真理是在上帝之中，得要这么理解"看到"上帝的意思。但马勒布朗士仍谨慎地补充说，自己的这个观点也可能是奥古斯丁早就有了的。

莱布尼茨（Gottfried Wilhelm Leibniz, 1646 – 1716）发展了奥古斯丁的神正论。马修斯（Gareth B. Mathewes）认为，奥古斯丁的神正论有三要点：（1）恶是善的缺乏，是"无"（nothing）。而要找出"无"的原因是错误的；（2）自然的恶，尽管就其自身来看是丑恶的，从整体来看，却是美好的；（3）道德的恶是由自由意志导致的，而没有自由意志便没有道德的善。马修斯认为，莱布尼茨全面地发展了奥古斯丁这三点。莱布尼茨也确实承认他受了奥古斯丁影响，说整体的完善有时要求有局部的不完善。

笛卡尔没有证明"他心"问题，他只是理所当然地假设他心是存在的。马勒布朗士在《真理的追求》3：7：5"我们怎么知道他人的灵魂"里提出了一个回答方案。贝克莱（George Berkeley, 1685 –1783）堪称马勒布朗士的继承人，亦严肃地对待他心问题。但近代哲学家中，在这个问题上最受人关注的是穆勒（John Stuart Mill, 1806 – 1873），他提出的是著名的"类比证明"，即，人之所以认为别人有像我一样的感知，是因为：（1）他们有像我一样的身体，而我知道我的身体是感知的前提；（2）他们显示了行为以及别的外在符号，而我凭着我自己的经验知道这些行为或符号是由感知引起的。就我自己的行为来说，我是先有身体的变化（如感官印象），再有感知，最后有外在的行为。而我看到别人的只有身体的变化和外在的行为，没有看到中间的感知，但我由自己的经验可以推出，他也有感知这一个中间环节。穆勒的这个证明和奥古斯丁《论三位一体》8：9有着惊人的类似。在那里奥古斯丁说，我看不到别人的心灵，但我可以凭着看到他做出的与我自己相似的动作，而推测在他的身体里有跟我类似的心灵或生命活力。就动物而言，有些动物（如宠物）之对人、对同类有反应，也不是因为它们看到了人或同类的灵魂（或生命），而是因为它们从人或同类的身体的动作上觉知到（人或同类的灵魂或生命），这可说是动物对人或同类的灵魂（或生命）的一种本能的认知。

维特根斯坦（Ludwig Wittgenstein, 1889 – 1951）极少提到其他哲学家，奥古斯丁是个例外。在《蓝皮书》里他批判了奥古斯丁《忏悔录》第11卷的时间理论，指出许多哲学家总是在给"时间"下一个更清楚些的定义时，使问题变得更复杂，更加成问题。在《哲学研究》第32节，他引用并批判《忏悔录》第1卷中的"语言图画论"，实际上是批判弗雷格、罗素及自己早期的语言哲学。"奥古斯丁语言图画"内含如下要点：词皆指物，其意义即其所指，词的意义即在其乃物之名称，指称定义（ostensive definition）将词与物连结起来，乃是语言的基础，它将词与物固定在一起，而不受时间的影响。

马修斯指出，维特根斯坦对奥古斯丁的理解并不全面。虽然维特根斯坦所理解的《忏悔录》第1卷中的奥古斯丁语言观比较准确，但他却未看到奥古斯丁在其早期的《论教师》一书中，早已考虑到维特根斯坦所考虑的指称的局限性问题。在《论教师》一书中，奥古斯丁和他儿子天赐讨论了形形色色的语言符号，他们不只是谈到了实物性的指称（即维特根斯坦根据《忏悔录》描绘的奥古斯丁"语言图画论"），还谈到了诸如"假如"这样的词的意指（表达"怀疑"这样一种心理状态）。马修斯说，这与罗素将"或者"这个词理解成一种"犹豫"是异曲同工的。在《论教师》里，奥古斯丁和天赐不只是否认了"从"

(from) 这样的词能指称一个"对象"（物体），还考虑到了一大堆这样的词，比如声音、嗅觉、味觉、热等等涉及感觉的词，都不是能用手指指称出来的（《论教师》3：5）。他们还讨论了指称行为的含糊性，比如一个人用行走这个动作来向人示意何为"行走"，但被示意者可能会将他的行走的动作误会成"着急"或"步子"。对于指称的这种不满意，实际上维特根斯坦和奥古斯丁是一致的。两人都认为语言获得的基础是指称学习，同时两人也都认为指称不是一切，是有其局限性的。[11]

除了以上哲学家和思想家，可以很明显地看出受了奥古斯丁影响或明确地承认受了奥古斯丁影响的，还有近代政治哲学创始人马基雅维利和霍布斯，他们对于人性恶的看法以及自然状态下的人性的预设，和奥古斯丁对于原罪状态下的人的本体论分析和心理学分析有着惊人的相似。奥古斯丁的人生体验使他相信，人会以犯罪本身为乐，会"明知故犯"，人的理性是受意志奴役的——对人的这种描述，和古典哲学家如苏格拉底的"知识即美德"的唯理主义的看法完全不同。奥古斯丁建立在对人性的这个洞察之上的社会和政治观，也和古典政治哲学拉开了距离。现实之中的人都处于原罪状态之下，他们被无知、无明、无能所遮蔽，他们受着贪欲、情欲、权力欲的支配，而理性不过是这些欲望的奴仆，真正的美德是看不到的。这样，"政治哲学"就不再受"美德"的支配，而走向了对于人的现实的分析。奥古斯丁可以说是从古典政治哲学走向近代政治哲学的一个分水岭。丁姆（Herbert A. Deane）甚至说，"霍布斯关于人和社会的理论是删掉上帝和上帝之城后的奥古斯丁版本。"[12]到了现代，在政治及社会理论上深受奥古斯丁影响的思想家，有尼布尔（Reinhold Niebuhr）和阿伦特。尼布尔《道德的人和不道德的社会》（1932）、《人的本性与命运》（1941/1943）、"奥古斯丁的政治现实主义"（1953）等著作，都显示出深刻的奥古斯丁主义烙印。阿伦特的博士论文则为《爱与圣奥古斯丁》。两人都像奥古斯丁那样关注现实生活中的恶的问题，思考人的自由及其限度，并依据他们所理解的奥古斯丁爱的理念来回答并解决这些问题。两人都被马修斯（Charles T. Mathewes）称为"现代奥古斯丁主义模范"。[13]

笛卡尔的同代人帕斯卡尔（Blaise Pascal，1623－1662）是冉森派，从思想渊源上说，也属于奥古斯丁派。帕斯卡尔著名的"打赌说"将概率论引入上帝存在的信仰，亦与奥古斯丁关于"幸福"的论证有着渊源关系。[14]该说后来发展为詹姆士（William James，1842－1910）的"风险论"，但我们仍然可看得出，"风险论"与奥古斯丁在其早期著作《反学园派》第3卷的意见是相当一致的。在那里奥古斯丁也是催促，不能像怀疑派那样犹疑不决，而必须投入行动和生活实践，冒一定的风险，以获得幸福。

读过《忏悔录》第11卷关于时间的讨论的人，在读到胡塞尔（Edmund Husserl，1859－1938）《内在时间意识现象学》时，一定会看出两者在主要思路上的一致性。在任何一个"当下"的感知中，都存在着对过去的记忆、对当下的注意和对未来的预期，三者结合在一起就构成"活生生的现在"或"时间晕"——奥古斯丁将这说成是"心灵的伸展"，好用它来理解上帝的"永恒的现在"是怎么回事。胡塞尔用了许多现象学的术语来分析时间意识，显得比奥古斯丁精细一些，但就框架来说，是和奥古斯丁存在着对应关系的。比如，时间现象学中最关键的几个范畴，如持存（retention），实即奥古斯丁的"记忆"；再如意向（intention），实即奥古斯丁的理解（注意）；再如预存（protention），实即奥古斯丁的"期望"。所以，正如胡塞尔自己所说的，现时代在时间分析方面，并没有比奥古斯丁进步多少。[15]

　　舍勒（Max Scheler, 1874 - 1928）的价值现象学是要以现象学的方法挽救基督教精神，从其整体趋向来看，不妨称之为新奥古斯丁主义。舍勒意识到近代人本主义（以及其远祖古希腊哲学）和近代自然主义的人观颠倒了基督教的人观，使得基督教的以神人关系为核心的灵性传统及伦理、社会、政治观受到颠覆，造成"爱的失序"，导致现代欧洲社会的整体危机。舍勒对近代人本主义和自然主义作了价值现象学的批判，指出其实际上贬低了人的地位，将人等同于物，扼杀了人性中向上的、超越的可能性。他力图重振基督教的位格主义，实即像奥古斯丁那样，想让人有上帝认识这一维，从而明确自己在宇宙中的位置，明确人的本分，以及人的爱的正当秩序，从而建立一个完美的、理想的、人内心有其秩序及深度的社会。[16]

　　奥古斯丁的"记忆"理论，认为心底潜藏着事物的观念而并不明确地表达出来，但却可以支配着人的行为。这与后来弗洛伊德的潜意识理论有异曲同工之妙。[17]

　　在当代，奥古斯丁在神学和宗教哲学的影响仍是深远的。1960 年代以来，英美涌现的"基督教哲学家"，运用分析哲学的手法，论证上帝信仰及传统教义的合理性，力图振兴基督教精神，使其在当代文化格局占有重要的地位。其代表人物普兰丁格（Alvin Plantinga）出身加尔文宗，在本体论证明、自由意志神正论、认识论诸方面，都力图坚持奥古斯丁路线。其认识论称为"改革宗认识论"，它禀承保罗 - 奥古斯丁 - 加尔文传统，显示人有先天的上帝信念，该信念是正当的、合理的。"基督教哲学家"的主要刊物《信仰与哲学》上印着奥古斯丁式的格言："信仰寻求理解"。普兰丁格亦曾撰有长篇论文"奥古斯丁式的基督教哲学"，从解释信仰、护教、文化批判、对哲学问题作出有神论的回答等几个方面，全面阐述了这种新奥古斯丁主义的宏图。[18]其代表作《有保证的基督教信念》（*Warranted Christian*

Belief)，力图从知识论的角度全面复兴奥古斯丁—加尔文传统。[19]

注 释：

[1] 这部分除注明的外，亦可参考 Henri Marrou, *Saint Augustine and His Influence through the Ages* 中的 St. Augustine's Influence 一章，它侧重于奥古斯丁对后世神学及灵修的影响。

[2] 关于当时思想界的多元化与奥古斯丁的影响，亦可参 Henri Marrou, *Saint Augustine and His Influence through the Ages*, pp. 160 – 163。

[3] 这部分资料参考了 M. W. F. Stone, "Augustine and Medieval Philosophy", in：*The Cambridge Companion to Augustine*, pp. 253 – 265.

[4] 关于路德、加尔文、冉森与奥古斯丁的关系的大概，中文资料可以参见 [法] 弗朗西斯·费里埃《圣奥古斯丁》，pp. 106 – 115。不过，这个中译本有待改进，译者显然对于奥古斯丁和基督教思想史缺乏了解，中文表达也较混乱。

[5] 路德青年时期就喜阅读奥古斯丁，甚至"只阅读奥古斯丁的作品和《圣经》"，见迈克尔·马莱特《马丁·路德》，上海：上海译文出版社，2001），p. 35；和爱拉斯谟的论战，见 p. 67。

[6] Henry Chadwick, *Augustine*, pp. 126 – 128.

[7] 彼特拉克的重要著作《秘密》即以假想的奥古斯丁与弗朗西斯科（代表诗人的另一自我）的对话体形式展开。该著已有中译本，见《秘密》，方匡国译，广西师范大学出版社，2008。Henri Marrou, *Saint Augustine and His Influence through the Ages*, pp. 164 – 167。

[8] 同上，pp. 168 – 177。

[9] 同上，pp. 171 – 172。

[10] 可参周伟驰《记忆与光照》一书中的相关部分。

[11] Gareth B. Matthews, "Post – medievahl Augustinianism", in：*The Cambridge Companion to Augustine*, pp. 267 – 279。Matthews 所写的内容，比较具体，但从总体上说是不全面的。他遗漏了许多受到奥古斯丁思想影响的重要的人物，或从精神气质上说属于奥古斯丁传统的许多思想家。关于

维特根斯坦与奥古斯丁语言观的问题，可参 Sharon M. Kaye 和 Paul Thomson，《奥古斯丁》（中华书局，2002）pp. 65 - 69，两人提到了奥古斯丁《论三位一体》中有关内在语言的说法，但未提及《论教师》中的有关说法。

[12] Herbert A. Deane, *The Political and Social Ideas of St. Augustine*, p. 236。该书将霍布斯视为奥古斯丁思想的一个参照，对于霍布斯与奥古斯丁思想的同异多有比较。奥古斯丁对于原罪状态中的人性的分析与霍布斯的"自然状态"中的人是相当一致的。pp. 46 - 59。对于权力欲的分析，见 p. 267。

[13] Charles T. Mathewes, *Evil and Augustinian Tradition*, Cambridge Univ. Press, 2001, p. 17。

[14] 帕斯卡尔《思想录》（商务印书馆，1995），pp. 109 - 114。帕斯卡尔在"打赌说"最后提到了奥古斯丁，但他对奥古斯丁理解有多深，是可以讨论的。关于二者的关系，可见 Sharon M. Kaye & Paul Thomson,《奥古斯丁》, p. 85。

[15] 胡塞尔，《内在时间意识现象学》，杨富斌译，华夏出版社，p. 5。关于奥古斯丁时间理论，可参见周伟驰著《记忆与光照》"永恒记忆"一章，以及"时间中的永恒三一形象"一文，载《现代语境中的三一论》，香港汉语基督教文化研究所，1999, pp. 91 - 118。关于奥古斯丁时间理论与其他思想家的关系，可参 Sharon M. Kaye & Paul Thomson,《奥古斯丁》，pp. 69 - 76。

[16] 舍勒，《爱的秩序》（三联书店，1995），p. 55，引帕斯卡尔所谓"心的秩序"。《人在宇宙中的地位》，贵州人民出版社，1989。尤其见最后一章：论人的形而上学："形而上学"与"宗教"。

[17] 见上述《奥古斯丁》（中华书局，2002），pp. 63 - 65。另可参 Jean Guitton, *The Modernity of St. Augustine*, Geoffrey Chapman, London, 1959。该书专门讨论了奥古斯丁与弗洛伊德的相似之处，尤其关于性欲的理论。

[18] Alvin Plantinga, "The Augustinian Christian Philosophy", in: *The Augustinian Tradition*, ed. By Gareth B. Mathews, Univ. of California Press, Berkeley, 1999。

[19] 该书已有中译，易名为《基督教信念的知识地位》，由邢滔滔等译，北大出版社，2004。在书中普兰丁格将他的知识论模式称为"阿奎那/加尔文模式"，但实际上主要是加尔文模式，因为它强调人有先天的上帝知识，而罪抹消了这种知识。显然，这是奥古斯丁－加尔文传统而不是我们通常理解的托马斯主义。

第六章

现代奥古斯丁研究

第一节 研究现状、代表人物及其著作

在研究方面，今天最新最全的奥古斯丁研究文献索引包括 2 万个左右的标题，这还只是从全世界大约 5 万个标题中得到的。巴黎奥古斯丁研究所出的年刊 *Revue des etudes Augustiniennes* 每年要加上三百至五百有关研究成果。在比利时卢汶的研究中心 Cetedoc，以及德国 Wurzburg 的 Augustinus - Lexikon，都出版包含了奥古斯丁全集的光碟，前者含有拉丁形式的索引（Index of Latin Forms），后者含有最全备的奥古斯丁研究文献。根据布朗的统计，1968 - 1996 年这 28 年间，*Revue des etudes augustiniennes* 的奥古斯丁研究索引共出现了近 9，000 个标题，都是关于奥古斯丁的生平、思想和处境的。（可见当代的奥古斯丁研究，至少在以平均每天一篇/部研究著作的速度进行）而 Augustinus - Lexikon 卷 1 则列到了字母"D"一栏。布朗还提到了菲茨杰拉德（A. D. Fitzgerald）主编的《奥古斯丁百科全书》。[1]

奥古斯丁著作中最广为人知的是《忏悔录》和《上帝之城》，关于二者的研究也是最多的，占了奥古斯丁研究总量中的 15%。其次是《布道集》和《书信集》，占了 7%。以下是《论三位一体》、《基督教教导》以及《〈约翰福音〉评注》和《〈诗篇〉阐释》，约占了 8% 多一点。以上八大著作编辑、出版、翻

译得最多，而其余的著作却大部分被忽略了。其中《福音书的问题》是最少人研究的，只得四篇。

以往人们认为，只要将奥古斯丁的那些"代表作"比如《忏悔录》《上帝之城》搞懂了，也就能理解他的思想了。但最近学者们对此感到怀疑。他们还发现，奥古斯丁的教义性的尤其是论战性的著作只是表现了他的整个神学的部分观点，此时他只是在用有时显得极端的词汇来辩护真信仰。但在他的教牧著作尤其是对信众所作的布道里，却避免了论战著作中的那种极端，从而在一些教义事项上的解释更为公允。近年来学术界将注意力用在以前少受关注的奥古斯丁著作上，取得了一批新的成果。

90%的研究成果都以英法德意西五种西方语言发表。就研究特点来说，德国和奥地利侧重于词典的编纂，而南地中海则着重于遵循传统的经院的和语言学的方法。法国人喜欢从文本中抽象出观念，好形成文本所描述的现实观。其结果往往是正确的，但与文本分析相连的方法却往往是难以展现的。北美有两大倾向：一是英译继续源源不断地进行，一是针对现实而解释奥著，这多由社会科学和文学批评发起。[2]

法国学者继承了文艺复兴以来对于奥古斯丁与古典思想之间的关系的兴趣，二战前后涌现了一代杰出的学者，他们取得了辉煌的成绩，以致多年之后布朗还要说，年轻一辈学者在1960年开始做奥古斯丁研究时，是"坐在这些巨人的肩膀上"。这些巨人的兴趣虽然仍旧是基督教与古典文化的关系（具体体现为奥古斯丁与古典文化，尤其是柏拉图主义的关系），但他们在资料的详尽、分析的精确、视野的宽阔、人文的关怀上超出了前人，从而将以往模模糊糊的图景刷新，呈现出一个清晰的景观来。布朗所说的这些"巨人"，包括了 Henri - Irenee Marrou, Paul Henry, Pierre Courcelle 等人。[3]

在奥古斯丁研究领域中，过去的一百多年，涌现了不少资料扎实、持论有据、观点公允的著作，以下几部可谓经典：

（1）Eugene Portalie，《奥古斯丁思想指南》（*A Guide to the Thought of St. Augustine*），trans. Ralph J. Bastain，Chicago：Henry Regenry，1960.

原文为法文。该书从一个天主教研究者的角度，对奥古斯丁思想作了全面的、均衡的考虑，反驳了对奥古斯丁的许多误解，尤其是新教对奥古斯丁的误解。该书已有中译，为：《奥斯定思想概论》，刘俊馀译，台南碧岳学社奥思定丛书，闻道出版社，1985。

（2）Etienne Gilson，《圣奥古斯丁的基督教哲学》（*The Christian Philosophy of St. Augustine*），trans. L. E. M. Lynch，New York：Random House，1960.

原文为法文，作者吉尔松为新托马斯主义哲学家和中世纪哲学研究大家。该书从"幸福"这类概念对奥古斯丁思想展开托马斯主义的解释，颇具新意。

（3）Michael Schmaus，《圣奥古斯丁的心理学三一论》（*Die Psychologische Trinitatslehre des hl. Augustinus*），Munster i. w.，1927（1969 second version）.

原文为德文，未有英译。该书是研究奥古斯丁《论三位一体》及其意识哲学、心理学方面的经典著作。

（4）Joseph Mausbach，《圣奥古斯丁的伦理学》（*Die Ethik des hl. Augustinus*），Freiburg i. B.，1909（有重版）

原文为德文，研究奥古斯丁伦理学的经典著作。有上下两卷本。

（5）J. Burnaby，《上帝之爱》（*Amor Dei*），London：Hodder & Stoughton，1938（1947 second version）.

也是研究奥古斯丁伦理学的经典著作。

（6）Charles Cochrane，《基督教与古典文化》（*Christianity*

and the Classical Culture）, New York: Oxford University Press,
1944.

对于了解奥古斯丁与早期教父及其时代的社会－政治－文化
环境，此书是经典著作。

（7）Gerald Bonner,《希坡的圣奥古斯丁：生平与论战》
（*St. Augustine of Hippo－His Life and Controversies*）, The Canterbury
Press Norwich, 1986（第一版于 1963 年由 SCM Press Ltd 出版）。

从问题与争论的角度理解并阐释奥古斯丁一生思想的发展，
资料详备，脉络清晰。

（8）Peter Brown,《希坡的奥古斯丁》（*Augustine of Hippo*）,
Berkeley and Los Angeles: University of California Press, 1967
（2000 年有二版，加上了两篇论文）。

现代最好的奥古斯丁传记,[4] 对奥古斯丁的生平、时代、
教牧、思想发展均有非常详细深入的研究。作者写此书时才 26
岁，书一出版即成经典，是奥古斯丁研究领域划时代的杰作。
它将一批学者吸引到第 4、5 世纪的罗马文化研究上来，等于
开辟了一块新领土。本书援引大量拉丁文文献，英文古奥优
美。2000 年加上的一篇文章"新方向"，对作者本人及以往 30
年来的奥古斯丁研究作了一个综述，是很有价值的一篇导论。
如果说 Bonner 的著作侧重于奥古斯丁神哲学思想的"内在逻
辑"的发展，布朗的著作侧重于从外部社会环境来考察奥古斯
丁的思想发展。

（9）Henri Marrou,《圣奥古斯丁与古典文化的终结》（*Saint
Augustin et la fin de la culture antique*）, Paris: E. de Boccard,
1958，原文为法文。该书为研究奥古斯丁与古典文化及其教养关
系的经典之一。

（10）Pierre Courcelle,《圣奥古斯丁〈忏悔录〉研究》（*Re-
cherches sur les Confessions de saint Augustin*）, 1st edn, 1950, 2ed.

edn, Paris: E. de Boccard.

该书被誉为奥古斯丁《忏悔录》研究方面"哥白尼式的革命"。主要贡献在发掘奥古斯丁米兰皈依时所受新柏拉图主义的影响，以及当时米兰以安布罗斯为首的一批基督教思想家所接受的新柏拉图主义的影响。此外，对奥古斯丁 391 年就任神职之前的思想来源、阅读范围、问题兴趣等几乎作了重构。总的观点是，奥古斯丁在米兰时皈依的是新柏拉图主义。花园皈依只是一个象征，而不是一个事实。此后，法国奥古斯丁研究很少有超越这部著作的。

此外，还有一些十分优秀的作品可供参考，主要有：

W. H. C. Frend，《多纳特派教会：罗马北非的一场抗议运动》(*The Donatist Church: a Movement of Protest in Roman North Africa*)，Oxford: Clarendon Press, 1951，研究多纳特派的经典之作；

Van Bavel，《圣奥古斯丁基督论研究》(*Recherches sur la christologie de saint Augustin*)，Fribourge: Editions Universitaires, 1954，关于奥古斯丁基督论的最优秀的著作之一；

Herbert A. Deane，《圣奥古斯丁的政治和社会观》(*The Political and Social Ideas of St. Augustine*)，Columbia University Press, New York and London, 1963，作者先考察了奥古斯丁对人的存在论的和心理学的观察，再在此基础上分析奥古斯丁对人所组成的社会与国家的看法，是该领域内的一部经典之作；

Robert F. Evans，《佩拉纠：探讨与重估》(*Pelagius: Inquiries and Reappraisals*)，New York: Seabury Press, 1968，研究佩拉纠派的经典之作；

R. A. Markus，《尘世：圣奥古斯丁神学中的历史与社会》(*Saeculum: History and Society in the Theology of St. Augustine*)，Cambridge, 1970；

Eugene TeSelle,《神学家奥古斯丁》（*Augustine the Theologian*），*New York：Herder*，1970；

Henry Chadwick,《奥古斯丁》（*Augustine*），Oxford University Press，1986；

Ludger Hölscher,《心灵的实在》（*The Reality of the Mind*），Routledge and Began Paul，London and N. Y.，1986，从认识论，尤其是现象学角度研究奥古斯丁心灵哲学的著作。作者坚持"灵魂不朽"的天主教论点，对此常人不能苟同。除此之外，作者对奥古斯丁心灵哲学的资料占有和精微分析都相当具有功力。

Peter Brown,《身体和社会：早期基督教中的男人、妇女和禁欲》（*The Body and Society：Men，Women，and Sexual Renunciation in Early Christianity*），New York：Columbia University Press，1988，和他的奥古斯丁传记一样，也是一部经典，颠覆了许多传统的看法；

James Wetzel,《奥古斯丁和美德的局限》（*Augustine and the Limits of Virtue*），Cambridge，1992，虽然写得比较"散"，但也可视为近年来英语世界关于奥古斯丁伦理研究方面的优秀作品，引用率较高；

Rist, John M.,《奥古斯丁：受洗的古代思想》（*Augustine：Ancient Thought Baptised*），Cambridge University Press，1994，已多次再版；

Michael Hanby,《奥古斯丁和现代性》（*Augustine and Modernity*），London and N. Y.：Routledge，2003，以《论三位一体》为讨论重点，是最近涌现的品质很高的研究著作，对笛卡尔哲学与奥古斯丁的关系作了深入细致的考察，认为笛卡尔在认识论上走的是斯多亚主义和佩拉纠主义路线，而恰恰违背了奥古斯丁三一论的认识论，这部著作对一些传统的看法，如笛卡尔"我思"是从奥古斯丁来发展来的，等等，提出了挑战。

前几年出现的《奥古斯丁百科全书》，亦可作为初学者的案头必备书：

Augustine through the Ages：*an Encyclopedia*，Gerneral Editor：Allan D. Fitzgerald，William B. Eerdmans Publishing Company，Grand Rapids，Michigan/Cambridge，U. K.，1999。

该书为 16 开大开本，每页双栏排印，约 900 页。词条涉及奥古斯丁生活、工作、思想、环境、文化背景的各个方面。

该书是世界上第一本关于某位思想家的百科全书，亦是西方现代奥古斯丁研究成果之集大成，100 多位欧美当代奥古斯丁专家就其擅长的领域为其撰写相关词条，几乎囊括了近代以来奥古斯丁研究的所有成就，亦代表该领域的最新进展。虽然由于作者众多而且背景、立场各异，而在不少的词条上的观点与资料有所出入，但总体来看，阅读该书，可以使初学者从一开始就站在该领域的前沿，其对奥古斯丁思想中有争议主题的各种不同的观点的综述，对于初学者尤其有益。

明末清初及清末民初奥古斯丁神学是否在中国有较大规模的介绍与传播，由于相关资料的匮乏，尚难下定论。现代中国人自己的奥古斯丁研究，则可以上溯到 20 世纪上半叶。中国耶稣会士王昌祉（Wang Tch'ang‐Tche，1899‐1960，晚年赴台湾和菲律宾）留学法国巴黎大学获得文学博士学位，论文为《王阳明的道德哲学》(*La Philosophie morale de Wang Yang‐ming*，Paris：Université de Paris，1936)。其在法国期间写有《圣奥古斯丁与异教美德》(*Saint Augustin et les vertus des paiens*，Paris：Gabriel Beauchesne et ses fils，1938)，从中国哲学的角度探讨奥古斯丁所说异教徒即使有美德也是"灿烂的邪恶"的问题。王昌祉那一代人尚生活在活的中西传统之中，他作为耶稣会士既了解天主教信仰，作为中国人又有儒学的修养，本人又极具慧根，因此写出的这部著作对于西方人来说很有价值。直到今天，我仍看到零星有欧美学者提及它。如美国青年汉学家 Aaron Stalnaker 在其《克服吾人之恶：荀子和奥古斯丁论人性和灵性修炼》（*Overcoming Our Evil*：*Human Nature and Spiritual Exercises in Xunzi and Augustine*，Georgetown University Press，2006）的参考书里就列出了它。可惜王昌祉这本书尚未有中译，因此对普通中国读者谈不上有影响。

　　20 世纪下半叶的前三十年，由于政治和意识形态的原因，大陆见不到奥古斯丁研究，港台则仍有零星的文章。大陆除了普通的《西方哲学史》和《欧洲史》在讲中世纪时会标签式地提到奥古斯丁外，对其思想谈不上有准确深入的理解。

　　1978 年大陆改革开放后，傅乐安、赵复三分别在 1984 年和 1987 年撰写了"奥古斯丁"评传，可谓新时期最早的奥古斯丁研究。1992 年唐逸出版《西方文化与中世纪神哲学思想》，1993 年范明生出版《晚期希腊哲学和基督教神学》，1994 年赵敦华出版《基督教哲学 1500 年》，均辟有专章介绍奥古斯丁神哲学。赵敦华的著作逻辑严谨，给人印象尤其深刻。20 世纪 90 年代中后期，国内开始出现研究奥古斯丁的博士论文和专著，意味着专业化时代的来临，在研究范式上逐步接近西方。1999 年张荣出版《神圣的呼唤——奥古斯丁的宗教人类学研究》，2001 年周伟驰出版《记忆与光照：奥古斯丁神哲学研究》，2005 年又出版《奥古斯丁的基督教思想》，2007 年夏洞奇出版《尘世的权威：奥古斯丁的社会政治思想》，2008 年黄裕生《宗教与哲学的相遇》重点研究了奥古斯丁和托马斯·阿奎那两人。此外，卢汶大学毕业的吴天岳、北大历史系博士生王涛也都是奥古斯丁研究的佼佼者。至于虽非专著，但亦重点涉及奥古斯丁的作者就更多了，如游冠辉《欲爱与圣爱：基督教思想史上两种爱的关系类型研究》（北大博士论文，2001）便重点讨论了奥古斯丁的爱的观念，吴飞《自杀与美好生活》中专章讨论奥古斯丁的自杀观。

最近几年，大陆奥古斯丁研究无论在广度上还是在深度上都呈现出加速度发展的趋势。人们的兴趣不再仅仅是哲学的，还有神学的、心理学的、宗教学的、解释学的、符号学的、政治学的、历史学的、文学的、美学的、社会学的、法哲学的、教育学的、文明比较观的，在北大、人大、北师大、中央民大、南大、浙大、同济、武大、中大等高校，都有不少研究生在做有关奥古斯丁的论文，一些教师在以《忏悔录》等奥古斯丁著作作为"细读"（close reading）的材料，像海德格尔、利奥塔、马利翁那样，通过进入奥古斯丁的心灵而直接进入基督教乃至西方精神的核心。

另据笔者所知，同一时期的港台学者中，涉及奥古斯丁的有余达心（Yu, Carver）的牛津大学博士论文，李锦纶（Lee, Kam - Lun Edwin）的渥太华大学博士论文，后者是关于奥古斯丁在"善"的理念上与摩尼教的关系的。最近几年李锦纶正以奥古斯丁神学为底子发展其独立的汉语系统神学。

由于奥古斯丁著作浩瀚，思想博大精深，学者们只能就其某一侧面展开研究，各依兴趣与才情见仁见智，因此他们的研究往往是互补的，拼凑起来方能见到一个较为立体的奥古斯丁。（详情请看本书"参考资料"。）

总体来看，与神学、哲学、文学领域的情况差不多，由于20世纪下半叶以来中西文化传承的中断以及本来稀薄的现代学术传承和积累的艰难，近三十年来几批中国学者基本上是从零起步，其文化创造力尚处于恢复阶段，也许将来的人们会将其视为"过渡的一代"，或者说，"上升的一代"。[5]

第二节　《忏悔录》研究状况

《忏悔录》是奥古斯丁著作中受到研究最多的一部。20世纪法国学者在《忏悔录》的研究上有突出的成就，大家有 Alfaric，Boyer，Courcelle，Guardini，Henry，Le Blond，O'Connell，O'Meara，Pellegrino，Solignac 和 Verheijenc 以及从事相关研究的 Pincherle，du Roy，Marrou 等人，他们大部分是生活在巴黎的天主教学者。此外尚有德国、英国及挪威等国的 Knauer，Theiler，Nörregard，J. Burnaby，Peter Brown，A. Nygren，E. TeSelle 等学者。[6]

由于奥古斯丁卡西齐亚根时期的哲学对话著作，在语调和主题上都与《忏悔录》有所不同，[8]因此 19 世纪末期有些学者对《忏悔录》第 8 卷所叙述的米兰花园皈依之真实性与实质发生了怀疑。它到底是一个事实还是一个象征？他皈依的到底是基督教还是新柏拉图主义？G. Boissier 在其 "圣奥古斯丁的皈依"（"La conversion de saint Augustin"，*Revue des Deux Mondes* 85（1888），43 – 69 at 44）中，根据卡西齐亚根哲学对话录与《忏悔录》中对皈依的描述的不尽吻合，而提出《忏悔录》中的皈依的真实性问题。A. von Harnack 亦在其《奥古斯丁的〈忏悔录〉》（*Augustins Konfessionen*，Giessen，1888，重印于 *Reden und Aufsätze* 1（1904），51 – 79）中提出这个问题。C. Boyer 在其《基督教与新柏拉图主义在圣奥古斯丁思想形成中的作用》（*Christianisme et néo – platonisme dans la formation de saint Augustin*，Paris，1920；rev. ed.，Rome，1953）对 1888 – 1920 年间的研究作了总结论述。P. Alfaric 在其《圣奥古斯丁思想的演化》（*L'évolution intellectuelle de Saint Augustin：I，Du Manichéisme au Néoplatonisme*，Paris，1918）一书中，认为奥古斯丁成为主教后，极力想掩盖他在 386 年皈依的是新柏拉图主义而非基督教这一事实，因此才有《忏悔录》第 8 卷的写法。Alfaric 是一个 "现代主义者"，他的书题献给了三个人，其中之一就是法国著名的现代主义思想家 Alfred Loisy。对 Alfaric 的观点，Boyer 从正统的立场给予了批评。Pierre Courcelle 于 1950 年发表的《圣奥古斯丁〈忏悔录〉研究》（*Recherches sur les Confessions de saint Augustin*, 1st edn, 1950, 2nd edn, Paris：E. de Boccard），被誉为奥古斯丁研究的"哥白尼式的革命"。其主要贡献在探微索隐，发掘奥古斯丁米兰皈依时所受新柏拉图主义的影响，以及当时米兰以安布罗斯为首的一批基督教思想家所接受的新柏拉图主义的影响。此外，他对奥古斯丁 391 年就任神职之前的思想来源、阅读范围、问题兴趣等几乎作了重构。他的总的观点是，奥古斯丁在米兰时皈依的是新柏拉图主义。花园皈依只是一个象征，而不是一个事实。此后，法国关于奥古斯丁的研究很少有超越 Pierre Courcelle 的。总的来说，是"现代派"（对奥古斯丁 386 年皈依的实质及《忏悔录》第 8 卷的叙述持怀疑态度）和"传统派"（维持天主教对奥古斯丁的传统看法）两派斗争。受主客观条件的影响，当时的研究有三个特点，一是"大胆假设，小心求证"，学者们本着实证的态度搜罗材料，条分缕析，力求结论有所确证；二是探微索隐，对奥古斯丁思想的来源，尤其柏拉图主义的来源，穷加搜索，加以对照，对奥古斯丁所读书加以考察；三是勾勒出一个不同于传统的崭新的奥古斯丁形象：他是一个不断地与各派哲学对话、不断地前进的思想家，这个新形象跟当时西方的思想气氛（尤其天主教"梵二会议"）是很合拍的，人们感到他是一个同代人。[8]

20 世纪 80 年代中期以来，学者们对《忏悔录》的研究很多，但共识很少，在一些基本的问题上都存在争议。比如，《忏悔录》如果是一本自传，又何必在最后 3 卷谈到时间、上帝创世呢？若只是忏悔他的罪过，又何必在第 9 卷插入在卡西齐亚根的隐退生活、在米兰的受洗以及他母亲莫尼卡的生与死呢？但若《忏悔录》并非他的个人史的解释，那么其中发生的事还是可信赖的吗？"花园皈依"事件，是该当作真事，还是只是一个象征？这些问题涉及整本书的结构。这本书的主题是什么，什么才是"离题话"和"附录"呢？这本书是一个整体呢，还是可以分为单独的二三本书？若是整体，那么统一线索是奥古斯丁的生活呢，还是上帝，还是奥古斯丁与上帝的对话带来的叙述？整体是否该按三位一体来理解？

虽然是"研究无数，共识稀有"，但起码也反映出了奥著研究的盛况和奥学之深刻渊博，不可穷竭。以往的《忏悔录》研究里，Pierre Courcelle 认为奥古斯丁的皈依是他深入阅读西塞罗《荷尔顿西》和新柏拉图主义哲学的结果。而近年来，学者们更倾向于认为，使得奥古斯丁皈依的，乃是他的宗教和文化体验。现在人们尤其注意他早期的著作，即写于 390/391 年他成为司铎之前的著作。

除了个人传记外，《忏悔录》中最引人注目的是第 11 卷的时间论，它提的是一个根本的问题："何为时间？它是如何与上帝的永恒关联的？"德国学者 E. P. Meijering 得到的最重要的新结论是，第 11 卷首先并非对"创造、永恒和时间"这一题目的系统讨论，它首先是试图更清楚地理解人的和神的存在方式。

最近几年出现了几本评注、阐释《忏悔录》的较深、较全、较透的本子，包括：

（1）J. J. O'Donnell，《奥古斯丁：〈忏悔录〉》（*Augustine*：*Confessions*），3 vols. ，Oxford：Oxford University Press，1992；

（2）Norbert Fischer & Mayer Cornelius（ed），《希坡的奥古斯丁的〈忏悔录〉》（*Die Confessiones des Augustinus von Hippo*），Herder，Freiburg，1998；

（3）John M. Quinn，《圣奥古斯丁〈忏悔录〉指南》（*A Companion to the Confessions of St. Augustine*），New York：P. Lang，2002。

其中第一本主要是从语言上对《忏悔录》中的一些词汇作

细致的说明，但对其中义理分析尚嫌不透。第二本由德国 13 位奥古斯丁专家每人撰写其中一卷，缺点是较为缺乏整体感。第三本以将近 1000 页的篇幅，对《忏悔录》的几乎所有主题都作了注释和阐释、说明，作者的观点倾向于保守，语言也较啰唆，但资料详备，分析较透。

注 释：

[1] Peter Brown, "New Directions", in: *Augustine of Hippo* (2000), pp. 515 – 516, note 32。

[2] Hubertus R. Drobner, "Studying Augustine: An Overview of Recent Research", in: *Augustine and His Critics*, pp. 18 – 34。

[3] Peter Brown, "New Directions", in: *Augustine of Hippo* (2000), p. 496, 517, note 51, 52, 53, 54, 55。

[4] 至于以往最好的奥古斯丁传记，则要数法国历史学家 Louis – Sebastien Lenain de Tillemont (1637 – 1698) 所写的奥古斯丁传记，它被 Henri Marrou 称为迄今 "最精确和最具批判性的传记"。见 Henri Marrou, *Saint Augustine and His Influence through the Ages*, p. 176。

[5] 具体情况可以参看本书书尾的 "汉语奥古斯丁研究资料"。

[6] J. J. O'Donnell, *Augustine: Confessions*, 3 vols., Oxford: Oxford University Press, 1992。Prolegomena, "Avenues of Approach"。

[7] 一些学者认为，卡西齐亚根时期哲学对话录的文体与结构，更多具有希腊 – 罗马哲学对话体的风格，其中的一些人物、名称都带有象征意味，如莫尼卡在那里被称作 "母亲"，象征着 "教会"，"立胜提" 其人则象征着爱到怀疑与罪的试探。至于对话录中的五个主要角色，即奥古斯丁、莫尼卡、阿利比、立胜提、特里杰提（Trygetius）之间的互动，则不是对年轻人进行教育，而是一个 "情节"，其顺序是按照奥古斯丁的皈依与其后的沉思进行的，里面有着内在的逻辑一致性。见 Joanne Mc William, "Cassiciacum Dialogues", in: *Augustine through the Ages*, pp. 135 – 143。但虽然奥古斯丁用了哲学对话的文体，如果认为纯是虚构显然也是不对的。这就如司马迁写《史记》，虽然他叙述了一个个 "故事"，有其文体和 "情

节"，但仍然是有史实在内的。何况奥古斯丁叙述的是他自己的事，而且那些参与者要阅读这些对话录的。

[8] J. J. O'Donnell, *Augustine*：*Confessions*, Prolegomena, "Hearing Confessions, a Century of Scholarship"。

参考资料

西文资料：

Sancti Aurelii Augustini opera omnia. In：J. P. Migne：*Patrologiae Cursus Completus.* Series Latina（PL. Bd. 32 – 47）. Paris 1841 – 1849（北大及 CASS 图书馆有藏）。①

S. Aurelii Augustini Opera Omnia，in：http：//www. augustinus. it/latino/index. htm。（收入奥古斯丁全部拉丁原作，并有意大利译本。所有奥古斯丁爱好者都应对意大利学者表示感谢！）

Nicene and Post – Nicene Fathers（NPNF），vol. 1 – 8，First series，ed. Philip Schaff，Massachusetts：Hendrickson Publishers，Inc. ，1999.

Augustine：*Earlier Writings*，ed. John H. S. Burleigh，Philadelphia：the Westminster Press，1979.

Augustine：*Later Works*，ed. John Burnaby，Philadelphia：the Westminster Press，1979.

Augustine on Romans，Paula Fredriksen Landes（trans），California：Scholars Press，1982.

Augustine，*Against the Academicians*（*Contra Academicos*），trans Mary Patricia Garvey，Wisconsin：Marquette University Press，

---

① 关于奥古斯丁原著版本及西文尤其英译的详情，可以参考本书第一章"奥古斯丁的著作"一节。

1957.

Augustine, *Against the Academicians*; *The Teacher*, trans Peter King, Indiana: Hackett Publishing Company, Inc, 1995.

Augustine: *Political Writings*, ed. E. M. Atkins and R. J. Dodaro. Cambridge [England]; New York: Cambridge University Press, 2001.

Augustine, *Confessions.* Commentary by James J. O'Donnell, Oxford: Clarendon Press; Oxford; New York: Oxford University Press, 1992.

Augustine, *Confessions*, tr. by FJ Sheed, Introduction by Peter Brown, Indianapolis/Cambridge, 1993.

Augustine, *On the Trinity*: Books 8 – 15, trs. Stephen McKenna, London: Cambridge University Press, 2002.

Augustine, *On the Holy Trinity*, in: Nicene and Post – Nicene Fathers, Series 1, Vol. 3.

Augustine, *The Trinity*, trans. Edmund Hill, N. Y. : New City Press, 1991.

Augustine, *The City of God Against the Pagans*, ed. & tr. By R. W. Dyson, Cambridge University Press, 1998.

St. Augustine on Marriage and Sexuality, ed. Elizabeth A Clark, Washington, D. C. : The Catholic University of America Press, 1996.

Augustine, *On Free Choice of the Will*, tr. Anna S. Benjamin & L. H. Hackstaff, Indianapolis: Bobbs – Merrill Educational *Publishing*, 1964.

The Essential Augustine, ed. Vernon J. Bourke, Indianapolis: Hackett Publishing Company, 1974.

Anderson, J. F. ,

Augustine and Being, The Hague: Nijhoff, 1965.

Barnes, Michel Rene,

"Rereading Augustine's Theology of the Trinity", in: The Trinity, ed. S. T. Davis, D. Kendall, G. O'Collins, Oxford Univ. Press, 1999.

"The Visible Christ and the Invisible Trinity: Mt. 5: 8 in Augustine's Trinitarian Theology of 400", in: Modern Theology, Vol. 19, No. 3, July 2003.

Bonner, Gerald,

St. Augustine of Hippo: Life and Controversies, The Canterbury Press, Norwich, 1986.

"Augustine and Millenarianism", in: The Making of Orthodoxy, ed. Rowan Williams, Cambridge University Press, 1989.

Bourke, Vernon Joseph,

Wisdom from St. Augustine, Houston, Tex. : Center for Thomistic Studies, University of St. Thomas, 1984.

Brown, Peter,

Augustine of Hippo, Berkeley & Los Angeles: University of California Press, 1969. (A new edition with an epilogue, 2000)

Brunn, E. Zum,

St. Augustine: Being and Nothingness, trans. R. Namad, N. Y. : Paragon House Publishers, 1988.

Bouman, Johan,

Augustinus: Lebensweg und Theologie, Brunnen Verlag Giessen/Basel, 1987.

Burnaby, John,

Amor Dei: *A Study of Saint Augustine's Teaching on the Love of God as the Motive of Christian life*, London, 1938.

Caputo, John D, and Michael J. Scanlon (ed),

Augustine and Postmodernism: *Confessions and Circumfession*, Indiana University Press, Bloomington and Indianapolis, 2005.

Cary, Phillip,

Augustine's Invention of the Inner Self: *the Legacy of a Christian Platonist*, Oxford; New York: Oxford University Press, 2000.

Chappell, T. D. J.,

"Explaining the Inexplicable", in: *Journal of the American Academy of Religions* LXII/3, 869 – 884.

Chappell, Timothy D. J.,

Aristotle and Augustine on Freedom: *Two Theories of Freedom, Voluntary Action, and Akrasia*, New York: St. Martin's Press, 1995.

Chadwick, Henry,

Augustine, Oxford University Press, 1986.

Cochrane, Charles Norris,

Christianity and Classical Culture, London: Oxford University Press, 1977 (reprinted).

Coles, Romand,

Self/power/other: *Political Theory and Dialogical Ethics*, Ithaca: Cornell University Press, 1992.

Creswell, Dennis R.,

St. Augustine's Dilemma: Grace and Eternal Law in the Major
    Works of Augustine of Hippo, New York: Peter Lang,
    1997.

Chadwick, Henry,
    Augustine, Oxford: Oxford University University, 1986.

Clark, Mary T.,
    Augustine, London & N. Y., Continuum, 1994.

Deane, Herbert A.,
    The Political And Social Ideas of St. Augustine, N. Y., Colum-
        bia University Press, 1963.

Dixon, Sandra Lee,
    Augustine: The Scattered and Gathered Self, St. Louis, Mo.:
        Chalice Press, 1999.

Dodaro, Rober & Lawless, George (ed),
    Augustine and His Critics: Essays in Honour of Gerald Bonner,
        London; New York: Routledge, 2000.

Douglas, Mark,
    "Changing the Rules: Just War Theory in the Twenty – First
        Century", in: Theology Today, Vol. 59, No. 4, January
        2003.

Dunn, John (& Ian Harris Cheltenham, ed),
    Augustine, UK; Lyme, NH, US: E. Elgar Pub., 1997.

Dyson, R. W.,
    The Pilgrim City: Social and Political Ideas in the Writings of St.
        Augustine of Hippo, Woodbridge, Suffolk, UK; Rochester,
        NY: Boydell Press, 2001.

Eleonore Stump and Norman Kretzmann (ed.),

> The Cambridge Companion to Augustine, Cambridge, UK; New
> York: Cambridge University Press, 2001.

Fendt, Gene,

> "Between a Pelagian Rock and a Hard Predestinarianism: The
> Currents of Controversy in City of God 11 and 12", in: The
> Journal of Religion (?), Univ. of Chicago, 2001。

Fischer, Norbert, & Mayer Cornelius (ed),

> Die Confessiones des Augustinus von Hippo, Herder, Freiburg,
> 1998.

Frend, W. H. C.,

> The Donatist Church: A Movement of Protest in Roman North Af-
> rica, Oxford University Press, 1951 (2003 reprinted).

Gelin, Albert,

> The Concept of Man in the Bible, Geoffrey Chapman, London,
> 1968.

Gilson, Etienne,

> Introduction a l'etude de Saint Agustin, 3e ed., Paris, 1949.
> The Christian Philosophy of St. Augustine, N. Y.: Random
> House, 1960.

Hanby, Michael,

> Augustine and Modernity, London and N. Y.: Routledge,
> 2003.

> "Augustine and Descartes: An Overlooked Chapter in the Story
> of Modern Origins", in: Modern theology, 19: 4, October
> 2003.

Harrison, Carol,

　　Beauty and Revelation in the Thought of Saint Augustine, Oxford: Clarendon Press; New York: Oxford University Press, 1992.

　　Augustine: Christian Truth and Fractured Humanity, Oxford; New York: Oxford University Press, 2000.

Hartigan, Richard Shelly,

　　"Saint Augustine on War and Killing: the Problem of the Innocent", in: *Augustine*, Vol. I.

Heidegger, Martin,

　　The Phenomenology of Religious Life (里面包括 *Augustine and Neo - Platonism*), trans. Matthias Fritsch & Jennifer Anna Gosetti - Ferencei, Indiana University Press, Bloomington and Indianapolis, 2004。

Heyking, John von.

　　Augustine and Politics as Longing in the World, Columbia, MO: University of Missouri Press, 2001.

Hoitenga, Dewey J.,

　　Faith and Reason from Plato to Plantinga: An Introduction to Reformed Epistemology, Albany, N. Y.: State University of New York Press, 1991.

Holmes, Robert L.,

　　"St. Augustine on the Justification of War", in: *On War and Morality*, chapter 4, Princeton: NJ: Princeton University Press, 1989。亦载: *Augustine* II。

　　"Augustine and the Just War Theory", in: G. B. Matthews (ed), *The Augustinian Tradition*, University of California Press, 1999.

Jill, Meredith J,

　　Augustine in the Italian Renaissance: *Art and Philosophy from Petrarch to Michelangelo*, Cambridge: Cambridge University Press, 2005.

Kaiser, Von Hermann – Josef,

　　Augustinus: *Zeit und < Memoria >*, H. Bouvier u. Co. Verlag, Bonn, 1969.

Kirwan, Christopher,

　　Augustine, London; New York: Routledge, 1989.

Kristo, Jure G,

　　Looking for God in Time and Memory: *Psychology*, *Theology*, *and Spirituality in Augustine's Confessions*, Lanham, Md. : University Press of America, 1991.

Lamberight, Mathijs,

　　"Was Augustine a Manichaean? The Assessment of Julian of Aeclannum", *Augustine and Manichaeism in the Latin West*, (ed.) Johannes van Oort, Otto Wermelinger & Gregor Wurst, Brill, Leiden, Boston Koln, 2001.

Lancel, Scrge,

　　Saint Augustine, trans Antonia Nevill. . London: SCM, 2002.

Lawless, George (ed),

　　Augustine and His Critics, London & N. Y. : Routledge, 2000.

Lee, Kam – Lun E,

　　Augustine, *Manichaeism and the Good*, New York, etc. : Peter Lang, 1999.

LeMoine, Fannie and Christopher Kleinhenz (ed),

　　Saint Augustine the Bishop: *A Book of Essays*. ed by, Garland
　　Publishing, Inc. N. Y. & London, 1994.

Lössl, Josef,

　　A Book Review for (E. Stump ed.) *The Cambridge Companion
　　to Augustine* (Cambridge University Press, 2001), in: *Re
　　ligious Studies* 38, 2002, Cambridge University Press, 109
　　– 113.

　　"Augustine on Predestination: Consequences for the Reception",
　　in: *Augustiniana* [Leuven] 52 (2002).

Lyotard, Jean François,

　　The Confession of Augustine, trans Richard Beardsworth, Stan
　　ford, California: Stanford University Press, 2000.

Markus, R. A.,

　　"Saint Augustine's Views on the 'Just War'", in: *The Church
　　and War, Studies in Church History*, 20 (1983), 或: Au
　　gustine II。

　　"The Legacy of Pelagius: Orthodoxy, Heresy and Conciliation",
　　in: *The Making of Orthodoxy*, ed. Rowan Williams, Cam
　　bridge University Press, 1989.

Marrou, Henri,

　　Saint Augustine and His Influence through the Ages, N. Y.:
　　Happer & Brothers, 1957.

Matter, E. Ann,

　　'Christ, God and Woman in the Thought of St Augustine', in:
　　Augustine and His Critics, ed. Robert Dodaro & George

Lawless, London & N. Y. : Routledge, 2000.

Mathewes, Charles T. ,

Evil and the Augustinian Tradition, Charles T. Mathewes. Cambridge; New York: Cambridge University Press, 2001. .

Matthews, Gareth B. ,

Thought's Ego in Augustine and Descartes, Ithaca: Cornell University Press, 1992.

The Augustinian Tradition (ed) , Berkeley, Calif. : University of California Press, 1999.

Mattox, John Mark,

Saint Augustine and the Theory of Just War, Continuum, London & N. Y. , 2006.

McMahon, Robert,

Augustine's Prayerful Ascent: An Essay on the Literary Form of the Confessions, Athens: University of Georgia Press, 1989. .

Menn, Stephen Philip,

Descartes and Augustine, Cambridge; New York: Cambridge University Press, 1998.

Miles, Margaret R. ,

Desire and Delight: A New Reading of Augustine's Confessions, Wipf & Stock Publishers, Eugene, Oregon, 2006.

W. Montgomery:

St. Augustine: Aspects of His Life and Thought, Hodder and Stoughton, London, 1914.

Neumann, Uwe,

Augustinus, Rowohlt Taschenbuch Verlag GmbH, Reinbek bei Hamburg, 1998.

O'Connell, Robert J. ,

    Soundings in St. Augustine's Imagination, New York: Fordham University Press, 1993.

O'Daly, Gerard J. P. ,

    Augustine's City of God: A Reader's Guide, Oxford: Clarendon Press; New York: Oxford University Press, 1999. .

O'Donovan, Oliver,

    The Problem of Self – Love in St. Augustine, Wipf & Stock Publishers, Eugene, Oregon, 2006.

    "Augustine's City of God XIX and Western Political Thought", in: *Dionysius*, XI, Dec. 1987.

O'Donnell, James J. ,

    Augustine, Boston: Twayne Publishers, 1985.

    Augustine: Confessions, 3 vols. , Oxford: Oxford University Press, 1992.

O'Meara, John J. ,

    The Young Augustine (2nd rev. ed.), N. Y. : Alba House, 2001.

Oort, Johannes van,

    Jerusalen and Babylon, Netherlands, Leiden, E. J. Brill, 1991.

    (& Otto Wermelinger & Gregor Wurst ed),

    Augustine and Manichaeism in the Latin West: Proceedings of the Fribourg – Utrecht Symposium of the International Association of Manichaean Studies (IAMS), Leiden; Boston: Brill, 2001. .

Paffenroth, Kim (& Kevin L. Hughes, ed),

    Augustine and Liberal Education, Aldershot, England; Burling-
    ton, Vt. : Ashgate, 2000.

Portalie, Eugene,

    A Guide to the Thought of Saint Augustine, Chicago: Henry Reg-
    nery Company, 1960.

Quinn, John M.,

    A Companion to the Confessions of St. Augustine, New York: P.
    Lang, 2002..

Ramsey, Paul,

    "The Just War According to St. Augustine", in: *War and The
    Christian Conscience: How Shall Modern War Be Conducted
    Justly?*, Chapter Two, Durham, NC: Duke University
    Press, 15 – 33, also in: Augustine, Vol. I, ed. John
    Dunn & Ian Harris, An Elgar Reference Collection, Chel-
    tenham, UK, Lyme, US, 1997.

Rees, B. R.,

    Pelagius: Life and Letters, The Boydell Press, 1998。
    包括: *Pelagius: A Reluctant Heretic*,
    The Letters of Pelagius and His Followers。

Rist, John M.,

    Augustine: Ancient Thought Baptised, Cambridge University
    Press, 1994.
    Augustine of Hippo, in: *The Medieval Theologians*, ed. G. R.
    Evans, Blackwell Publishing, 2001.

Rondet, Henri,

Original Sin：*The Patristic and Theological Background*，Alba
House，N. Y. ，1972.

Severson，Richard James，

Time，*Death*，*and Eternity*：*Reflecting on Augustine's Confessions
in Light of Heidegger's Being and Time*，American Theologi-
cal Library Association；Lanham，Md. ：Scarecrow Press，
1995.

Skerrett，K. Roberts，

"The Indispensable Rival：William Connolly's Engagement with
Augustine of Hippo"，*Journal of the American Academy of
Religion*，2004，Vol. 72，No. 2，pp. 487 – 506.

Stead，Christopher，

Doctrine and Philosophy in Early Christianity：*Arius*，*Athanasius*，
Augustine，Burlington，Vt. ：Ashgate：Variorum，2000.

Strauss，Rudolf，

Der neue Mensch innerhalb der Theologie Augustins，EVZ – Ver-
lag Zurich，1967.

Stump，Eleonore，

The Cambridge Companion to Augustine，Cambridge University
Press，2001. （ed）.

"Augustine on Free Will"，in：The Cambridge Companion to
Augustine，Cambridge University Press，2001.

Sumruld，William A. ，

Augustine and the Arians：*the Bishop of Hippo's Encounters with
Ulfilan Arianism*，Selinsgrove，Susquehanna University Press；
London；Cranbury，NJ：Associated University Presses，1994. .

Stalnaker，Aaron，

Overcoming Our Evil: Human Nature and Spiritual Exercises in Xunzi and Augustine, Georgetown University Press, Washington, D. C. , 2006.

Studer, Basil,

The Grace of Christ and the Grace of God in Augustine of Hippo, The Liturgical Press, Collegeville, Minnesota, 1997.

Teske, Roland J. ,

Paradoxes of Time in Saint Augustine, Marquette University Press, 1996.

Trape, Agostino,

Saint Augustine, in: *Patrology* (ed. Johannes Quasten), IV, 342 – 462, Christian Classics, Allen Texas, 1995.

TeSelle, Eugene,

Augustine the Theologian, New York: Herder, 1970;

Living in Two Cities: Augustinian Trajectories in Political Thought, Scranton: University of Scranton Press; Tonawanda, N. Y. : University of Toronto Press, 1998.

Vanderspoel, John,

"The Background to Augustine's Denial of Religious Plurality", in: *Grace, Politics and Desire: Essays on Augustine*, H. A Meynell (ed), University of Calgary Press, 1990.

Wang Tch'ang – Tche,

Saint Augustin et les vertus des paiens, Paris: Gabriel Beauchesne et ses fils, 1938.

Watt, Alan J,

"Which Approach? Late Twentieth – Century Interpretations of Augustine's Views on War", in: *Journal of Church and State*, 2004 (?).

Wetzel, J.,

Augustine and the Limits of Virtue, Cambridge: Cambridge University Press, 1992.

"Snares of Truth: Augustine on Free Will and Predestination", in: Robert Dodaro and George Lawless (ed), *Augustine and His Critics*, London & N. Y.: Routledge, 2000.

"Will and Interiority in Augustine: Travels in an Unlikely Place", in: *Augustinian Studies* 33: 2 (2002) 139 – 160.

Wickham, Lionel,

"Pelagianism in the East", in: *The Making of Orthodoxy*, ed. Rowan Williams, Cambridge University Press, 1989.

Williams, Rowan,

"Insubstantial Evil", in: Robert Dodaro and George Lawless (ed), *Augustine and His Critics*, London & N. Y.: Routledge, 2000.

Williams, Thomas,

"Augustine vs Plotinus: the Uniqueness of the Vision at Ostia, in: *Medieval Philosophy and the Classical Tradition in Islam, Judaism and Christianity*, (ed.) John Inglis, London: Curzon Press, 2002.

Wills, Garry,

Saint Augustine, Viking Penguin, N. Y., 1999.

Saint Augustine's Childhood, N. Y.: Penguin Putnam Inc, 2001.

Saint Augustine's Memory, N. Y.: Penguin Group, 2002.

Saint Augustine's Sin, N. Y.: Penguin Group, 2003.

Wohlfarth, Karl Anton,

    Der Metaphysische ansatz bei Augustinus, Verlag Anton Hain KG,
    Germany, 1969.

汉语奥古斯丁研究资料:①
安庆征,

    "圣奥古斯丁基督教神学历史观初探",《史学月刊》,1989
    年第 1 期。
包利民,

    "古典大序的变异:从希腊罗马到基督教政治理念的交替",
    《学海》2001 年第 6 期。
蔡英田,

    "时间的困惑",《吉林大学学报》1997 年 3 期,人大复印
    资料《外国哲学》,1997 年第 7 期。
曹蕾,

    "忏悔作为自传——论奥古斯丁《忏悔录》的自传特征",
    《求是学刊》2006 年第 33 卷第 4 期。
陈煜,

    "奥古斯丁法律帝国及其现代意义",《江苏警官学院学报》,
    2004 年第 1 期。
陈廷忠,

    "古典诠释者奥古斯丁",香港《中神期刊》第 27 期。
丛日云,

    "奥古斯丁的双城论",徐大同主编《西方政治思想史》,天

---

① 第一版时夏洞奇博士帮我从期刊网上搜到了约 10 篇中文论文。这次再版我加上了最新从网上搜到的主要中文论文,1990 年以前的少数几篇论文因未搜到作者名而未录入。

津教育出版社，2002。

"奥古斯丁——基督教政治信仰的阐释者"，丛日云《西方
政治文化传统》，黑龙江人民出版社，2002。

邓绍光，

《论灵魂及其起源》的"中译本导言"，北京：中国社会科
学出版社，2004。

范明生，

"基督教神学的奠基人：奥古斯丁"，《晚期希腊哲学和基督
教神学：东西方文化的汇合》，上海人民出版社，1993。

傅乐安，

"奥古斯丁"，叶秀山、傅乐安编《西方著名哲学家评传》
（第 2 卷），济南：山东人民出版社，1984。

溥林，

"波那文图拉及其《心向上帝的旅程》"，《宗教学研究》，
2002 年第 3 期。

高峰枫，

"奥古斯丁与维吉尔"，《外国文学评论》2003 年第 3 期。

"风浪中沉睡的基督——早期拉丁教父对福音书一段故事的
解释"，《国外文学》2003 年第 3 期。

耿幼壮，

"奥古斯丁的'自画像'——作为文学自传的《忏悔录》"，
《外国文学评论》，2007 年第 4 期。

宫哲兵，

"葛洪与奥古斯丁的性伦理观比较"，《哲学研究》2005 年
第 9 期。

顾约瑟，

"简析奥古斯丁的'罪与恩典'观"，《金陵神学志》2002
年第 2 期（总第 51 期）。

郭玉生、薛永武，

  "美是有神性的——奥古斯丁美学思想新论"，山东《齐鲁
  学刊》2004 年第 2 期。

郝丽，

  "浅谈奥古斯丁对时间问题的阐述"，《张家口师专学报》
  2004 年第 2 期。

郝涛，

  "奥古斯丁的正义战争论"，北师大哲学系硕士论文，2007。

何卫平、L. 格朗丹，

  "奥古斯丁：内在逻各斯的普遍性"，《云南大学学报》（社
  会科学版），2005 年第 4 期。

贺璋瑢，

  "圣·奥古斯丁神学历史观探略"，《史学理论研究》1999
  年第 3 期。

黄明举、吕佳，

  "论中世纪基督教神学法律思想——以奥古斯丁和阿奎那的
  法律思想展开"，《天府新论》2005 年 Z1 期。

黄裕生，

  《宗教与哲学的相遇——奥古斯丁与托马斯·阿奎那的基督
  教哲学研究》，江苏人民出版社，2008。

  "原罪与自由意志——论奥古斯丁的罪责伦理学"，《浙江学
  刊》2003 年第 2 期。

  "论奥古斯丁对时间观的变革——拯救现象与捍卫上帝"，
  《浙江学刊》2005 年第 4 期。

江向东，

  "亚里士多德与奥古斯丁的时间观比较"，《江苏社会科学》
  2006 年第 1 期。

蒋鹏，

　　　"奥古斯丁与基督教神学的基本范式"，《广州社会主义学院
　　　　学报》2008 年第 1 期。
李兰芬，
　　　"回到真切（Direct）的个体体验——从奥古斯丁及安萨里
　　　　的忏悔录说起"，《现代哲学 》2006 年第 5 期。
李猛，
　　　"指向事情本身的教育：奥古斯丁的《论教师》"，《思想与
　　　　社会》（第七辑），上海三联，2008。
李晓冬，
　　　"奥古斯丁音乐美学思想浅析"，《吉林艺术学院学报》，
　　　　1994 年第 4 期。
李咏吟，
　　　"奥古斯丁与忏悔体文学的兴起"，《国外文学》2001 年第 4
　　　　期。
梁寿华，
　　　"爱的联系——奥古斯丁基于三一神论之圣灵工作观"，《圣
　　　　灵工作的神学课题》，陈若愚主编，香港：中国神学研
　　　　究院，1996。
林鸿信，
　　　"回忆与盼望：奥古斯丁与莫特曼的时间观"，《莫尔特曼与
　　　　汉语神学》，香港：道风书社，2004。
林中泽，
　　　"早期基督教的人性与奥古斯丁神学中的'人'"，《华南师
　　　　范大学学报》1999 年第 3 期。
吕超，
　　　"自由的宿命——圣奥古斯丁的历史哲学"，《基督教思想评
　　　　论》第八辑，上海世纪出版集团，2008。
刘素民，

"从'至善'的角度看阿奎那对奥古斯丁的补正及与近代启蒙价值的对接"，福建《华侨大学学报》2004 年第 3 期。

柳向阳，

"论奥古斯丁时间观与罗伯特·潘·沃伦的诗歌创作"，《外国文学研究》，2005 年第 5 期。

裴黎黎，

"自由意志与善恶决断：论奥古斯丁的自由决断"，《内蒙古农业大学学报》（社会科学版）2007 年第 2 期。

乔焕江，

"奥古斯丁神学美学思想刍议"，《北方论丛》，2006 年第 5 期。

渠敬东，

"现代教育中的社会与自然：从卢梭到裴斯泰洛齐"，上海世纪出版集团东方研究中心"现代政治哲学与卢梭"研讨会论文（2003 年 8 月，上海）。

全群艳，

"奥古斯丁思想中的多元文化因素"，《湛江师范学院学报》（哲学社会科学版），2008 年第 1 期。

瞿运松，

"奥古斯丁法哲学初探"，《信仰网刊》17 期（2004/7），

http：//www. godoor. com/xinyang/article/xinyang17 – 20htm.

孙帅，

"奥古斯丁《忏悔录》中的时间与自我"，《哲学门》第十七辑，北京大学出版社，2008。

唐逸，

《西方文化与中世纪神哲学思想》，台湾远流出版公司，1992。

《理性与信仰：西方中世纪哲学思想》，广西师范大学出版
　　社，2005。

"希坡的奥古斯丁"（上、下），《哲学研究》，1999 年 2 – 3 期。

涂笑非，

"奥古斯丁神学再探"，《太原大学学报》，2007 年第 1 期。

王涛，

"奥古斯丁书信 10 * 和 24 * 的个案研究：神学和法律中的奴
　　隶观"，《西学研究》第二辑，商务印书馆，2005。

"奥古斯丁书信的发现、整理与研究"，《历史研究》，2006
　　年第 4 期。

"内布利提乌斯的双面孔？——一个有趣的对读：《忏悔录》
　　和《书信》"，《基督教思想评论》第四辑，上海世纪出
　　版集团，2006。

王晓朝，

《希腊哲学简史：从荷马到奥古斯丁》，上海三联书店，
　　2007。

"信仰改造文化的范例——论奥古斯丁对罗马帝国文化的改
　　造"，《基督宗教研究》（第四辑），宗教文化出版社，
　　2002 年。

"中译本导言"，　《上帝之城》上册，香港：道风书社，
　　2003。

"我疑故我在——论奥古斯丁神哲学的形上起点"，《基督教
　　思想评论》第四辑，上海世纪出版集团，2006。

王馨，

"论奥古斯丁和卢梭的积极政治观"，《西南交通大学学报》
　　2004 年第 6 期。

吴飞，

《自杀与美好生活》，上海三联书店，2007。

"尘世生命与美好生活：奥古斯丁论自杀禁忌"，载《哲学门》第十二期。

吴功青，

"基督教图景下的'为恶而恶'"，《基督教思想评论》第八辑，上海世纪出版集团，2008。

吴建华，

"自由意志、原罪与上帝的恩典——论裴拉鸠之争及其影响"，陈村富主编《宗教与文化：早期基督教与教父哲学研究》，东方出版社 2001。

"奥古斯丁"，王晓朝主编《信仰与理性：古代基督教教父思想家评传》，北京：东方出版社，2001。

吴天岳，

"恶的起源与自由意愿：从存在论的恶到生存论的恶——从尼撒的格列高利《论人的造成》到奥古斯丁《论自由选择》"，《西学研究》第 1 辑，商务印书馆，2003。

"试论奥古斯丁著作中的意愿（voluntas）概念——以《论自由选择》和《忏悔录》为例"，广州《现代哲学》2005 年第 3 期。

"罪与罚中的羞——重构奥古斯丁《上帝之城》中的羞感"，《基督教思想评论》第四辑，上海世纪出版集团，2006。

夏洞奇，

《尘世的权威：奥古斯丁的社会政治思想》，上海三联书店，2007。

"在婚姻与守贞之间——对奥古斯丁婚姻观的一种解释"，《西学研究》第 1 辑，商务印书馆，2003。

"个体信仰与教会权威——从路德看奥古斯丁"，《北京大学研究生学志》2003 年第 2 - 3 期。

"现代西方史家对奥古斯丁政治思想的解读"，《史学史研究》2004 年第 1 期。

"在政治与伦理之间：奥古斯丁的国家概念"，北京《中国
学术》（2005 年）。

"'上帝之城'与'地上之城'：奥古斯丁思想中的二元倾
向"，广州《现代哲学》2005 年第 3 期。

"阿伦·D·菲茨杰拉德（编）：《穿越时代：奥古斯丁百科
全书》"（书评），《中国学术》第 19 辑。

"奥古斯丁与多纳特派：宗教强制理论的形成"，《基督教思
想评论》第四辑，上海世纪出版集团，2006。

"在'惩恶'与'扬善'之间：奥古斯丁论国家的双重作
用"，《史林》，2007 年第 2 期。

"奥古斯丁论奴隶制"，《复旦学报》（社会科学版），2007
年第 3 期。

"何谓'共和国'——两种罗马的回答"，《华东师范大学学
报》（哲学社会科学版），2008 年第 1 期。

夏祖恩，

"《忏悔录》奠定了奥古斯丁的神学史观"，《福建师大福清
分校学报》，1997 年第 1 期。

肖德生，

"承继与超越——论奥古斯丁与胡塞尔时间观之异同"，《江
苏社会科学》，2006 年第 6 期。

谢文郁，

"自由的困境：奥古斯丁自由观的生存分析"，北京大学
《哲学门》2002 年第 2 期。

徐弢，

"奥古斯丁的人性论思想浅析"，《神学研究》（中国天主教
爱国会），2005 年第 1 期。

"奥古斯丁的生存哲学探究"，《宗教学研究》2005 年第 2 期。

严家强，

　　"经验的时间与验前的时间——奥古斯丁与康德时间观之比较"，《安庆师范学院学报》（社会科学版），第 25 卷第 6 期（2006/11）。

杨柳，

　　"困境与出路，自由与恩典——奥古斯丁的《忏悔录》与西方文学中的相关主题"，《基督教思想评论》第八辑，上海世纪出版集团，2008。

杨晓莲，

　　"从《忏悔录》看奥古斯丁的人学思想"，《重庆师专学报》2000 年第 2 期。

　　"论圣奥古斯丁的美学思想"，《西南师范大学学报》（人文社会科学版），2005 年第 2 期。

　　"论圣奥古斯丁的艺术观"，《四川外语学院学报》，2007 年第 4 期。

尹景旺，

　　"友谊的焦虑——对奥古斯丁《忏悔录》的一种解读"，《基督教思想评论》第八辑，上海世纪出版集团，2008。

余友辉、石敏敏，

　　"从西塞罗到奥古斯丁：自然神学及其局限"，《电子科技大学学报》（社科版）2006 年（第八卷）第 1 期。

游冠辉，

　　《欲爱与圣爱：基督教思想史上两种爱的关系类型研究》（北大 2001 年博士论文）。

查国防，

　　"奥古斯丁原罪论与荀子性恶论的犯罪之维"，《河南科技大学学报》（社会科学版），2006 年第 2 期。

赵复三，

"奥古斯丁"，王树人主编《西方著名哲学家传略》（上卷），山东人民出版社，1987。

赵敦华，

"奥古斯丁主义"，《基督教哲学 1500 年》，北京：人民出版社，1994。

赵林，

"中世纪基督教哲学中的奥古斯丁主义与托马斯主义"，《社会科学战线》，2005 年第 1 期。

"罪恶与自由意志——奥古斯丁'原罪'理论辨析"，《世界哲学》2006 年第 3 期。

赵宁宁，

"奥古斯丁：'时间'中的'预定'与'恩典'"，《阜阳师范学院学报》（社会科学版），2006 年第 5 期。

张荣，

《神圣的呼唤——奥古斯丁的宗教人类学研究》，河北教育出版社，1999。

"信仰就是赞同地思考"，《世界宗教文化》1998 年第 1 期。

"奥古斯丁的灵魂观"，《河北师范大学学报》1998 年第 3 期。

"Si fallor, ergo sum——奥古斯丁对希腊哲学的批判与改造"，《哲学研究》1998 年第 10 期。

"奥古斯丁对自爱的批判——超越利己主义的一个尝试"，《河北师范大学学报》2000 年第 1 期。

"信、望、爱——奥古斯丁的德行之路"，《思辨之幸福》，中国人民大学出版社，2000。

"语言、记忆与光照——奥古斯丁的真理之路"，《南京大学学报》2003 年第 5 期。

"奥古斯丁基督教幸福观辨正"，《哲学研究》2003 年第 5

期。

"奥古斯丁的自然法思想",《宗教》2004 年。

"创造与心灵:奥古斯丁时间观的两个向度",广州《现代哲学》2005 年第 3 期。

张文杰,

"从奥古斯丁到汤因比:略论西方思辨的历史哲学",《史学理论研究》1998 年第 3 期。

张宪,

"基督宗教美学中的神圣象征——奥古斯丁美学思想初探",香港《道风基督教文化评论》,2002。

张晓华、李柏玲,

"奥古斯丁基督教世界观的特质",《东北师范大学学报》2000 年第 6 期。

张旭,

"试析奥古斯丁美学思想",《安徽大学学报》(哲学社会科学版),1999 年第 2 期。

"周伟驰:《奥古斯丁的基督教思想》"(书评),《哲学门》总第十四辑,北京大学出版社,2007。

张严,

"奥古斯丁'信仰寻求理解'的哲学诠释学解读",《世界哲学》2007 年第 1 期。

张艳清,

"奥古斯丁和卢梭《忏悔录》的比较研究",《东北大学学报》2000 年第 3 期。

郑维东,

"奥古斯丁的政治思想",王彩波主编《西方政治思想史——从柏拉图到约翰·密尔》,社会科学出版社,2004。

郑松,

"行走在涕泣之谷和上帝之城间——奥古斯丁自然法思想探
　　究",《河南省政法管理干部学院学报》,2006 年第 6 期。
周桂银、沈宏,
　　"西方正义战争理论传统及其当代论争",《国际政治研究》
　　2004 年第 3 期。
周丽璇,
　　"浅析奥古斯丁对恶的问题的处理",《云南大学学报》(社
　　会科学版),2007 年第 6 期。
周文彬,
　　"奥古斯丁和阿奎那的美学思想",《青海社会科学》1991
　　年第 4 期。
周伟驰,
　　《记忆与光照——奥古斯丁神哲学研究》,北京:社科文献
　　出版社,2001。
　　《奥古斯丁的基督教思想》(第一版),中国社会科学出版
　　社,2005。
　　"三一神论的'三''一'之争",香港《道风》1997 年下
　　半年卷。
　　"时间中的永恒三一形象",《现代语境中的三一论》,香港
　　汉语基督教文化研究所,1999。
　　"涕泣之谷的外部秩序",《读书》2003 年 8 期。
　　"内在恩典与自由意志",2003 年 9 月香港浸会大学会议论
　　文。
　　"奥古斯丁的正义战争观",2003 年 12 月中国社科院会议论
　　文(未刊)。
　　"作为基督见证者的犹太人——奥古斯丁的犹太观",山东
　　大学《犹太研究》第 3 期(2004)。
　　"'正是者'的'思'与'爱'",广州《现代哲学》,2004

年第 3 期。

"复形记——奥古斯丁的形象观", 香港《道风基督教文化评论》, 2004 年下半年卷。

"奥古斯丁的自由观", 河北石家庄信德"宗教与道德伦理"研讨会论文, 2005 年 2 月。

"《忏悔录》第二卷偷梨事件分析", 广州《现代哲学》2005 年第 3 期 (将出)。

"现代奥古斯丁研究", 广州《现代哲学》2005 年第 3 期。

"好的受造物为什么会堕落?", 杭州《浙江学刊》2005 年第 4 期。

"形象观的传承——阿奎那对奥古斯丁三一类比的继承、转化和问题", 香港《道风基督教文化评论》第 28 期 (2008)。

朱丽霞,

"董仲舒天人之学非宗教性之审视——以奥古斯丁为背景的反观",《西北民族大学学报》(哲学社会科学版), 2006 年第 6 期。

朱朝辉,

"理性与信仰的交汇——浅析奥古斯丁的美学思想",《理论学刊》1997 年 2 期。

中译奥古斯丁研究资料、介绍性资料及语录编译:

《圣奥古斯丁》, A. Shirley 著, 吴维亚译述, 上海: 广学会, 1937。

《奥斯定思想概论》, 包达理 (Portalie) 著, 刘俊馀译, 台南碧岳学社编奥思定丛书, 闻道出版社, 1985。

《奥斯定哲学导论》, 盖雷 (Cayre) 著, 刘俊馀译, 台南碧岳学社编奥思定丛书, 闻道出版社, 1985。

《奥古斯丁》，（德）雅斯培著，赖显邦译，台北：自华书店，
　　1986。

《奥古斯丁》，（英）Henry Chadwick 著，黄秀慧译，台北：联经
　　出版事业公司，1987。

《奥古斯丁》，（英）W. 蒙哥马利著，于海、王晓平译，北京：
　　中国社会科学出版社，1992。

《圣奥古斯丁》，（法）弗朗西斯·费里埃著，户思社译，北京：
　　商务印书馆，1998。

"超越奥古斯丁的神义论"，A. Farrer 著，《道风汉语神学学刊》
　　1999 年春。

《向往上帝的真善美：奥古斯丁〈忏悔录〉精粹》，施忠连编选，
　　武汉：湖北人民出版社，1999。

《圣奥斯定传》，（意）巴彼尼著，佚名译，河北信德室，2000。

《幸福就要珍惜生命：奥古斯丁论宗教与人生》，张传有著，武
　　汉：湖北人民出版社，2001。

《奥古斯丁》，（美）沙伦·M·凯、保罗·汤姆森著，周伟驰
　　译，北京：中华书店，2002。

《落入尘世的亚当：真理追求者圣奥古斯丁》，（美）Garry Wills
　　著，宋雅惠译，台北县：左岸文化事业公司，2002。

《圣奥思定沉思录》，（意）Carlo Cremona 编著，区华胜译，台
　　北：上智出版社，2004。

杰拉德·奥·戴利，"奥古斯丁"，《劳特利奇哲学史·第二卷·
　　从亚里士多德到奥古斯丁》，中国人民大学出版社，2004。

卡尔·雅斯贝尔斯，"奥古斯丁"，《大哲学家》，李雪涛主译，
　　北京：社会科学文献出版社，2005。

《圣奥古斯丁与基督教的进步观念：〈上帝之城〉的背景》，特奥
　　多尔·蒙森著，夏洞奇译，《西学研究》第二辑，2005。

《奥古斯丁〈上帝之城〉中的社会生活神学》，（芬兰）罗明嘉

著，张晓梅译，中国社会科学出版社，2008。

奥古斯丁著作的中文翻译：

《奥古斯丁选集》（包括《论三位一体》前 7 卷、《论自由意志》、《论本性与恩典》、《教义手册》），东南亚神学教育基金会与基督教文艺出版社出版，1962（1972 再版）。（香港：基督教文艺出版社，1986 年版。）

《忏悔录》，周士良译，北京：商务印书馆，1963 年第一版。

《忏悔录》，应枫译，台湾：光启出版社，1963。（香港：生命意义出版社，1988。）

《天主之城》，吴宗文译，台湾商务印书馆，1971。

《论自由意志》，王秀谷译，台南碧岳学社，闻道出版社，1974。

《教义手册》，载《西方哲学原著选读》上卷，北京：商务印书馆，1981。

《基本教理讲授选集》（包括《论信德与信经》、《与望教者谈信经》、《论信德与行为》、《论基督徒的战斗》、《论基督徒的修养》、《论不见而信》、《基本教程手册——论信望爱》、《启蒙教理讲授法》），田永正译，香港：闻道出版社，1984。

《忏悔录》，徐玉芹译，台北：志文出版社，1986。

《独语录》（内含《论意志的自由选择》），成官泯译，上海：上海社会科学院出版社，1997。

《上帝之城》（上中下），王晓朝译，香港：道风书社，2003。

《上帝之城：驳异教徒》（上中下），吴飞译，上海三联书店，2007，2008，2009。

《忏悔录》，何云常译，北京：华文出版社，2003。

《忏悔录》（前 10 卷），任晓晋、王爱菊、潘玉莎译，北京：北京出版社，2004。

《论灵魂及其起源》（包括《基督教教义》），石敏敏译，北京：
　　社科出版社，2004。

《论三位一体》，周伟驰译，上海：世纪出版集团，2005。

《论原罪与恩典》（包括《论圣灵与仪文》、《论本性与恩典》、
　　《论佩拉纠决议》、《论基督的恩典》、《论原罪》、《论恩典
　　与自由意志》、《论圣徒的预定》），周伟驰译，香港：道风
　　书社，2005。

《恩典与自由：奥古斯丁人论经典二篇》（选入《论自由意志》
　　和《论本性与恩典》二篇），译者不详，江西人民出版社，
　　2008。

《〈创世记〉字解》，陈文庆译，上海三联书店，2009（将出）。

索　引

（包括主要的人名、地名、著作及范畴）

后　记

　　本书原只想写成一本 18 万字的介绍性的小书，照我以往的写作进度，在 2002 年便当完成。不想事情较多，一拖竟是三年。写作不是一气呵成，而是点滴积累。原有字数 40 万，删除枝节部分后，尚有目前的 30 万。想想炎炎夏夜，独自关在房子里用那台老是死机的"伦飞"牌笔记本电脑敲字的情景，我只能自我解嘲"慢工出细活"了。

　　我以前写的《记忆与光照》（社科文献出版社，2001）是专论，现在这本书则是综论，二者在视野的开阔度上有所不同。在现在这本书里，我尝试勾勒出奥古斯丁思想的全貌。除了说出他前后期的发展，更重要的是揭示其关键范畴依据内在逻辑所结成的动态网络。在寻找它们之间不断分岔的秘密通道时，常常会体验到一种思想的快乐，这，也许就是亚里士多德在《尼各马可伦理学》最后一章所说的"幸福"吧。

　　由于开始时想将这本书写成介绍性的小册子，因此在第一章涉及奥古斯丁生平的两节，参照了威尔斯（Garry Wills）的畅销著作《圣奥古斯丁》。威尔斯有些地方不很精确（对此我在注释中作了说明和纠正），但他写得形象生动，深入传主的历史情境，揣摸其心志，比纯粹的学术论文要有兴味得多。我也参照了兰瑟尔（Lancel）、奎因（Quinn）、布朗（Brown）等奥学家的研究成果，力求兼顾历史性和文学性。但我的重点不在奥古斯丁生平事迹的历史考察，而在其精神发展及成熟期的思想框架与范畴脉络。

　　奥古斯丁被称为"恩典博士"，主要因其影响，西方基督教以"他力"著称。这种一切善都来自于上帝的恩典、一切恶都来自于人的自由意志的思想，不仅与希腊哲学传统迥然有异，也与我国儒释道主流截然不同。为了说明"原罪"、"恩典"、"永生"这些颇具奥古斯丁特色的范畴，我用"生存体验与神学反思"一章，揭示它们在其生活中的具体起源。我们也由此可见，貌似"抽象"的神学、哲学范畴，其实都与人的生存、生活和幸福密切相关。只不过哲学靠的是理性的反思，神学靠的是榜样的效法。奥古斯丁在时间的分析和意识的剖析中，主要用了哲学的方法，而在对人的生存处境的分析中，主要用了神学的方法。怀疑是哲学的开端，信仰是神学的起点。神学跟历史学相似：接受圣经启示就如接受历史事实（所以当代现象学家马西翁［Marion］将它们相提并论，统称作"饱和现象"）。就奥古斯丁来说，他对自己生存处境的分析，得益于用圣经中的"原型"来解释自己的生存，又用自己的生存来理解圣经中的"原型"。塔加斯特少年结伙偷梨与伊甸园亚当夏娃一起吃禁果，保罗蒙恩皈依与奥古斯丁听到孩童的声音幡然省悟，在本质上都是同一种"类型"。

　　在写作中，考虑到我们的文化处境，对相关主题作出有助理解的解释。比如，在"内在恩典有没有破坏自由意志"的问题上，用"互文性"和现代小说中主人公的心理暗示加以解释。在"原罪论"一章，用二战期间纳粹国家的"好人"来说明为何在奥古斯丁看来，"好人也有罪"。在自由与自愿的相关性上，我用了劫持事件中的各种人的处境来分析自愿、自由与责任。在自由意志与决定论的关系问题上，读者可以看到我对波达利（Portalie）等人的观点虽有赞同的地方，也有批评和持保留的地方。我的研究尽量以奥古斯丁本人的说法为依据，在此基础上形

成自己的判断，并对其他学者的观点作出分析和评论。在"挚
爱之体验"一节中，我认为奥古斯丁在这里处理的是将尘世人
物当作上帝来爱的"爱之失当"问题，他是想要提倡一种正当
的"爱的秩序"。在"恩典之体验"一节中，我引用了奥古斯丁
《致辛普里西安》中的一些话，表明他的皈依受到了保罗榜样的
激励（当然，还有维克托林、埃及隐修士安东尼等人的激发）。
对此我或在正文中，或在注释里都作了说明。在"奥古斯丁思
想的发展"一章里，我着重考察了奥古斯丁在评注保罗《罗马
书》和写作《致辛普里西安》之间所发生的思想变化，里面有
一些较仔细的分析。

　　限于篇幅、学力和兴趣，我在这本书里只论述了奥古斯丁思
想中的十个主题，而没有专门谈到他的幸福论、光照说、释经
学、伦理学，更没有论及与宗教实践关系密切的灵修学、圣餐
观、教牧学等等。就这十个主题来说，有些还需要阅读更多的资
料，做更全面的考衡。除了极广的广度外，奥古斯丁还有极深的
深度。既然像布朗这样的奥学大家尚且受到另一个大家波纳尔
（Bonner）的批评，说他对奥古斯丁思想尤其《论三位一体》的
深度了解得很不够，我们也就不要指望，奥古斯丁思想中的一些
极深层次的概念勾连，能在一本不太厚的综论性的著作中悉数
呈现。

　　在研究中常常会有一些困惑，最大的困惑是，"做这个是有
意义的吗?"最近读到法国汉学家谢和耐的一段话，令我心里有
一点安慰。谢和耐在法国做汉学，情景跟我们在中国做西学有些
相似。他说：

　　　　中国和日本的汉学家比他们的西方同行有很大的优势。
　　这就是，他们对研究的文化有着密切的认识。他们实际是这
　　方面的继承者，同样是中日悠久文化的继承者，在历史和语

言研究上知道如何适应同时代方法、观念的演变。如果没有他们经常出色的工作，他们编辑的书籍、优良的工具书借我们使用，那么今天的汉学研究达不到目前已有的水平。在这个领域，我们要向他们学习，而且我们不能比中日大学者做得更好，这一点是显然的事实。但是，如果说不能从小到大生活在中国环境和语言中，接触到一个伟大文化的历史遗产，将会有很大的障碍，那么在受到希腊和拉丁文化熏陶后，再去认识和观察这个远东的世界，可能也是一个有利的条件。我们有我们看问题的方式，我们对中国文化的理解肯定有其价值。如我试图指出的，我们之间相距遥远，确实可以让我们更好地赞赏新奇的东西。（见谢和耐著、何高济译《中国人的智慧》，上海古籍出版社，2004，第133页）

同理，和西方同行相比，我们有着先天的劣势，无论在文化环境、语言训练上，还是在价值承诺上，我们都难以跟西方学者相比，我们要向他们学习。但我们也有自己的优势，那就是我们自己的文化使我们获得一种比较的视野，我们所做的工作，一开始就是"比较哲学"、"比较神学"、"比较宗教"，这和单纯地浸淫在一个传统里显然是不同的。但是，问题在于，我们对自己的传统又有多了解呢？"五四"以后，尤其四九年以后，这个传统基本上通过教育的断裂而断裂了。现在我们必须接续上这个传统。只有对自己传统的理解深入了，才能欣赏和接受其他的深厚的传统，而对异文化的了解，反过来又有助于我们理解自己的文化传统。因此，对两种文化的继承和理解是互相促进的，而不是互相削弱的。在对话式的理解中，双方的存在都变得越来越"厚"，而不是越来越"薄"；变得越来越丰富，而不是越来越贫乏。

相比于西方同行，我们"处身"在"异"文化中，能够

"脱身"于西方学界固有的意识形态之争。就奥学这个领域来
说，由于西方基督教的各宗各派不少是在对奥古斯丁的解释中发
展出来的，因此，他们对奥古斯丁的解释，常常免不了从信仰出
发，批驳别的解释，辩护自己的解释，带有强烈的意识形态色
彩。比如，在预定论上，天主教学者（如波达利）就指责新教
方面没有平衡地、准确地领悟奥古斯丁，而新教学者则指责天主
教学者采取的是半佩拉纠主义（在信仰开端的问题上尤其如
此）。相比之下，我们虽然缺少"介入"的动力和热情，却也能
够做到比较没有"成见"，摆脱窠臼，态度中立。

作为一个思想史的研究者，写这本书的目的，也只是从一个
中国人的角度，对一个深刻地影响了基督教的思想家，进行尽可
能准确的介绍和描写。做到了这一步，书就基本实现了它的价
值，作者所做的工作就是有意义的。

本书得以顺利完成，得到了不少师长和友人的帮助。加拿大
Regent College 的许志伟教授当初提议写这本书，而且将它列入
"维真基督教文化丛书"，并欣然作序。卓新平所长领导有方，
乐于成人之美，年轻学者心向往之，我亦幸运地获得赴国外访学
的机会（耶鲁大学，2000－2001，亚联董资助）。本书在 2001
年还入选世界宗教研究所所级课题（名为"奥古斯丁的基督教
哲学"）。书成后，北大哲学系主任赵敦华教授和台湾神学院
院长林鸿信教授在百忙之中，爽快地答应写序，令我倍觉温暖，
虽然我自觉承担不起他们的赞许和期待。在资料的搜集上，我得
到了瞿旭彤学兄、夏洞奇博士、赵广明博士、石衡潭博士、黄灿
然先生、区华胜先生、吴天岳博士等人的帮助。我还记得旭彤兄
不远万里，为我复印了沉甸甸的两大袋德文资料并从德国扛回
来。夏洞奇博士也为我复印了不少的资料，并帮我从期刊网上搜
到了部分中文论文目录。加拿大维真学院的潘玉仪女士为本书的
英文简介和目录作了校对。在出版过程中得到了社科出版社的陈

彪和资深编辑李登贵先生的帮助，在此一一表示感谢。社科院图书馆尤其是外文期刊室，也为我了解国外新知提供了不少便利。

我还要感谢三年多来叶国华先生、陈保琼女士、老友岩峰、蔡滋勤先生、吕子德博士、可爱的"老顽童"孙君侃、黄为国老师、耿明女士等对我的关爱和支持，特别是叶先生和陈女士以爱的理念、以中西文化交融的远景对我的宽容和包容，让我难以忘怀，深铭于心。

四年前，当《记忆与光照》出版时，因为我不在国内，编辑不小心将同一套丛书中雷立柏博士所写的《论基督之大与小》的拉丁名称的一部分（De Quantitate Christi，论基督之大），错误地印在了我的那本书的内封面上，在此顺便加以更正。

本书中《圣经》的引用，一般采纳和合本，兼顾思高本（当然，有特殊用法的除外）。经卷简称采纳和合本，如"约1：1"即代表"《约翰福音》1：1"，"出3：14"即代表"《出埃及记》3：14"。《忏悔录》的引用，除特别说明的外，一般采纳周士良先生的译本。

周伟驰

2005 年 4 月

再版后记

本书自 2005 年出版后，颇受读者的欢迎，首印五千册两年左右就已脱销。我不只一次直接或辗转地听到对它的好评，也亲身碰到过普通读者在并不认识我的情况下，热心地向人推荐此书的场景。我相信，它之所以引起人们的注意，是因为随着今天中西文化交流的全面深化，随着基督教在国内的发展，了解作为基督教顶级思想家的奥古斯丁的学说，是必然会发生的事情。当然，除了奥古斯丁本人的魅力外，本书注重在正文中以清晰明白、具体可感的生活语言来探讨奥古斯丁高深的神哲学，从而引发普通读者的兴趣，同时又注重在注释中指出深层次的问题和前沿探讨，从而满足专业读者的要求，可能也是它受到各方欢迎的一个原因。

去年九月，香港道风汉语基督教研究所的杨熙楠总监和陈家富博士通知我，本书获得了该所第五届道风学术著作奖（徐光启奖）。据我所知，这个奖程序透明、公正、客观，由近三十位海内外同行评出，具有颇高的公信力。书的获奖给了我一个意外的惊喜，表明它得到了同行们的认可，同时也给我带来了很大的压力，因为我自己很清楚书还有很多缺陷，有些地方尚需改进。

杨先生和陈博士嘱我写一个"获奖感言"，我写了如下的几百字：

> 在今日汹涌的信息之海中，一本书就好比一个漂流瓶，被捡到的机会委实不多。而《奥古斯丁的基督教思想》一

书不仅被人捡到，还给它的作者带回了一个奖项，堪称一个意外的惊喜。

这与其说是对一个作者的奖励，不如说是对奥古斯丁天才的赞赏。他就如一颗遥远的巨星，其明亮的光辉要在1600年后，才能穿过地理、语言、文化和偏见的引力场，来到现代中文世界。

如果说这本书尚有值得一读之处，那是因为作者对待奥古斯丁思想就象敲打核桃，剥掉它的硬壳，取出柔软的核仁。教父和经院哲学家身处希腊哲学传统中，不得不采用僵硬的名相，但他们表述的内容仍旧是信仰教义。这跟理学家采用佛道的语言建构儒家的思想没有多少不同。

对于古代思想家，不了解其生命轨迹，就难以把握其文字墨迹，因为其时哲学尚是一种体道的生活方式，而不是现代大学里的一个学科。所以，通过追索其生命体验，将其思想放回到其处境中，重构其活泼形成的过程，有利于我们了解其基本信念，贴近化石在活着时的形态。也许奥古斯丁在历史教材中是僵硬而崇高的圣人，但只要随便翻开他的一本书，便能感到生活的气息扑面而来。他无疑是古代世界里的"第一个现代人"。

我把自己定位成一个基督教思想的研究者，对于研究对象的态度是"同情之了解，客观之分析"，态度上有同情，但在分析上尽量客观中立。这种情形，跟一个现代学者研究其他的宗教信仰，并没有多大的不同。

对这本书我亦感到尚有遗憾。遗憾的是我对于中国和基督教这两个传统的理解都尚不够深入（二者是互相加深和促进的），因此对奥古斯丁的理解还会有很多欠缺和偏差。此外，在表达形式上亦有待改进，如应在注解中加上一些重要的拉丁原文，所幸的是这些均能在再版时得到弥补。

最后，我要对道风杨熙楠先生和陈家富博士、参与推荐和评选的各位海内外评委、维真学院的许志伟教授、世界宗教研究所的卓新平教授的支持和关心表示感谢。

如感言中所提到的，这次再版，我对初版中的一些地方作了修改。主要有下面几个方面：

一、个别错别字，如"惶"改为"遑"，"利"改为"立"；几处书名、人名翻译，如"《埃斯德拉斯》"改为天主教成译"《艾斯德尔传》"。

二、对于一些关键词句和段落，原来没有注明原文的，这次附加上原文。如初版第 196 页中的"是者"，拉丁原文为 natura（自然、事物），Bourke 英译为 being，易让人以为原文是 essentia。今将 natura 改译为较宽泛的"存在者"一词，指一般的自然事物。再如涉及"是"（essentia）的段落，由于比较重要，也尽量或在正文中或在尾注中给出原文，以便于对照。

时下西学研究著作流行"补丁体"，希拉德法英一路括号不断，读起来如穿越雷区，每一步都得小心翼翼。哪如当年的译经师，中文舒畅如行云流水？我很不喜欢这种"补丁体"（那就好比僧人们在 T 台上秀百衲衣），但出于准确性的考虑，还是加了少量原文，希望不会打扰读者正常的阅读进程。

三、在第六章"现代奥古斯丁研究"第一节最后，修改和增加了对我国奥古斯丁研究的一个简要回顾。

四、在部分注释中加入了一些近几年出现的新资料。

五、在"参考资料"部分，增加了近几年出现的一些西文资料，以及不少中文资料。后者显然在以加速度增加，表明奥古斯丁受到汉语学界越来越多的重视。出于客观性，我将能够搜集到的有关资料都列入其中而不问其出处及水平高低。

书中肯定还会有一些遗憾，如第三章着重强调从动态去把握奥古斯丁思想的发展，与第四章着重从静态把握奥古斯丁的思想结构有所不同，但这样一来难免会有一些重迭的地方。好在这就相当于游园，你可以坐在高处俯瞰园林整体，也可以在曲径上走动看着景致迎面而来，动静各得其趣。

为什么书名是奥古斯丁的基督教"思想"，而不是"神学"或"哲学"？对此我在书中第四章"奥古斯丁的基本思想"的"前言"作了交代。在此我要强调，读者不要因为现代对于"哲学"和"思想"这两个词的价值判断，而对奥古斯丁有所成见。以前我们盲目跟从黑格尔，认为"哲学"高于"思想"，因此一看到"奥古斯丁的基督教思想"，就以为奥古斯丁理论水平不够，没有达到"哲学"水平（实际上奥古斯丁对于时间、自我意识、意志的无力的思考，都堪称顶级的哲学）。现在又有一些人盲目跟从海德格尔和德里达，认为"思想"比"哲学"好，因此一看到"奥古斯丁的基督教思想"，就以为肯定没有形而上学的弊端（实际上奥古斯丁吸收了新柏拉图主义的存在等级框架）。这都是食西不化的现代成见。我在此再次强调，我用"思想"无非是指奥古斯丁的神哲学整体，是指他的思想脉络的实际情况，丝毫没有说它比哲学低级或高级的意思。对于奥古斯丁本人，爱智慧就是爱上帝，做哲学也就是做神学，基督教神学也就是真正的哲学。我们要注意不要把现代人的成见加在古人身上，造成对古人思想的肢解和误解。

正如近年来在"中国哲学的合法性危机"讨论中，学者们就中国是否有"哲学"产生疑问，对现代以来以西方"哲学"模式对中国古代思想进行"整理"和"编写"进行深刻反思一样，西方一些从事中世纪研究和基督教思想的学者也对近代所谓"基督教哲学"进行了反思和批判，对其合法性提出质疑，认为这是近代一些基督教思想史家为了应付近代哲学的挑战，而建构出来的一个概念，它造成了对基督教世界观的分割和扭曲。正如

"中国哲学"在建构过程中把孔孟老庄的思想用"唯物"、"唯心"、"唯实"、"唯名"标签加以分类,用"认识论"、"本体论"、"美学"、"社会政治观"、"人生观"大卸八块一样,"基督教哲学"的建构者也把奥古斯丁、安瑟伦、阿奎那打扮成纯用理性进行论证的哲学家,而不顾其深厚的基督教信仰,对其基督教思想进行分解和分割,切片式地切出某一侧面加以强调,从而造成对其思想有机脉络的严重误读。普通的哲学或神学教科书,出于可以理解的对于教学时效的考虑,不得不就单个主题对单个思想家进行切片式的撷取,但我们要意识到,思想家的思想实际也许与此相差甚远,我们应该搁置一切现代成见,而径直进入其思想脉络,在与其生活的两相对照中把握其范畴网及其流变。

对于西方人来说,哲学、神学是从他们的生活中自然生长出来的一个贴身的东西,它们被译成另一个文化中的语言(中文)后,就变成了一个"隔"的东西:隔的词语、隔的概念、隔的思想,尤其是隔的生活。我们不是常常看到一些中文译作和著作用一些让人摸不着头脑的大词吓唬人吗?(对西方神学和哲学,我们是否还处在类似佛教初入华时的"格义"阶段呢?)西方思想家们在处理神学和哲学问题都是切实而具体的,如奥古斯丁、柏格森和胡塞尔对于时间意识的讨论,哪里有什么抽象、晦涩、令人不解之处?即使海德格尔那被翻得玄虚莫测的术语,在德文里原也只是再熟不过的日常用语而已。无论哲学和神学,当它们被生活语言化时,才算融入了中国文化,成了中国人贴己的灵性和思想,滋养和激化中国人的心和脑,使它更为丰富多彩。但愿这本书能让你读起来有"不隔"之感。

2009 年 3 月 3 日